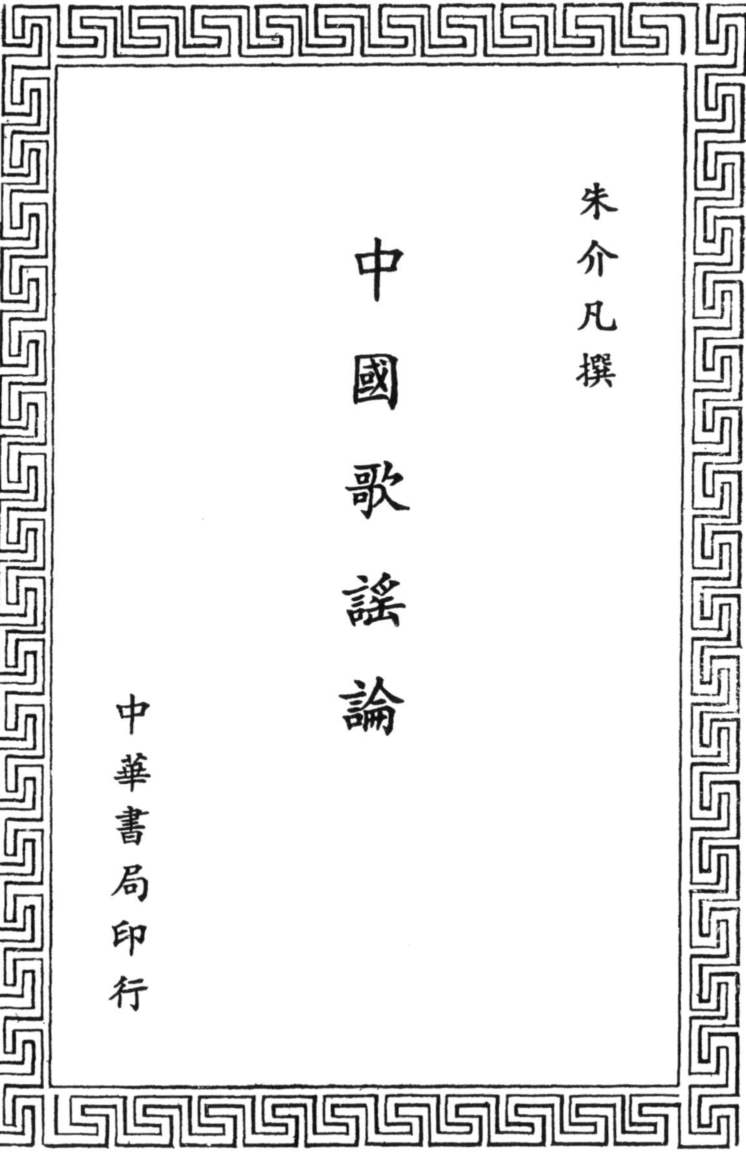

朱介凡撰

中國歌謠論

中華書局印行

歌聲響遍山野，彷彿飛自天外，
實係「花兒」、「少年」羣體代代傳誦而來。
孩子們所歡唱的呢，
更是承襲於老祖母——民族記憶的累積，
都特別顯現得鄉土芬芳。

中華民國五十八年冬至次日，臺北，
黎明寤寐得句。

序

介凡兄是一位奇人，他以四十年的光陰，專門收集中華謠諺。最近又以五年時間，矢志不分，把「中國諺語論」、「中國歌謠論」一一寫出，於是乎我知道欠他的一筆文債不能不淸償了。並不是說文債大似軍令，只是爲了「以文會友」的道義信守，我必須把麼些族的謠諺詩歌即刻寫出，因爲在五年前我們已經這樣約過。

大約我們這一些「文人」都有點好事，換句話說，興趣廣泛，每每把不相干的事也攬入自己的業務之中。記得我從國立藝專畢業了出來，便步行走向雲南西北部的玉龍大雪山，目標只有一個，那就是海拔二萬呎高的皚皚白雪，既是一座如水晶般碧綠的太古雪山，又三面地爲金沙江所圍繞，還怕不能爲中國的山水畫開闢一個新面目嗎？

爲此，我走到了玉龍大雪山下，我走到了金沙江邊。掬一捧江水，想到了這一淸如鏡的雪山江水是要流下江南去的，我心中自生無限依戀。聽一聽江上淸音，一縷柔歌在隔江穿梭對答如織：

雪山不老年年白
江水長流日日淸

是歌誦山川壯麗，還是在傾吐情懷……我就這樣詩情畫意地第一次接觸了麼些族地區的歌謠，也是由於此，我有了收集這一帶歌謠諺語的心意。

在金沙江的峽谷地帶之中，我派「烏拉」娃子（驛站制度）而行。千山萬水，雙影遙征，我曾有

「萬水千山誰與共，蠻歌一曲烏拉娃」的歌詠。每到景色絕佳之處，他總是拉開嗓子仰天高歌一曲，餘韻鏗然，歷久不歇，眞是氣壯山河，聲震金石。——正是麥黃時節，他這麼聲裂金石地一唱，直驚得雀鳥四飛。我見到雲雀成陣，在空中盤旋一陣，又俯衝而下就食田畝，心中不禁爲胼手胝足的農夫叫屈，該有多少糧食都爲雀鳥所糟塌？於是我便把這項意思對我的同路人加以表白，却沒有想到，他只微微一笑，用漢話對我說了一句諺語：「只要收成好，麻雀吃多少」?!好大的氣派，我眞恨不得立刻能將前言全部收回，眞是「硜硜然小人哉」，平白地見笑乎大方之家。我就這樣在金沙玉龍之間，第一次接觸到了麽些地區歌謠諺語的寶藏。

這不過是渺滄海之一粟，但如此美麗的開端，已告知我們：民間的智慧如何地豐富動人。在「海風月刊」第二卷十、十一兩期上，我曾有一點初步的報導，三千首的金沙江上情歌，是我與和晉吉諸位好友的第一次結集，在那兒很簡潔扼要地，傳達出一點點邊疆民歌智海浩瀚的馨香沃人。

在翻譯麽些族象形文字經典之時，我也同樣地爲這支邊疆民族的智慧所撼動。在一本祛除不祥的經典之中，內中有一句格言說得眞好：「未下雨，搭帳蓬；不口渴，掘井水。」我一讀之下，爲之讚嘆不已，這不是和我們祖先所說的「宜未雨而綢繆，勿臨渴而掘井」，如出一口的嗎？命意遣詞造句，何其神似，也同樣地睿智照人。——有一言而可以終生行之者乎？麽些人的這一句諺語，亦足足夠我們服膺終身而受益無窮。

而且好濃厚的高原牧場氣息：「天未下雨先把帳篷搭，口不渴時先把水溝挖」。在「原」上的牧人，看見了山雨欲來，馬上就停止了一切草場上的嬉戲，大家都來工作：扯繩子的扯繩子，釘樁子的

hɯ˩ mʌ˧ gɯ˩ nɯ˧ kɯ˥ dzi˩ tɯ˩, ko˧ mʌ˧ pɯ˩ nɯ˧ tse˥ kwa˧ ndɯ˩

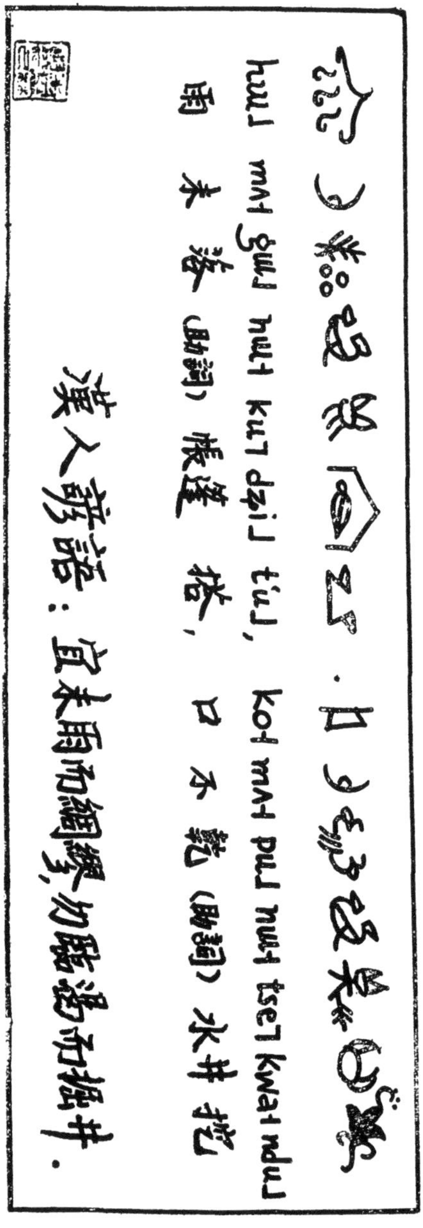

雨 未 落 (助詞) 帳篷 搭，口 不 乾 (助詞) 水井 挖

漢人諺語：宜未雨而綢繆，勿臨渴而掘井.

圖一

釘樁子；收拾散佈一地的零星什物，招呼四下吃草的牛羊犬馬，趕快拉起帳篷，以避卽將來臨的狂風暴雨，眞是好一幅「高山急雨來得快，那裡等得慢商量」（金沙江上情歌一闋）的動人圖畫！——遊牧旅行的人，對一切可能發生的情況都要想得到，而且要預作準備，咱們不是也有「晴帶雨傘，飽帶乾糧」的諺語嗎？

麼些人民迄今尙有一部份以遊牧爲生。他們逐水草而居，凡到一處，水草爲先。等到口乾舌渴時光再來掘井挖溝，那怎麼會來得及？在草原山凹，遇到小小泉眼，汩汩涓涓，最是至寶，先遣部隊常爲後來者豫作一番爬梳濬流積水的工作，以備繼來人畜飲用，後一句詩歌的情誼深切感人！

若能明白一點點麼些象形文字，那就會更加地趣味橫生。譬如說：原文的第一個字作籠罩括弧之形是天，正在落着「雨」滴。（見圖一）

第二個字畫月盡「無」光，會意作「未、不」，是一個運用得最多的否定詞。第三個字是落，畫一大樹落果子之形。第四字畫一心臟，借音作語助詞用，其情況有似楚辭中的兮字。隨後畫一蒜頭及一帳篷，合起來作帳篷解。第七字畫一水桶，借其音作「撐搭」起來。第一句到此完畢，整句的意思是「天還沒有下雨的時候嗎？就先把帳篷來搭好」，正和漢人諺語「宜未雨而綢繆」的意思相當。

下一句的意思，和上句平行：第一字畫一單扇之門，借音作口。第二字是月盡無光，作否定詞用。第三字畫一蒸鍋，借音作渴作乾。第四字與第一句同。第五字畫一種頭髮雙岔之鬼，借音和下一字聯用作井水解。也有人寫作山中源泉汩汩而流的形狀，那是山中礆水之狀，牲畜最嗜飲之泉水也，充分道出了遊牧民族對牛羊之親切情誼。下一字畫牛羊之「角」，與上字聯成「井水」一詞。末一字則是畫一棵有毒的花，黑色表示其有毒，借其音作挖掘的「挖」。——合起來，這第二句的意思是：「在還沒有口渴的時候，先把水源來挖好」。正和漢人諺語的「勿臨渴而掘井」相當。兩句聯聯相比，命意遣詞造句，眞是再巧合也不能了！

從此開了端，興趣日以廣，我一面譯經，一面就收集諺語歌謠，幾乎平分了我一半作畫的時間。同時興趣極高，還進一步作一些「麼些詩歌」的漢譯工作，眞是收獲豐富。如在「祭龍王」等經之中，就有不少好的諺語格言：

既爲好漢，闖禍難免，禍越大越好了結，雨越大越好天晴。（眞是鷄零狗碎，糾纏不淸，驚天動地，也只平常之意。見於「祭龍王經」中的「怒煞阿突傳」。）

離官吏，遠了好。離皇帝，近了好。

兄弟雖親，不如友生。

好漢闖江湖，就仗朋友多。（以上兩則，是麼些人對友誼的讚美。）

人太能幹會喪身，刀太鋒利會割手。

狐狸亂跳，遇到老虎。老虎亂跳，遇到藥箭。

大丈夫的話，不能反悔。老虎口中的肉，不能吐出。

犂田折了鏵，不能怨石頭，不能怨耕牛。

布穀鳥叫，好消息到！（春日布穀一鳴，青黃不接之苦難季節行將過去，故心中有大地春日之綠野喜悅。）

男子不能不想女人，獵狗不能不想野獸。

兄弟不可結仇，姊妹不可吵嘴，兄妹不可婚配。

好漢不聽話，禍害到自身。好女不聽勸，臉被別人指，禍害到自身。

獸兒這般小，够不上刀來宰。鳥兒這麼小，值不得箭來射。

人鬼不走一條路，畜獸不過一道橋。

仗火過處，血流成河。官吏坐處，青草不生。

以官長壓事，以多巴壓鬼。

主人不惡，奴隸不逃。

主人凶惡，奴隸逃走。石頭熱了，蜜蜂搬家。

流水松間，你上不來繞。艾蒿草間繞，你上不來繞。只有我的坐位，沒有你的坐位。

養女兒是人家的面份。白羊是家神的面份。黃猪是山神的面份。（麼些人認爲以白羊黃猪祭家神山神最吉，而女兒終須出嫁。）

大理會「打」人，昆明會「細」人。（這顯示出麼些人畏懼遠遊，原意爲「大理會夾人，昆明會吊人」。昆明在麼些語中日「衣赤」，卽元史上的「押赤城」也，赤有吊人之意，諧音作細人。）

母虎生小虎——自己生。母虎養小虎——自己養。

家畜肥了是要殺的，莊稼熟了是要割的。

別人的罪過，沒有蒼蠅蚊子那麼大，你都指着說。自己的罪過，有犛牛老虎那麼大，你却瞧不見。

沒有人訴訟，官吏吃不到錢。沒有鬼作亂，「多巴」，吃不到肉。（麼些族的巫師叫「多巴」，以跳神禳鬼爲業，得經功錢及祭肉禮米，是其報酬。）

心中着急，手上起火。

劈柴縫裡伸手，是會夾傷手指。石灰中加水，是會燙傷人的。

自己作賊，自己承認。自己喝酒，自己嘔吐。

麅頭獐頭沒有肉，叔父姪子沒有情。（這裡有一點母系社會之遺意，因爲正是反面文章，舅父外甥情誼不同異常也。）

好漢遇到了仇家，找着親戚繞三轉，就會得解脫。

小鳥被鷂子追趕，看見大樹繞三轉，就會得解救。

好漢不能交到仇人手中兩回，小雀不能落入老鷹爪裡兩次。

殺人要償「命價」，獵獸要賠「木牌」。（命價就是賠償苦主的「人命銀子」。木牌則是一種法儀用物，麼些巫師在木牌之上，畫成千萬牛羊，用以賠償龍王鬼怪。）

好馬有四蹄，可以走四方。好漢有九命，可以闖九州。

生男要能幹，生女要美麗。

生九個男兒，開九個村莊，生七個女兒，闢七處地方。

像這樣的諺語歌謠，信手掇拾，美不勝收，是我當日邊疆生活中的甘露明珠。今日走筆聚集，猶有一絲老友重逢的甜蜜回憶，沁人齒牙，好一縷縷的回甘滋味。

我也曾嘗試翻譯麼些詩歌，題目就叫做「重逢」（見圖二）五言四句，很像是漢詩五言絕句樣子。這是麼些族的「逢舊吟」。第一句是「不見日已久」，所以先有一個月盡無光的否定辭，然後繼有一個目光及物的圖畫文字。第二句是「今日又相逢」，前二字卽今日之意，所以第二字畫一日輪。第三句的意思，是「傾聽鳥雀噪叫的聲音」，行中第二字卽是一頭鳥雀。末一句是「像是誦唸經文一

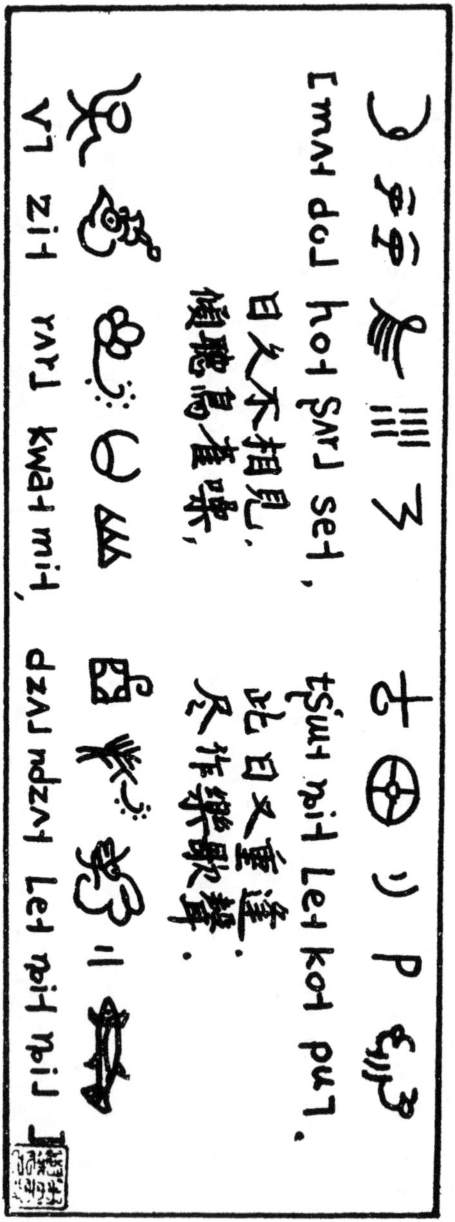

[mʌɿ doɺ hoɿ ʂʌɺ seɿ, tʂuɿ ɲiɿ Leɿ koɿ pʌɿ.

日久不相見，此日又重逢.

傾聽鳥雀喋，尽作樂歌聲.

Vɿ ziɿ ɣʌɺ kwaɿ miɿ, dzʌɺ ndzʌɿ Leɿ ɲiɿ ɲiɺ]

圖二

樣的動聽」，前兩字是唱歌的意思，第二字畫唱歌之形，旁有一株樹木，因爲麼些人樹與歌同意，所以是一個正規的形聲字。末一字爲魚，魚和二同音，聯讀起來是「相同，一樣」的意思。

這首久別重逢之歌，在麼些地區中膾炙人口。每當老友邂逅，幾乎沒有例外地，都會一面喜極相握，一面唸唸有詞地朗誦這首詩歌。有一天，我的興致來了，參加一羣文人的聚會，共同來翻譯這首「重逢」的詩歌。當仁不讓，我詩先成：

日久不相見　　此日又重逢

傾聽鳥雀噪　盡作樂歌聲

仍舊還他五言一句，頗能傳出故人邂逅時光心下歡忻之情。因爲不但覺得故人殷殷存問語言好聽，就是連樹上鳥鳴簷間雀噪都如歌管弦嘹亮動人，麼些詩歌眞善於形容！

而且末一句，在麼些原唱中饒有深意，這是指的「梵唱」或「梵唄」。喇嘛或「多巴」所唱之經文，麼些人認爲最好聽，所謂「此曲只應天上有」者也。如今卻是由於不期而遇，喜出望外，所以不但故人語言覺得入耳，連聽到的鳥雀噪晴之音，一一都是人間至樂，活生生地描畫出一個宗教氣息濃厚的邊疆社會背景。其情況甚於西方人在聖誕夜聽彌賽亞名曲演奏一樣，宗教情感薄弱的漢人經驗中，一下子還不易於參透個中情味，我的譯文，在這一點上也大部失敗。——我曾想到試譯之爲「盡作梵歌聲」。但是必須繼之以長篇累牘的註解，詩歌若一旦加上那許多囉囉嗦嗦的附註流蘇，那也就十分地邋遢寡味，和麼些原詩的白描工夫天壤懸隔了。

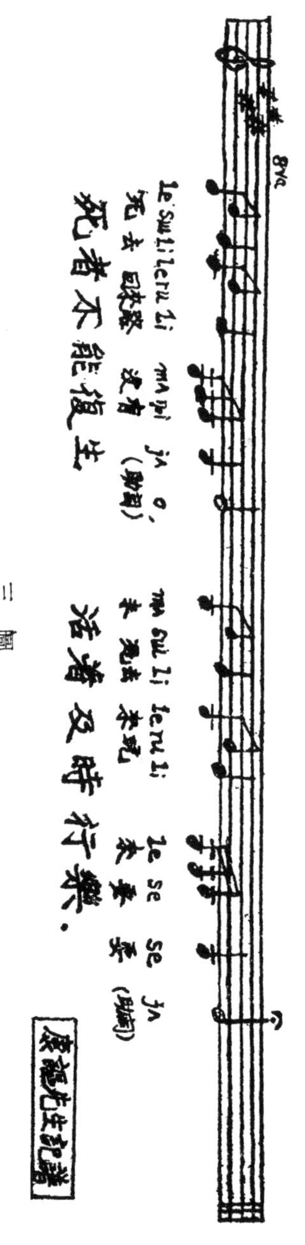

圖三

麼些詩歌的美妙，有時却是在於「歌唱」之中，在這一點上，瀘沽湖上的情歌，是我永不能忘懷的一闋。（見圖三）

原來麼些人分爲「有文字」與「無文字」二支，瀘沽湖是後者的中心地區。這曲歌的意思淸淺如話，却又哲意深永，一片靑春樂天色調；只得兩句：「死者不能復生，活著卽時行樂吧」！——若論簡單，舉世無比，但單刀直入，動人心弦。原意是「人死去了，回來的道路是沒有的，沒有死的時候，盡量地來唱歌玩耍吧」！——在這兒的「唱歌玩耍」，有側重談情說愛的趨向，所以在瀘沽湖上，不論男女老幼，大家都愛唱這曲歌調。（見圖四）直到如今，我只要閉目一想，便覺得悠悠盪盪身在湖上獨木舟中，聽那些麼些兒女，遠近唱和此曲，不但一口道盡了及時行樂的生活眞義，而且淸景如在目前，一片湖水盪漾。迄今我還有此種積習殘留，每當世事糾結不開之日，便悠悠然曼歌此曲一

圖四

二遍，將人世煩雜推遠一點距離，來澄懷觀道，便會覺得湖上清風颯然而至，平添我不少青春歡樂氣象，憂結亦爲之頓時消失，不再自我困擾，眞是人世間一帖清凉丹散，對我功德無涯，可見一曲歌謠動人之深。（請參看「自由談」七卷七期之「爲君清麗寫瀘沽」一文）

諺語歌謠，是一個民族智慧上的明珠鑽石，得其一顆一粒，不僅是只在文采上瑰麗耀目而已，實可以終身翫習，受用不盡。我在麗江時光（這兒是「有文字」的麼些人的中心），曾和一位麼些壯士攀登一座卓立在高山上的喇嘛寺院。他出生橫斷山脈，我追不上他的矯捷步伐，只有追趕喘氣的份，面孔上也是一片困頓求息的顏色。他把這一切都看入了眼裡，橫跨兩步，高踞在一座小阜之上，震開他風箱型的胸腔，用西藏話爲我高歌一曲，意思是：「勿戚戚然爬此高坡，且欣欣然躋彼峯巔」——這闋歌不但唱得合時應景，而且哲意深長：反正已經來到此世，與其終日裏愁眉苦臉憂形於色，何如眉開眼笑地樂我平生？後退實不足取，正好携手登山，一覽那兒明霞萬道的高山景色！一直到現在，我還在感謝這一縷山鳴谷應的嘹亮歌聲，它不但如晨鐘暮鼓地使我「了悟」，而且永遠永遠地爲我指示「方針」。

上面的箋箋敍述，盡是我在玉龍大雪山下的所掇拾來的詩歌片片，不知道這對於介凡兄，能不能增添一點資料，派揷一點用場？——我就以此「還債」，不敢說是作序。介凡兄的這項大的工作盡人皆知，如今大功告成，朋友們只有祝賀的份兒，那還需要來錦上添花的寫什麼序言？只以此短文來紀念采風同好的廿年友誼。

民國五十八年十二月　李霖燦於外雙溪故宮博物院

中國歌謠論　目錄

第二章　中國歌謠的風貌

論句子

論結構

論聲韻

第六章　情　歌

第一章　序　說

一　主　旨

歌謠釋名。「詩、魏風、園有桃」：「心之憂矣，我歌且謠。」此係歌謠之名，最早典籍上的記載。毛傳：「曲合樂曰歌，徒歌曰謠。」「爾雅、釋樂」孫炎注：「謠，聲消搖也。」對於歌謠的名、義，歷來還有許多釋說，大體與毛傳、孫炎他們這秦漢、三國時代的意見相近。清、杜文瀾「古謠諺」卷一百「集說」，都予蒐錄了。近人朱自清「中國歌謠」首章，也有所分析。這裏，不多徵引。

試試按現代看法，爲之定義。

凡根基於風土民情，在山野、家庭、街市上，公衆所唱說的語句，辭多比興，意趣深遠，聲韻激越，形式定律或有或無，而雅俗共賞，流傳縱橫，這就是歌謠。

簡言之，也可說歌謠乃是老百姓和孩子們的詩。

這個定義，從下述中國歌謠之分類上，可以充分看見其形態。歌謠與諺語乃爲姊妹，更有謠、諺混淆難分的情況。拙著「中國諺語論」，有關諺語的定義，可供參證：

傳承前人之說，試就今日眼光，爲諺語的定義——諺語是風土民性的常言，社會公道的議論，深具衆人的經驗和智慧，精闢簡白，喻說諷勸，雅俗共賞，流傳縱橫。

至於，筆者寫述本書的主旨，則有如下述。

一、中國音樂的民族風格，要在我們自己歌謠裡尋求。現在廣播、電視的那些靡靡之音，實在太虛空、纖弱、無生命，而音樂會上唱的歌，又洋化得很。這是我們藝文工作者的一個共同了解。

二、歌謠跟詩的關係，不下於跟民族音樂的關係。我們的新詩，這六十年來，還一直在嘗試。看了本書所舉全國各地兒歌、民歌選樣之後，詩人們當有所悟解。就在散文寫作上，歌謠遣詞造句之堅實活潑，意興明快，也是值得注意的。所以，胡適、劉復、劉大白、朱自清、盧前他們諸位，對於歌謠特別喜愛。

三、方言詞彙，古代語詞，以及日常生活上的雜用字彙，每每存在於歌謠。原以為是些死了的，僵化了語詞，那知它源流久長，還活在我們語言生活裡。這是歌謠研究對於語文學的重大提示。

四、提出一個緊急呼籲：務要文學的、民俗的研究與音樂的分析，合力而為，中國歌謠才能給我們抓得住。否則，將是斷線風箏，飛上天去消失了。

五、拿十九世紀以來中國社會生活的背景，為本書分析論究的基礎，證明中國人並非不喜歌唱的民族，不過禮失在野罷了。所以為此證明，乃因士大夫們參與西方社會生活，每有不能載歌載舞的自卑感。

六、試着從體系分類的研討上，看清楚中國歌謠的全貌。東南西北各地方的，大人跟小孩所唱的，家戶尋常與山野浪蕩的，社會習俗和百行藝業各種場合的，邊疆民族各樣型式的。

七、本書所舉的歌謠例句，大都是在這兩百年歲月，活鮮鮮普遍存在着的。有的則更古老久遠。

由其幾千年文化傳承考察，將來社會變化，不管怎樣因太空科學發展，而邁向嶄新境界，只要咱們中國人還立足於現在的生存空間，這些歌謠應不至於完全失傳。但顯然是，這條河流已愈流愈細了。

八、民族的、鄉土的、謠俗的事物，咱們不管怎樣飄泊天涯，總還是要多有領受，心才安然，方覺精神上有根。寫述此書，所以一直興致盎然，想讀者會有同感。

九、兒歌多是隨口唱的，不一定有調兒。民歌則有其鄉土腔調，文字記述上，是看不出來的。像甘寧青「花兒」的「令」，竟有百來種，此與古代樂曲，關係很大。

十、此書若再版，希能得到高明指教，加以增訂。更可灌上幾張錄音片，夾於書中，使咱們聽到各地方的歌謠唱腔。如今出了這麼多男女歌星，每人要能唱會自己本鄉本土的歌謠，那是多麼動聽，多麼够味兒。好好錄存音檔，豈非藝術上之不朽。無形中，這可糾正他們唱流行歌曲的油腔滑調，嗲聲嗲氣。

舉一個例。像西康民歌「跑馬溜溜的山上」，三十多年來，頗得我們男女老幼的高度欣賞，歌詞、腔調、神韻、意境，無一不美。據西康、伊西娜珍（漢名吳香蘭）公主告訴我，咱們大家所唱的，雖跟西康當地所唱的，腔調相同，可是把一個很重要的字，唱錯了。說這話的時地：民國五十六年七月二十八日，好多人去陽明山、中山樓，出席中華文化復興發起人大會，適與伊西同車，談起蒙藏謠諺之豪蕩、樸野與可貴的佛性，特別向她請教，在車上進行了一小時的討論。至所談諺語，則爲蒙古的：「羊可憐，狼也可憐。」

十一、朝野大力倡導中華文化復興之際，中國歌謠的全面調查整理、錄音記載、研究運用，豈僅只是音樂、文學、民俗、語文、教育上的意義而已。當抗戰進入艱苦階段，在重慶，教育部召集的國語推行委員會三屆全會中，曾有國家設謠諺採集處，民間組謠諺學會，以雙管齊下之議；由於大陸變亂，議而未行，現在是否要舊事重提呢？

十二、應當查詢一件事。民國三十六年三月，上海春草社，曾刊出「中華民族歌謠文學大系」的廣告，是薛汕主編。據告白，他紀錄全國各省各族歌謠，約三百萬言（已出版的歌謠集，不編輯在內），已完成草稿，分爲三十部，提前出版的是「金沙江上情歌」，「政治謠」，「自由形式的歌謠」三種。其第一部書，係李霖燦、和才等八人所收集的資料，我們是見到了。大陸淪陷，這其餘二十九部歌謠材料，不知命運如何？

十三、多麼希望有人以此書爲拍攝電影的材料。如爲電視長片，足可放映一年而有餘。

十四、今日大陸，在地方戲曲和鄉土歌謠的調查、創作上，曾有一番進行。他並不完全服從這些「民族形式」，而從中篡改。愼用他這些資料，以爲參考，還是有必要的。那表面塗上的共黨色彩，一抹卽去。洋洋湯湯，茫茫蒼蒼，中華民族的風物，口耳相傳，萬目所視，豈是偷竊手段所能篡改得了？

二　緣　法

本書，跟「中國諺語論」是姊妹篇。惟其撰述過程，截然大異其趣，諺語論是多年有意經營，而這歌謠論，則出於寫作計劃之外。

寫完這兩部書，在自己，實在是很可欣慰的事。學者之治歌謠並兼諺語的，向來稀有其人。僅僅是，明、楊愼「古今諺」二卷，「古今風謠」二卷，係隨手纂寫所得，「四庫全書提要」卷一四四，評其「此蓋久居戍所，借編錄以遣歲月，不足以言著述，其孫宗吾誤刻之耳。」淸、杜文瀾「古謠諺」一百卷，係從經史子集八百六十餘部典籍摘錄而成，可稱蔚爲大觀，但杜氏的標準，只以明言爲謠歌、諺語、傳言的始予著錄，例如在「論語」裏，他只錄了兩條：

南人有言曰：「人而無恒，不可以作巫醫。」（子路）

楚狂接輿，歌而過孔子曰：「鳳兮鳳兮，何德之衰？……」（微子）

而捨棄下好些材料，若：

王孫賈問曰：「與其媚於奧，寧媚於灶，何謂也？」（八佾）

吾聞之也：君子周急不繼富。（雍也）

商聞之矣：死生有命，富貴在天。（顏淵）

夫子之說君子也，駟不及舌。（顏淵）

楊愼和杜文瀾的這三部書，是歌謠、諺語的纂集，間附着論說。還有淸、范寅的「越諺」，以諺名書，實則兼有歌謠與諺語。因前人常以謠或諺字，而兼賅二者。

民國以來，歌謠、諺語集子，出版得很多。兩者兼收成書的，只有胡德「滬諺」，陝西教育廳「陝西謠諺初集」，程其保、王鏡淸「全國鄉土教材」，黎錦熙「洛川方言謠諺志」、「同官方言謠諺志」，薛建吾「鄒平民間文藝集」、「江淮民間文藝集」，伍稼靑「武進禮俗謠諺集」。至於一人兼集這兩方面資料，分開出書的，則有朱雨尊「民間歌謠集」、「民間諺語全集」，齊鐵恨「北平俏皮話兒」、「北平歌謠」，陳子實「北平童謠選輯」、「北平諧後語辭典」。

上舉這些歌謠、諺語的纂述，主要是資料的集結，間或爲問題的論究。

我這兩部書，則純係論究，而擇取着歌謠、諺語的例樣。

現代學術領域，歌謠、諺語，是比較冷門的課題。在這兩個課題上，爲卽興的寫述，或某一局部的論究，尙不乏人；至於肯深入其中，全面探討，則確乎不太多見。

不敢說自己的論究有什麼獨到之處，但憑藉着四十年來所聚集的資料——有些資料是不爲當時人們所看重的，參證了民國六十年來學者們的論點，花五年時間寫述這兩部書，以之貢獻社會，尤其是下一代的子弟們，我想，這份傻勁，還不算是白費。西方朋友，近年熱中於認識中國，這兩部書，提供了老百姓羣體的看法、想法、說法，應是值得推薦的。

以下，請略述自己這大半生，跟歌謠、諺語所結上的不解之緣

嬰孩時期，母親唱的兒歌，開始逗引起我童心的興趣。呀呀學語，已會唱武昌的好幾首兒歌了。十一歲，從私塾轉湖北模範小學，在修身課本上，知道了「鐵杵磨成針」這條諺語，印象極爲深刻。但特感情味的，則是山歌體的歌謠，乃從街頭上聽來，譬如麻城歌：「太陽滿天霞，想起了小寃家。」

民國十九年春，開始蒐集諺語，同時也對俗文學各部門都有着興趣，還蒐錄兒歌、夯歌、喜歌、故事、傳說、笑話等等資料。這興趣，燃燒着溫溫的火苗，亘續十年之久。二十八年秋，決心下力於中國諺語的全面採集與專純的硏究。這時際，我撇開了歌謠。一者，要守緊自己治學的範圍。再則，

自北京大學歌謠研究會以來，採集和研究歌謠的人士很多，咱們不必湊熱鬧。

歌謠跟諺語既是姊妹，在諺語工作中，總免不了常碰到歌謠資料。譬如居長安時，趙樹暄兄送了「陝西謠諺初集」給我。張其翔兄，送了羅香林的「粵東之風」。這兩部書，都出版不滿十年，市上早已買不到了。馬靈泉兄，更把他在鳳翔師範教書，向學生蒐集的三本歌謠材料，慷慨相贈。那八年裏，我直接、間接，向中央陸軍軍官學校第七分校的同學，前後不下四萬人，集錄南北各地諺語，得到許多可貴資料，這其中，每每夾帶來了一些歌謠。

三十年秋，由於胡師介紹，跟黃谷農兄通信。黃兄即主編「中華民族歌謠文學大系」的薛汕，他之迷於歌謠，正如我之迷於諺語。因約定兩相易助，我把集諺所得的歌謠資料，統統給他；他把集謠所得的諺語資料，統統給我。三十五年冬，回到武漢，我就這樣做了。但我仍然還是保存有一部份歌謠資料：書刊，諺語檔卷中分割不開的歌謠資料，以及後來繼續來到手上的。

這些年來，也主動的錄下了不少的歌謠卡片，擱置着。偶而取出看看，惟知滿心滿意欣賞，並無要有什麼作爲的意思。

母親在世的最後幾年，那正是抗戰最苦時期，在長安王曲的藏駕莊，請老人家唸述我小時聽熟了的那些兒歌，一一登錄卡片。沒想到，在本書裡，派上重要的用場。

爲了諺語工作之緊守墨繩，我從不在歌謠方面寫述什麼。在政治性的宣傳工作，歌謠本是極好採取的形式，每每有人慫恿我，何不舊瓶裝新酒呢？我都一概婉謝。一個牢牢不易的原則，既然我有志於這個工作，在學術良心上，我必須緊守着述而不作的主意，諺語也罷，歌謠也罷。儘管對於這種創作，我要是肯下手，可以一點也不會顯出生硬揑造的痕跡。

這些年來，只知埋首諺語工作爲樂。而文學寫作，興致也高，就挪用去了大部份時間。民國五十三年底，「中國諺語論」出版，把我對諺語工作的源源本本，全盤托出。此後則只有一個心願，要把自民國十九年以來所蒐得的全部諺語資料，構成其中國人思想與生活型態的體系，纂述爲「中國諺語志」，估計當是三百萬字。花甲之年，再不敢如前此一曝十寒。因而，漸漸的，在文學寫作上，不得不扼殺好些興感，收束精力，免得歧路亡羊。

民國五十五年八月間，潘人木大姐來了封限時信，要我爲兒童讀物編輯小組，編一本兒歌。這小組，屬於臺灣省敎育廳，得聯合國兒童基金會贊助，其出版物，彩色印刷，十分精美，一次卽印行三萬冊。當然，我很樂意。小組主持人，爲彭震球兄。他倆位，對謠俗事物，都有着濃厚情趣。

我在自己約兩萬首歌謠材料之中，選出了南北各地的兒歌五十首，再請他倆揀出二十四首，交回我，加以簡單釋注，定名爲「鷄兒喔喔啼」。這個編輯工作，因爲檢閱全部歌謠資料之故，花了一星期工夫。我第一天工作的日記說：

取出歌謠卡片，呀，擱了二十多年的寶貝呀，一直未怎麼動用哩。又得要好生分類一番了。新秋，晚來做事特爽，燈下不再有汗。兒歌卡片的審閱，極有情趣，復我童心非少。

在編這本兒歌時，曾起一番意念，想要寫篇「中國歌謠的風貌」，大概兩三萬字的論述罷。

由於自己個性，治學之事，但知老老實實。因此，這方面，我的人緣很好。人們凡遇到謠俗方面的事，總會想到朱某，實在是太可感幸。謝冰瑩大姐，就是這樣賜予熱心關切的一人。

五十七年五月二十六日，文藝會談，中山堂報到，遇氷瑩大姐。她說，留有幾本謠俗的書要給我。次日，她帶來了李獻璋「臺灣民間文學集」，薛建吾「鄒平民間文藝集」、「江淮民間文藝集」。這是大姐珍藏，李書係民國二十五年臺灣日據時期出版，薛書三十七八年先後出版，市上早買不到了。這三部書，我都有，爲了書室狹小，不想存複本。於是，徵得氷瑩大姐同意，把薛書卽席轉送齊鐵恨先生，而把李書送與林海音大姐，她跟我的座位恰好一前一後。

這自然是李獻璋兄這部書引起來的。海音大姐遞過一張紙條：你不是說過，給「純文學」寫歌謠的文章嗎？不錯，有這回事。什麼時候說的？可記不淸了，也許是這年拜年，在她家裡談起的。好，我應承了。可是，作來眞不輕易。

第一、得把「中國諺語志」正在進行的纂述工作，暫擱一旁，因爲這必須要收攏歌謠材料，排比論證，方能爲功。在諺語工作，又打一大岔。不過，這一岔，比之我爲文學、歷史方面撰述的分心，自己可樂意得多多了。

再說，近十多年，在中央研究院歷史語言研究所的讀書，以及其他地處的瀏覽，我幾乎把臺灣現藏謠俗書刊，都讀遍了。史語所收藏的中國謠俗資料，海內外獨一無二。

又，自從民國三十年一月間，在長安讀到了張亞雄「花兒集」之後，這二十多年，但凡鑒賞各地歌謠，總必有一番比較，而特感「花兒」的佳妙——這甘肅、青海、寧夏地區歌謠之奇美絕倫。可惜是許多研究歌謠的朋友，還不太知道它。我屢屢自言自語：「總得爲花兒寫述寫述呀。」

那麼，以史語所和我個人所有的歌謠資料，加以寫述，定然有其份量了。

但我仍然讓這個寫述的意念，按捺下來，使其多在胸中孕育，多經過幾番思考。民國五十七年六月二十九日，臺北天氣特別熱，兩三更時分，睡在牀上，人都熱醒了。就在這天，我下筆寫「中國歌謠的風貌」。暑熱裡熱心熱意的工作了好幾天，意趣愈來愈高，於是決意擴張範圍，寫爲「中國歌謠論」，以與諺語論成姊妹篇。

就這樣的，在初始並無意的作爲下，以一年多時間，寫完了本書。這可不是像我之對於諺語，矻矻懇懇的覓求，而是未免有點遊山玩水的，頗得悠閒自在之趣。

總之，這個寫述，實因「花兒」的感興；更深一層的，則是無限的孺慕之情。

五十七年十月，本書逐篇發表，至五十九年三月，載完。因思考所及與新資料的發現，兩年來，各章內容不斷的在增訂。集結成書，適當陰曆七月初三，父親八十冥壽，這是很可紀念的日子。此後，還續有修訂。中秋前一日，校讀全書，十天琢磨。「秋老虎」的燠熱，比伏天爲甚，淌汗裏，欣讀各地謠歌，神遊大江南北，細味書中論證，究竟得當否？爲自我之批判。於九月二十三日畢事。是則，經營本書，在寫述的工夫上，實爲時兩年三個月。

三　本書的結構

因爲已有朱自清的「中國歌謠」行世，凡他所討論到的歌謠釋名、起源、歷史這幾方面，我就不再申論，或只是付予略略的探究。但儘量要做到，把民國以來，國人對於中國歌謠的採錄成績，加以代表性的介紹，這就現得多彩多姿了。

大體上說，本書可分爲總論與各論兩部份。序說，中國歌謠的風貌，歌謠生活，這三章是總論。花兒，應該是「中國歌謠的風貌」的旁枝，自當屬於總論。兒歌，情歌，工作歌，生活歌與叙事歌，儀式歌，謠，這六章乃爲各論。

風貌篇未免寫得龐大，本可析爲四章。但若不是集句子、結構、比興、聲韻以合攏來看，怎得謂之風貌呢？只因音樂上的無知拘限了我，否則，一定還得分析分析中國歌謠的唱腔，方爲周延。

花兒篇，下筆之際，最是興會淋漓。不知能否引起讀者也同有此感受？其他地方歌謠，應也有可媲美花兒的罷。五十七年八月十七日，在臺北的中國大飯店，慶祝顧一樵「宋詞歌譜四十五調」出版茶會席上，晤顧獻樑兄，我提到花兒的佳美，他說吳歌有類似風格，前人不及見之。他這脫口而出的意見，倒是頗可注意的。

歌謠生活篇，把各地方歌謠有關的歷史、社會背景、地方風土習俗、舞蹈與配樂，都一一列述——假如有人把這一章改編爲電影，豈不大佳，將有好多部電影可拍。而其他各章也儘多電影材料，若兒歌中的「小白菜」，喜歌中的「坐歌堂」。顚倒歌、滑稽歌中，則多的是卡通畫面。前幾年，香港電影「水上人家」，顯示蛋家歌謠生活；近來臺灣電視，則常有採茶歌謠鏡頭。

兒歌、情歌、工作歌、生活歌與敍事歌、儀式歌、謠，這六章，把中國歌謠的各樣形態，都列述到了。把生活歌與敍事歌合而爲一的寫法，感到很適當。這兒，有件事必須一提。寫兒歌時，有些字句向齊鐵恨先生請教，鐵老即以手錄的「北平歌謠」賜借。很難得的是，其中大部份資料，係已出版的歌謠書册中所未見到的，皆長者幼年時期自己熟唱的歌。所作解說，全具有無比價值。這，給予了我寫述本書的鼓勵。儀式歌中，於神曲的敍述，列舉多端，覺得很有意思。要不因這番寫述考證，那裡曉得祀神的歌謠，這麼多名色呢？

第十章、謠，顯得很突出。這一部份，要不要這樣寫？或是作爲附錄？或是不要它？執筆之際，一再猶豫。這一章的寫述，因而常常遲滯不進，費時最久。這些謠，產生於國家民族的苦難，不啻是近代中國史詩的綱領。其血淚交織，多有親耳聽來，更不乏筆者自己在實生活中的感受，刻骨銘心，永生難忘。

雖然起手寫述時，卽已決定原則，但只在問題的申論，引個頭兒，不擬深入研討，願以期之他人。却仍然在有些篇章裡，好像乘馬之「伸長快步」一樣，作了些進一層的探究。像：

賦比興之融渾（風貌、論比興）
與兼表義說（風貌、論比興）
兒化韻（風貌、論聲韻）
三句成章的詩歌傳統（花兒）
歌仙劉三妹及其他的傳說（歌謠生活）
秧歌（歌謠生活）
兒歌源流久長之一例（兒歌）
呂坤父子之演繹兒歌（兒歌）
山歌跟俗曲（情歌）

打喔喬與「嘯」（工作歌、概說）

家族及婦女——婦女生活苦痛、「踏謠娘」，妻大夫小問題（生活歌與敍事歌）

斲喪中華民族的鴉片烟毒（生活歌與敍事歌）

神曲（儀式歌）

軍閥禍國殃民（謠）

八年抗戰（謠）

寫述中，先後兩次跟黃得時、李霖燦兄討論，他倆都勸我，在這些引起了問題探討的關節處所，不妨放開手來寫，樂意寫到什麼程度，就寫到什麼程度。我並未完全這麼辦，那會使全書內容不均衡。

四 中國歌謠之分類

胡懷琛「中國民歌研究」，雖未明確的探討歌謠分類問題，却可以顯然看到：

1. 他這個研究裏，不涉及兒童歌謠，其自序認定：「須知民歌和童謠有別。」

2. 民歌的範疇，胡氏取的廣義看法。如所論「古代抒情的短歌及其他短歌」，包含了國風，吳風，越風，楚風，胡笳十八拍，子夜歌，竹枝詞，蓮花落，道情；而「古代敍事的長歌」，指的是孔雀東南飛，木蘭辭；其「近代抒情的短歌」，則舉出了北京俗歌，鳳陽花鼓，揚州小曲，蘇州山歌，江浙間的民歌，粵謳，兩廣山歌，苗傜情歌；「近代敍事的長歌」呢，更及於唱本，鼓兒詞，大鼓書，灘簧，龍舟曲。

這種廣義的看法，正如劉復之對待俗曲一樣。劉氏序「中國俗曲總目稿」：

> 我們研究民間文學，從民國六年冬季開始徵集歌謠起，到現在還不滿十五年。在這個很短的時期之中，我們最初所注意的只是歌謠，後來就連俗曲也同樣看重，甚而至於看得更重些。歌謠與俗曲的分別，在於有沒有附帶樂曲：不附樂曲的如「張打鐵，李打鐵」，就叫做歌謠；附樂曲的如「五更調」，就叫做俗曲。（凡按，就本書「歌謠生活」篇看來，邊疆民族的歌謠，多有配樂曲的。內地的歌謠演唱會，也多喜歡以簡單樂器伴奏。而跟「徒歌曰謠」的歌謠定義，並不衝突。）所以俗曲的範圍是很廣的：從最簡單的三句五句的小曲起，到長篇整本，連說帶唱的大鼓書，以至於許多人合同扮演的磞磞戲，中間有不少的種類和階級。

劉復他們所搜集的俗曲本子，都藏於中央研究院。俞大綱評論說：

> 中央研究院所藏的這一部份材料，實包括近數百年來全國性的俗曲原始素材，說它是俗曲，其實是不太妥當的，應該稱之爲俗文學的總彙。

見所著「戲劇縱橫談」、「發掘中央研究院所保存的戲劇保藏。」

這代表了近四十年來治中國俗文學者一般性的意見。當然，我們毫不願說劉復有錯誤，正因他當時是採較廣義的觀點，才爲我們集攏這些極珍貴的資料。要不，今日之視爲寶藏的，早在刀兵水火的刼亂裏，化爲烏有了。

對於中國歌謠分類問題的討論，民國二十年前後，很熱鬧了一陣子，朱自清「中國歌謠」曾加以總括，約爲十五種不同的分類標準：音樂，實質，形式，風格，作法，母題，語言，韻脚，歌者，地域，時代，職業，民族，人數，效用。本來，學術與事物的分類，只能採取一種標準，作業才有條理。朱氏針對中國歌謠的實際狀況，則認爲「兒歌、民歌的二分法，甚爲有用」，這是拿歌謠的歌者來作分類標準。按之歌謠生活，人們初初所唱者皆爲兒歌，其後才唱民歌。

兒歌，有的乃以形式特異而存在，如對口歌，連鎖歌，拗口令，顚倒歌之類。也有以母題稱勝者，如「看見她」，「娶了媳婦忘了娘」，「狗撿柴，貓燒火」之類。但也可按起興之相同而爲同一的歸屬，如「月光光」，「蟲蟲飛」，「山老鸛」之類。這兒，「月光光」本爲母題，但因這首兒歌普遍流傳的結果，很有些地方，其內容多方發展，乃使「月光光」的歌唱，反而退爲起興，它是另有一番唱詞了。由此看來，用一種標準來進行歌謠分類，不大能行得通。至於民歌所顯出的特色在：情歌，工作歌，生活歌，敍事歌，儀式歌，這又多半是按「實質」來看待歌謠了。

從古相傳的讖謠、謠諺之謠，它多半不付予歌唱，而是講說的，却又跟純粹的諺語有異，咱們無法排斥它於中國歌謠之外。

是則中國歌謠可分爲七大類：

兒歌
情歌
工作歌
生活歌
敍事歌
儀式歌

謠

這七大類，可約之爲三：

甲、兒童們唱的，或大人爲兒童們唱的——兒歌。

乙、大人們唱的情歌，工作歌、生活歌，敘事歌，儀式歌——總名爲民歌。

丙、不付諸歌唱的——謠。

五　歌謠研究會

北京大學開始徵集歌謠，是在民國七年二月。從這年五月底起，劉復的「歌謠選」，陸續在「北大日刊」上發表。隨着，北京大學研究院文科研究所歌謠研究會，於民國九年冬成立。十一年十二月十七日，北京大學二十五周年紀念日，「歌謠周刊」創刊。

上述歷史，是民國二十五年四月四日，「歌謠」二卷一期，胡適的「復刊詞」中所說的。鍾敬文「歌謠論集」序，寫於民國十六年十一月廿七日，比胡適的回憶早十年，有一段話可爲胡說的補充。他說，歌謠研究會「初名爲歌謠徵集處，設立於民國七年，當時曾發出徵求全國近世歌謠簡章。」此史實提示我們一個認識，民國八年的五四運動，是在北大徵集歌謠的一年之後。歌謠的特色，在其民族生活、民間精神、鄉土氣味與樸野風格，這在五四新文化運動的激流裡，尤其是文學寫作上，必然是大大起了一番作用的。但檢視這一年多的「北大日刊」，即可得出極強力的論證。

「歌謠周刊」的前一階段，出了九十六號，於民國十四年六月二十八日停刊。其工作目標，除了謠俗研究調查之外，主要的是想進行中國近世歌謠的彙編與選錄。努力工作的學人，是：沈兼士、常惠、周作人、白啓明、魏建功、郭紹虞、劉經菴、顧頡剛、何植三、楊世清、董作賓、容肇祖、劉復、孫少仙、許竹貞、劉策奇、林語堂、黃樸、鍾敬文、莊尙嚴、袁復禮、傅振倫、錢肇基、梁遇春、臺靜農等。

「歌謠周刊」後一階段，第二卷，出刊四十期。第三卷，出到第十三期，時爲民國二十六年六月二十六日，照「歌謠周刊」往例，暑假停刊。原預定九月四日繼續出刊，由於蘆溝橋事變，而永遠的停刊了。內容同前一階段，而見研究的深入。如像注意到歌謠與新詩問題：

朱光潛　從研究歌謠後我對於詩的形式問題意見的變遷

梁實秋　歌謠與新詩

林　庚　歌謠不是樂府亦不是詩

朱自清　歌謠與詩

此一階段，經常於周刊上發表有關歌謠文字的學人，爲：胡適、朱光潛、吳世昌、羅庸、梁實秋、李長之、林庚、壽生、容肇祖、魏建功、徐芳、周作人、劉萬章、臺靜農、馮沅君、佟晶心、李素英、顧頡剛、陸侃如、李家瑞、屈萬里、趙景深、聞宥、林培廬、朱自清、葛孚英、張爲綱、宗丕風、傅惜華、婁子匡、吳曉鈴、葉德均、張壽林、劉經菴、陳夢家等。

當時，人們對於歌謠本質之認識，郭紹虞「村歌俚謠在文藝上的位置」如下一段話，可爲代表：

這些歌謠，寫的是眞景，抒的是眞情，會的是眞意趣，絕對是眞實的表現，是極端自然的文章。不管是田夫野老的所唱，是榜人漁父的所唱，或且出之於十三四女孩兒的口中。就歌辭來講，情景總是很深，趣味總是很濃，就音節來講，聲韻又是無不調和的。自然的靈秘，不必一定是藝術家才能感受得到，才能表現得出，儘有不識文字的人，自能運用質實、樸素、逼眞的手腕，發爲自然的歌詩，成爲天地間的妙文。因爲他不懂格式，所以不爲格式所拘泥；他又本不要雕琢，所以不受雕琢的累墜。

載「歌謠周刊」一卷十二號。

劉復「海外民歌譯」自序，談到他之愛賞歌謠：

它的好處，在於能用最自然的言詞，最自然的聲調，把最自然的情感發抒出來。人類之所以要唱歌，其重要不下於人類之所以要呼吸，其區別處，只是呼吸是維持實體的生命的，唱歌是維持心靈的生命的。所以人當快活的時候要唱歌，當痛苦的時候也要唱歌；當工作的時候要唱歌，當休暇的時候也要唱歌；當精神興奮的時候要唱歌，當喝醉了酒糢糢糊糊的時候也要唱歌；總之，一有機會，他就要借着歌詞，把自己的所感，所受，所願，所喜，所冥想，痛快的發洩一下，以求得心靈上之慰安。

對於中國歌謠的愛賞，他很舉了幾個例，皆給予極高的評價。

我們在歌謠中，往往可以見到情致很緜厚，風神很靈活，說話也恰到好處的歌辭。例如雲南箇舊有這樣的一首山歌：

熱頭要落又不落，小妹有話又不說；

小妹有話只管講，熱頭落坡各走各。

「歌謠周刊」四十號，張四維採輯。

這眞悲愴纏綿到萬分了。我常說：這二十八個字，可以抵得過一部紅樓夢。再如北方通行的「小小子兒，坐門墩兒」一章歌，在一般人看，並不覺得有什麼希奇，我却以爲，自古以來，從沒有什麼文字，能把北方小兒的神情聲色，描繪得這樣逼眞的。劉氏對「小小子兒」的贊賞，我很同意。至稱「小妹有話又不說」爲「悲愴纏綿」，則評價未免過寬了，在我們的情歌中，還有的是哩。又按，這歌中的「熱頭」，是南北好多地方對太陽的俗稱，也可以說是「日頭」的音轉。

再如五壩牛窰子地方（在內蒙古西南部）有這樣的幾句：

世上有四大寬滔：

穿大鞋，放響屁，

河裏洗臉，校場裏睡。

法人 Joseph van Oost 採輯。

在文字上，雖然並不見得怎樣的美，然而西北荒原中的野蠻的闊大精神，竟給它具體的表現出來了。歌謠在這一方面，能把人事人情表現得如此眞切，在另一方面，它又並不膠粘在人事人情上；它也能有很超脫很奇偉的思想。

凡按，超脫奇偉，正是歌謠之所以爲歌謠者，只因其起於萬衆生活的興感，山野豪蕩，又復柔情如水，出口成章，不必承受什麼格律約束之故。

例如我們江陰小孩兒所唱的這一章歌：

亮摩拜，拜到來年好世界。
世界多，莫奈何！
三錢銀子買隻大雄鷄，飛來飛去過江河，
江河過邊姊妹多，勿做生活就唱歌。

我是直到現在還認爲不可多得的好文章的。言下之意，這是他自幼小就喜歡唱的歌。

外如「綿州歌」：

豆子山，打瓦鼓。陽坪關，撒白雨。
白雨下，娶龍女。織得絹；二丈五：
一半屬羅江，一半屬玄武。

楊用修「送余學官歸羅江詩」借用。

和「送金娘歌」：

金娘金娘誰家女？
皇帝是我兄，皇帝是我弟，
皇帝是我娃，皇帝是我爹；
皇后我姊妹，皇后我妯娌，

皇后我嫂嫂，皇后我娣娣。
送娘送到那方去？送娘送到那家裏？
那方不南又不西，那家不娃又不妻，
那個人兒黃面又黃鬚，黃冠又黃衣。
那個娘兒是大姬？那個娘兒是小姬？
今夜小姬哭，明朝大姬啼。
那個娘兒是大妃？那個娘兒是小妃？
大妃當捉犬，小妃當捉鷄。
金娘金娘，十萬八千里！

見元初徐大焯所撰「燼餘錄」。

雖然字句上亦許已經受過了文人的修飾，而它那奇妙的結構，樸茂的氣息，還依然保存着。若然我們覺得這種的作品是好的，我們在歌謠上用些採選的工夫，也就不能算得白費了。用劉復的欣賞標準來看，則本書所舉的一些歌謠，多有值得打連圈的好文章，恨不得起這位前輩於地下也。

我在「五十年來的中國俗文學」曾指出：「歌謠周刋雖中斷了十年，其影響力的擴展，則從不曾休止。在學術領域上，且從歌謠推展到整個俗文學以及民俗學的範疇，而有各地歌謠集的出版。在文學的研究與創作上，使大家重視歌謠的價值。」所說推展，指的廣州中山大學民俗學會和杭州民俗學會的業績。現在還要加補充的，是東南、西南地區各少數民族的歌謠集，四十年來，出刋者不下三十種。再者，凡是民國十年以後編刋的各地方志，都特別注意到集錄當地歌謠——不僅只是往昔那種政治性的童謠，還加上兒歌和山歌，這自是歌謠研究會所造成的影響。

在已往，只是由於文學上的興味，而注意到歌謠的集錄。明、馮夢龍，清、李調元，他兩位，是顶顯著的例。再有，由教育上而看重到兒歌的價值。明、呂坤父子之纂述歌謠爲「小兒語」，乃至義丐武訓之熱心爲孩子們唱歌謠，都是由於這番存心。

從前歌謠的紀錄，都只是文字的。歌謠研究會時代，也是如此。關乎歌謠的音樂性，紀錄其音調的事，那時並不是沒有人注意到。張新伯序「吳歌乙集」：

我想這吳歌集，如果試用蘇州注音字母，或蘇州羅馬字母，塡註在歌詞的每字之後，或一首一首的對照着寫，便可以使不論什麼地方的人，都能照着吳音去唱，而不會有生澀強硬和不自然的現象。如果再採用音符或簡譜，表明音的高低強弱緩急等等，便可以使不論什麼地方的人，都能吟唱得抑揚疾徐而不致失掉本來的音韻與語調。

又像羅香林於民國二十五年一月，發表的「民歌與音樂」：

搜集民歌，必繫以譜；若僅有歌辭，而無歌譜，則名雖爲歌，而實不可以盡人以歌。

收入所著「民俗學論叢」，民國五十五年一月文星書店版。

他並就粵東的客家歌謠——兒歌的「月光光」，「羊子尾馬」，乞歌的「爲人小子」，情歌的「起板」，「五里亭」，「枉心機」的唱腔，記下了簡譜。

也有人想到用錄音機來紀錄。可是，那時期，這種工具的使用還不普遍，做起來不太容易。

六　音樂家之治理中國歌謠

抗戰時期，陶今也「蒙古歌曲集」，李凌「綏遠民歌集」，都記上了簡譜。民國五十年，丑輝英「西北民歌集」，係以五線譜記載曲譜，她「將所集民歌中少數已有曲譜者加以校正，多數尚無曲譜者，依據原調配以曲譜。」（張道藩序語）陶今也「蒙古歌曲集」自序：

蒙古歌曲從來沒有曲譜，完全以口相傳，所以常有一個歌曲傳至百十年後或是千百里外，即由於口齒記憶的關係，變爲若干個不同的詞調。唱蒙古歌曲，要完全拉直了嗓子硬喊硬叫，才足以表現出那朔漠長空的塞外情趣。但是，我們唱起來時，究竟是用西洋的方法，或是京戲的方法，或是沿用其本色的原始方法，則各隨歌者自己的高興，筆者不加褒貶之詞了。所集歌曲，定調的方法，完全只依靠着筆者隨身所帶的一只百代口琴，自然不會完全十分準確，並且最大的原因，還爲的蒙古歌曲無所謂調子，儘嗓力所及，隨意引吭高歌罷了。

參閱「工作歌」篇、牧歌。

天風「綏遠民歌研究」，對於李凌所集的綏遠民歌，從純音樂的觀點，分析了調式，開始音和靜止音，主題的發展，曲式，而得到如左結論：

中國舊有的民歌，除了含有世界音樂共通的質素之外——我的這篇報告是部分地證明了這點——還含有極豐富的民族的音樂特質的。不過，要充分地發掘這種寶貴的民族的音樂特質，是需要我國音樂界的先進，共同來努力，作極廣泛的深刻的探討、研究等工作的。

他特別強調：

中國民歌，是包含着西洋音樂的某些進步的成分的。它的本身是在發展着的，而且它也具有着足以發展值得發揚之點的。一方面作為中國民族音樂的民歌，它是含有世界音樂的質素的。但另一方面，因為它是中國民族的，它應該有而且已經有它獨特之點。因此，便不能不採用西洋的音樂理論；同時，又不能囫圇吞棗地採用西洋的音樂理論。

天風這番意見，是很可代表當時一般音樂家的看法的。又像洪波「論民歌曲調的運用」一文，必定也是論究這些道理。他這篇文章發表於「采風」五期，見於古道濟「戰時我國民族學選目下編」，載「民族學研究集刊」第六期，民國三十七年八月，中山文化教育館研究部民族組編刊。據這「選目」看來，「采風」係重慶遷建區北碚國立禮樂舘禮制組編印，共出版七期，很刊出了一些有關歌謠的文章。那麼，洪氏論民歌曲調運用，或許更及於禮樂的關係上了。

還有好些音樂界人士注意到歌謠，譬如王光祈。專家們的論著，也還有好些，我未讀到。於此，敍述上的缺漏，只好告罪了。

據顏文雄「臺灣民謠」說，從民國初年到三十五年，臺灣有張福興、江文池、呂泉生、郭芝苑、許石五人，都是到日本專攻音樂，回臺後，努力於民謠的採集、研究及民謠曲調的編作。許常惠，則先到日本，再回臺灣進師範大學，習音樂，四十三年留學法國，他是最熱心於民謠研究的。張人模，執教花蓮師範多年，致力山地民謠的搜集，出版有「臺灣山地歌謠」一、二、三集。顏文雄則以「臺灣民謠研究」，於五十三年六月獲碩士學位。

顏氏這篇論文，其在音樂上的研究，是在分析臺灣民謠的音階與調性，拍子與節奏，旋律，曲式，唱奏法，歌詞與虛字。

音樂家們之治理中國歌謠，其所進行的論證，純係音樂方面，這乃是「歌謠周刊」兩個階段裏所不及接觸到的地境。

七　張錦鴻「中國民歌音樂的分析」

民國四十七年五月二十五日，全國音樂學會，第二次會員大會中宣讀論文，張錦鴻提出了「中國民歌音樂的分析」，他選樣的列舉了二十六首民歌：

北平城郊駱駝隊小調（河北）

小路（綏遠）

在那遙遠的地方（青海）

紅彩妹妹（綏遠）

沙里紅巴（新疆）

迎賓（嘉戎族）

喀什喀爾舞曲（新疆）

阿里山之歌（臺灣山地）

日翁獨咱（西康）
秋母薩（儸儸）
掀起你的蓋頭來（新疆）
尤子巴母（西康）
數蛤蟆（四川）
小毛驢（陝西）
紅河波浪（雲南）
青春舞曲（新疆）
小黃鸝鳥（蒙古）
情歌（康定）
讀書郎（貴州）
茉莉花（全國性）
漁家（湖北）
簫（廣東）
阿眉族舞曲（臺灣山地）
鳳陽花鼓（安徽）
一根扁擔（河南）

繡荷包（晉北）

這些民歌，是近二十年來，我們在臺灣的音樂會和歌舞晚會裏，以及廣播、電視裏，聽得也看得十分熟悉的歌曲。因爲既有音樂家的獨唱，還有一般的演唱。後者，每每是兩三人以上的男女，穿上鄉土性的服裝，加以裝扮、道具，並自己演奏着樂器，載歌載舞。其中有一部份歌曲，則在抗戰之初，就已從山野裏被音樂家們發掘出來，而其「聲消搖」的流傳海內外了。

張氏的論文，這每首歌曲都以五線譜記載，分析其形式，調性，曲調，節奏，以認識中國民歌音樂的特色。在形式上的認識，他說：

和其他民族的民歌一樣，中國民歌也沒有一定的形式。所謂沒有一定的形式，並不是沒有形式，只是形式比較自由罷了。大體說來，中華民歌的形式，多屬短小，應用一段式二段式者較多，應用三段式者較少。樂句的組織，或爲正規的樂句(由二、四、八小節構成者)，或爲不正規的樂句（由三、五、六、七、九小節構成者）。樂段的組織，或爲單樂段，或爲複樂段，或爲擴充的樂段。樂段中樂句的多寡，樂句構造的長短，全以適應歌詞爲主，應用較爲自由，大多不加限制，有時也許會忽略了「均衡」(Balance)的原則。至於曲調的構造（指在樂段或全曲中的構造，屬於形式範圍），或爲「並行構造」（兩樂句的曲調相同或相似者），或爲「對比構造」（兩樂曲的曲調無相似處者）。而樂句中的「動機」(Motive)或「片段」(Member)，往往應用反復或變化反復，這在造成統一性上，甚爲重要。

對於上舉二十六首民歌的形式，他每首每首都進行了分析。在調性上的分析，其主要意見：

西洋近代音樂的調性，是以大、小性階中各種調子爲基礎，靠主音、屬音、次屬音及其和弦來定調性。中國民歌音樂，與此大不相同，它是以中國五聲音階或七聲音階中各種調式爲基礎，靠一兩個中心音來穩定調性。

從這二十六首民歌來看，可以證明，中國民歌大部份都採用五聲音階，採用七聲音階者較少。至於調式的運用，則甚爲自由。我們通常判斷這首歌是什麼調式，是要看這首歌的「結音」（歌曲結束的一音）是什麼音來決定。這首歌的結音是宮，就是宮調。至於「起音」（歌曲開始的一音）是不是宮，那倒不一定。假使起音和結音不相同時，第二中心音通常是用來做起音的。

就這二十六首民歌，張氏一一分析了其調式、起音和結音。關於中心音，他的看法：

中心音是歌曲中時常出現的音，出現在歌曲開始的地方，做歌曲的起音；出現在歌曲結束的地方，做歌曲的結音；出現在樂句的末尾，做樂句的收束音。它的勢力，差不多控制了全曲，能使全曲趨於安定。在一首曲中，第一中心音，一定是這首歌曲的結音，出現的次數最多。第二中心音，通常是與結音隔開五度（上五度或下五度）的一個音。

依此分析，認定了這二十六首民歌的第一中心音和第二中心音。關於中國民歌的曲調分析，張氏的主要意見：

中國民歌的曲調，是照各種調式中的音，自由地向上或向下級進或跳進。曲調進行的音程，常用的是大二度，小三度，四度和五度，比較少用的是小二度，大三度，六度和八度。中國民歌中，因爲有中心音控制全曲的關係，所以曲調的進行，總是以中心音爲靜止點；就是說，曲調總是向着中心音進行。同時，中心音在聽者感覺上圍繞，也能使聽者對於曲調未來的變化和結束，發生一種預感。

其論中國民歌的節奏：

中國民歌的節奏，活潑、生動而有變化。我們知道，節奏有正規的節奏與不正規的節奏兩種：小節內強拍上或拍中強部放着較長的音符的叫做正規的節奏；反之，小節內弱拍上或拍中弱部放着較長的音符的就叫做不正規的節奏。在一首中國民歌中，常常混用這兩種節奏，用得甚爲靈活。

末了，他附論到和聲問題。

原始的中國民歌，是沒有和聲的，所以本文沒有提到民歌的和聲。不過民歌應該要有和聲，究竟中國民歌（特別是五聲調的民歌）要有什麼樣的和聲，才能烘托出它的特色來呢？這是一個很重要的問題，但不在本文範圍之內，容當另訂專題研究。

這篇論文，雖只是個初步報告，但很重要。就我淺陋所知，前此還不曾有人這樣進行了，對於中國民歌全般的概略的分析。這應該算得是中國歌謠音樂分析的基石，後來的人，大可以之爲研討的準據而往前有所發展，譬如像顏文雄的「臺灣民謠研究」。張氏特別提到，他很希望再繼續做第二步，第三步的工作。那麼，本書所列舉的歌謠，其唱腔，多有超乎這二十六首曲調之外的，張氏當樂於採爲分析的資料罷。惜乎，他這篇論文，除音樂會印行了少數之外，目前，已很難以找到了。跟張氏通信請教的結果，他說，這十年來，對此項研究工作，未能作進一步的發展。我想，這很可能是由於客觀條件受到限制之故。

八　歌謠工作新階段及客家歌謠之令人激賞

臺北每年有歌謠演唱會。在我個人，則十分遺憾，一直總因事忙，少有去聽過。直到民國五十六年十一月二十一日，中國民族音樂研究中心的主動發起，臺北市政府，中國國民黨臺北市黨部，青年救國團臺北市團委會，聯合舉辦的民歌比賽決賽會，讓大家十分滿意的，非常奮興的，聽到了「這些久已蒙塵的民族聲音」。這次決賽，是由俞大綱、衛惠林、黃得時、劉塞雲、許常惠、史惟亮六教授評審。其說明有云：

今晚登臺演唱的人，包括了不同階層（國大代表到板車夫）不同年齡（六歲到七十三歲）的民間藝人和業餘歌手，演唱的內容包括民歌、戲曲、器樂曲和童謠，願他們今晚的演唱能為民族音樂文化帶來新的生機。

按說，依着自己對於江漢的鄉土之思，以及多年長安生活，喜好關中地區謠俗事物的情分，我原應特別欣賞陳靜宜唱的湘劇「趙五娘上京」，答永芝、朱愛仙先後唱的秦腔「秦香蓮」、「三回頭」，況這三位也確乎唱得情感懇摯，音調高昂，動人極了。正是清、焦循「花部農譚」序所說：

其事多忠孝節義，足以動人；其詞質直，雖婦孺亦能解；其音慷慨，血氣為之震蕩。

焦循這末句話，乃為評衡歌謠是否具有生命力的標準。

這晚上，全部三十個演唱節目，教我十分欣賞，且留下深刻難忘印象的，是呂寶桂獨唱的歌仔戲

「英台相思」，和所有的客家民歌。那是無一唱來不動人十分，把野地裏對唱山歌豪壯而又纏綿的情味，充分表露無遺。至於幾位男女中學生之演唱歌謠，以受過聲樂訓練的腔調，表現爲藝術的唱法，雖然唱得很認眞，但聽來則有走樣之感。當時，我一再忍不住的，向坐在前座的申學庸教授，提出我的感受，她很以爲然。事隔十個月之後，跟黃得時兄討論起來，他也同意我的看法。歌仔戲，乃是從山歌演變爲戲曲，且不論它。那晚上，唱客家民歌的，共有八位歌手。梁進鐘「平板採茶」：

一姐不如二姐嬌，三寸金蓮四寸腰，
買得五六七盒胭脂粉，打扮八九姐妹十分嬌。

黃金鳳「山歌仔」：

十九夜月八分光，七女留來對六郎，
五更打起四三點，兩人共眠在一牀。
十七十八離娘身，自己攤被自己眠，
雙手掀開綾羅帳，鴛鴦枕上少一人。

邱娣妹「老山歌」：

南風微微對面吹，三更半夜門吹開，
七寸枕頭貼三寸，留得四寸等郎來。

新做藍衫細烏襟，度度縫來愛鈎針，
燈心拿來打紐子，安在胸前掛在心。

歡歡喜喜笑呵呵，全省比賽來唱歌。
唱歌愛唱反攻調，團結不怕共匪多。

這位歌者，苗栗人，七十三歲的老奶奶，身體健旺，臉色好。其前章爲老山歌，後一章却爲「舊瓶裝新酒」，由於她唱腔熟練，居然聽不出文辭上的生澀處——因爲看來頗有生澀感。其後幾位歌手，也有同樣情形，唱得服貼。張滿意「山歌仔」：

涯裏臺灣係寶島，農業生產樣樣好，
大家同心來協力，不怕共匪並俄羅。

風子烈烈對面來，阿哥出門因爲財，
因爲錢財因爲你，因爲風流到這來。

陳瑞香「山歌仔」：

山歌一事我在行，郎係答妹妹答郎，
一同唱來一同駁，駁來駁去嬲一場。

共匪禍國又殃民，大陸同胞受苦情，

萬衆追隨蔣總統，光復河山樂太平。

李良珪「梅縣松口山歌」：

(男)有哩笠帽莫擎傘，連哩涯來莫連他，

一壺難張兩樣酒，一樹難開兩樣花。

涯，我意。

(女)有哩笠帽愛擎傘，連哩你來愛連他，

鴛鴦壺張兩樣酒，寄生樹開兩樣花。

(男)會唱山歌歌駁歌，手織綾羅梭駁梭，

會彈會唱風流子，會裁會剪花草多。

坐下來，嫐下來，嫐到兩人心花開，

嫐到鷄毛沉落水，嫐到石子浮起來。

嫐，談天、挑逗意。

歌者，廣東人，男性，陸軍軍官，約四十一二歲。他把山中男女對唱，歌調的高亢而悠遠，都給表現出來，大大使人血氣震盪。游春蘭「老山歌」：

山歌唔係考聲音，總愛四句唱得明，

老人聽到添福壽，後生聽到發萬金。

唔係，不是。總愛，只要意。

好好點點心按焦，手摸心肝卜卜鏢，
阿哥轉去半個月，老妹失魂十五朝。

按，很。鏢，跳。

賴鸞櫻「山歌仔」：

老妹好比甘蔗樣，嫩個淡來老個甜。
講妹老來妹又盲，今年盲有八十三，

盲、盲有，皆還沒有意。

水仔汶汶等到仙，石頭按硬搥到綿，
事業成敗盲使急，黃藤上樹慢慢纏。

汶汶，混濁。仙，清。按，這樣。綿，爛。盲使，不必。

這些客家民歌的歌詞，如僅從文字上看，固然，有的也可從其遣詞造句看出一些意趣來，却不能得其神味；必須聽到它曲調的聲音了，才能體味出，它那種活生生的氣息。有山有水，有花有鳥，如白雲淸風，似迅雷急電，緊緊抓扣住人們的心意和感情。那晚，當場聽的感受如此。半個多月後，在民族音樂研究中心，再聽錄音帶播放的感受，也還是如此。

最有意思的是，前幾年，中國廣播公司在苗栗所舉行的客家山歌比賽，來參加的人很踴躍，既有高壽九十多歲的老翁，也有六七歲的幼童，見歌謠生活之一線相承。這情形太可喜了。民國五十七年秋，某日晚上，中廣選樣的重播，有緣得很，給我聽到了。更其創舉的是，在臺灣的客家民謠會，赴日懇親訪問團，一行男女八人，於五十八年七月二十三日，至日本各地宣慰僑胞，歷時三十二天，獲得空前成功，使一些僑胞，聽到故鄉童年時代的山歌，男女老幼，無不感動得熱淚滿襟。不僅此也，此一行還促進了海外華僑的團結。僑胞忙於事業，如非業務關係，彼此很少往還，因爲這次客家民謠的訪問，人們大大受到激動，而加強了本來就有的契合。

見謝樹新「客家民謠赴日，轟動華僑社會」，載民國五十八年九月「中原雜誌」六十六、七期合刊。

客家歌謠所引起的深度激賞，也是促使我寫述本書的動力之一。

這裏，特須陳說一個事實。在我的謠諺比較研究上，不僅客家歌謠令人激賞，客家諺語的比興、義理、辭句之佳美，也是很獨特超絕的。這自與客家人的歷史傳統、文化素養、生活環境、社羣性格，大有關係。客家人之勤儉樸質，不在這浮華世界裏隨波逐流，屹然不移的定力，勇於開拓進取的精神，皆是今日社會極難能可貴的典型。客家人品質優秀，早有西方民族學家提示過。其由中原移民兩粵、四川、江西、臺灣的情形，我國史學家、語言學家，也都有所論證。客家人本身，更是都保有那父傳子，子傳孫的歷史傳說。我很希望有人就眼前現實客家生活，廣泛進行歷史文化與謠俗事物的研究。身爲客家的學者，前輩與後進，都不乏人，自屬義不容辭。當此朝野倡導復興中華文化的現階段，這一個研究，大可帶給我們許多許多益惠。中山學術文化基金會，若能出而促動此事，那是最好不過了。

話當這樣說，各地方的山歌，凡是唱得有情趣的，莫不教人特別激賞。因爲，山歌在野地裏唱，它天然有其高昂激情的音調。有的歌謠唱得不起勁，那不是歌謠辭句的問題，而是歌手唱走了味的關係。

歌謠工作的新階段在那裏呢？我是指的許常惠、史惟亮他倆，五十六年七八月，在臺灣西部、東部所做的民歌採集工作。主要的是，他倆所採集的歌謠，都由當地人唱，而當場錄下音來。他倆很發表過幾篇文字，敍述經過，討論問題。以下，略摘其民歌採集隊的日記。許常惠說：

我們發現車城的恒春民歌與其他地方有顯然不同的地方。它的不同，不在歌調的形式上，而在演唱的方式與精神上。同是唱「思想起」、「牛尾擺」、「四季春」、「臺東調」，但是在恒春、楓港、滿州聽到的，是帶着憂傷、悲愴暗澹的情緒；在車城聽到的，是帶着明朗、活潑、生動的情調。這種不同，特別在車城鄉田中村村長林添發（五十四歲）先生所唱的歌調中，表現得最突出。

同一歌謠，因歌唱者的表達而異其情趣，這就大大關係着音樂方面了。許氏還指出，他倆這次所做的民歌採集工作，開始於五十六年三月，比之過去零零碎碎的作法要進步者，是有系統、有組織、有計劃的，團體合作的作爲。

我們這次回臺北之後，如果能繼續把採集到的民歌整理、研究、出版、發表，並以它爲基礎做編作及創作的發揚工作的話，我相信它的價值將是無比的，它將影響中國音樂的前途，給中國音樂新的生命力，對復興中國音樂將能發生絕對的力重。相反地，這工作如果不能繼續展開，半途而廢，我們雖然擁有數十卷錄音帶——中國民歌的寶藏，但我們的工作仍是曇花一現。

他這一段話，就是我們歌謠工作新階段所要切實要求的。史惟亮在東部山地的採集工作中，有兩樁事，引我注意：

崙山下部落還有若干泰雅族雜居，靠一泰雅族少年的嚮導，我們居然在那裏錄到了三首泰雅的老歌。七十二歲的曾貴妹老太太，唱做工的歌和舂米的歌，非常精彩，我們總算不虛崙山之行。

林信來如約在二十六日晨趕到，聽他們昨夜的錄音，發現仍與花蓮縣的布農族民歌無任何差別。歸納起來講，布農族民歌的內容，大致是「飲酒的歌」，「巫師醫病的歌」，「豐收的歌」，「歡收的歌」，「愛情、結婚的歌」，「作戰獵首級的歌」等幾種。有的地區因爲信了天主教或基督教，也有了有關「信仰的歌」。民歌與生活是一致的，沒有一首民歌是脫離現實生活的幻想，它的可貴處就是它的眞實性。

載民國五十六年八月二十三、二十四日「臺灣新生報」。

還有好多喜愛謠俗事物的鄉親們，也在默默的做着本書所期望的事。游國謙「民謠與我」：

一位老掉牙的鄉親，六年前從國外回來，他告訴了我一個故事。有一天，在意大利的某個小鎮，他應邀參加了一個園遊會，在會中的餘興節目裏，有一位傳教士，上臺唱了一首臺灣童謠：「天黑黑欲落雨」。（參閱「兒歌」篇五「流傳臺灣各地的一首兒歌」）這首曾經在民間流傳最久，而人人都會哼上幾句的童謠，使他在臺下感動得流出了眼淚，離開祖國三十多年而從來不想回國的他，因爲，這首歌使他聞到了濃郁的家鄉泥土氣息，使他想起了兒時在家鄉哼唱這首童謠的情景，使他喚醒了自己不該樂不思蜀，於是他毅然決然的舉家回到自己的家鄉。

游氏接着說：

沒有什麼了不起的故事，但是我聽了非常感動。因爲村裏的人都知道老鄉親是個非常驕狂的人，而且忍心丟得下在異國良好的事業根底不幹，舉家跑回家鄉住，眞是一件不簡單的事。我就是因爲受了感動，手揹起了錄音機，和手頭上僅有的儲蓄，走向鄉間每一個角落，開始從事紀錄幾將被人遺忘的本省民間歌謠小調。他說，這六年來，與歌唱家劉福助全力合作，採集到很多很多臺灣歌謠。由於土生土長，鄉親朋友多，進行得十分利便。游氏特加申明說：

我不是音樂家，也不是民俗學家，我只是爲了好玩而採取的。有一部份我絕對保留原始面貌，過去怎麼說的，我就怎麼提出來。但是有一大部份，因爲太「那個」啦，說出來實在有點不像話，基於復興中華文化的立場，我能捨則捨之，能稍加「粉刷」的也加化粧，但絕對保持一個原則：「不失原有泥土氣息。」

載民國五十九年六月二日，臺北「大衆日報」「民俗藝苑」第一期。

我想，「粉刷」而不失泥土氣息，這之中的分寸，是不易抉擇的。而取捨之間，在愛好歌謠的學者看來，必然還免不了一些見仁見智的不同意見。

九　中國歌謠音樂分析的擬議

五十多年來，由於愛好歌謠文學者的努力蒐集和出版，我們現在能找到的歌謠集子，比起劉復發表「歌謠選」的那個時代，可說是已有相當多的數量了。凡是本書「歌謠生活」篇所論到的地區，差不多都有歌謠書冊。問題只在所唱的腔調，沒有曲譜的記載。

在鐵幕以外地區，會唱大陸鄉土歌謠的人，好不好找呢？就前述民歌比賽的情形而論，這樣的歌手，並不難找。先不說別的地方，光只軍營裏，榮譽國民之家裏，就不難找出東南西北各地方會唱鄉土歌謠的好歌手。

憑着既有的歌謠集子以爲指引，找到了當地人會唱的歌，就可以發音了。且錄下音檔。誰來做這項音樂分析呢？應也不難，學養深厚的音樂教授和音樂工作者既不在少，每年更不斷有大學音樂系畢業生在增加上來，但能有所安排，這樁事就辦成功了。

依我的想法，音樂系學生，當四年級時，應該進行「民謠研究」的課題。最好是研究本鄉本土的民謠。有人雖從小生長外鄉，但因家庭生活關係，他仍是說着家鄉語言，行着家鄉風習的。這研究，應分配給較多的學分。

我這擬議，目標不妨高大些，要調查全國各地兒歌、情歌、工作歌、生活歌、敍事歌、儀式歌的腔調，而一步一步的先從局部做起。得有幾個人是統括全局的。許常惠，史惟亮他倆五十六年的採集工作，係屬青年救國團暑期音樂活動之一。我想，這件事，每年寒暑假，乃至平日都可進行的。

歌謠的腔調與地方語言的詞彙、方言、方音，大有關係。地方語言的分別，拿我們湖北說，至少可劃出這麼十一個區域：武漢地區，黃陂、黃岡、黃安地區，黃梅、廣濟地區，陽新、大冶地區，咸寧、崇陽地區，嘉魚、蒲圻地區，漢川、沔陽地區，荊州地區，恩施、巴東地區，襄樊地區，隨棗地區。

若說，以中國地域之廣，這樣州府小地區的分析，太嫌瑣細，那麼，放大些——約略的說，全國語言的差別，也應有二十個大區域：中原地區，江南地區，浙海地區，淮海地區，皖贛地區，湘楚地區，冀魯地區，東北地區，陝甘地區，晉綏地區，川康地區，雲貴地區，嶺東地區，苗傜地區，閩臺地區，熱察地區，寧靑地區，蒙古地區，新疆地區，西藏地區。

在這二十個大區域裏，農民揷秧時唱的工作歌，除了蒙古、新疆、西藏不論，豈非各有各的特色？情歌腔調，更不用說，是大大的不同了。

各個區域歌謠的唱腔，其間的同異流變，研究比較起來，是一個極有興味的課題。新疆的會與湖南的相同，雲南的却與東北的一樣；武漢雖只是一個地區，漢陽鄉下與漢口市上，也大有差異。這種同異，在小地區裏，其表現於文字上，並不太顯然；從音樂上分析，就十分的凸出了。

錄音機的記錄，詞句文字的正確，加上音樂工作者的熱心，專家們的提調，把握了無偏失的工作原則，整體目標計劃的導引，前人作爲的參考，如此，中國歌謠之音樂分析，就有切實可行的途徑了。更加上電影片的畫面傳眞紀錄，豈不大妙！

這個作法，何以一再說到整體目標計劃、安排和提調呢？乃是說，不可有如前述陶今也、李凌、丑輝英那麼個人性的零星作法之意。

這個工作，目前不做，將來就不容易做了，甚至不可能做了。

丑輝英「閒話西北民歌」，指證說：

共產匪黨善於利用民歌，鼓勵士氣，煽惑民心，藉小調把惡毒的思想，傳佈於基層社會，使善良的百姓上當。匪幫於二萬五千里流竄時，將四川小調，編了一首所謂「長征歌」。會經從俘虜口中，得知這麼幾句：「笛子吹起來呀，唱給青年們聽，我們的目前是艱苦與奮鬪呀，爲的是創造呀，西北根據地，雪山草地克服它，敵人要打垮呀！」「加倍的努力呀，加緊去學習，馬列的主義呀，要仔細去研究呀……。」匪以這首歌，不知煽動了多少青年男女，跟着流竄到西北。誰能想到為知識階層鄙視的民歌，給匪黨幫了忙。目前我們應該請音樂界及喜歡小調的朋友們，從這方面，下一番功夫，先從蒐集全國各省民歌入手，然後分門別類，予以整理，去蕪存菁，譜成專集，就軍中、青年、勞工、農民的需要，應時應景，作詞配調，傳佈演唱，我想絕對可以發生很大的影響力量。當然這個工作不簡單，非一二私人之力能夠辦得到，所以文教當局與軍中政戰部門的大力支援，是必要的。

載民國五十九年元月「中央月刊」二卷三期。

她的意見，不僅止於歌謠的音樂分析，更在譜成專集，傳佈演唱，為時代之運用。這，從上節客家歌謠之令人激賞，邱娣妹「老山歌」，張滿意、陳瑞香「山歌仔」，他三人「舊瓶裝新酒」的三支新歌，已見出端倪了。談到運用，有一要點必須把握，切不能任意竄改修潤，以致萎縮了歌謠的生命。

十　可佩的先進——凌純聲、張鏡秋

凌純聲「松花江下游的赫哲族」：

研究一民族的歌曲，最科學的方法，是用收音機。然這種設備，不是常常可以做得到的，其次則可以用紀錄的方法了。著者的方法，是先叫他們唱一遍，唱了好幾遍，再一句一句的慢唱，至每句的音聽清了，把音記下來，再叫他們慢唱，自己看記的音有無錯誤，又叫他們照平時的快慢來唱，以定拍子，最後跟他們合唱學腔調，並注意其強弱高低。開始的時候，非常的慢，第一曲費了五個晚上方能記成，到後來乃愈學愈快了。我學會一曲，至完全能唱得順口時，就去唱給別的赫哲人聽，經過幾個人說不差，就算學完一曲。一共學了二十七曲；對於赫哲唱歌已得一個大概情形，其餘的亦是大同小異，乃停止學習；但是我這個活的收音機，究竟比不上機器，學了恐怕忘掉，所以每天晚上總把二十七曲，從頭至尾唱過一遍；唱歌本是樂事，然如此的唱歌，乃是苦工了。自松花江調查回來的時候，道經北平與先師劉天華商議整理的方法，並共同整理一曲。回到上海得友人吳伯超的幫助，費了許多工夫才把它整理出來，現在可以按譜演奏，可惜沒有知音的赫哲人在此給我們一個評語。

中央研究院歷史語言研究所，民國二十三年南京出版，一四七頁。

所錄下的歌，分四部記載：歌譜及歌詞記音，歌詞音註，歌詞漢譯，註釋。歌譜用五線譜，歌詞記音用國際音標。凌氏當時這種「耳聽口唱」的紀錄方法，行之甚苦，却是印象深刻。民國五十七年秋，我問起這番情況，他還能不假思索，立時就按赫哲族的原歌原譜，唱了起來。

其次是，張鏡秋戰時在雲南佛海，苦行四年，調查僰民歌謠。徐嘉瑞「僰民唱詞集」序：

張子鏡秋，從余遊者二十餘年。民國二十九年，從友人李拂一往佛海。居佛海且四年，或任督學，或任秘書，工作甚繁，生活實艱。蓋佛海用銀幣而薪給則紙幣也。鏡秋貧甚，易衣而出，並日而食。學習僰文，足繭荒山，採訪民間歌謠，成僰民唱詞集一卷。鏡秋之言曰：「余自抵佛海以迄離佛海之時，服食起居，皆李拂一先生供給，解衣推食，不受余報。余亦無以爲報也，而老母妻孥，告貸無門，已瀕絕境，感友電促回昆，以救家難。拂一贈馬一匹，且乘且步，衝毒霧，冒秋霖，行至車里之小猛養，爲水蛭吮血過多，抱病而行。行人或贈旅費，或贈衣褲，始抵昆明。此行四年，所得者，僰族歌謠，及佛海車里之民族調查數種而已。」鏡秋之境遇之苦如此，其好學深思，孜孜不倦又如此。聞鏡秋語，心滋感動，則僰族民歌，得之亦非易也。迺與方國瑜先生商定，由西南文化研究室印行，以見雲南文化來源之廣，亦以慰鏡秋之苦心云。

民國三十五年八月，雲南大學、西南文化研究室刊印。關於僰民文化之地位，則見於此序之上半截——雲南東接沅湘，西通印緬，北連川康，南暨交趾。萬峰矗立，大江重繞，民族星羅，散處其間。語言風尙，各具特質。故所包羅之文化，亦極豐富，其東則汲取中原文化，保存無失，如有明一代之小曲，卓珂月所稱爲堪與宋詞元曲並美者，在中原已散失，猶保存於滇南。余已搜集爲「雲南農村戲曲史」一書，此雲南民間文化之來自東南者也。至於北部，則漢唐以來西北民族不斷南遷，中原大姓居六詔故疆者，保存最古之唐語，號曰名家，實卽貴族。今流行於蒼洱間名家曲本，以七七七五組織而成。亦自成特殊之體製，曾見諸明代石刻。堪溯其源於明代以前，而其語則爲唐語。余搜集名家唱曲三十餘種，並於「大理文化史」中獨闢「白話文學」一章，以窮其源。此雲南文化之來自西北者也。至於西南，則以印度、緬甸、暹羅相通，此一區域，實爲印度文化影響最大之區域，故流行於車里佛海之民間唱曲，體製宏大，結構謹嚴。自結構與體製言，與佛曲僰文當爲一系。但其文，則爲僰文，其內容，亦近佛教。此雲南民間文化來自西南者也。其源雖異，其滙歸則同，雲南遂吸取中原古代漢唐文化，加以元明兩代之近古文化，復吸收印、緬、康、藏、泰、越之文化，融會交織而成爲西南文化之一系。是不當僅求之於文學，更當求之於歷史，求之於政治，求之於語言，求之於宗教，求之於民俗，廼可窺全豹焉。

是則，如今採集歌謠，再怎樣困苦，也不會像這兩位，當年一北一南，投身荒遠的艱辛萬分了。後進者要如何勉力呢？

十一　愛樂合唱團所走的道路

民國五十八年三月二日，在愛樂音樂社的支持之下，由十七位大專院校合唱團的男女優秀團員，於臺北組成了愛樂合唱團，他們將以演唱中國民謠爲主。我想，這一羣青年朋友，於本書所擬議的幾件事，都必樂意爲之，或許早有所進行。調查歌謠，記譜錄音，爲中國歌謠的音樂分析——乃至更進一步的，比證現代歌謠與古昔音樂戲曲的淵源，以及中外歌謠的比較分析，而演唱出眞正中國風格的歌曲，實不勝其殷切的希望。

本書所申論以及一再建議的意見，正是他們所要走的道路。因此，以下全錄民國五十八年三月三日「中央日報」的這條新聞記載，作爲一個有力的見證。

以小型重唱爲主的愛樂合唱團，昨天正式在臺北成立，準備在各地演唱民謠，來復興中國的民族音樂。

這個合唱團的團長蔣敏一，昨天下午在記者會中說，這個合唱團的宗旨，在響應文化局音樂年的號召，提倡正當的音樂活動，以演唱富有中華民族精神的歌曲爲主，其他世界各地民謠爲副。

這個合唱團，共有男女團員各八人，指揮則由徐天輝擔任。徐天輝昨天指出：

1. 這個合唱團不以營利爲目的。

2. 合唱團將以團員們的決心，傳教士的精神，從事音樂工作。

3. 以民族爲出發點，唱出我們自己的心聲。

4. 這個合唱團走小型重唱的路子。將來打算到中南部演唱，準備把好的音樂，帶給農村裏的孩子們聽，以後還打算到東南亞各地，演唱中國的民謠。

音樂家許常惠敎授，認爲愛樂合唱團演唱民謠，來表現民族音樂的風格，是項良好的途徑。他更爲蔣敏一熱心音樂的精神所感動。蔣敏一這次拿出二十萬元，作爲愛樂合唱團的發展基金，這筆基金將用來購置合唱團的各項器材及書譜，譬如史坦威演奏鋼琴及合唱曲譜等。這個合唱團將來演唱的收入，也用在發展音樂方面。蔣敏一在經營企業之餘，從事這項有意義的文化活動，實堪敬佩。

這個合唱團，是由愛樂音樂研究社籌設的。創辦人劉志雄說，這個合唱團，已有計劃在各地區成立支團，來推廣音樂活動。

合唱團的團員，都曾是臺大、師大、東吳等各大學合唱團的團員和指揮，有的現任各大專院校助敎、講師及副敎授。團員們識譜的能力很強，對外文亦有造詣，不僅可演唱我國各地民謠，而且可以演唱世界各地的民謠。

擔任指揮的徐天輝，畢業於師大音樂系，他是音樂家戴粹倫的學生，他從戴粹倫那裏，學得歐洲傳統指揮法。他曾任師大心聲合唱團、淡江合唱團、稻江合唱團和屛東山地合唱團指揮，現任臺北中小學音樂敎師聯誼會的監事，臺北救國團幼獅合唱團指揮，對合唱指揮有獨到之處。他曾率領臺大合唱團，參加全省音樂比賽，演唱舒曼的「兩個手榴彈兵」、「氣壯山河」，榮獲大專合唱組冠軍，他個人亦獲救國團學藝競賽社會組獨唱第一名。他並且是一位出色的男高音。

團員中，女中音陳世姿畢業於臺大，音色柔美醇厚，又擅長鋼琴。女高音李妙信，是中國文化學院藝術系學生，她擅於演唱聖樂。抒情女歌音林君瑛，是位音樂老師，音色圓潤華麗，她在去年臺北市音樂比賽中獲得獨唱的第一名。女高音吳美華，現任東吳大學合唱團團長。女高音劉美蓮，過去曾是高雄女師合唱團的團長，現任榮星合唱團的助理指揮。女中音曾明美，一家人都是榮星合唱團的團員。女中音張明月是屏東市長的姪女，亦是音樂教師。女高音黃麗淑是個學生，她胞姊黃麗鶯曾代表我國，參加世界聲樂比賽。女高音費洪貴是個學生。男低音黃嘉章，臺大研究生，過去是臺大合唱團團長。男低音辜敏志，曾任東吳大學合唱團團長。男高音盧水樹，亦做過東吳大學合唱團管弦樂團的團長。男高音齊同賢，東吳畢業，現在國華廣告公司服務。男低音王健，畢業於師大藝術系，曾是師大管弦樂團團長，曾獲全省音樂比賽小喇叭獨奏冠軍，現任教大同工學院。男低音呂勝雄，曾是臺大合唱團的首任團長，現任教淡江文理學院。

昨天下午，在愛樂合唱團的成立大會中，合唱團的團員，曾以無伴奏，演奏了「黑人靈歌」，美國民謠「卡布里島」，及「長城謠」等，獲得了在場新聞界人士的熱烈掌聲。

聽了他們的演唱之後，許常惠認爲他們應追求純中國風味的中國民謠是很對的。許教授說，目前的民謠，一種只適合在夜總會裏唱，一種則太洋化了。他希望愛樂合唱團，能追求道道地地的中國風格的民謠。他指出，不久以前，他接得劉塞雲從美國寄回來的信，信上說，她在美國演唱中國民謠，頗受歡迎，她打算將來專門演唱中國民謠。

十二　史惟亮「論民歌」

史惟亮兄這本書，提出了一些極值得我們要大大看重的意見。摘錄其主要論點，以爲中國歌謠論序說篇的結語，眞是再好也沒有了。

於此，先說說我與著者以及他這本書的一段緣法。

民國五十六年八月二十八日，參加國軍新文藝輔導活動，前赴嘉義、臺南工作。一行男女十六人，本當梁又銘、中銘昆仲率領，以他倆每到一處，卽須臨案作畫或外出寫生，常至深夜不息，乃推我領隊，而由朱西寗兄任總幹事，以爲大家服務。其時，正是許常惠、史惟亮他們分於臺灣西部、東部採集歌謠，才畢事的半個多月之後。在「新生報」上，大家都看到他倆所發表的「民歌採集隊」工作日記。幾達三分之一的版面，連續好多天，這樣報導學術方面的事，當是臺灣這二十年報業史上所僅見。嘉義、臺南之行，得與惟亮兄同道，談談藝文與東北鄉土事物，乃有十分欣快之感。九月六日，去金門，由朱橋兄任總幹事，出陣的文藝界朋友就更多了，一行二十八人。上飛機時，我走在最後。旣入機艙，大家都找好座位坐定，駕駛員出來表示歡迎並囑咐了幾句話，就要起飛的俄頃之間，朱橋兄過來告訴我，說乘客超載，機場上指名要惟亮兄下去，他已從前艙裏走了。未知是否事先他未有列名之故。及至飛機升空，進入航道，大家仔細看看，艙裏還鬆敞得很，再加四五人也沒關係。這使我在金門的那幾天以及回臺北之後，好久好久，心裏都有着歉意。那次，惟亮兄帶有錄音機同行。他若到了金門，錄得當地緊接大陸鄉土的民歌，相信在這本「論民歌」的著述中，必更多些結實論證。

此後，在「幼獅文藝」上，讀到「史惟亮專欄」有關音樂方面的文章。又在中國青年音樂圖書館和民族音樂研究中心兩處地方，先後跟他見過面。只以其時自己還無意於歌謠的撰述，所以少有在這方面深談。

等到五十七年夏，下筆寫述本書，雖少有再見到他，心念則常馳左右。因爲我總不免會想到，這位英年有爲的音樂家，乃是本書有力的見證者。不久，就聽說他又去歐洲了。

五十八年九月，孔聖先師誕辰，歌謠論全稿寫完。但仍陸續有部份增訂。十月下旬，報上登出「論民歌」這本書的出版廣告，特意專程去買，沒買到，說印刷廠未送來。此後，每隔一星期或半月，又連續去書店幾次，仍未買到。五十九年元旦，「論民歌」的出版廣告再見報章，我捺下性子，等到不是休假的日子去買，以爲必然十拿九穩，誰知大出意外，仍然不得到手。那店員小姐說：「看到你來，我都不好意思了。」我心想：爲買一本書，這樣三個月的屢屢空勞往返，我還從不曾有此經驗。這時際，臺灣電視螢光幕上，看到音樂名曲演奏，史惟亮兄擔任分析講解，才知他已經回國。元月十日，我把在「中山學術文化集刊」第四集所發表的「中國歌謠論序說」抽印本寄給惟亮兄，並函告他「論民歌」之難得出廠。其時，序說中「歌謠釋名」、「張錦鴻中國民歌音樂的分析」，還未增訂進去。

是二月十五的左右罷，臺灣電視的音樂節目，有惟亮兄及其同仁所作曲的「接財神」、迎新春之類的民族音樂演奏，係作曲者各從自己故鄉童年所熟習的民間樂曲創化而得，正是其「論民歌」若干論點的實踐。

二月十七日，惟亮兄來訪，適外出，晚九時方歸，這才讀到他惠贈的「論民歌」了，即時拜讀一遍，爲之欣然無已。我這音樂門外漢，對中國歌謠的一些看法，並未看走了眼，多與他的高見相共鳴。他的論證，自是深刻多了。

再者，惟亮兄的基本觀點，跟前述天風「綏遠民歌研究」的看法，可說一線相承。他對臺灣福佬、客家、山地各族民歌的音樂分析，與張錦鴻的中國民歌音樂分析，再加上丑輝英「西北民歌」的五線曲譜，陶今也「蒙古歌曲集」，李凌「綏遠民歌集」，合攏來看，正是中國各地歌謠音樂分析紀錄的極好範式。這個範式，得來不易，其對中國民族音樂的建立，自是大大有着起步的作用。

何以要作以上這些瑣細敍說？乃在表示一個意願。本書裏，是將自北京大學歌謠研究會以來的工作成績，作了一番通盤檢視的報告；而認定，關乎中國歌謠的音樂紀錄、分析、研究、創化這些課題，史惟亮和他的同仁們，大大可以接手來治理。事實上，他們早已接手了。「中國歌謠論」成書出版之後，在這方面，我就不必再發言，多說外行話了。

「論民歌」包含十篇文字：

1. 代序，巴爾托克——一個偉大的音樂家和偉大的愛國者
2. 民族音樂文化的保衛與發揚
3. 釋民歌
4. 再釋民歌
5. 我們的名歌手

6. 述評「中國民歌比賽」
7. 給中國歌劇算命
8. 臺灣山地民歌調查研究報告
9. 民歌採集隊東隊日記
10. 中國民間音樂和廣播電視

以下，摘錄其幾項主要論點。首先看他對民歌本質所表示的意見：

民歌是(包括民間器樂曲和地方戲曲的)民間音樂中一個最重要的環節。民歌本質上是通俗而大衆化的，它們被表現出來，往往不是爲了娛樂他人，而是他們(演唱者)的生活本身，不是再現別人的感情，而就是他們自身的喜怒哀樂，甚至他們自己就是作曲家、演奏家和聽衆。第六頁

關於「民族音樂文化的保衛與發揚」，這幾點看法，十分重要：

第二次世界大戰前，英國在政治上是一個不折不扣的大帝國，但在音樂上，却是兩百年來呻吟於德、法音樂鐵蹄之下的附庸。英國自二十世紀初掀起民族音樂運動，旨在保衛並發揚他們自己的民族音樂文化。第二次世界大戰戰後，英國人在政治上退居三島，無復往日雄霸天下的氣燄；但在音樂上則是掙脫異族的桎梏，恢復自我，進而光耀世界。英國人在二十世紀能產生出世界性的音樂家，如 R. Vaughan-Williams 和 B. Britten 並非歷史的偶然。

中國隋唐兩代，被稱爲音樂盛世，外族音樂大量湧進，特別是在唐太宗 (625-756) 到唐玄宗一百三十年間，是吸收外族音樂最多，也是消化外族音樂最快的時期。這些外族音樂後來就

逐漸同化於中土音樂之中，成爲中國音樂的新血。當年的隋、唐兩代，在政治上有如上述大戰前的英國地位，乃一大帝國，同時在音樂文化上，却並非附庸。唐明皇改西涼樂中的婆羅門曲爲霓裳羽衣曲，是一個很好的說明。

英國人強調恢復自我，是不甘被外族音樂同化的民族覺醒；中國隋唐兩代倡導「世界理想」，乃是當時中國人對於自我具有充分信心的大氣魄表現。這兩段史實，同樣可以做爲我們今天談「民族音樂」問題的借鏡。

我們今天正處於一個西樂大量東來，而本身又無音樂信心的時代，從音樂學術到音樂教育，從音樂創作到音樂演奏，我們失去了自我。這種現象，與隋唐兩代的勇敢吸收不同。與英國之因受壓迫而奮發圖強不同。我們的音樂，表面上看來並不消沉無聲，然而在實質上，却是一個外國音樂殖民地的繁榮。

這就是我們需要掀起民族音樂運動的理由；此時此地，我們急需能恢復自我的民族音樂，更需要有世界理想的民族音樂。

想在音樂上恢復自我，首先要拿出自己的音樂來。

最急切最重要的工作，是看看我們有多少音樂文化財富，全國各省各族的音樂資料，全臺灣山地和平地的音樂資料，立刻要蒐集、整理和統計，這個結果將會使我們自己大吃一驚，因爲我們原有良田千畝而不自知，多少年來，我們竟是靠行乞度日！這句話沒有任何誇張，僅以我們在本省各地所採錄到的民歌爲證，就足以使我們驕傲的說一聲「我是中國人」了。

輕視自己「音樂文化」，崇拜外國「音樂文明」的現象，在大學音樂科系裏特別顯著。造成這個現象的主要原因，誠然是五十年來音樂專科教育「忘我」的結果。恢復自我最好的辦法，就是加強研究民族音樂，只有等中國人在音樂專科教育上，面對外國音樂而無愧時，才能有平等的中西音樂文化交融。

我們堅信，中國民間音樂財寶一旦整理完成，目前在理論上爭執不決的國際派和國粹派，就都可獲得眞正的恢復自我。第五頁

此外，則是他在採集民歌與研究分析以及作曲過程中，所深刻體驗到的一些心得。就民國五十六年端午節後一日，中國廣播公司苗栗電臺與苗栗縣客家民謠研進會所合辦的，第三屆臺灣全省客家民謠比賽，參加者達二百人，最能看出民歌的全民性：

或者有人以爲唱山歌乃是鄉下人的土娛樂，不値得一論，其實不然。請看下面的事實（凡按，此處插有一張比賽當場濟濟一堂的照片）。參加比賽的人，並不都是村夫農婦，其中包括了士農工商各階層的人物，雖然有些主辦人或評判人員沒有參加正式比賽，但仍在比賽結束後頒獎以前，自動登臺，一顯身手。其中包括鄉長，大企業公司的董事長，縣府科長，電臺節目主持人，歷屆比賽冠軍……這一些動人的比賽鏡頭，在政府所辦的全省音樂比賽中，是看不到的。有那位評判委員會上臺示範演奏過？有那一位主辦音樂比賽的官員會上臺高歌一曲？文明的音樂比賽是形式多於內容，而客家調比賽，却是不折不扣的全民音樂活動。今天在臺灣，除了客家調之外，恐怕我們再也找不到被各階層人士共同愛好的音樂了（山地歌曲仍屬於原始性的音

樂，不能與客家調比較）如閩南系的歌仔戲就沒有鄉長、董事長一類人物參加演唱。第十九頁

按，不僅歌謠如此，所有俗文學，都具備這種性質。我在「五十年來的中國俗文學」一書，探討俗文學的性質有六：民族性，傳統性，鄉土性，羣體性，口語性，和合性。其中，羣體性的說明，正和惟亮兄上述情態相同：「羣體性。換句話說，非階級性。俗文學並非屬於某一階層或某一社會或某一教育程度或某一種年齡的人，而是男女老幼，富貴貧賤，上智下愚，所共有的，都喜愛的；假使某一種俗文學，只阿好一部份人，而不能討好羣體，那必然存在不住。何以某一種俗文學的形式長久傳承，而某一種只是倏忽一現，其分際只在於此。」又，民歌的鄉土性及其一脈相承，尤其他指出「詩經的影子」，乃是簡切有力的論證：

民歌必是屬於純鄉土性的。那一股濃烈的鄉土味，有如紅辣椒，有如臭豆腐。流行歌雖然可以模倣民歌，但充其量僅能做到味精的效果，也就是說，流行歌沒有民歌獨具的個性。假定眞有一首流行歌（通俗音樂）獲得廣泛而持久的流傳，作者也已佚名，是否被當做民歌看待？仍然不是。上述「高山青」便是一例，即使兩百年後它仍存在，且作者佚名，它仍然不是民歌，只能算是贗品。歐洲中世紀唱遊詩人們所寫的東西，有若干都保留了下來，且作者佚名，這些作品都是模倣當時民間風格寫出，然而今天只能根據歷史的理由而加以演唱。流行歌是任何時代必然產生又必然被時代淘汰的產物，而民歌則有如人類之繁衍，雖也不免於生死，但却一脈相承。詩經的音樂死了，但我們可在現存民歌中窺見詩經的影子。第十二頁

文明社會，民歌逐漸消逝的危機：

文明進步，古老的民歌就相對的逐漸消逝，越與都市文明接近，民歌就有受文明音樂感染而變質的危險。臺灣都市與鄉村的距離已日漸縮短，山地各族的固有生活方式，也正在緩緩的解體，山地年輕人，大都不再會演唱傳統的老歌，站在保存歷史的立場，我們不能任令它隨着老一輩人之死去而消滅，必須及時把它們採集整理出來。第四十頁

民歌與流行歌曲問題，除了他在前面已提到的，更有進一層的申論：

如何在欣賞時區別流行歌和民歌，在大家對民歌已經有了興趣的今天，可能逐漸有所瞭解而辨其眞僞；但是民歌該如何演唱，却是一個新的課題。我以爲今天大部分的所謂「民謠演唱」，實在就是流行歌演唱，不久以前臺灣省黨部主辦的「臺灣民謠比賽」就是用流行歌演唱法表現民謠；臺北四個機構主辦的「中國民歌比賽」，也在初賽中發現了大批「流行歌的民歌」。把民歌用流行歌唱法表現，無異是把最好布料做了最壞的剪裁。我們雖然覺得此種貨色尚可，但其不倫不類已莫此爲甚了。民歌終不是流行歌，流行歌也終不是民歌，像臺語流行歌「望春風」，雖然音樂學生們誤以爲民歌，把它編成合唱來習唱，也終不可能把它納入民歌的範疇。民歌和流行歌看似距離很近，但是總也無法合流，一個是井水，一個是河水，最好互不侵犯，否則兩敗俱傷。第十三頁

民歌和藝術歌：

藝術歌乃是作曲家依據詩詞創作的歌曲，在創作過程中，與民歌或流行歌並無任何差異，所不同的是基本動機；藝術歌的作曲家不想製造廉價產品，不想迎合羣衆的喜好，只想求取作品的

藝術性和永恒性。因此藝術歌與流行歌的創作目的，也幾乎是背道而馳。反之，藝術歌與民歌之間，却往往可以產生水乳交融的和諧關係。因爲，藝術歌最先也是以民歌爲模範而創作的，雖然它不強調模倣民歌，但却無法脫去民歌的影響。試看藝術歌發展的歷史，正好像中國詩詞脫胎於民間詩經的歷史一樣，它可能最後已面目全非，但是，其中承繼着民歌的血液則無可置疑。第十四頁

民歌改造的準則：

經過作曲家深刻的體驗改編，再經過歌唱家深刻的體驗再現，民歌可能不致失去原有的精神，而成爲滋養文明社會的甘果醇漿；像舒伯特的許多歌曲，都不妨說是奧國民歌的化身和昇華，但若干中國作曲家，草率而自負的改造民歌的結果，却不能令人滿意，這一襲文明外衣，雖然不致損害民歌的靈魂，却使民歌成了文明的小丑。只有眞正愛民歌又消化了民歌的作曲家和歌唱家，才能在長久琢磨後賦予民歌以新的生命。第十頁

上，末兩句，正是惟亮兄之夫子自道。他還有個重要觀點，認爲民歌研究，應不僅止於純音樂的立場，這是他「臺灣山地民歌調查研究報告」後記，第一條所指出的：

本文是中國人自已根據親自調查所得的可靠資料而撰寫的第一篇研究報告，本文特別強調音樂學與民族學、社會學結合的研究路線，蓋純音樂的研究立場，將使許多珍貴的自然民族音樂，失去歷史的地理的光彩，成爲粗鄙的廢物。第六十三頁

末了所要摘錄的，乃是他跟我同樣，高度激賞客家歌謠：

我久已嚮往客家調的腔韻，對於客家調的比賽更感興趣，過去在我談到歐洲中古俗樂時，我就講到在新竹苗栗一帶的比賽，可以和歐洲十五六世紀的「歌唱大師」（或稱爲名歌手）的歌唱比賽相提並論，當我親身參與這一比賽的盛會之後，我更欣慰於這一推測的完全正確。第十七頁客家人初賽入選，幾佔全部名額的三分之一，決賽時也大部分獲特優獎，但無人獲大獎。究其原因是客家調在音樂結構上太短，四句詞就已經重複了一次曲調，與較長戲曲的曲牌相比，顯然在先天上吃了虧，但我以爲客家調是本次比賽中最「純」的一部分，這是客族值得自豪的事，而如何發揚這些寶藏，也是客族全體的時代課題。客家調在藝術上，有極高的核心價值，關鍵在我們的作曲家，如何認識和運用它。第二十六頁

這兒，我只有一點小意見，客家人不可稱爲客族，儘管在口語上也有這麼說的。苗傜族人的口語，還喜歡自稱爲「苗家、傜家」哩。

十三　羅香林論客家歌謠的中原傳承

關於客家歌謠的源流，羅香林「粵東之風」，有一段極可注意的論證。淸末，黃遵憲輯錄山歌，曾說：

土人舊有山歌，多男女相思之辭，當係獠、蛋遺俗。今松口、松源各鄉，尙相沿不改。每一辭畢，輒間以無辭之聲，正如妃呼豨，甚哀厲而長。

羅氏認爲，這是臆測之詞，不合事實。客家人雖居住獠人蛋人的舊地或鄰地，但是，語言、習俗，大

大有別。從歷史上看，還是傳承於中原的出產歌謠的地方；加之當年遭亂過江，生活上起了絕大的打擊，情志奔放，越發要藉歌謠生活發洩心裏的感觸，而構成今日客家好歌的風俗。

他說，客家人的譜牒，多記載祖先原籍住在光、黃之間。河南光州，湖北黃州，地相接壤，南至江，北至淮，爲江淮之間一自然區域。汝水貫其北，故知其地，均在汝南。這些地方，在宋以前，確是歌風極盛的。蘇東坡「仇池筆記」「鷄唱」云。

光黃人，二三月，羣聚謳歌，不中音律，宛轉如鷄鳴耳。與宮人唱漏微相似，但極鄙野。漢宮儀，宮中不畜鷄。汝南出長鳴鷄，衛士候於朱雀門外，專傳鷄唱。又，應劭曰：今鷄鳴歌。晉、太康地道記曰：後漢衛士習此曲，於闕下歌之，今鷄唱是也。顏師古不考古本，妄破此說。今余所聞，豈鷄唱之遺音乎？今土人謂之山歌云。

羅氏的結論：

今日客家地方，如興寧、五華等縣，尙有唱鷄歌的名目。每日有專門唱歌乞錢的人，沿門求唱，或在城市，或在鄉村，均稱唱街歌，或曰唱歌子。從前我不知道鷄唱的來歷，以爲客家的街歌，實在就是一種流行在街市上的歌謠。但因它同時復流行在鄉野和山谷，不能全以街字去解釋，所以終於不敢決斷。近日閱蘇氏筆記，才曉得街歌就是鷄歌的訛字。因爲，鷄街二字，在客語是同樣讀法的，誤鷄書街，是毫不足怪的事。

民國二十五年十月，北新書局版。

第二章　中國歌謠的風貌

論句子

論結構

論比興

論聲韻

綜合起這四方面看來，中國歌謠的風貌爲如何？就可得之了。

每一首歌謠的形成，無有不是觸景生情，出口成章，卽物起興。它是大衆卽興體的製作，很富傳統性，而有不斷推陳出新的創造過程。歌謠的生命，就像長江黃河之萬古常流。

中國歌謠的風貌，簡單的說，是這樣的：歌謠可說是老百姓的詩，它的句子近於五言詩和七言詩的形式，而有多樣變化。兒歌句子最沒有常式，就像孩子們走路一樣，總是跳跳蹦蹦的。而所有歌謠的結構，都極活潑自由，因善用比興，其意念奔放，想像奇特，每多超絕境界。有一點，很固執，它必然都是有韻的；韻的叶合，也跟其句子形式一樣，變化多端。要是唱不順口，或者唸唱出來，不能教人一聽就懂，就馬上染受到這首歌謠的情趣；或是令人詫異，噫！這不像中國歌謠嗎，那麽，這首歌謠就站立不起來。

一首歌謠的產生，那隨口歌唱的歌手，他自不會考慮到以下所要討論的問題，句子、結構、比興、聲韻等等；當然，他得大致有個依循，把握到歌謠的意興與韻律，一首歌謠始能琅琅上口，富有感染力量，讓人家聽了，立卽引起共同情趣而傳述下來。這句子等等問題，乃是我們在討論中國歌謠的風貌，進行一番分析的結果。這跟詩韻、詩律、詩式之與詩的關係大大不同，創造歌謠的人們，用不着理睬這些。

還有一點特別申明。歌謠是要用耳朵聽的，也卽是說，它的音樂性，切切不可忽略。下面所舉南北各地的歌謠，必須都得有了當地人唱腔的錄音，那麼，我們一一聽起來，纔能完全的、眞正的，了然中國歌謠的風貌。則非附有幾十張唱腔的錄音不可。目前，本書的撰述，還難以做到這一點。以錄音片組成的書本，人家是早已就有出版了。

論句子

中國歌謠的句子，取決於：

1. 中國語言結構的特性。
2. 人類歌唱發音、運氣、唸字的基本則律。
3. 中國歌謠生活的傳統。
4. 國風、楚辭以來詩詞的影響。
5. 自漢代以來讖謠說法的潛在影響。
6. 南北各地戲曲的影響——戲曲與歌謠間相互的影響，有時很難以分淸。

大體上，中國歌謠以三言、四言、五言、七言，爲其基本句式。有的地方，完全採着詩的形式，五言絕句和七言絕句，而尤以七言絕句式爲多。但歌謠究竟與詩不同。它用不着受那許多詩詞則律的約束，必須這樣那樣的，方爲合式。它儘可聽憑意趣的支使，想像力的奔放，與乎內心情感的自然流露，而創造出極活潑極自由的篇章。因此，絕大部分的歌謠，可以說，沒有一定形式。

一　二言句

二言句子的歌謠極少，要有麼，是屬於兒歌的，而且多半是大人們唱給孩子聽的母歌。

點點，蟲蟲，飛！（湖北武昌）

唱時，抱孩子兩臂，持其手指，向前，向上，向外張開，象蟲兒飛行貌。也大大引導了童心境界的飛蕩。胡樟茂說，浙江金華的，作「點點，蟲蟲，飛——嘟得得。」嘟得得，上升貌。

橫畫，直畫，
卽食，卽下。（江西）

小兒食魚，給刺卡住，取飯一團，以食指在飯上畫一井字，畫一筆，唱歌一句，然後給小兒吞食，可使魚刺被包裹，消化於腸胃。

腰呀，腰呀，腰呀，梅！（河南開封）

兒童遊戲歌。如何動作？待考。

還有，與三言以上句子相雜者。如北平的：

叮兒，噹兒，海螺燒香。

粗米，細米，放屁是你。
揹揹，駝駝，賣大蘿蔔，
揹揹，抱抱，賣大掃帚。
水牛，水牛，先出犄角，後出頭兒。
你爹，你媽，給你賣的——
燒肝燒羊肉啊。

北平謂蝸牛爲水牛。唱時必拉長了尾音。

二　三言句

三言歌謠，以兒歌爲多。若：

小老鼠，上燈臺。
偷油吃，下不來，
叫貓姐，抱下來。（湖北武昌）

這是自己兒時所最初習唱的，十多首兒歌之一。目下外國人學中國話，有不少人也碰到了這首歌謠，縱然他早已並非小孩了，也沒有不對中國這首兒歌特感情味的。此十八字，白描而已，却呈現出一個童話世界。

小辮劉，蒸窩頭，
熬白菜，不擱油。（北平）

如若不僅止於四句，三言的歌謠，往往就有變句，而夾雜三言以上的句子。

亞駝駝，賣燒鵝，
燒鵝貴，賣過世，
燒鵝平，亞駝無命。（廣州）

排排坐，吃果果。爹爹回來割耳朵。
稱稱看，三斤半，燒燒看，三大碗，
門角落裏齋羅漢。
羅漢勿吃葷，豆腐麵筋囫圇吞。（江蘇武進）

三　四言句

純爲四言句子的歌謠，不太多，必得有非四言的句子，長短參錯，方顯得活潑。

盲子盲子，拜拜堂子，
堂子坍脫，壓煞盲子。（浙江吳興）

堂子，指無名的小廟。

拉屎文文，保護門輪，
門輪富貴，保護門嘴，
門嘴築牆，保護諸娘，
諸娘養仔，保護伲仔，
伲仔啼嘛，保護野貓，
野貓湯殼，保護鷄角，
鷄角叫更，保護佬官，
佬官食菜，保護女婿，
女婿燒香，保護通鄉。（福州）

文文，緩緩也。門輪，門限也。門嘴，門口也。諸娘，婦女的通稱。伲仔，小兒。湯，脫也。鷄角，公鷄也。佬官，婦翁。食菜，是謂吃素。

小棉襖兒，緊靠身兒。
穩坐家中，不出門兒。
吃飽了，撿糞泡兒。
逢五排十，趕個集兒。
閒了來，沒有事兒，
去到廟臺兒，講古蹟兒，

就便是大皇帝，不如我們莊稼人兒。（北平）

屎爬牛吹燈，螢火身上點燈，
點出和尚——
和尚念經，念出先生，
先生教學，教出他婆，
他婆碾米，碾出他女，
他女洗鍋，洗出他哥，
他哥碾場，碾出黃狼，
黃狼浮水，浮出小鬼，
小鬼追兎，追出他舅，
他舅點瓜，點出他媽，
他媽挖小蒜，挖出他老漢，
他老漢掘柴，掘出一雙新鞋，
換了油麻糖，
稀屎拉了一褲襠，給叭狗吃一後晌。（陝西長安）

屎爬牛，即蜣螂，華北則通叫屎克螂。

四　五言句

希奇夾古怪，
蒼蠅咬破碗，尼姑要花戴。（浙江紹興）
裁縫好熨斗，鞋匠好楦頭，
木匠好墨斗，說話好張口，
夜裏好盞燈，做賊好身手。（北平）
僱工做重活，吃的是黑饃，
掌櫃不憐憫，只想刬不着。（陝西韓城）
肥兮肥羞羞，騎馬上福州，
福州一枝刺，肥兮不敢去。（福建厦門）

此係嘲誚胖人，唱時以一手指臉，故作鄙薄狀。

牛啊牛，問汝愁唔愁？
一工駛幾斗？杉木犂，鐵犂頭。（廣東台山）

一工，或謂係半天之意。幾斗，卽幾斗田也。

牽磨隆隆響，娘舅淘米送外甥，

外甥勿肯去，舅姆摜嫁生。（蘇州）

嫁生，卽嫁粧也。

小寡婦，纔十七，一進門來冷凄凄，
筆硯桌上放，詩書在櫃裏，
想起他來，還不熟識哩。（河北豐潤）

康郎康郎馬來哉，
騎馬到松江，松江外婆做衣裳，
做撥啥人著？做撥囡囡著。（蘇州）

康郎康郎，爲馬鈴響的聲音。

燕燕沒頭掛，掛到玻璃下。
碰見小寃家，有錢沒錢娶了罷。
沒有錢，使車拉，
拉到咱家，遲不了三年，抱個小娃娃，
爬這叫個爹，爬那叫個媽。（河南衛輝）

五言的歌謠，在有些地區，是其主要的句子形式。陳國鈞，抗戰時採集貴州苗夷歌謠一千餘首，六分之一的部份，是五言的。苗族的敍事歌，記述其民族起源的神話傳說，就全是五言的；有一首生苗的，長達四百七十七句。

劉乾初、鍾敬文合譯「狼獞情歌」三十七首，也全部是五言的。其原歌字句及譯意如下：

妹知弟不知，木皮好做紙，
恐同年不意，妹嘔氣難陪。
舊錢便好使，舊米便好糍，
妹說弟風流，都劉是不是？

原歌方言釋注：同年，意指所歡。都劉，我說也。

我知道了，你還不知道麼？弟弟！
樹皮原是能做成紙的呀。
我先是怕你不愛我了，
我呀，纔使氣和你離異。
誰知舊的錢一樣好使用呢，
誰知舊的米一樣好煮飯呢，
我說，弟弟你還是從前的風流，
弟弟呀，我說的，是不是？

五　六言句

六言句子的歌謠，比較少見。如把「三、三」式看爲六言，那就並不少。六言成章的歌謠，如果唱得長了，就不能不有非六言的句子來調劑。

時鵶時鵶來哩，挑灰種麥晚哩，
丫頭老小餓哩，粢糰塌餅做哩。（江蘇武進）

時鵶爲一種候鳥。俗稱女孩曰丫頭，男孩曰老小。老字在此詞中，如稱老弟、老鄉、老張的老字之意，而非老少之老。塌餅是用麵粉做的餅。

老鷹老鷹抓抓，回去埋你媽媽，
你媽死在河底下，紅頭繩，綠尾巴。（陝西安康）

小板凳，坐—坐！上頭是個哥哥，
哥哥起來買菜，上頭是個奶奶，
奶奶起來燒香，上頭是個姑娘，
姑娘起來磕頭，上頭是個皮猴，
皮猴起來作揖，上頭是個白鷄，
白鷄起來孵蛋，上頭是個大雁，
大雁起來札札，上頭是個螞蚱，
螞蚱起來聳聳，上頭是個豆蟲，

豆蟲起來爬爬，上頭是個娃娃，
娃娃起來哄孩子，一頭滾到下崖子。

孵，土音讀如犯，與蛋、雁兩字叶韻。札札，雁叫聲。

六　七言句

除了兒歌之外，七言句子要算是歌謠的主要句式，尤以邊遠地區爲然。陳志良「廣西特種部族歌謠集」，採錄了苗、傜、僮、夷各族的歌謠，其論「用字」云：

廣西特族歌謠的用字，可以分成七言、五言、雜言三種。其中最多者爲七言，其次爲五言，最少爲雜言。

陳國鈞「貴州苗夷歌謠」，同樣適用以上的論斷，不過是，「雜言」句子不多。薛汕「金沙江上的情歌」，錄雲南石鼓、鶴慶、魯甸、麗江、巨魯地區情歌一〇七首，全部一概是七言句子。客家歌謠也爲七言句子，除了前舉之例，羅香林「粵東之風」更有充分證據，此書錄客家歌謠——情歌四〇〇首，生活歌四三首，諷勸歌八首，兒歌四二首，雜歌一五首。其中，情歌全係七言，生活歌除「農民十二月」一首爲五言，也全係七言。兒歌之爲七言的，十五首。雜歌之爲七言，則佔三分之二。丘峻「情歌唱答」，錄廣東平遠一帶地區的情歌三百首，全部的，不僅是七言，而且是七言絕句式。李獻璋「臺灣民間文學集」，所錄臺灣民歌，也多爲七言絕句式。黃得時「臺灣歌謠之形態」，根據民間說法，因認定「臺灣歌謠的體製」，只在「七字仔」與「雜念仔」兩種。雜念仔者，凡屬七言絕句式以外的一切長短句歌謠之謂。王翼之「吳歌乙集」，上卷錄兒歌五十首，下卷錄民歌六十二首。於此，舉其情歌五首，頭一首固然是七言絕句式，還有那句子字數加長了的，以及不僅止於四句的，也應該看作是七言絕句式。

清水河裏綠油油，好花開拉後河頭，
好花只怕風來吹，好姐只怕郎來住。
拉爲助詞。吹住兩字，讀音如癡、詩。

結識私情結識隔條河，捕面吃飯望情哥，
娘問媛吪倷看啥？水面上小魚拉浪成雙過。
捕面，洗面也。媛吪，即女兒。倷，蘇州語，你也。

斜塘蘆蓆四角方，出門碰着唱歌郎，
今朝要唱十州南洋九州浪，一直唱到小秧稻頭黃。

天上只有半個頭月亮，嘸不半個頭星，
做雙快靴撥於外私情，
薄薄能個襯底末密密能個紮，
外私情著仔步步脚頭輕。

山歌勿唱忘記多，鬧角路勿走冷疏疏，

見方大路走仔要吃虧，官塘大道勿走要草蟠踝，
生鐵白刀勿磨勿用要生黃銹，私情勿走要斷個多。
鬧角路，斜路也。官塘大道之詞，見江南水鄉的背景。

至於兒歌中的七言句，跟情歌、工作歌、生活歌、敍事歌、儀式歌中的七言句，其歌唱的情趣，那是大有不同的。人們唱山歌，無論一人獨唱，兩人對唱，多人合唱，沒有不是大大的情緒激動，聲音高昂，迴腸盪氣的有腔有調。兒歌呢，孩子們只不過隨口打哇哇，嘻嘻哈哈的誦唱而已；當然，孩子們如到了四五歲以上，合羣的唱起歌來，也自有其兒歌的節奏。像是：

買上繩來她上吊，急的丈夫雙脚跳。（河北灤縣）
買上棗來她嫌紅，打的丈夫去買繩，
買上鍋來她嫌小，打的丈夫去買棗，
買上𪎊來她不搓，打的丈夫去買鍋，
買上粉來她不搽，打的丈夫去買𪎊，
𪎊野雀，就地滾，打的丈夫去買粉，

七　七言五句體

李少陵「駢廬雜憶」，述湖南長沙「山歌的組織，大體以七言五句爲主，前後四句同韻，中間一句換韻，也有前後四句換韻的。」這種七言五句式，是很不尋常的。李氏舉了幾個値得我們注意的

例。

這山望見那山高，
望見情姐出來砍柴燒。
我的姐，你要柴燒我來砍，
你要水吃我來挑，
莫使黃日頭晒壞了嫩姣姣。

高山陡嶺一坵田，
無塘無壩靠神仙，
沒娘雞子靠白米，
柴靠青山菜靠園，
情哥無妻有誰憐？

天上起雲八角叉，
滿塘菱角開白花，
大江鯉魚來散子，
燕子啣泥不啣沙，
皇帝老子養女看官家。

在北京大學歌謠研究會，前後兩個工作階段中，大家也注意到這種七言五句體。臺靜農「淮南民歌」第一輯，錄情歌一一三首，有一〇六首都爲七言五句式。如：

郎唱山歌要好聲，姐繡絨花要好針，
八副羅裙要好帶，井裏打水要好繩，
好女人還要好男人。

眼望乖姐大路遙，扇子遮臉不給瞧，
袖籠裏伸出抽花手，好比乾魚熬壞了貓，
望之望之走遠了。

三個乖姐一般齊，不知那個是俺的？
俺的乖姐俺認得，咳嗽一聲頭一低，
那個小乖姐是俺的。

載「歌謠周刊」一卷八十五號至九十三號。

胡適「全國歌謠調查的建議」，曾提到：

馮夢龍「山歌」，後面附了一卷「桐城時興歌」，特色是七言五句體，第一、二、四、五句押韻，如：

新生月兒似銀鈎，鈎住嫦娥在裏頭。

嫦娥也被勾住了，不愁寃家不上鈎——

圓圓日子在後頭。

很明顯的，這是七言四句的山歌體的變體，加上一句押韻的第五句，往往這最後一句是全首裏最精采的部份。

載「歌謠周刊」三卷一期。

胡氏舉出了臺靜農的「淮南民歌」，還有曾廣西「豫南民歌」幾百首，以及儲皖峯到皖南休寧，從一個安慶工人嘴裏，記出四百二十首歌謠，都是這種可貴的七言五句體。

其他地方，也不乏這種句子的歌謠，如甘肅的「花兒」，有如後述。還有特別教人爲之喝采不已者，乃是我國南北地區，更有七言三句成章的歌謠，也放在「花兒」篇來討論。

八　兩句式的短歌

金沙江上情歌，都是七言絕句式。却也有只唱兩句的。李霖燦，抗戰期中旅行金沙江區域，四年之久，採集金沙江情歌三千首，所撰「從文藝觀點看金沙江情歌」，曾舉有不少兩句式的短歌例子。

見了紅花丟紫葉，見了新人忘舊人。

想你出門望山勢，但見青山不見人。

焦愁更比山頭大，眼淚更比雨點多。

酒吃三杯不爲醉，路走兩條不爲多。

相交莫給人曉得，不服妹的人又多。
獨木橋上隨人走，貪花路上不讓人。
菜不合意不動筷，人不合意不開腔。
以前搭你說過什麼話，事到臨頭你翻心。
出門要把針線帶，處處聯下有情人。
風吹馬尾千條線，妹愛那人哥不知。
吃飯打破蓮花碗，玩笑打失繡花針。
那裏有草就放馬，那裏有水就安家。

這些短歌，上句多屬比，境界闊壯，也飄逸灑脫。像「想你出門望山勢」，「焦愁更比山頭大」，「風吹馬尾千條線」這種句子，在高山急流的曠野唱將起來，情態鮮活，萬千風光，無不立呈眼底，動人心懷。李氏所以評論：

這一些情歌，雖只短短兩句，却結構得清淺美麗又宛轉曲折。金江情歌，是一種七言詩的格調，這是金江男女自己的情感智慧，納入這種文藝格式中的優美成就。

他更從歌謠生活的實況上，舉了幾個有趣的例：

我曾聽到一個男子隔江唱道：

男老鬍子剃得掉，妹皺眼角掃不淸。

這是譏笑女的衰老，皺字用得很好，掃字用得簡直有文藝情味，我們民間詩人的鍊字工夫的確不錯。想不到對方的女子手段也不弱，馬上囘敬：

　　你鬍子剃了鬍樁在，假充什麼少年人？

樁字下得尖刻，眞是一針見血，戳人好痛。男子無語可答，又不甘受辱，就改用漫罵的口吻：

　　天上烏鴉陣陣飛，地下女人坐成堆，

　　這些女人若能成得器，石頭瓦渣變成灰。

女的不耐煩鷄零狗碎，給男子們來了一個總的答覆：

　　小哥你莫罵女人壞，皇帝還是女人生。

於是對方啞然無語可對，就只好另找臺階給自己下脚步了。又有一次，我聽到一方唱了一調：

　　提起當家死了去，提起玩笑活轉來。

這本是青年男女，貪玩樂，惡家事的老生常談，想不到對方忽然刁鑽古怪，借題難人：

　　大人說出娃娃話，那有死人活轉來？

我心中一驚，這囘大概糟糕，誰也沒有想到，她會這樣的忽出奇兵，攔腰一擊！想不到這邊還是不慌不忙，輕輕地唱上兩句：

　　棺材頭上親個嘴，沾着陽氣活轉來。

這當然是不可能的事。但鬥智鬥捷，當時萬分危急的局勢，竟給他輕輕一語，至少在表面上是救住了。情歌中也有很幽默的句子，記得有一次我聽到有人唱：

　　帶信莫給娃娃帶，娃娃嘴裏實話多。

小孩嘴裏吐實話，這本是一句成語，也是一個眞理，但意外對方回敬一調：

帶信莫給結巴帶，一句帶出兩句來。

結巴，口吃者之謂。

這就是借題發揮，打諢取笑。在談情說愛的當中，尙有這種輕鬆幽默的心情，使人覺得悠然有餘味焉。

載民國四十六年十月、十一月「海風月刊」二卷十、十一期。

當然，兩句式短歌，如引用在口頭上講說，就被認爲是諺語了。這種僅止兩句相聯的謠歌形式，在大西北，「歸綏情歌」也有，也是極見佳美。

大青山上起了霧，哥哥正在爲難處。

青山拉石頭烏山的水，天定姻緣沒改悔。

白天想你認不上針，黑夜想你吹不熄燈。

白馬黑馬棗騮馬，不爲刮野鬼爲採花。

山在水在石頭在，人家都在你不在呀！

載「歌謠周刊」三卷十二期。

在陝北，這種形式的歌謠，名爲「順天遊」，想是取其順口一溜，易於成章，而又爲大衆所喜之義。如：

一句話來三瞪眼，三句話來一馬鞭。

受苦一天不瞌睡，合不着眼睛我想妹妹。

你提不動我來幫你提，繡花手磨壞怎個哩？

九　秧歌戲的句子

我國南北各地的秧歌戲，乃是由徒歌的歌謠，進入到戲劇的雛型。也卽是說，歌謠的唱腔，配上了簡單樂器的伴奏；歌謠的內容，敷陳了故事情節的表演，有白有唱，有舞，有做作。它特別適應於農民生活，隨地可演可唱，不必像唱「大戲」一樣，非有戲班子不可。秧歌戲的唱詞，多爲七言句，如李景漢、張世文「定縣秧歌選」，「小花園」王二姐的一大段唱詞：

八月裏秋風涼，一場白露一場霜，
白露單打獨根草，小螞蚱死在草顆上。
空中大雁呱呱叫，只叫的二姐心好慌，
心想二哥想的我有了病，
一頓喝不了半碗湯，
吃不下飯去喝不下湯，
只餓的我前腔貼後腔。
東屋裏不能上西屋裏去，
未曾走道兒我先扶着牆，

小小的金蓮懶得裹，紅緞子小鞋底兒做幫。
想二哥想的我有了病，
嚇壞了上房二老爹娘，
二爹娘給我把太醫請，請來太醫開藥方。
頭一付藥甜甘草，第二付藥兒是痲黃，
各樣的藥兒治不好，我百樣的藥兒當不了二哥他回家鄉。
王二姐摘下金鎖鴛鴦簪——
走了一天畫一道，走了兩天畫成雙，
不知走了多少日，橫三豎四畫了滿牆，
要不着爹娘管的緊，恕一恕畫在大門上。
老娘着我去做飯，梳梳腦袋下廚房。

凡按，腦袋是指的頭髮，此語彙，見農民的粗率，爲存其眞，不敢潤色擅改。下同。

想二哥想的我暈迷了，將餅子貼在門扇上。
王二姐一陣淚纏綿，手把樓門往南觀，
往南觀的是張秀才，有官無官快回還，
你要沒官回來了，二妹給你把監捐。
王二姐今年十八九，這咱不娶還等多咱？

日月穿梭催人老，紅花能開幾日鮮？
花開花落常常在，人過青春沒少年。
二哥將我娶到你的手，風流風流過上幾年。
王二姐一陣喜滿心，忽聽大街吹笛鼓，
不用人說就知道，就知道二哥來娶媳婦。
王二姐坐在綉樓上，坐在綉樓上裝扮新人，
拆開頭上青絲髮，黃楊木梳抄在手，
左梳右挽盤龍鳳，右梳左挽水墨雲兒，
盤龍鳳裏加香草，水墨雲兒裏麝香薰，
鬢角裏幾根亂頭髮，梳一個小蜜蜂鑽花心，
梳個蜻蜓來戲水，梳個蝴蝶奔山林，
蜻蜓戲水人人愛，蝴蝶奔山愛死人。
當間有幾根亂頭髮，梳上一座小廟兒，
廟裏塑上三尊神。
你問裏邊那一個？就是劉備關老和張飛。
耳朵上戴着鍍金墜，叮呤噹啷九道鬚兒。
江南官粉搽滿面，蘇州的胭脂塗嘴唇。

穿着一身對花氅，八幅的羅裙繫腰間，
綠綢子褲兒黃絲帶，黃綠帶子纏腿腕，
穗頭長一邊一根。
黃緞子小鞋杉木底，掏心挖雲鞋幫中間。
二姐打扮多齊備，單等着二哥來娶俺，
左等右等二哥不到，手把樓門再觀上一觀，
用手把着樓口朝下望，
原來是磨剪子的吹笛兒，吹笛的兎子小子他哄弄俺。
東來的西來的人多的很，誰給我二哥把信傳？
說叫我二哥回來罷，你就說在家裏想壞了一口子人。……

「小花園」王二姐這段唱詞結構，是歌謠的底子，加上戲曲的興唱，閨中情思，意想凝馳，比喩雙關，無不描述盡致，句句可圈可點。其中，夾雜了不少七言以上的句子，何以仍視之爲七言形式？這是因爲：

1. 全篇唱詞的主體爲七言。
2. 句子裏有襯字。
3. 小部份非七言句，是唱腔的活變。

又如「小姑賢」王媽的一段唱詞，也是一樣：

老身赴會轉家下。

今天媽媽赴了會，摸索着肚子轉囘家。

吃了七八碗子稻米乾飯，白麵包子吃十三。

烙了兩張荷葉餅，

吃了兩碗醋溜白菜綠豆芽。

左算右算不上算，臨來喝了兩壺大葉茶。

撑的老身吃不住勁，止不住放屁打咯啦。

走着走着鬧了個亂，褲腰帶斷了結個疙瘩。

老身正是向前走，琅琅簪掉在就地下。

琅琅簪掉在流平地，

毛不下腰兒可怎麼拿它？

怎麼着妙怎麼着好，

着我這片兒脚往前撥拉。

將琅琅簪拿到大門裏，

等到明天清晨消了食兒我再去拿它。

老身沒把草堂進，想起王林把筆拿。

老身來到書房裏，觀見王林和翠花。

徐嘉瑞「雲南農村戲曲史」，論「雲南秧歌的歌法及其來源」云：

雲南農村戲曲的表演方法，卽是「連廂」的搬演法，其來源已經很遠。至於他的歌法，是由明代小曲如打棗竿、掛枝兒、倒扳槳、金紐絲等等流傳而來。此外農家婦女，在田中挿秧時所唱的秧歌，那是七言絕句；彼此對唱答和，馬上卽成，其敏捷過於七步八叉，眞是農村詩人中的天才。有一個農人，最喜歡唱秧歌，某年眼痛不能出門，忽聞歌聲洋溢，情不自禁，勉強跑到田邊唱了一句：「山伯訪着祝英台」，田中女人馬上唱和一句：「一雙笑眼睜不開」，又敏速，又精彩，雖然只有兩句，已經可以流傳。又有一農人出外當兵，失去一腿，回家後，往田中酬唱，男子先唱一句云：「天上月亮靠梭羅」，女子答云：「靠你小哥又無脚」，也算兩句絕唱。

上述連廂，或寫作連相，徐氏引劉延璣「在園雜誌」：「今則小童立大人肩上，唱各種小曲，做連相，所駝之人，以下應上，當旋卽旋，當轉卽轉，時其緩急，而節奏之。」宋代新年嬉春，卽有此。至七步八叉，指曹植七步成詩和溫庭筠的故事。庭筠才思豔麗，每入試，押官韻作賦，凡八叉手而八韻成，因有溫八叉之號。

不僅大陸各地秧歌戲，多爲七字句，臺灣也是一樣。呂訴上「臺灣電影戲劇史」論歌仔戲云：

歌仔戲的興起，在民國初年。歌仔，有歌謠的意思，是在宜蘭地方，由山歌轉變而來的。最初是男女對答很單純的歌，後來變爲有敍事情的長歌詞，一句七字，句脚押韻，最後再變爲有故事性的歌劇，並且依照歌詞分配角色，更增加動作，於是形成一種粗具規模的歌劇，漸漸地又增加了臺步、身段、音樂、服裝、臉譜，而成一種特有的歌劇。

呂氏並說，歌仔戲不僅風行臺灣，擁有最多的觀衆，在厦門、菲律賓、爪哇、新嘉坡、蘇門答臘，也同樣受歡迎。七字句是歌仔戲的基本形式，但保有充分彈性：

例如常用的「七字仔」，歌調長短，可以隨機應變；「什碎調」原是六字句，必要時，可以壓縮和伸展。

又，論臺灣車鼓戲云：

唱字以七字四句爲原則，間亦有短至五字，或長至八字，其餘的長短字數却是比較少。拍節是七字一句三拍，多則例外。拍子有快有慢，以戲中情節而定。平常丑角先唱，如彈詞之開篇，先唱出個人的身世，然後由旦角對答唱，結束有尾聲，略與秧歌戲音同。

引文見原書二三四、二四二、二二五頁。

十　襯字句法與語詞自由伸延

七言絕句式秧歌的唱法，是在字句加聲，也即是襯字。如：

一出門來石板橋，兩朵鮮花來過橋；
梧桐樹上靈芝草，人是兩個命一條。

加聲之後，就成爲：

一出門來里個石板橋，兩朵鮮花來過子個橋；
梧桐樹上里個靈芝草，人是兩個命是子個一條。

徐嘉瑞認爲，這種唱法，仍然是由江蘇的山歌，而流入雲南。以下，略舉七言句歌謠，在雲南農村戲曲裏的形態。

（川調）補缸

（旦）左邊戴朶靈芝草，右邊戴朶水仙花。
（丑）一個釘子兩個眼，兩個釘子共一雙。

（襄陽腔）小放牛

天上星宿撒撒稀，莫笑窮人穿破衣，
山中樹木分長短，世上人兒分高低。
香爐供在佛桌上，尿壺放在牀脚底，
一班都是泥燒的，怎的高的高來低的低？

（打岔調）瞎子觀燈

東邊樓上和尚頭，打石頭，
打着西邊樓上和尚頭。
西邊樓上和尚頭，打石頭，
打着東邊樓上和尚頭。
那頭來了一個人，挑着一挑綢，
將綢歇在樓脚下，瞧他二人打捶頭。

那頭來了一個人，挑着一挑油，
將油歇在樓脚下，看他二人打捶頭。
那頭來了一個人，拉着一條牛，
將牛拴在樓脚下，看他二人打捶頭。
那頭來了一個人，拉着一個猴，
將猴拴在樓脚下，看他二人打捶頭。
牛一驚，碰倒綢；綢一倒，碰倒油；油一倒，碰倒猴。
猴不依，拉着綢；綢不依，拉着油；
油不依，拉着牛；牛不依，拉着猴；
猴不依，一把拉着和尚頭。

綢不依，油不依，眞是妙句從天而降。四段敍述章法，得起承轉合之勢。至於那挑綢、挑油、拉牛、拉猴的四個人呢，始終歇足一邊，袖手旁觀這幕鬧劇，豈不忒見情趣哉，此惟童話世界的造境，纔得而有。又帶着「拗口令」的韻味。

七言以上的長句，仍視爲七言，除了前述定縣秧歌戲「小花園」，王二姐唱詞的分析之外，這在講唱文學裏，素來有一個襯字句法（也卽是徐嘉瑞所說的「加聲」）與語詞自由伸延的規律。清、乾隆三十九年鈔本「綉香囊」彈詞，全係七言唱句。跟所有彈詞一樣，每每使用襯字句法，若：

天下奇聞難盡數，單表個英才出四川。

他夫妻持家人端正，並無個俗客到門前。

僱了乘小轎娘子坐，後跟秋露小丫鬟。

字眼增添得太多了，就不單是襯字句法，而是語詞自由伸延，若：

青陽送暖芳菲節，碧水光搖錦綉山。

笑哈哈無非公子王孫戲，喜孜孜盡是佳人士女玩。

咯吱吱香車輾動石子響，青菸菸綠草引的寶馬歡。

忙碌碌棒打黃鶯無非是樵夫子，亂紛紛扇撲粉蝶盡都是小丫鬟。

見鄭西諦「中國俗文學史」三五六頁。

這些襯字和語詞的伸延，在唱唸時或輕輕滑過，或反而是特意重音慢唱，以調節唱腔活潑自由、抑揚頓挫之趣。其如何唱法？視音樂伴奏與歌詞情節變化，乃至唱者當時意興而定，總必恰到好處，不會荒腔走板。

抗戰初期，在西南大後方，榮譽軍人職業訓練所，曾出刊多種木刻唱本，「棄家從軍」，「新刺虎」，「王大娘忍辱殺敵」，「鐵馬隊跨海征倭寇」，「義訓報國」等，皆係七言，遇到長句，就加以歸併，若「兩奸相害」：

昨夜晚吃醉了推牌九，一傢伙輸了幾萬元，

現錢沒有我寫字據，三天以裏把債還。
三天以裏還不了債，這所房屋不屬咱，
債主前來接房屋，合家大小往外搬，
從來沒丟過這樣的臉，你說可憐不可憐？
你要問債主是哪一個？小名兒他就叫土肥原，
百家姓上誰姓過土？他原是日本的特務官，
滿洲偽國他親手造，一肚子壞水流不完。

十一　自由式

沒有一定句式的歌謠，可說舉不勝舉。

蓬蓬蓬！那個？我！
你來做底格？我來兜火格。
兜火做底格？穿引線格。
穿引線做底格？連麻叉袋格。
連麻叉袋做底格？袋黃石格。

袋黃石做底格？磨刀格。
磨刀做底格？劈竹篾格。
劈竹篾做底格？做蒸籠格。
做蒸籠做底格？蒸糰子格。
蒸糰子做底格？到舅家去得。
舅家在那塊？在天上。
那揀上去格？紅綠絲線吊只乳乳頭上去格。
那揀下來格？大風大雨吹落下來格。（江蘇武進）

伍稼青釋詞：蓬蓬蓬，打門聲。那個，讀作「諾格」。問句的格字，讀作葛矮切，卽「的呢」意。答句格字，作「的」字解。引線，針也。得，作「哩」字解。那塊，讀作「雞塊」。那揀，猶言如何，讀作「雞揀」。乳，讀作「馬」平聲，乳乳頭，卽乳頭。

鈴鈴滄浪浪，一步走到王家莊，
王家莊一窩狗，把我咬的沒處走。
張爺婆，王爺婆，開門來！
誰呀？我呀。
不吃你的飯，不喝你的茶，但捉你的花花狗。
我的花花狗，走牠外家去喝豆子米湯去了。（陝西郃陽）

「花花狗走牠外家去」，實是代兒童內心意願而言。孩子們沒有不喜歡小花花狗的，把自己的事扯到狗的身上，小心眼裏，並非無此移情。人生誰也有這種經驗。外家，更是孩子們最深感恩德、喜悅、依仗的惟一處所。

我們或許要說，因爲這是兩首兒歌，纔如此不拘形式。其實，民歌中也儘有極活潑跳動，自由式的句子。

新釘官船十八艙，裝船白米下湖關。
十八大姐來搗米，手拿官斗、官升、官合，
拋錨，搭跳，下官艙。
手拿白米眼睃郎——
我一不愛悅你湖南好白米，
二不愛悅你湖南好田莊，
我只愛悅你湖南好兒郎。（湖南）

搗，音印，量的意思，引伸爲買的意思。

竹棍過埂不過溝，相宜個情郎捨不得丟，
偺兩個在娘房同牀睡，
死在三曹並棺並，奈河橋上手扯手。（淮南）

婦人說：大姐本姓孫，
出嫁三年整，他沒有挨過奴的身。
丈夫說：白天讀四書，後晌寫文章，
那有閒心去圓房？
媒妁說：家住十里舖，媒人是俺就姓杜，
從小給你說的娃娃媒，管你到大合舖不大合舖？（河南）

士人之編造歌謠，也有特能達到這境界的。在清代，廣東新會，舉人蕭燧，生活窮困，好替老百姓打抱不平，他一半兒瘋癲一半兒憤嫉的，傲慢當世。最善編造歌謠來諷刺、警誡、幽默別人。他上市街去，常經過狹窄的瓜瓞巷。那巷子人家，把髒水滿地潑，行人都以爲苦，蕭燧便作一首歌謠警告他們：

可惡瓜瓞巷！時常沐浴水一行。
多骯髒！陷到小腿上，鞋子襪子害精光。
罵你阿爹不在講，還要牽累你的娘。

見「民俗周刊」五十一期，修文「蕭燧故事」。歌謠末句，謂路人惱起來，便罵「他媽的」。

那些人家，從此不敢隨便亂潑髒水了，路人不再弄髒鞋襪，都感謝蕭燧的功勞。在以前，路人再怎樣詛罵，也無奈何。

這種自由式的句子，是否宜於野地裏山歌的高唱呢？比較起七言絕句式，會不會唱不順口？一點也不會。原來，凡屬這類歌謠，都特別富有情趣，惟其富有情趣，人們纔賦與它多彩多姿的形式，其傳述，也就無往而不宜了。兒歌和民歌，皆是如此。

十二　特長的句例

歌謠句子特長，應是前舉「語詞自由伸延」之更見擴展。其所以如此者：

1. 乃這首歌謠本身意趣發展的結果，是自然而然的。
2. 歌者的技巧玩弄，以求炫耀、取勝於人。

李少陵「駢廬雜憶」，錄兒時習唱的湖南長沙山歌，有三首，句子特長。

情姐住在海邊偏僻僻偏山，
情哥住在隔河隔港港隔灣。
我的姐，我想要到你那海邊偏僻僻偏山上走一轉，
又怕那洞庭湖裏荷葉蓮子吹得叮叮噹噹響叮噹，
不知何日結成雙？

一條手巾九千九百九十九根紗，
兩邊繡的麒麟、獅、象、龍、鳳、喜雀、芍藥、牡丹花。
我的姐，我要到那湖北、四川、廣東、廣西做買賣，
在那路上碰了二十四個姑娘嫂子，老的、少的、嫩的、俏的、刮刮叫的、十分妙的，要看我

的手巾花，
不知誰屋裏的嬌憐，我就送給他。

姐姐門前栽松栽柏插柳又栽槐，
要郎打得金鎖、銀鎖、銅鎖、鐵鎖、門斗銚子、牛灣門子、廣東鑰匙送得來。
我的姐，你要金鎖、銀鎖、鐵鎖、門斗銚子、牛彎門子、廣東鑰匙做什麼？
我要鎖得前屋、後屋、前庭、後庭、水閣涼亭、八角長亭，不許亂脚亂手開，
一枝鮮花等郎來。

王翼之「吳哥乙集」，有同樣的例：

日頭直仔㔶居中，
小姐妮房中換抹胸，
脫開抹胸好像玉皇墳上華表柱上攀牆這棵霍壁草，
奶奶頭好像光福山落地紫楊梅。

抹胸，俗謂肚兜，往昔婦女用以束胸，與今之奶罩相似而異。攀牆，蔓延於牆上也。光福山，在蘇州城西南六十餘里，五代時，吳越錢鏐破楊行密於烏墩光福，卽此，因而出名。光福山盛產楊梅。

姐拉淘米喊郎聲，
喊個郎來細說細話細商量，
呒篤屋裏靑姐討得能粗蠢，

退落呸篤青姐討奴小妹身。
勿聽倷說話勿退落我妻，
我家中青姐挑花捺線捺線挑花都纔會，
廚房屋裏辦酒勿求人，
勿退落青姐嫑倷來。
山茶花含鈕到夏開，
伲爹爹篤後花園裏是有青梗綠葉綠葉青梗梧桐頭樹上五爪老鷹來接脚，
阿敢蛀蟲螞蟻爿上來？
嫑奴來嚜偏要來，
向日葵含鈕對倷開，
呸篤爹爹後花園裏是有青梗綠葉綠葉青梗梧桐頭樹上五爪老鷹來接脚，
烏鴉去仔鳳凰來。

喊郎聲，卽「喊一聲郎」也。呸篤，你們也。青姐，疑係情姐之誤，或爲簡代。能，「如此」意。「退落」，退脫，不要之意。討，卽娶。挑花捺線，刺綉縫紉也。含鈕，蓓蕾也。伲，我也。第十句的「篤」字，的也。

這種用字特長的句子，其他地方歌謠，也有的是。比較的看來，上述湖南的「一條手巾」、「姐姐門前栽松」，其長句子，唸唱時，可以稍稍停頓，換一口氣兒，卽是說，可以使用頓號「、」；這三首蘇州歌謠呢，其長句子，在吳儂軟語裏，却是要一口氣唱出來。「姐拉淘米」這一首，全章十五句，其第十句、十四句最長，每句整整三十字，更是要一口氣唱出，纔見情味。其句子雖長，但唱來並不難，因爲運用了「歌謠表現法之最要緊者——重奏復沓」魏建功分析詩經與現代各地歌謠所成立的法則。此文初載「歌謠周刊」一卷四十一號，收入鍾敬文「歌謠論集」。像是：

1.「青梗綠葉」「綠葉青梗」的顚倒重複。

2.第十句、十四句兩句各別的三十個字，只頭四個字，地位小有變動，其餘二十六字完全相同。

試想，如果十四句與第十句字數相同，而用字全異，那就不易隨口唱下去了。

這種長句，氣勢自然，跟拗口令之故意置上拗口混舌的字眼，是不相同的。

論結構

句子，等於是木料、磚瓦、沙石，怎樣結合這些材料，形成建築體呢？這就要看如何來結構了。

中國歌謠結構的法式，約可分爲：

平擺　堆積　引進
遞接　對舉　排列
屬序　連鎖　重疊
問答　反結

一　平　擺

初置木石，平平擺放。

唱唱山歌散散心，冚篤當我是快活人，

吃仔朝頓嘸夜頓，黃連樹下來操琴。（蘇州）

冚篤，你們也。

日頭落山將天離，今無發憤到何時？

再等二年老將到，千金難買少年時。（廣東感恩）

城牆上跑馬，掉不回那個頭，

思想起咱們包頭，哎喲！我就眼兒抖。（綏遠）

包頭，綏遠的繁華地區，在塞外人們的感受裏，多有着生活歡樂與記憶的苦痛。

二 堆積

堆累積攏，爲高爲大。

豌豆花，蠶豆花，今朝妹子嫁人家。

娘哭她是我穿針女，爹哭她是我一枝花，

哥哥說她是個賠錢貨，嫂嫂罵她是個惹事精，

惹的貓兒不拿鼠，惹的狗兒不看家，

惹的桃花不結果，惹的李樹不開花。（北平）

姐在樓上繡紅裾，忽聽得門外弦子聲，
花針抋拉花綳上，試把懶腰下樓門。
一步走來兩步行，行到天井，
十指尖尖來開門，高喊三聲來算命，
先生裏邊請。
端了板凳先生坐，小妹八字說你聽：
三月初三娘生奴，東天發白卯時生。
先生將小妹八字排，歇落三年紅鸞喜星，
紅綠招親。
小妹一聽生嗔怒，三個銅鈿丟入先生手，
替我滾出大牆門。
對門有個王三姐，同年同月同時辰，又同小名，
她是二胎又要生，從此小妹不算命。（蘇州）

裾，衣服前後幅下垂的部份。抋拉，形容擱下繡花針的聲音兼形象。

哥哥送妹妹，嫂嫂送姑娘，

一送送到對面崗，打聲鑼鼓換衣裳。
花衣一換了十八件，鞋子一換了十八雙，
耳圈一換了排一房。
耳圈頭上一雙鵝，起早傍晚唱山歌。
山頂頭上一棵樹，四個椏，
又結葡萄又結瓜，又結山東金蜜棗，
又結石榴開紅花。（安徽）

三　引進

情境吸引，逐漸進入。

搖搖搖，搖到外婆橋，外婆叫我小寶寶，
糖一包，果一包，還有糰子還有糕。（蘇州）

妹子擔水抗唇企，看到阿哥笑迷迷，
哥哥問妹笑末嘅？自家發夢想到你。（廣東客家）

抗唇，谷口也。企，立也。

裹小脚，吾嫌疼，打一巴掌，擰一擰，

又流血，又流膿，你說疼不疼？（河北豐潤）

四　遞　接

站站驛傳，承遞相接。

太陽出來照西坡，時興的小夥子怕老婆。
世人怕，沒我怕：
豬肉絲，溜餄炸，人家吃，我瞧着。
孩子哭，我哄着。點上燈，我頂着。（河北安次）

三葉三，兩葉兩，三葉底下跑竹馬。
大姨出來拴大馬，小姨出來拴小馬，
大馬拴在梧桐樹，小馬拴在石榴花。
掉下鞭子沒處掛，掛到丈母門頭下。
大馬吃黑豆，小馬吃芝麻。
隔着門簾看見她：通紅舌頭雪白牙，
青絲頭髮黑黝黝，兩鬢還插海棠花。
耳戴金耳環，手戴戒指忽喇喇，

高底鞋，鏨梅花，左梳頭，右插花，
俊死她來愛死我，典房賣地娶過她。（山西晉城）

鏨，讀如暫，鐫刻也。俊，人物容貌之美。末句，見往日嫁娶，禮俗相承，耗財費事之大。此歌收入董作賓「看見她」之四。

骨頭簪，戴滿頭，我去井邊餵花牛。
井沿低，井沿高，瞧見娘家柳樹梢，
柳樹梢上公鷄叫，受氣挨打誰知道？
娘想我，哥來叫，我想娘，誰知道？
攀住柳枝吊死了。（河南輝縣）

五　對　舉

兩相舉照，黑白分明。

八月十五是中秋，有人快活有人憂，
有人樓上去吹簫，有人地下嘆風流。（廣東台山）

地上姊妹我兩個，天上星宿幾萬顆，
要學三星走直路，莫學七星轉彎多。（雲南魯甸）

大柿子，圓又圓，外頭紅來裏頭甜，
有爹有媽甜如蜜，沒爹沒娘苦如黃連。（北平）

六　排　列

並同數事，排列比證。

三拍房門好仙丹，三戰呂布虎牢關，
三顧茅廬諸葛亮，三國兄弟劉關張。（福州）

主旨在首句。舊俗，欲看新婦，必敲門求進，敲時須唱歌喝彩，內面始開門有請。唱此歌者多係喜娘。

叫朋友，快接籤，一根籤只買二十枚錢。
一會不得二會得，三會四會不吃虧，
不吃虧，不上當，得會總比買的強。
叫朋友，你接籤，聽我與你說一番：
要吃梨，走邠州，要騎好馬走涼州，
要穿窩窩走肅州，要掇好碗走耀州，
要穿綢緞走杭州，要戴眼鏡走蘇州，
要吃西瓜走同州，要好水烟走蘭州。
把這些州不算州，秦瓊大鬧潞安州，

羅成賣線在登州，李逵刼獄在江州，
張飛夜走是巴州，老爺家鄉是解州，
孫權討的是荊州，隋煬帝觀花在揚州。（陝西長安）

此謂之搖會歌，抓會贏彩的小販，每到陰曆年市上最多。其法，碗下藏彩，招人壓錢，然後一面唱歌，一面用籤子數彩盤的數目以決勝負。得彩者，可贏瓷碗、紙煙、肥皂、玩具等。未得彩者，壓彩的錢就歸了小販。

天生人唔平：有人無齒，有人重牙。
有人無仔，有人仔雙生。
有人無妐，有人妐過加。
有人有錢，有人窮過蝦。（廣東潮州）

妐，妻也，潮音讀如某。過加，太多了。

七　屬　序

按着數字，依序敍說。

一拍胸，二打掌，三手心，四手背，五盅酒，
六雙筷，七托盤，八蘭花，九炒菜，十個瓜，
燈絡筅帚箸籠筷，張家大姊家來送盅筷。（江蘇武進）

「送盅筷」，爲舊式婚禮中的一項節目。此爲小孩踢紙毽時，據以表演動作的歌。

一打一，紅花果子；二打二，紅綢襖子；
三打三，蓮花牡丹；四打四，一個銅錢四個字；
五打五，五家門上過端午；六打六，六口饃饃六口肉；
七打七，燒酒叉曲；八打八，八十老婆想娘家——
上得坡，斫門牙，再也不坐你鬼娘家！
九打九，九眞觀裏喝燒酒；十打十，養的十個禿女子，
要賣時，捨不得；不賣時，沒吃的。（陝西綏德）

雖係嬉戲的兒歌，末四句，却呈現出荒年農民賣兒賣女的苦難生活背景。

第一國公，第二元皇，
第三三總馬，第四死娘奶，
第五五枝牌，第六押去刣，
第七七羅漢，第八給狗姦，
第九李老爹，第十做王爺。（臺灣高雄）

兒童遊戲，跑跳爭先的抉擇歌。

八　連　鎖

事不相屬，連鎖得之。

山老鸛，白脖子，張三找了個老婆子。
脚又小，手又巧，兩把剪子一齊鉸，
左手鉸了牡丹花，右手又鉸靈芝草。
靈芝草上兩隻鵝，撲拉撲拉飛過河。
江河這邊是您家，江河那裏是俺家。
舖開單被曬芝麻，一碗芝麻兩碗油，
大姐二姐梳油頭。大姐梳了蟠龍髻，
二姐又梳看花樓，落了三姐沒得梳，
梳了個獅子滾繡球。（山東鄒平）

撲拉，鳥飛聲。看花樓與滾繡球，均往日婦人所梳的髮髻名色。

螢火蟲，夜夜來，
來給糖炒米你吃，去給辣生薑你吃。
生薑辣，堆寶塔；寶塔尖，戮破天；
天又高，好磨刀；刀又快，好切菜；
菜又（油）青，好點燈；燈又亮，好栽秧；
小和尚，偷銅錢，買爆仗，
彈殺一個老和尚。（江蘇武進）

古今兒噹噹，貓兒跑到缸上。
缸爬倒，水揚掉，貓兒跳到鍋裏烙饃饃，
烙了八十八半個，念書的哥哥多半個，
犂地的哥哥少半個，擋羊的哥哥沒半個。
饃饃呢？狼吞了。狼呢？上山了。
山呢？雪蓋了。雪呢？消水了。
水呢？墁牆了。牆呢？猪毀了。
猪呢？打死了。猪皮呢？蒙鼓了。猪尾巴兒呢？頂門了。（青海）

青海稱故事爲「古今兒」，古今兒噹噹，是說故事開講發聲的意思。烤燒餅爲烙饃饃。稱牧羊爲擋羊。以土泥和水抹牆，華北口語，通稱爲墁，辭甚古，「孟子、滕文公」：「毀瓦畫墁。」此首歌謠，載民國三十年一月「新西北」月刊三卷五、六期合刊「西北民歌專號」。參見第四章第十節河北安國兒歌，第五章第四節之27 28。

九　重　疊

重章疊句，反復而歌。

一針二線安怎引？一哥二嫂安怎親？
一個食醋若變面，拍歹阿哥無意神。
一針兩線怎穿引？一哥二妹怎相親？
一個吃醋又變臉？累得親哥傷腦筋。（臺灣）

右，二章，章四句，完全重疊，而字眼上小有變易。

一首木葉一首歌，二首木葉翻半坡，
三首木葉翻了口，那天囘來得見哥？（貴州花苗）

盤王留傳十二面，三面竹刀四面刀；
三個竹刀飄落肚，不過雙藤聲氣高。
盤王留傳十二面，三面竹刀四兩開；
三面竹刀飄落肚，不過雙藤聲氣齊。（廣西都安板傜）

敍事詩式的「盤王歌」，全歌二十七章，右爲最末兩章。

十　問　答

問答逗趣，俗稱對口。

丈夫親？不是親，同牀合被兩條心。
兒子親？不是親，身長六尺是閒人。
女兒親？不是親，三箱四簍還嫌輕。
女婿親？不是親，三聲閒話不上門。
媳婦親？不是親，三言兩語面皮青。
拐杖親？嫡嫡親，日日伴我不離身。（蘇州）

你爲什麼不點燈？外面刮大風。
爲什麼不梳頭？無有桂花油。
爲什麼不洗臉？無有胰子鹼。
爲什麼不戴花？丈夫不在家。
爲什麼不關門？外面尙有人。（吉林伊通）

諷刺懶惰女人，不知自己過失，還要強詞奪理來掩飾。

什麼尖尖尖上天？什麼尖尖在水邊？
什麼尖尖街上買？什麼尖尖鞋工前？
寶塔尖尖尖上天，菱角尖尖在水邊，
粽子尖尖街上買，擠鑽尖尖鞋工前。
什麼圓圓圓上天？什麼圓圓在水邊？
什麼圓圓街上買？什麼圓圓姑娘前？
太陽圓圓圓上天，荷葉圓圓在水邊，
燒餅圓圓街上買，鏡子圓圓姑娘前。
什麼方方方上天？什麼方方在水邊？
什麼方方街上買？什麼方方姑娘前？
風箏方方方上天，絲綢方方在水邊，

豆腐方方街上買，手帕方方姑娘前。
什麼彎彎上天？什麼彎彎在水邊？
什麼彎彎街上買？什麼彎彎姑娘前？
月兒彎彎上天，藕兒彎彎在水邊，
黃瓜彎彎街上買，木梳彎彎姑娘前。（安徽）

聞每「盤歌」云：

盤歌，是流行川東鄉里的歌謠。盤字的意義，就是「查究事由」。其型式是相似的，內容則各不同。儘管盤個一兩天也可以。但這也不能順口胡謅，他們還有他們的理論和經典爲其根據。從其中可看出民衆對於宇宙的現象與起源，植物界、動物界以及個人、全羣活動的各種狀態的智識和解釋。

當然，這些識見不過是鄉下人的看法。聞氏舉了好幾個盤歌的例。這裏只摘其二：

說天圓，道天圓，唱個盤歌請你還。
瀘州起火那一年？那隻城角先起火？
那隻城角後燃完？
什何燒得連天爆？什何燒得爆連天？
什何燒得爬壁走？什何燒得喊皇天？
只有什何燒不過，留在世上管萬年？

說天圓，道天圓，這個盤歌我能還。
瀘州起火乙卯年，東隻城角先起火，
西隻城角後燃完。
桷子燒得連天爆，瓦片燒得爆連天，
耗兒燒得爬壁走，鷄公燒得喊皇天，
只有石滾燒不過，留在世上管萬年。

歌師傅，老先生，唱個盤歌跟你聽。
什何出來高又高？什何出來半中腰？
什何出來連蓋打？什何出來棒棒敲？
桃子葉，李子枒，看我唱來差不差：
高粱出來高又高，包穀出來半中腰，
豆子出來連蓋打，芝麻出來棒棒敲。

什何，猶言什麼。石滾，碾米工具。連蓋卽連枷。聞氏此文，載「民俗周刊」八十期。

十一 反結

重在結句，正話反說。

門前河水浪飄飄，阿哥戒賭唔戒嫖，
講着戒賭妹歡喜，你要戒嫖妹也惱。（廣東客家）

青石頭根裏的藥水泉，樺木的小勺啦舀乾。
要得我倆的婚緣散，三九天堅冰上長一朶牡丹。（東北）

日頭出來點點紅，照見哥哥米罎空，
米罎越空越好耍，只愁沒志不愁窮。（安徽）

女子不嫌棄其意中人的窮苦，反特加激勉。

論比興

歌謠的情趣，最是在於比興上。朱熹說詩：「比者，以彼物比此物也。興者，先言他物以引起所詠之詞也。」清、屈大均「廣東新語」卷十二「粵歌」條，於比較敍述兩粵各地以及傜、僮、蛋家各樣形態的歌謠生活當中，他首卽指出「粵俗好歌」，而一再標示其特色：「皆以比興爲工」，「專以比興爲重。」關於比興的情趣，林庚「歌謠不是樂府不是詩」，有部份論斷，說得很好：

最好的歌謠，它的意義卽在能於日常生活中找情趣，能使最實際的生活都因此活潑起來。他以爲巧喻卽是歌謠的全部。

巧喻是歌謠之所以成爲歌謠的所在，是歌謠之所以不能以別的東西代替的理由。它這樣的寫法，即使站在一切藝術之間而無愧；因爲沒有另外一件東西可以照它一樣去做，有則必須屬於它的旗幟之下了。而它則是獨立的，不屬於誰的。歌謠中亦有不用巧喻的，那正如詩中有許多並無「靈感」的詩一樣，乃是失敗的作品。

載「歌謠周刊」二卷十一期。

無怪乎，有的地方逕以「唱比」來名歌謠了。民國、廣西「思恩縣志」第二編：

通常男女歌謠，類多言情之作，蓋國風之流傳也。詞多比體，故名唱比。

現代修辭學，於比喻一格，未免分得過於瑣細，這兒則只論大體，爲如左分析。

明喻	隱喻	夸飾
擬人	意象	滑稽
顚倒	起興	中興
尾興	賦比興之融渾	

一　明　喻

老牛餵得壯壯的，耕得地勻勻的，
打得麥和石榴顆也似的，蒸得饃饃和斗也似的，
吃得娃娃和虎也似的，愛的牧羊娃娃和紅眼狗也似的。（陝西綏德）

一個伢的媽，好拉瓜，
洗脚的水調粑粑，身上的垢膩搓麻花。（湖北武昌）

拉瓜，表音，謂邋遢。湖北說邋遢又作傝㒓，讀如塌颯。垢膩，武漢讀作苟假。

天上星多月不明，地下人多心不平，
清官難斷家務事，砍的不如錠的圓。（北平）

二　隱　喻

因爲心來因爲肝，因爲心肝日夜鑽，
貼高枕頭睡不得，時時念等嫩心肝。（廣東）

心肝喻所歡。

頭戴一元六，身窮一身瘦，
遠看東洋鬼，近看本地做。（山東鄒平）

一元六，指呢帽價錢。鄉村風氣閉塞，見穿制服者，總起驚異，以爲日本人來了。此與第一次世界大戰時以及革命軍北伐，日本兩次出兵山東的歷史有關。

桃花開花閃威威，李子開花順河飛，
有錢之人買花戴，我們無錢望花飛。（貴州花苗）

花喻女性。

三　夸　飾

肚裏餓，心裏潮：瓜州買米鎮江淘，
揚子江心挑擔水，紫金山上打柴燒。（江蘇丹徒）

老太婆，年紀八十多，
食飯三淘籮，講話囉囉囉。（浙江新昌）

冬青樹兒朵朵青，情郎哥兒要起身，
包袱擱到桌子上，眼淚流齊脚後跟。（陝西南鄭）

四　擬　人

雪山不老年年白，長江水流日日清，
死沒良心長江水，隔了多少有情人。（雲南石鼓、鶴慶）

金沙江流域的雪山，雪線以上高峯，積雪終年不化，故有首句的比興。

蔴布手巾蔴布邊，我向老鼠窩裏鑽。
老鼠把我打一爪，我把老鼠奶奶咬，
咬出血，咬出膿，老鼠還說他不疼。（陝西郃陽）

出門碰着雪梅擔，海棠請我吃三杯，
牡丹芍藥來陪伴，菊花斟酒臘梅吹。（蘇州）

首句謂碰到梅花挑擔子。吹，奏樂也。

五　意　象

宇宙人生不可能發生的事態，但儘有存在於人們意象之中。

從來不說謊，一天到湖廣，
湖廣樓上歇，伸手摸着月，
隔壁殺隻蟹，濺我一身血。（陝西長安）

一天到湖廣，伸手摸着月，從前皆爲玄想，今日太空時代，已爲現實的事態了。

太陽出來一點紅，人家騎馬我騎龍。
騎眞龍，過海東，海東有我丈人家。……（北平）

此係「看見她」的起興部份。

一位姑娘三寸長，茄子棚裏乘風涼，
蒼蠅老虎拖了去，哭煞親夫笑煞娘。（杭州）

蒼蠅老虎，專吃蒼蠅的一種昆蟲。娘，指婆母。

六 滑 稽

亮月白丁當，賊來偸醬缸，醬缸打碎只。
聾子聽見只，啞子喊出來，
折脚追出去，支手捉住只。（江蘇無錫）

只，語助辭。折，土音讀如拾，折脚，跛脚也。手因疾病而拳曲的人，稱支手。

不可能的事，唱在兒歌裏，不僅滑稽逗趣，且使孩子們有所辨別，而致觀念正確。

對門山上一座碑，三個大姐坐一堆，
大姐一個屁，二姐滿天飛，
不是三姐跑得快，幾乎吃了屁的虧。（湖南桑植）

走洛陽，到洛陽，洛陽有個富家莊，
富家莊裏富員外，有個大脚二姑娘，
做鞋的緞子使了兩船半，絨線使了兩大筐，
鋼針費了兩抽屜，三年的功夫纔做上，
穿上試試大和小，金蓮覺着擠的慌。（山東萊陽）

這種性質的歌謠，在河北新河鄉下，特有一個名色，謂「數大嘴兒」，則兼前述的「夸飾」而皆屬之。

七 顛 例

如此顛倒胡說，豈非指驢爲馬，導人於知識的誤認？不。有人說，正是這種「好像世界翻倒過來」的情趣，引得孩子們認淸現實，雖然童心裏免不了會這樣意想。亡兒秋影，三歲年紀時，跟她祖母說：「奶奶，等你長小了，我長大了，我來抱你。」

從來不說顛倒話，爸爸駝着驢子走。（陝西長安）
拿起狗頭打磚頭，又怕磚頭咬了手，
姐在房中頭梳手，忽聽門外人咬狗，

順唱歌，倒唱歌，河裏石頭滾上坡。
先養我，後養哥，爹娶媽，我打鑼，
爺爺抓周我捧盒，我在家婆門前過，
舅爺還在搖家婆。（湖北武昌）

先母述。也是自己兒時所習唱的。爺爺，祖父。抓周，全國性習俗，嬰兒周歲，盤中置尺、算盤、書本、女紅之類，視其抓取何物，以卜未來志向。家婆，外祖母。

說瞎話，瞎胡話，拿起鐮來砍一鋤，
一鋤砍得棗樹上，落的柹子一地紅，

張起包來拾杏兒，拾了葡萄幾提籮，
張三吃了李四飽，脹得趙五直啼哭，
母親看見把姪子叫，媳婦看見將哥哥呼，
一家得了瞎話病，越說淸楚越糊塗。（江蘇吳江）

這首歌，牛頭不對馬嘴，顚倒錯亂矛盾之至。惟有電影卡通片裏，纔能顯現此種宇宙分裂，人生癲狂的狀態。在孩子心眼裏，想來可笑。對成人說，這倒是可警惕的義理，客觀世界並不會顚倒，人生行爲却儘多顚倒失常之事。所言在此，意實在彼，細細體味，大有啓示作用。

八　起　興

從「關關雎鳩，在河之洲。窈窕淑女，君子好逑」的時代，以迄於今，乃至將來，我們歌謠的「興」，一直傳承發展不絕。歌謠之所以爲歌謠者，卽在具有這一項特色。顧頡剛「寫歌雜記」（吳歌甲集附錄）「起興」篇，說他幼時讀詩經，於賦、比都容易明白，惟獨興，不免茫然。後來，他採集蘇州歌謠，有好幾年了，這纔「悟出興詩的意義」。他舉出九首歌謠的起頭兩句：

1. 遊火蟲，彈彈開。千金小姐嫁秀才。
2. 遊火蟲，夜夜紅。親娘績苧換燈籠。
3. 蠶豆花開烏油油，姐在房中梳好頭。
4. 南瓜棚，著地生。外公外婆叫我親外孫。

5. 一莢毛豆碧波青。兩邊兩懸竹絲燈。
6. 一朝迷露間朝霜。姑娘房裏嬾梳妝。
7. 陽山頭上竹葉青。新做媳婦像觀音。
8. 陽山頭上花小籃。新做媳婦許多難。
9. 梔子花開心裏黃。三縣一府捉流氓。

顧氏對於這九首歌謠，以及還有許多一樣風格的，多方揣摩比證，得出如左結論：

在這九條中，我們很可看出，起首的一句和承接的一句是沒有關係的。例如新做媳婦的好，並不在於陽山頂上竹葉的發青；而新做媳婦的難，也不在於陽山頂上有了一隻花小籃。它們所以會得這樣成爲無意義的聯合，只因「青」與「音」是同韻，「籃」與「難」是同韻；若開首就唱「新做媳婦像觀音」，覺得太突兀，站不住，不如先唱了一句「陽山頭上竹葉青」，於是得陪襯，有了起勢了。至於說「陽山」，乃爲陽山是蘇州一帶最高的山，容易望見，所以隨口拿來開個頭。倘使唱歌的人要唱「新做媳婦許多好」，便自然先唱出「陽山頭上一叢草」了；倘然要唱「有個小娘要嫁人」，便也許先唱出「陽山頭上一隻鶯」了。

初載「歌謠周刊」一卷九十四號，收入鍾敬文「歌謠論集」。

黃得時「臺灣歌謠之形態」，其結論，也認爲興的妙用，在「引韻」的原理，山歌好唱口難開，有了興起，以下的句子，纔好接口。

黃文，載「臺灣文獻專刊」三卷一期。

至於說起興與下面句子「成爲無意義的聯合」，這論點相近於宋、鄭樵「六經奧論」、「讀詩易法」之說：

作詩者一時之興，所見在是，不謀而感於心也。凡興者，所見在此，所得在彼，不可以事類推，不可以理義求也。

我們讀詩與歌謠，對那凡屬有「興」者，總感到其間不僅止於音韻上的引接而已，它還開展了一種使人意趣昇華的境界。這樣，興不僅是音的作用，更兼有表義的功能。此所以，凡是含有「興」的詩和歌謠，總比無興的詩和歌謠，現得生機勃勃，意趣深長，情味無盡。也卽是說，在這首詩和歌謠的全體字句裏，都被這個興所籠罩，都貫注了興的意趣。其說，詳十二節「興兼表義說」。

古今來，很有些詩文，味同嚼蠟，乃由於缺乏了興會。傅庚生「中國文學欣賞舉隅」：

人之內發者曰情，外觸者曰感，應感而生，是曰興會。逢佳節而思親，赴荆門而懷古，窺鬢斑以書憤，凝露白以相思；興之所至，適逢其會，發爲詞章，便成佳構；及其所之旣倦，情隨事遷，興會已逝，不免輟翰而腐毫矣。

所論「眞情與興會」，他很舉了些事例。有一條說：

釋惠洪「冷齋夜話」云：「黃州潘大臨，工詩，有佳句。然貧甚。東坡、山谷尤喜之。臨川謝無逸以書問：『近作新詩否？』潘答書曰：『秋來景物，件件是佳句，恨爲俗氛所蔽翳。昨日淸臥，聞攪林風雨聲，遂起題壁曰：滿城風雨近重陽。忽催稅人至，遂敗意，止此一句奉寄。』聞者莫不笑其迂闊。」此眞所謂忠於藝術者矣，迂闊云乎哉？言，心聲也，興會所至，乃可發爲吟詠；興盡則意盡，意盡則無詩矣。無詩而强成詩，是揉沙入目以激淚也。故潘卒以一句傳唱千古；若續鳧以成鶴，轉以召譏。

羅香林「粵東之風」：

考客家歌謠中，有「竹葉撐船瀟洒子，咿哩咳，溜呀溜等來」的句子，普通人都稱它爲閒腔，實在講來就是一種唱歌的引子，或開場白。起頭一句，是可以拿來冠在山歌的頭上去唱的。它這起與共爲三句，除首句外，是可以變化的。這變化每以三字句來承接。如：

妹相思，不作風流到幾時？
只見風吹花落地，不見風吹花上枝。

妹鴛鴦，小弟一心專想娘，
紅豆將來吞落肚，相思暗斷我心腸。

過臺灣，飄洋過海係艱難，
郎使竹篙妹使槳，過棵時節愛緊關。

這三首歌謠，每首四句，唸唱起來，怎麼有點突兀之感？情境上也不怎麼引人。原來，它還得按客家歌謠的體式，把那個起興的引句「竹葉撐船瀟洒子」，冠之在首，五句連唱，這纔意趣洋溢了。

九　中　興

謂篇中之興，這是極不易得的。如：

小白菜呀，地裏黃呀。三歲兩歲沒了娘呀！
好好跟着爹爹過呀，就怕爹爹續後娘呀！
續了後娘三年整呀，生個弟弟比我強呀！
弟弟吃肉我喝湯呀，拿起飯碗淚汪汪呀！
親娘想我一陣風呀，我想親娘在夢中呀！
河裏開花河裏落呀，我想親娘誰知道呀？
想親娘呀！想親娘呀！
白天聽見蟈蟈叫呀，夜裏聽見山水流呀；
有心要跟山水走呀，又怕山水不回頭呀！（北平）

此謠，情境悲愴，孤兒苦念娘親，哀傷哭號，如聞其聲。「河裏開花河裏落」，即爲篇中之興。這首歌謠，凡唱到此句，唱者聽者，沒有不感動淚落的。古今詩篇，也不乏這種篇中之興的例。像杜甫「登高」：

風急天高猿嘯哀，渚清沙白鳥飛迴。
無邊落木蕭蕭下，不盡長江滾滾來。

萬里悲秋常作客，百年多病獨登臺。
艱難苦恨繁霜鬢，潦倒新亭濁酒杯。

其「無邊落木蕭蕭下，不盡長江滾滾來」，卽屬篇中之興。但我們當它作寫景寄意的句子看過去了，而興每每就是特具寫景寄意的色調。又像劉復「教我如何不想他」：

天上飄着些微雲，地上吹着些微風，
啊！微風吹動了我頭髮，教我如何不想他？
月光戀愛着海洋，海洋戀愛着月光，
啊！這般蜜也似的銀夜，教我如何不想他？
水面落花慢慢流，水底魚兒慢慢游，
啊！燕子，你說些什麼話？教我如何不想他？
枯樹在冷風裏搖，野火在暮色中燒，
啊！西天還有些兒殘霞，教我如何不想他？

「燕子，你說些什麼話？」就是極難得的篇中之興。

徐佛觀「釋詩的比興——重新奠定中國詩的欣賞基礎」說：

詩經中興的第一變例，是不出現於一章之首，而出現於一章詩的中間。如：

君子于役，不知其期；曷至哉，鷄棲於塒。
日之夕矣，羊牛下來。君子于役，如之何勿思。（王風、君子行役）

按此詩首尾是賦；而中間插入「日之夕矣，羊牛下來」，以引起「如之何勿思」，這是一章中間的興。此種興的發生，是因感情所積者厚，在抒寫的中途，自然形成一種頓跌，有如氣急說話時之發生哽咽一樣。在頓跌中，忽觸到某種客觀事物，引發出更深更曲折的內蘊感情，因而開闢出另一情境，使主題作進一步的展開。此種用興方法，在後來詩歌發展中，居於很重要的地位。一首詩中，常因此而得到跌宕、盤鬱、開闔、低徊之致。

見所著「中國文學論集」。

徐氏還舉出了兩個中興的例。古詩十九首「行行重行行」中的「浮雲蔽白日」之句，杜甫「秋興」八首中的「信宿漁人還泛泛，淸秋燕子故飛飛」之句，皆是。這種句子，我們每每當作比的句子看過去了。

十　尾　興

南北朝，東魏、斛律金的「敕勒歌」：：

敕勒川，陰山下，天似穹廬，籠蓋四野。

天蒼蒼，野茫茫，風吹草低見牛羊。

此詩氣魄雄渾，意境如畫，全由於尾興句子所顯示。歷來稱其爲天然眞色的絕唱，求之後世，不可復得。又像李白「閨情、寄遠」，其十一：

美人在時花滿堂，美人去後餘空牀，

牀中繡被卷不寢，至今三載猶聞香。
香亦竟不滅，人亦竟不來；
相思黃葉落，白露點蒼苔。

這末後兩句，嚴格的說，也可認定爲末後一句，如只看作比，豈不大大減色了？這八句詩，其引人進入情趣更高，餘意不盡的境界，只在此尾興裏。徐佛觀「釋詩的比興」，所以最是欣賞詩的尾興：

但若就純粹地興體說，它必發展到用在一首詩的結尾地方，才算發展完成，才算達到興在詩的作用的極致，因而把抒情詩推進到了文藝的顚峯。此種興體，對詩經而言，能算是變例；而這種變例，在詩經中也已經出現了。如：

椒聊之實，蕃衍盈升。
彼其之子，碩大無朋。
椒聊且（沮之平聲），遠條且。（唐風、椒聊）

此詩是以椒實的蕃衍，引起彼其之子的碩大無朋，朱傳說是「比而興」，這就前四句說是對的。但這首詩到碩大無朋，已經發展完成了。而後面又加上「椒聊且，遠條且」兩句，傳注家遂多以此爲無意義的重複。殊不知此兩句實係興的變例。因爲說到「碩大無朋」，意盡而情尙未盡。于是將此未盡之情，又投射向客觀的事物，使此客觀事物，沾染上詩人未盡之情，以寄托詩人的咨嗟嘆息之聲。這種咨嗟嘆息之聲，並不代表某一明確的意義，而只是詩人未盡之情在那裏飄蕩，這便成爲鍾嶸所說的「文已盡而意有餘」了。意有餘之「意」，決不是「意義」

的意，而只是「意味」的意。意義的意，是以某種明確的意爲其內容；而意味的意，則並不包含某種明確意識，而只是流動着一片感情的朦朧縹渺的情調。

他還舉了王昌齡「從軍行」，末句也屬尾興：

琵琶起舞換新聲，總是關山離別情。
撩亂邊愁聽不盡，高高秋月照長城。

歌謠中，屬於起興的篇章太多，尾興就十分稀少了。

新築塘頭好走馬，兩邊清水好煎茶。
大姊煎茶唔好食，細姊煎茶煎出花；
大姊嫁出韶州府，細姊嫁出韶州下，
兩個韶州打對面，風吹葉子牡丹花。（廣東翁源）

清水所錄兒歌，載「民俗周刊」六十六期。

水滴滴，水流流，一朵紅花水面浮。
大姊有銀嫁得遠，二姊無銀嫁惠州，
嫁起惠州好水路，拔甩竹篙船就流。
流，流，流！流到水南頭，
水南起大屋，青磚起屋耍門樓，

兩邊門頂開花樹，兩隻牙鷹伏兩頭，
長柏企高打蜢仔，短柏企高動石榴，
石榴生仔拖拖擰，波蘿生仔結成毬。（廣東東莞）

起屋，建屋也。耍，輝煌也。企，即立也。動，作撲字解。拖拖擰，搖擺不定貌。

天到晌午錯，
你哥哥望你嫂子出門也是克，小媒婆解你門前過，
讓到你們家中坐一坐，給你說一坐家女兒啵？
小銅錢給你兩吊多，洋藍布衫子給你做一個，
送你兩樣活：跟頭褡褳，烟袋荷包。
褡褳上繡蘆花荷，平兒、岡兒、老子兒推轂轤車，
小小的螃蟹，口吐白沫。（北平）

首句起興。末兩句，尾興。克，去字的土音。解，由字之意。坐家女兒，童養媳也。南北通稱女紅爲「做活」或「活計」；「活」字，省略之語，又轉用爲女紅的成品。平兒、岡兒、老子兒，皆孩子們給各種蜻蜓所起的名稱。

這首歌，末尾兩句，如當作褡褳上的繡事來看，就不成其爲興了。

十一　賦比興之融渾

徐佛觀「釋詩的比興」：

最高作品中最精采的句子，常是言在環中，意超象外，很難指明它到底是賦，是比，是興，而實際則是賦比興的渾合體；尤其是此時的興，常不以自己的本來面貌出現，而是假借賦比的面貌出現，因而把賦比轉化爲更深更微的興，這樣，便常能在一句詩中，賦予它以無限地感嘆流連的生命感。此時的興，已昇華而與詩人的生命合流，使詩人的詩句，不論以何種形貌出現，都成爲悵惘不甘的活句。對一切的詩人，都應以這種作品的有無、多少，來衡量他的地位。這正是唐、司空圖所說的「象外之象，景外之景」，使人得味於鹹酸之外。

三百篇的首篇，說「關關雎鳩」爲興，但又何嘗不是比？卽如前舉起興、中興、尾興的一些例句，也多有比的意味；但如僅認定爲比，又不免抹殺了它意境的佳妙處。依徐氏之說，則下面的歌謠，是可算賦比興之融渾了。

雪白姐妮結識墨黑個郎，好像戰場上白馬騎個黑周倉。

白鳥飛拉烏雲裏，泥蓬塵落小粉缸。（蘇州）

月亮當中正半夜，苦情敍到眉毛尖，

雪上加霜不爲冷，半夜涼風涼透心。（金沙江上情歌）

石頭崖上的節節草，羊羔兒吃多少哩？

身子不大模樣兒好，好心腸蓋天下哩。（甘肅「花兒」）

十二　興兼表義說

前面第九節「中興」，所舉「小白菜呀，地裏黃呀」這首兒歌，開頭兩句屬起興，就「引韻」的原理說，是以黃字引來同韻的娘、強、湯、汪諸字，則「小白菜地裏」這五個字，隨便怎麼變動，似乎也沒有關係。假如改爲：

大白菜，地裏黃。
豆芽菜，綠又黃。
小芋頭，毛泥黃。

果然這樣一改，全首歌謠雖只不過更動了三四個字，但在整個的氣勢、情韻、精神上，可就大不一樣了。更不用說，將它改得意境不同些，如：

白楊樹，秋天黃。
山裏狼，遍身黃。
濛濛霧，迷迷黃。

由是，可見起興除了「引韻」的功能，更重要的是，它還具備了表義的功能，這種功能並不明顯，但其潛在作用十分強烈。原來，「小白菜，地裏黃」這六字，隱隱約約的，暗示着一個孤兒的影子，如一改爲「大白菜，豆芽菜，小芋頭，白楊樹，山裏狼，濛濛霧」，儘管聲韻上仍然押韻合轍，可是却跟孤兒自嘆的情境拉開了距離，僅此起句三四個字的更改，就把全首歌謠悲愴意苦的情境，都分解了，使得孤兒自傷的情境有了走移。

試比證以見。

小白菜，地裏黃。七八歲時離親娘。
好好的跟着爹爹過，又怕爹爹娶後娘。
娶了後娘三年整，養個兄弟比我強。
他吃菜，我喝湯，哭哭涕涕想親娘。（河南）

小白菜，就地黃。人家有娘咱沒娘。
娶個後娘二十五，領個兄弟叫孟粱。
孟粱吃稠的俺喝湯，端起碗來淚汪汪。（河南）

領，生養的意思。

小白菜，地裏黃。只怕爹爹接後娘。
接了後娘三年後，生個兄弟比我強。
他揀菜，我泡湯，哭哭啼啼想親娘。（雲南）

小白菜，生的黃。七歲上沒了娘，
跟着親爹還好過，只怕親爹娶後娘。

後娘生了個小兄弟，叫什麼？叫孟良，
他吃稠哩俺喝湯，端起碗來想親娘，
拿起箸來淚汪汪。
後娘問我哭什麼？我說碗底燙的慌。（河北柏鄉）

小白菜，地裏黃。七歲八歲沒了娘，
跟着爹爹還好過，就怕爹爹娶後娘。
娶了後娘三年整，有個弟弟比我強。
他吃肉，我喝湯，拿起筷子淚汪汪。
親娘想我，我想親娘，
親娘想我一陣風，我想親娘在心中，
河裏開花河裏落，我想親娘誰知道？（山東）

小白菜喲，遍地黃喲。兩三歲喲，死了娘喲，
只好跟着爸爸過喲，又怕爸爸討後娘啊。
討個後娘三年整啊，生個弟弟比我強喲。
弟弟吃的白米飯啦，我是吃的大粗糠啦，
弟弟穿的綾羅緞啦，我是穿的破破爛喲，

弟弟跟着爸爸睡喲，把我丟在牀沿外喲。
噫喲，唉喲！想起我娘哭一場喲。（湖北）

湖北這一首，連前述第九節的，北平那一首，句子、結構、比興、聲韻最佳。這七首兒歌的流變情形：述事，比況，文詞長短，又有不同，但因開頭的「小白菜」三字無變動，因而意境引導上，起始的岐異不大。若如另一首：

一棵白菜就地黃。三歲小孩沒了娘，
跟着爹爹受好過，但怕爹爹娶後娘。
後娘娶了三年整，生個兒子叫孟良。
母親做的龍鬚麵，孟良吃稠俺喝湯。
端起碗，淚汪汪，擱下碗，想親娘。
後娘問俺哭麼哩？俺說碗底燒的手心惶。（河北獲鹿）

受好過，謂享受過好日子。

其變更痕跡，可以很清楚的看出。在我們的感受上，這「一棵白菜」，比之「小白菜」，就覺得這首歌謠的起勢，未免差勁，不如「小白菜」所引起的完整意態，更不必說爲以下的變更。

小菠菜，就地黃。三生四歲離了娘。
端起碗，淚汪汪，拿起筷子想親娘。
爹爹問我哭哽哩？碗底燒的手心慌。（河南）

好衣沒有把我穿，好菜沒有把我嘗。
後來娘，沒心腸，
老鴉仔，叫聒聒。有錢莫討後來娘。

忠厚心，「小白菜」的性格，可並不是這樣的。

菠菜葉，就地黃。三生四歲沒了娘。
跟着親爹還好些，光怕爹爹娶後娘。
俺爹一心娶後娘，娶了後娘三年整，
抱個娃子比我強。
關着門，去弄湯，人家吃稠我喝湯。
端起碗，淚汪汪，擱哪碗，想親娘。
親娘死，穿啥衣？打開櫃，有綢衣。
後娘死，穿啥衣？門後擱個破狗皮。
親娘死，穿啥鞋？打開櫃，有緞鞋。
後娘死，穿啥鞋？門後擱個破套鞋。
親娘死？戴啥簪？打開櫃，有金簪。
後娘死，戴啥簪？門後擱個破扁擔。（河南）

顯然，「親娘死」這下半截的連綴，於此首歌謠情境的描述，無啥幫助。對照句，恨惡語，有傷天地

一天打三道，三天打九場，
眼淚還沒乾，就要喊他作親娘。（河南）

鬼鬼楊，鬼鬼楊。有錢莫討後來娘。
前娘殺鷄留鷄腿，後娘殺鷄留鷄腸，
鷄腸掛在楊樹上，想起前娘哭一場。（廣東台山）

興兼表義之說，就第八節「起興」顧頡剛所舉蘇州歌謠「遊火蟲」那九首的例子，雖只各錄起頭兩句，也大略可以見到其引韻與表義的雙重功能。在諺語裏，更有同樣情形。如起興的諺語：

白楊葉，兩面光：一輩子都沒有好心腸。
草鞋亂襪子：誰不知道那麼兩下子？
紅皮辣子白皮蒜：那個女人能強過漢？
冬瓜花，南瓜花：各人養的各人誇。
洞庭湖裏水飄飄：好夫好妻命裏招。

又如尾興的諺語：

硬就硬到底：麥出不吃米。
親戚不親戚：蘿蔔三百一。
有奈出於無奈：瓜皮醃成鹹菜。

三十不當四十：清明不當驚蟄。

巧媳婦煑不出沒米粥：巧嘴八哥說不過潼關去。

還有興而比的諺語：

西瓜皮，就地滾：打不過人動嘴啃。

一條褲子一條繩：吃飯要叫別人盛。

日頭似落不是落：懶老婆出來瞎做活。

棗核解板兩頭尖，北靠黃河南靠垣：不爲銀子單爲錢。

一個吃了一個李子：誰不知誰的底子。

參見拙著「我歌且謠」之二「諺語的賦比興」。

與兼表義的看法，算不得什麼新發現。只因有人認爲起興句與本體，除了引韻之外，其存在並無啥意義，故爲這番分析。其實，一切藝術的表現，有一主題原則，其結構、基調、色彩、描繪、精神、氣韻、情境，都必環繞此主題而活用之。不過，「比顯而興隱」（文心雕龍、比興篇），與在歌謠裏主題原則的運用，人們也是但注意到顯而易見的「引韻」這方面罷了。

論聲韻

歌謠並未完全著於書帛。否則，就往古說，又豈僅止三百篇？而現代各地歌謠集子，不說有的省份付諸闕如；就是有了集子的，也不過錄其大體而已。

當北京大學歌謠研究會第二個階段，大夥兒工作正起勁的當兒，也就是中日大戰前夕，在北平城，曾有一種杞人之憂的意見：歌謠如全都記載在文字上了，這會喪失了歌謠活潑潑的生命，桎梏其自由自在的發展。當時，歌謠研究會的同仁，對此意見，爲兩種看法：

1. 各地歌謠的創作、傳述、形成以及其習唱，只在人們口耳相傳的過程裏。這個過程，不會受到幾本歌謠集子的影響。人們傳唱歌謠，絕沒有拿着本本兒，照本宣科的道理。

2. 這個意見之所以提出，乃是人家重視到歌謠的聲韻因素，所有歌謠的文字記載，於其聲韻形態，那總是難於充分描述。

說聲韻是歌謠的神彩所在，這話絕不過份。歌謠的內容與形式，其表現在造句、結構、比興的運用上，皆十分自由，但不管怎樣自由，歌謠很少不要韻，若沒有韻，歌謠就不成其爲歌謠了。

歌謠的聲韻，約略分析如左：

頭韻	中韻	脚韻
趁韻	兒化韻	諧音
岔接	氣急	聲拗
疊詞	語助	嵌套
土語		

一　頭　韻

脤猪肥，脤狗瘦，脤人黃酸桶。（福建厦門）

黃酸桶，衰頽貌。

乞手巧，乞容貌，乞心通，乞顏容，

乞我爹娘千百歲，乞我姊妹千萬年。

禱詞。載陳元柱「台山歌謠集」。

此首，二、四句中，容貌與顏容乃爲一事，未知有否訛誤？還是故爲此重疊的？在歌謠的章法上，常有故意重疊的章句。

子日子日孟子曰，一晚上想你者睡不着。

口兒裏念來心兒裏記，子日學而時習之。（甘肅「花兒」）

子日的韻。

二 中 韻

七月半，蚊蟲像石鑽。八月半，蚊蟲去一半。九月九，蚊蟲釘搗臼。（浙江新昌）

月半、蚊蟲的韻。

虧也虧，生柴燒火虧妹吹，

冷水洗碗虧妹洗，丈夫年小虧妹陪。（湖南）

虧妹的韻。

郎不知心遭雷打，妹不知心死本身。（金沙江情歌）

不知心的韻。

三　脚　韻

押韻，是句子的末一字上。可以說，每首歌謠都必有其脚韻。

花喜鵲，站樹梢，張三娶個女姣姣。

擔擔水，擰擰腰，可把張三疼極了。（山東鄒平）

龍舟舟，出街遊，姊妹行埋勿打鬥。

龍點龍尾添福壽，老少平安剃白頭。（廣州）

埋，近也。

清晨起，冷呵呵，挽起袖子就刷鍋。

大鍋刷個明細淨，小鍋刷個篩堂鑼。

叫聲小姑子湊把火，我到上房問公婆。

頭一句，沒作聲；二一句，生氣了。

今天有我你問我，明天無我你靠何？

鼓靠鼓，鑼靠鑼，新娶媳婦靠公婆，

二龍取水靠天河。（遼寧瀋陽）

四　趁　韻

聲韻叶合，如連珠相趁。

三輪車，跑得快，上面坐個老太太。要五毛，給一塊，你說奇怪不奇怪？（臺灣臺北）

風吹楊柳倒吹柳，柳樹脚底賣燒酒，有錢買個鸚哥綠，無錢吃杯老燒酒。（雲南蒙化）

三歲的伢會挖藕，一挖挖到么姑的後門口。么姑愛我的好白藕，我愛么姑的好白手。（湖北漢陽）

五　兒　化　韻

張洵如「北平音系小轍編」，於兒化韻有精微分析。此書一名「北平兒化詞彙」，將兒化諸字，依北平語實況，分辨其何詞必須兒化，何詞可兒化可不兒化，何詞必不兒化。何謂兒化韻呢？黎劭西「中華新韻」序：

所謂兒化韻者，卽捲舌韻，乃北語的特徵，國語標準音中的重要分子也。

至於捲舌韻，趙元任「新國語留聲片乙種課本」，有其定義：

捲舌韻就是 el 韻跟上字相連成爲一個音節的韻。

趙氏又說：

捲舌韻的用法，不但是爲說漂亮北平話用，它在文法上、造詞上，都是很重要的。常聽見說「國語不必像北平土話用大些『兒』」的話，這是不明白中國語言實情的人所說的話。

到過北平的人，或常跟說北平話的人來往過，都會同意趙氏的話。北方歌謠（不僅只是北平的），兒化韻的運用，在其聲韻上形成了獨有的基本腔調，不但是用兒化韻來作句尾語助，以爲韻脚，使不同韻的句子得到諧合；更出色的是，它貫穿在句子中間，盡着承接上下的作用，使歌謠的結構，有了更大的自由。白啓明「歌謠中兒音的問題」，曾舉一例：

拐棍一，拐棍一，離了拐棍走不的；
拐棍兩，拐棍兩，離了拐棍身上羗；
拐棍三，拐棍三，惹的兒女不耐煩；
拐棍四，拐棍四，媳婦們眼裏一根刺；
拐棍五，拐棍五，想起當年受那苦；
拐棍六，拐棍六，丟了拐棍就要做；
拐棍七，拐棍七，滿堂兒女捨不的；
拐棍八，拐棍八，一羣孫孫捨不下；

拐棍九，拐棍九，丟了拐棍就要走。

走，喻死亡。

這是寫在文字上，未有記上兒化韻的形態。若記上兒化韻呢，那就成爲：

拐棍兒一，拐棍兒一，離了拐棍兒走不的；
拐棍兒兩，拐棍兒兩，離了拐棍兒身上羗；
拐棍兒三，拐棍兒三，惹的兒女不耐煩；
拐棍兒四，拐棍兒四，媳婦兒們眼裏一根刺；
拐棍兒五，拐棍兒五，想起當年受那苦；
拐棍兒六，拐棍兒六，丟了拐棍兒就要做；
拐棍兒七，拐棍兒七，滿堂兒女捨不的；
拐棍兒八，拐棍兒八，一羣孫碢兒捨不下；
拐棍兒九，拐棍兒九，丟了拐棍兒就要走。

載「歌謠周刊」一卷二十一號。

接着，「歌謠周刊」次一期，常惠「子和兒的問題」，又舉一更有趣的例。

清陰兒樹，靠河邊兒，
樹底下，有隻船兒，船兒上有人玩兒。
鋪着席，打着傘兒，

琵琶、絃子對着點兒，笙、管、笛、簫、對着眼兒，八角鼓子對十番兒。
船頭兒上有個俊女孩兒，
茄荷緞子是坎肩兒，八幅羅裙盤金線兒，
小小的金蓮兒三寸三，
柳葉兒眉，杏核兒眼，櫻桃小口，那麽一點兒。
左手拿着洒金扇兒，右手拿着踢花毽兒，
嘴裏叨着銀烟袋兒，
誰家的姑娘，這麽會玩兒？

十番兒，樂名。清、李斗「揚州畫舫錄」：「不用小鑼、金鑼、鐃鈸、號筒，只用笛、管、簫、絃、提琴、雲鑼、湯鑼、木魚、檀板、大鼓十種，故名十番鼓。」

看來，這拐棍歌，不要兒化韻，各句之間雖無韻脚相叶，也還勉強可讀，因爲每一句有兩三個「拐棍」詞彙貫穿其間，有如連珠；一加上兒化韻呢，就更其特別有神彩了。「清陰兒樹」這一首，如除去兒化韻，那簡直唱不上口，尤其是後半截。這兒，再看看兒化韻之在句子中間的：

小姑娘，作一夢，夢見婆婆來下定：
眞金條，裹金條，紮花兒裙子，綉花兒襖。

見雪如「北平歌謠集」及續集，下同。

石榴花兒的姐，茉莉花兒的郎。

芙蓉花兒的帳子，繡花兒的牀，
芝蘭花兒的枕頭，芍藥花兒的被，
繡球花兒的褥子鬥嚷嚷。
叫聲秋菊海棠來掃地，虞美人兒的姑娘走進了房，
兩對銀花鏡，梳油頭，桂花香。
臉擦官粉玉簪花兒香，嘴點硃唇桃花瓣兒香。
身穿一件大紅襖，下地羅裙拖落地長。
叫了聲松花兒來掃地，松花掃起百合花兒香——茨姑葉兒尖，荷花葉兒圓，
靈芝開花兒抱牡丹，水仙開花兒香十里，
梔子開花兒嫂嫂望江南。

此歌不用兒化韻，也唱來順口，因爲每句中有花字，句脚的郎、帳、牀、嚷、房、香、長，以及尖、圓、丹、南，都押了韻，不過聲調上要遜色些。

咳！咳！你回過臉兒來，
不愛你別的，愛你臉兒白。

其次，兒化韻在句脚的：

出了門兒，陰了天兒。
抱着肩兒，進茶館兒。

算爐臺兒，找個朋友尋兩錢兒。
出茶館兒，飛雪花兒。
老天爺，竟和窮人鬧着玩兒。

削竹棍兒，打桑葚兒，姐夫尋了個小姨子兒。
關上門兒，蓋上被兒，左思右想，不是味兒。
管他是味兒不是味兒，黑夜裏躺着，不受罪兒。

另一首，末兩句作「四條腿兒摽一塊兒，問你得勁不得勁兒？」就另有一番味兒了。摽字用得絕。

小小子兒，坐門墩兒，哭哭啼啼要媳婦兒。
要媳婦兒，幹什麼？
點燈說話兒，吹燈作伴兒，
到明兒早晨，梳小辮兒。

在我感受裏，這一首，跟上面「出了門兒，陰了天兒」那一首，要算是北平兒化韻歌謠的代表。如能將其全部登錄，比類分析，實在是挺有情味的事。希望能有朋友，廣舉例證，按着張洵如的韻例來審度一番。

六　諧　音

睡覺別衝南：頭南，事事頭南（難）。（河北）

衝，朝向着的意思。

三兩棉花四兩線，去年紡（訪）你到如今。（金沙江情歌）

古井燒香唔出烟（冤），唔知老妹乜人連，

飯甑落鑊又無蓋，米篩做蓋氣飄天。（廣東）

寃，意謂想而不可得的寃枉。氣，語意雙關着：惱怒生氣的氣字。

七　岔　接

阿毛阿毛，生出就跑，一跑到餘姚；

餘姚拾着一把茅刀，撲的一交，狗屎吃飽。（浙江餘姚）

葫蘿芭尖，三道灣，他媽嫁了一個知縣官。

吃好的，喝好的，他媽嫁了一個修脚的。

修脚的，怪臭的，他媽嫁了一個賣肉的。

賣肉的，怪香的，他媽嫁了一個賣薑的。

賣薑的，怪辣的，他媽嫁了一個算卦的。

算卦的，沒有眼，他媽嫁了一個鞭子竿。

鞭子竿，沒有頭，他媽嫁了一個孫猴。

孫猴愛放火，他媽就嫁了我。（北平）

江紹原錄。載「歌謠周刊」二卷二期。末句，「就」字最有氣勢。

毛姑都花吹喇叭，一吹吹到老馬家。
老馬家做豆腐，一吹吹到廟後頭。
廟後頭，蒸包子，一蒸蒸一鍋王八兎羔子。（遼寧瀋陽）

八　氣　急

俗稱急口令。句子中的字眼並不拗口，但要一口氣急速唱說，就不免氣急結巴了。

天上一顆星，地上一坦平。
那個一口氣，數得二十四顆星？
一顆星，二顆星，三顆星……二十四顆星。（湖南漢壽）

張果老，張果老，張果老的門前有棵白核棗，
白的多，紅的少，看的多，買的少。
憑你說得快，一口氣說不完一百個棗，
一個棗，二個棗，三個棗……一百個棗。（河南）

還有一種，乍看來，像拗口令之類，其實，字眼並不拗口，只是句子故意拖長，前後字眼重牀疊架，急速不休停的唸唱，總不免氣急結巴。只有那說相聲、唱小曲的，他訓練有素，唸唱起來，似覺不太

吃力；他一定是把握了在聲韻上，如何發聲、唸字、送氣、收聲，輕重音配合，以及湊韻合轍的訣要，方能如此。小孩子唸唱起來，當然七顛八倒，本為的逗人喜樂麼。

八十八歲公公門前有八十八棵竹，
八十八隻八哥要到八十八歲公公門前八十八棵竹上去借宿。
八十八歲公公弗許八十八隻八哥到八十八棵竹上去借宿，
八十八歲公公就打發八十八個金弓銀彈手去射殺八十八隻八哥，
弗許八十八隻八哥到八十八歲公公門前八十八棵竹上來借宿。（浙江吳興）

九　聲　拗

俗稱繞口令，或叫拗口歌。河北新河則稱為絞嘴的話。發聲相近的字，收韻相同的字，組合到一塊了，中間給它彆拗；或是同一字音，而有四聲之異；或者，句子裏一連串的字眼，同聲異韻、同韻異聲的駁雜，這一來，說在口裏，發聲、送氣、收聲，弄得混淆不清，自然就不順嘴了。

其重要作用：

一、歌謠聲韻活變的情趣。
二、訓練兒童語言發音的能力。
三、也連帶的，擴展了歌謠生活的境界。

試按國語聲韻，略為分析。

壁上掛只鼓，鼓裏畫隻虎，虎爬破了鼓，
拿塊布來補，還是布補虎？還是布補鼓？（河北）

拗口的，是鼓、虎、布、補四個字。鼓，讀ㄍㄨ，上聲。虎，讀ㄏㄨ，上聲。ㄍ、ㄏ同爲舌根音，而發音部位有異。布、補，都讀ㄅㄨ，但聲調不同，補讀上聲，布讀去聲——按，ㄅㄨ的四聲是：晡陰平醭陽平補上布去。ㄅ爲雙唇音。而鼓、虎、布、補四字同收十模的韻。這首歌的拗結處，集中於末兩句。

門背後一根斷扁擔，
明天早晨起來花發火柴。（四川重慶）

花，砍的意思。

此歌，上句末三字同收十四寒的韻，拗口在下句末四個字上。花，讀ㄏㄨㄚ，陽平。發，讀ㄈㄚ，陽平。火，讀ㄏㄨㄛ，上聲。柴，讀ㄔㄞ，陽平。花爲舌根音，發爲唇齒音，火也是舌根音，柴却爲舌尖後音。花、發同屬一麻韻，火屬二波韻，柴屬九開韻。又，發、柴爲開口呼，花、火，爲合口呼，使得這四個字的發音，在口腔一開一合之間，有那麼點窒礙。

一個駝子，騎匹騾子，碰到婆子，挑擔螺螄，
駝子的騾子，踐到婆子的螺螄，
婆子拖駝子下騾子，要駝子賠婆子的螺螄。

其拗口，在駝、騾、婆、螺、拖五字與子、螄兩個字。駝、拖兩字，都讀ㄊㄨㄛ，駝、陽平，拖、陰

平，都爲舌尖音。騾、螺，同讀ㄌㄨㄛ，陽平，也爲舌尖音。婆，讀ㄆㄛ，陽平，雙唇音。駝、騾、婆、螺、拖，這五個字，都收的二波韻。子，讀ㄗ，獅，讀ㄙ，同爲舌尖前音。此歌的拗結，有三階段：第一階段，前四句，每句四言，作準備起拗之勢。第二階段，五六句，五言和七言，雖只兩句，已見攪混不淸了。第三階段，七八句緊轉而下，字字都拗口。

再有，按着方言讀音的拗口歌。

六合縣，有個六十六歲的陸老頭，
蓋了六十六間樓，買了六十六簍油，堆在六十六間樓；
栽了六十六株垂楊柳，養了六十六頭牛，扣在六十六株垂楊柳。
遇着一陣狂風起，
吹倒了六十六間樓，翻了六十六簍油，
斷了六十六株垂楊柳，打死六十六頭牛，
急煞六合縣的六十六歲的陸老頭。（江蘇）

此歌分析：

1. 全歌爲十四句。
2. 以七言爲基本，羼雜九言，又點入八言和十言，而以三言起首，十四言收束。其排列是：「三七七七九七九七八七九七十四」
3. 十四句共一百一十一字，最多同音字是「六陸」，計二十八字。其次同音字爲「十」，計十二字。

4.樓簍同音，共計五字。都讀ㄌㄡ，但聲調上，樓讀陽平，簍讀上聲。

5.樓、簍與六、陸，同聲異韻。有、養、油，也是同聲異韻。

6.蓋、買、栽、堆、吹、翻、斷，這三組字，皆是同韻異聲。

7.頭、樓、油、柳、牛、簍，皆是同韻異聲，這幾個字，都在每一句的收束裏。也夾雜一兩字在每句的起伏處，若有、扣就是。

8.在意境上，第八句前爲前段，是靜態；第九句以下爲後段，是動態。

9.第九句，頭一字的「遇」，與末尾字的「起」，因爲是意境變遷的關鍵，所以字眼的聲韻，也都變了節奏。

10十四句中，「了」字一線相承，前後應合。

11後半段，首句的起字，與末句的急字，同韻異聲。使這幾句急讀下來，前後有了照應。

12起句三字，語氣緩和，第二句開始拗口，以下形勢逐漸加緊。到第七句，形勢一變，是句異常順口的話，以下又是形勢逐漸緊張，而把所有拗口的字擠在收束的末句裏。

黑啦，黑啦，來個客，騎個小黑驢，穿着一身黑，

在這黑晚上，那裏看出是個客？（皖北）

皖北話，把黑字讀作ㄒㄧㄝ，把客字讀作ㄑㄧㄝ，於是形成了這種方音的拗口歌。客人之客的如此讀音，在東北也是這樣。

江蘇、皖北這兩首拗口歌的分析，可能係參考民國三十八年三月九日臺灣中華日報「國語復刊」第二十六期的「繞口

令」，作者僅署名「來」字，很舉了些有趣的材料。

十　疊　詞

親家婆，坐坐去，倷因兒眞眞勿爭氣。
量量米，米桶高頂孵小鷄，
掃掃地，兩管鼻涕拖落地，
抬抬水，兩叔伯姆比大腿，
燒燒鑊，鑊殼洞裏爆米花，
烹烹飯，湯罐頭上做羹飯，
洗洗碗，撐龍船。（浙江富陽）

刺溜溜，酸湫湫，開紅花，染兜兜，
染個兜兜石榴紅，養個孩子叫劉成。（山東）

五更鷄叫喹喹，乖乖起來送乖乖，
乖乖扯住乖乖手，手拿着門閂不肯開，
乖乖一堨幾時來？（湖南）

堨，去也，讀若切。

十一　語助

天光哩，好起哩，石欄鷄子叫了哩。
打開大門送郎去，一對鴛鴦拆散哩。（廣東翁源）

小白臉啊，明起臉兒啊，有人做啊，沒人穿啊，
咚咚嚓！咚咚嚓！送給老和尚穿了罷。
雙臉兒鞋啊，幫兒寬啊，有人做啊，沒人穿啊，
咚咚嚓！咚咚嚓！送給老和尚穿了罷。（河北完縣）

臧玉海錄。載「歌謠周刊」一卷十三號。

此首，語助引起無限感歎，兩章末句，却又自爲寬解。

好啊好，好啊好！
上村南，去割草，拾了個大夾襖。
穿上罷，怕蝨子咬；擱下罷，怕賊偷了；
當了罷，怕當丟了——這件衣裳愁殺我。（河北獲鹿）

十二　嵌　套

野神野鬼住野宮，野天野雲起野風；
野心野肝野肚腸，野妹同個野老公。（廣東梅縣）

以野字爲嵌套之主。

小姑多，舌頭多；大姑多，婆婆多；
小叔多，鞋脚多；大伯多，禮貌多。（山西）

在多字的底盤上嵌變。

荷花荷花幾月開？正月勿開二月開。
荷花荷花幾月開？二月勿開三月開。
荷花荷花幾月開？三月勿開四月開。
荷花荷花幾月開？四月勿開五月開。
荷花荷花幾月開？六月勿開永遠勿再開。（江蘇武進）

兒童們携手圍作圓圈，遊戲時唱的歌。

十三　引頭與押尾

浙江江山的喜歌，起唱時要加帽子。每唱一句，旁邊的人，必齊聲應「好」。應好的人，愈多愈佳，謂之「喝彩」。唱喜歌者，稱爲「喝彩的人」。如，行婚禮時，喝彩的人在禮堂所唱：

　福幸，

　一對花燭鬧洋洋——好，在堂諸位送新郎——好。

新娘進洞房，喝彩的人唱：

　福幸，

　一脚踏進新娘房——好，新娘房中好花樣——好。

　左望新娘紅漆橱——好，右望新娘綠凰凰——好。

　鳳凰本是今日配——好，百年一對好鴛鴦——好。

其他，吃交杯酒，賀客看新娘，撤帳等等儀式，所唱的喜歌，都是以「福幸」引頭，而每句之後，衆人齊聲應「好」。所有儀式已畢，唱下場歌：

　福幸，

　喝彩已畢——好，諸位請出——好。

　若要紅果子——好，明朝再來吃——好。

紅果子，染紅的花生，取早生貴子之兆，而又隱寓一種象徵。結婚次日早上，分給小孩子以及來賀喜的人吃。

據朱陶「江山的儀式歌」，載「民衆教育」五卷四、五期，民國二十六年二月，浙江省立民衆教育實驗學校出版。

同書，方納嘉「談永康的歌謠」說，叫化子，新年唱「掉元寶」，也是每句有應聲：

　新春大發財——好，元寶滾進來——好，

大元寶，買田地——好，小元寶，做生意——好。
元寶滾到鷄柵頭，鷄卵整畚斗——好，
元寶滾到樓梯頭，穀米豆麥盛滿樓——好，
元寶滾到猪欄頭，飼猪大如牛——好。
七十斤油——好，八十斤頭——好。
刺刺刮刮，一年油上頭——好。

刺刺刮刮，爲煎熬脂油的聲音。叫化子這種唱法，旁的地方叫「蓮花落」，「數來寶」。

黃瑞麟「梅縣的客家山歌」：

梅縣山歌，唱到盡尾的時候，往往加上「呼——喂」兩字作爲聲尾。其妙處，就在這一句聲尾，每每被青年男女視爲勾魂攝魄的詞兒，使他陶醉在愛河裏。

其例句：

愛唱山歌就過來，這兒搭有山歌臺，
上午來唱梁山伯，下午來唱祝英台，呼——喂。
皮球跌落河中心，半邊浮起半邊沉，
你若愛沉沉到底，切莫浮起動哥心，呼——喂。
龍眼開花花開花，情哥攬上妹攬下，

脫件衣服來等攬，將花攬囘情哥家，呼——喂。

攬，作摟抱解。載民國五十九年一月三日「臺灣新生報」副刊。

上舉引頭與押尾的例，旁地歌謠中，也有的是。它的作用，是屬於聲韻上的。與「起興」自也有連帶關係。參閱「比興」篇「起興」，羅香林「粵東之風」，論「唱歌的引子。」

十四　土語

仔細細，紡線兒，趕明紡下一筦兒；
前半晌迭，後半晌刷，趕明織了二丈八。
老漢兒，老漢兒賣布去。
賣下銀子兒白刷刷，糴下米兒黃拉拉，仔下飯兒粘渣渣，
老漢吃了一鍹子，婆婆吃了一罐子。（山西襄陵）

筦，音元，見康熙字典。筦兒，籆子也。迭，整理線也。鍹，音宣，溫器，卽一般所說的銚（音吊）子。

乾淨婆娘，一樣茶飯，做出來美味香甜。
板鍋上常拭，不落灰土。
庭前常掃，只現寬展。
褲腿常緊，只現立廉。

衣衫勤補，只見新鮮。

閒無事，一日毛房掃三遍。（陝西長安）

伢們伢們出來玩嘞，莫在屋裏打皮寒嘞。（湖北武昌）

打皮寒，發瘧疾也。在街頭上，呼同伴出戶玩耍的兒歌。

歌謠憑口耳相傳，所用字句，須是十足的口語。由於我們國土之大，口語和歌謠，有其鄉土性，因而表現在聲韻上的特色，乃是土裏土氣的土語。可唱的歌謠，字句聲調越土，越見其本色純眞，音韻自然與情趣無限。

土語誠然粗俗，方言方音，不易爲外鄉人所懂。輯錄歌謠的人，因此，免不了來潤飾打扮一番。清末的黃遵憲，輯錄客家山歌，就是如此。羅香林「采歌雜記」說：

黃氏任意改竄，潤色山歌，目的雖欲增加歌謠形式上的美觀，結果反把客歌自然的聲調的美消失了不少。

載「歌謠周刊」一卷四十八號。

黃氏做此工作，時爲光緒十七年（一八九一），他遠遊海外，住在倫敦的中國使館。曾自述其對歌謠之認識云：

十五國風，妙絕古今。正以婦人女子，矢口而成，使學士大夫操筆爲之，反不能爾。以人籟易爲，天籟難學也。余離家日久，鄉音漸忘。輯錄此歌，往往搜索枯腸，半日不成一字。因念彼岡頭溪尾，肩挑一擔，竟日往復，歌聲不歇者，何其才之大也。

又論到歌謠字句聲韻筆錄之不易：

山歌每以方言設喻，或作韻，苟不諳土俗，卽不知其妙，筆之於書，殊不易耳。

黃遵憲之潤色山歌，實有兩個原因：一者，他確有運用山歌再加擬作的意思，故明說「僕今創爲此體」。二者，有些方言雜字，一時少於查考，寫記不上來。

近苗傜的地區，唱山歌唱到高興時，每不用漢語，而操蠻夷之音。民國、廣西「貴縣志」卷二：

縣屬歌謠，有七言五言之別。山歌操土音，歌之句率七言，韻在句末，歌時末句之尾音延長而清婉。歡則操獞音之歌，率五言，第一第三句，韻在句末；第二第四句，韻在句中。

湘贛、川黔、閩粤，有同樣的情形。按之西北，也莫不如此。

避用土俗語言的歌謠，每每成爲夾生的歌謠，難得在口耳相傳裏存在。「歌謠周刊」當民國十一年創刊，於徵集歌謠的簡章內，卽已特別注意到這點，請求大家輯錄歌謠，千萬不要潤色。可是，這種缺點，卽使在後來的年代，也仍然不免。徐芳「表達民意的歌謠」，錄列好多民國初年到抗日戰爭前夕的歌謠，極富歷史價値，其中有一首：

我國最近幾十年，同室操戈自相殘，
內憂外患無寧日，國弱民貧不堪言。
可嘆東亞大中華，元時歐西把我誇，
當今威權今何在？人心渙散如盤沙。

八句之中，每一句的字眼，都是文謅謅的。我們可以斷定，這八句話頭並不曾有其歌謠生活。何謂歌謠生活？口耳之間，大衆傳唱，興感不絕也。這首假歌謠，登載於「歌謠周刊」三卷十三期，也卽是它最後一期，時當中華民國二十六年六月二十六日，十天之後，蘆溝橋的砲聲響了。

第三章　花　兒

一　幾點看法

一提起西北，人們總首先想到這地區的荒涼、高寒、偏遠、閉塞，儘管蘭州纔是我們版圖的中心點。如有人說蘭州附近地帶的歌謠，比吳、越、湘、鄂、皖、贛、粵、桂、川、滇地區，還要清新鮮活些，是會大大引起驚異的。這一帶地區的歌謠，更有一特別名色：「花兒」，又別稱「少年」。其流派與產生地處：

一、河州調　洮沙、臨洮、會川、渭源、臨夏、循化、同仁、夏河以及樂都。

二、洮州調　岷縣、臨潭。

三、西寧調　西寧、湟源、貴德、化隆。

其性質，大都爲情歌，也有關乎生活苦樂，政治諷刺，時事議論和歷史傳說的。特點在：

1. 名稱別致。
2. 句子活潑，結構似無一定法式。
3. 甘肅、青海、寧夏地區的普遍流傳。
4. 高山上，歌謠大會唱。
5. 聲調高亢。

6. 句子襯字的嗲美。

首先是袁復禮，在民國十四年三月的「歌謠周刊」，發表了「甘肅的歌謠——話兒」。(凡按，他把「花」誤寫爲「話」。)其次，張亞雄於二十九年一月，出版了他十年的採錄成績「花兒集」。隨後，三十三年四月，成都的「風土什誌」一卷二、三期，王樹民「蓮花嶺上山歌聲」，記述了花兒的會唱情形。略舉其例：

涼州不涼米糧川，甘州不乾水湖灘；
出門的阿哥討平安，回來把尕妹照看。

尕，讀ㄍㄚ，即小之意。「花兒」中最常用的一個特別字眼。尕妹，係青年女性自稱，或艷稱女性之詞。

於此，對這個尕字，我起有一想法，未經深研，不知對也不對？武昌口語，有肉食，謂「吃ㄍㄚㄍㄚ」。長江流域還有些地區，稱魚食爲ㄍㄚㄍㄚ。似爲小兒就乳，說做「吃咂咂」音義之轉。咂，以舌吮吸之貌。總之，這個尕字字音，在花兒廣大地土上，與我們江漢地區之吃ㄍㄚㄍㄚ，都是極有肉感的。稱肉食爲ㄍㄚㄍㄚ，綏遠、準噶爾旗，也有這樣語詞。青萍「準旗歌謠集」：

一二黃，小姐娘，不過堂。
貓兒跳到菜板上，看到ㄍㄚㄍㄚ不得嘗。

原註：小姐娘，卽童養媳。ㄍㄚㄍㄚ，肉也。(載「風土什誌」一卷四期)按，凡童養媳長大，而未能「圓房」，好多地方都應用這樣諺語來評論：「魚掛臭了，貓叫瘦了。」

焦贊孟良火葫蘆，活化了穆柯寨了；

錯是我兩個人都錯了，不是再不要怪了。

八仙的桌子上吃酒哩，尕手拉摸盅子哩；
人家爲人是一句話，
我爲了你，黃沙裏澄金子哩。

豌豆做下粉者哩，
你來，來是等者哩；不等，是心不肯者哩。

大媽要吃漿水哩，二媽要吃醋哩，
一個鍋裏兩樣飯，難心者哪們做哩？
北方，以白菜、芥菜之類，用熱水燙製，擠成酸菜，其汁略帶酸味，俗稱漿水。

古城要擺戰場哩，
我把你吞到口裏嚥上哩，
放了你是你又造反哩。

右一首，花兒中絕品也。

黑油油的石頭，清溜溜的水，

石崖上長下的紫葵。
閻王的面前下三跪，免我的罪！
捨不下陽間的姊妹。

大路沿上的轉鈴草，聞去是香噴噴的；
上下莊子惟你好，說話是憨敦敦的。

想你如像這樣想：三天喝了半碗湯。

要唱七九六十三，淸手焚香祝告天：
給我遠路上的花兒討平安。
這裏，花兒喻年輕女性。下同。

洮河沿上的棒椎響，我當是花兒洗衣裳。
唉！不是的，啄木鳥兒鑽樹的。

當北京大學歌謠研究會正熱中工作的時期，當地有些人，並不太看重花兒。袁復禮說：

在甘肅本省讀書人，都不屑去聽這些。若是談到的時候，最好的批評僅歸於山歌野歌一類，亦就不再求其內容。至於鄙視這些的，竟以淫辭俚語看待，更不屑說了。

實則，這些對花兒持保留態度的士君子，仍然難以壓制其內心讚美與嘆之情思。馮國瑞「關西方言今釋」可證：

曼花兒　今河州洮岷之俗，男兒野歌唱答曰曼花兒。其聲曼，其辭嬌。案文選甘泉賦：駢交錯而曼衍兮，注：曼聲，引聲也。列子湯問：韓娥因曼聲哀哭。釋文：曼聲，猶長引也。花兒，歌詞名也，有「花兒花兒紅了沒？你見卬的來沒」句，遂盡稱歌辭曰花兒。

按，曼字的頭三個字義：引，長，美也。「曼花兒」之曼，實兼此三義。曼花兒之詞，民間說者不多，馮氏故有以上注語。所評「其辭嬌」，此嬌字，乃「美好」意，與婬字有別，婬字通淫。所引花兒下句之「卬」字，讀如昂，我也。「詩、邶風、匏有苦葉」：「招招舟子，人涉卬否？人涉卬否？卬須我友。」章炳麟「新方言」釋言：

今徽州及江浙間，言吾爲牙，亦卬字也，俗用俺字爲之。

章氏一標出俺字，咱們就覺得這古代的「卬」字，毫不陌生了。「中華新韻」，這兩字不同音，俺讀如岸，屬十四寒，卬屬十六唐。馮氏續說：

少年　今語，西寧各縣屬鄉里歌詞曰少年，多男女相悅互答之詞，淫靡之中，時多可采者。案古代樂府雜曲歌辭，本書結客少年場行，以逮少年子、少年樂、少年行，多言乘肥衣裘，馳驅經過爲樂。梁、何遜長安少年行，唐、李益漢宮少年行，崔國輔長樂少年行，崔顥渭城少年行，高適邯鄲少年行，已蔚爲歌行中之一體。李義山詩有少年一首云：

外戚平羌第一功，生平二十有重封，

直上宣室螭頭上，橫過甘泉豹尾中。
別館覺來雲雨夢，後門歸去蕙蘭叢，
灞陵夜獵隨田竇，不識寒郊自轉蓬。

其事指當時外戚馳騁遊獵。題曰少年，猶據舊誼，今日唱少年，當亦沿此意。

載「國風」六卷七、八合期，七卷一期，民國二十四年，四月、八月，南京鍾山書店出版。

張亞雄曾指出，有的地方也有叫「對少年」「漫花兒」的，對、漫乃競唱鬥勝之意。漫字自以作曼爲是。

丑輝英「西北民歌集」，於民國五十年十二月出版，爲七首「花兒」，錄下了五線曲譜，是挺值得注意的事。

總之，國人知道「花兒」、「少年」的，着實不多。以下，就張亞雄「花兒集」六百五十三首謠歌，加以分析。

關於花兒的起源，也跟兩廣的劉三妹一樣，甘肅民間存在着一個傳說。說是古時河州(今臨夏縣)有個牧童，在山上牧羊，從一個道士那裏學得了花兒，下山後唱給人們聽，很得大家喜愛。有位大姑娘，特別愛聽，而且常常對唱。這樣，他倆因喜好花兒而相愛結婚。於是，花兒的傳播，時間愈久而愈遠了。或說，河州昔日產牡丹，盛甲天下，山歌常諷唱之，故有花兒名色的興起。

二　七言絕句的主體

花兒，可以說皆爲七言絕句式。而和有些民歌的七言絕句式不同，它顯得極活潑跳動，跟蘇州民歌一樣，善於運用口語方言，鄉土味道特濃。

好話說到個心肺上，心軟了把阿哥要上。
花麻雀落到弓背上，弓彎了把弦上上。

羊毛的筏子下來了，山邊的花兒們笑了。
阿哥是甘露者下來了，尕妹的熱病兒好了。

羊毛筏子，指的蘭州一帶黃河上的交通工具，以羊皮做胎，鼓氣其中，拼紮成筏，順流而下，少有逆水行者。

白馬上騎的薛仁貴，箭射了張口的雁了。
頭枕上胳膊臉對住臉，陽世上把錯事幹了。

你拿上長槍我拿上矛，進深山要吃個黃羊肉。
你拿上長香我拿上表，進隍廟要吃個不罷着的咒哩。

吃咒，卽賭咒，宣誓意。

或有人說，此不得謂之七言絕句式，但如用「襯字」句法的觀點看，這可謂之民間歌謠七言句的延伸。隍廟，乃城隍廟之謂，這又是謠諺造句的簡縮了。

四大龍王的雲飛泉，靑石山打圍者兩天，
眼睛裏不見者兩三天，好似像一月麼半年。

帳房下到山根裏，韃子家牛羊往哪裏趕哩？
坐到尕妹懷心哩，六月天日子還嫌個短哩。

牛皮帳房隨游牧生活而移動，此首兩起興。西北，世俗稱蒙古人曰韃子，蒙古人稱漢人或漢人自稱曰蠻子，民間口語說慣了，毫無輕蔑意。彼此這樣相稱，有時反倒是十分親暱的。其好歹分際，每每不在字面上，而在語言口氣上與稱說的場合上。

桃棗果木園子家，白蘿蔔又下了窖了。
遠路上有我的胭脂花，想死者不得見了。

羊毛哈落在山間裏，何一日調成線哩？
想阿姐想的眼痠哩，何一日見個面哩？

屋樑之上，俗稱「山間」，是俗說「山牆」一義之延伸。「國語辭典」：「房屋兩側之壁曰山。」西北農民畜牧的副產品，多爲羊毛，紐作一綑，架於屋樑之上，以免濕氣，是貯藏的一法。

西寧城是磚包城，琉璃瓦堆下的水平。
哪一年六月裏水凍成氷，阿哥們纔丢你們！

打一把五寸刀子哩，包一個烏木鞘哩。
長一個五尺身子哩，闖一個天大的禍哩。

腰刀，分五寸、七寸、滿尺三種，花兒盛行地帶，男子都佩帶腰刀。刀的裝璜非常考究，以見武士風格。

此歌豪壯勇武，以贏伊人芳心。

大葉白楊細葉柳，
把你好比：沙糖、梨膏、糯米粽子、林檎、蘋果、肉連酒，
那日沒到我的手，軟軟和和呑兩口。

此仍爲七言絕句式。其第二句共十九字，須如戲曲中的快板，一口氣唱出，纔見情味。這一首花兒，句式別致，比與極佳，張亞雄「花兒集」所未收。見於謝潤甫「花兒集校補」，文載民國三十七年八月二十九日、甘肅民國日報「認識民歌特輯」。

三　雙套兒

把兩首花兒組合在一起，叫雙套兒，多爲七言的六句成章。套字之取義，是從曲的法式而來。其形成，不外兩種情形：

1. 兩首七言絕句體花兒的變化，省略去兩句，或是包容了兩句，所以謂之「套」。
2. 花兒那種三句一章式的，合拼起來，就成爲六句。

就「花兒集」中看來，雙套兒不出三種形式：

一、兩長一短，兩長一短的六句式。

二、七言六句式。

三、七言八句式。

以第一種形式爲最多，第二種形式較少，屬第三種形式的，則極爲稀見，有如下述。

一、兩長一短、兩長一短的六句式：

太子山盤頂的龍抬頭，
八仙的河，長流水淌上者下了。
眞名氣的我兩人好，
支起風箏，講起的謠言麼大了。

綠枝葉好麼吊枝葉好？
綠枝葉好；吊枝葉教人摘壞了。
前二年好麼這二年好？
前二年好；這二年教人挑壞了。

楊大郎模樣像宋王，
印華城，身替宋王死了。

花青的模樣大眼睛，
來不成，活活的想死你了。

花青卽林檎，青海、西寧的稱謂。末句「想死你了」，是「我想你，想得要死」的意思，主詞「我」給省略了。

走了大峽走小峽，
石榴走，綠鸚哥搭了架了。
千留萬留的留不下，
你去吧！再不說難心的話了。

花兒中用字，是大西北的語彙及其生活背景所使然，有的字句外方人不易解，而可以意測之。所不了解者，未敢注釋。如「石榴走」三字，只好留待當地人士指明了，且因此引發他們寫記鄉土謠歌的興致，這是要發掘咱們陳年記憶的。或者，「石榴」兩字係刋誤，也說不定。

鐵鎖子鎖了個南天門，
隍爺的兵，要騎個營長的馬哩。
號響上三聲了出營門，
淸眼淚，官身子由不得我了。

官身子，服役在公之謂。

拉卜楞寺院是一隻船，
馬蓮灘，長石頭好比個槳杆。

日子多了者心抱變，

人情上，再等上兩年。

二、七言六句式：

把馬拉者潭裏哩，要備假銀鞍子哩。

假銀鞍子梅花鐙，紅銅包了臭棍了。

我盤不上你的我不信，我不是先人的後人了。

盤，卽智識份子說男女愛情的「追求」之意。先人謂祖上。

此首，仔細體味之，三四句間，可看出套接的痕跡。

白馬要走蕨子川，要走蕨子平川哩。

連你要好三十年，要好三十一年哩。

不好是你把鞍子備，你不備者誰備呢？

蕨子川在甘肅岷縣。連字，爲情歌中特定字眼，卽戀愛之意。老百姓還不作興說「戀愛」，而只說「連」，謂身心連爲一體。西南情歌也如此。如「粵東之風」一三四：「食茶愛食蓋杯茶，連妹愛連正破瓜。」「金沙江上情歌」八八二：「燕子飛到九華山，聯妹不着心不甘，那天纔得聯着妹？聯着小妹心又寬。」「貴州苗夷歌謠」九〇二：「說起不聯就不聯，說起不走姐門前。」這兒，用聯字自不如用連字好。備，北方口語，準備之意。如言「備馬」，卽將鞍具置馬上，束緊肚帶準備啓程行走。

天上的雲彩黑下了，地下的雨點兒大了。

六月裏黃田壅住了，全手都起了泡了。

走者半路裏哭下了，記起了你說下的話了。

田禾成熟時，謂之「黃田」。農忙時節，大有收穫不及之勢，故說壅住了。西北旱地土鬆，收穫多以手拔，少用鐮刀；若雨水多，因土爲泥水冲積硬化，拔田禾，手上易起血泡。

十三省家什找遍了，找不上菊花兒碗了。
淸茶熬成牛血了，茶葉熬成個紙了。
雙手哈遞茶者你不要，那些些難爲你了？

西北口語「十三省」，卽全中國意，以明代區分天下爲十三布政司之故。家什，卽家俱，此處專指杯盤碗盞類。西北以食羊肉，嗜用湖南磚茶，煎濃了吃，非泡飮，故有三四句之說。

河裏的魚兒團河轉，爲什麼不下釣竿？
鋤草的阿姐們盈楞千，爲什麼不盤個少年？
莫說是小姊妹拾掇的乾，還說是阿哥們硬纏。

楞千，又說做蓋楞，田埂也。少年，因「花兒、少年」之詞，而指年輕情郎。拾掇，收拾打扮也。乾，漂亮意。

三、七言八句式：

「花兒集」中，只錄有一首。

白紙上寫一顆黑字來！黃表上搨者個印來！
有錢了帶一匹綢子來！沒錢了帶一匹布來！
有心了看一回尕妹來！沒心了辭一回路來！

活着了捎一封書信來！死了是託一個夢來！

以襯字句法，故以此首爲七言。

生死纏綿的情愛。不惜反覆陳說，但爲對方情況之好歹不同來設想，只要所歡到身邊兒來，而毫不提一己之私。非熱情如火，心如磐石，焉能至此。此歌，或者是「少年」們所擬託，却也極可能出於「花兒」之口，就流傳開了。

四　五句成章式

五句成章的歌謠，是「花兒」特色之一。這種句式，當然也可看作是七言絕句式的別體，和前舉湖南、淮南民歌之七言五句式，是相同的。不過，花兒特顯其活潑奔放。說起來，花兒的性格，眞像是西北地區的黃羊（似羊的野牲，腹黃故名，跑跳極快），本來「西口」的山羊、綿羊，就已經顯得「野」些了。

粉壁牆上畫鴉哩，要唱五郎出家哩，
五郎出家五臺山。活者連你不領干，
死了鬼魂纏十年。

領干，有完結、無關係之意。不領干，是說糾葛未清，不能甘休善罷。

三月到了三月三，王母娘娘的聖誕。
一年三百六十天，天天想，

也沒有不想你的一天。

平貴在西涼十八年，立立的看一趟寶釧。
陽世上好像打牆的板，上下翻，
活人也沒個定然。

前兩句爲興。立立的，迫不及待之狀。定然，定準之意。

全首高昂唱腔；以「然」字低聲輕緩收音。正像客家民歌與臺灣歌仔戲的唱腔，都有這樣的唸字法，特覺韻味無窮。如「粤東之風」三一八：「老妹有意郎有心，鐵尺磨成綉花針，妹子係針郎係線，針行三步線難尋。」

天下有名的北京城，五花樹修下的正宮。
小妹啊，得了想你的病，
十三省也沒有看好的醫生。

正宮本指皇后，正宮娘娘。今名說爲皇宮之宮，又隱含對女方的珍貴與尊重，比她爲娘娘也。第四句句首，省去了「我」字。

梁山上賣酒的孫二娘，沙字坡開下的酒坊。
窮哥丟你的心沒有，你丟了我，
照你者尋下的頂缸。

沙字坡，爲「水滸傳」十字坡之轉化。歌謠諺語，說說唱唱，「順口溜」的，每有把字眼兒如此流變的情態。頂缸，猶言代表。謂「照你那麼漂亮模樣的，找一個代替的人兒給我。」「國語辭典」：「頂缸，代人受過之意。」

三間房子翻修了，八扇的門改成十樣錦洞了。
相思病得了者你救了，謝你的恩，
尕手兒捉住者問了。

薛仁貴征東不征西，樊梨花征西去了。
呂布戲了貂蟬女，我戲了你，
越看是越稀奇了。

五　三句式小唱

五句成章的歌謠，可以看作是七言絕句式的變體；三句成章的花兒，是否也可爲同樣看法呢？這却不定然了。略加分析如左：

1. 按張亞雄「花兒集」看來，三句式，幾佔了數量的一半。
2. 往代凡屬三句成章的詩歌，甚屬罕見，皆爲珍品。現今南北各地歌謠，屬於此種形式，並非完全沒有，但不及花兒中之多。
3. 金沙江上的情歌，儘有只唱兩句的，但那爲偶句，而非奇句。

4.花兒中的這種句式，超越乎四平八穩的章句法之外，所以值得重視。三句就是三句，既非兩句成章的延長，也非四句成章的簡縮。像鼎與方桌之不同，它的立足點是三角形的。

斧頭鋤了紅花了，
你把好的尋下了，給我打開囘話了。

刀刀切了白菜了，
洋烟把你吃壞了，吃者人人不愛了。

松樹林裏虎丟盹，
撞見尕妹擔的桶，人品壓了十三省。

清茶碗裏的鹽大了，
不喝去是安下了，喝去是名聲越大了。

喝茶用鹽，是蒙藏的習慣。鹽大了，是鹽重了之意。安，是「安席」之安，安席奉茶敬客，不喝則失禮。喩情人恩愛難分，欲罷不能，雖「名聲大了」，人言嘖嘖，也在所不顧。

花兒裏的水紅花，
花兒十七我十八，多藏兩家成一家？

第二句「花兒」，指所歡。「多藏」爲洮河流域土語，「什麼時候」之意，正是華北的「多咱」。

卓卓尼楊家佔者哩，
聽是我人喘着哩，將到雲彩眼裏哩。

卓卓尼，指卓尼的土司楊積慶，他名聲大，乃成花兒的起興。我人，乃「我的情人」的省語。說話謂之「喘」，說話聲曰「喘聲」。喘，古義，微言也。「荀子、臣道」：「喘而言，臑而動。」華北俗語，謂言語爲「言喘」，或作「言傳」。將，「就像」二字拼合。到，在的意思。是說只聽愛人說話聲，未見其人，就像在雲彩裏說話一樣。

四月裏四月八，
牡丹長在刺底下，早上摘去露水大。

牡丹喻所歡。

青稞出穗挑籤哩，
尕妹你合千層牡丹哩，瞧者怎不好看哩。

青稞大麥，西北特產，出穗先露鋒芒，故曰挑籤。

半天雲裏鴉鴿旋，
尕妹一天三打扮，你是阿哥的命蛋蛋。

斧頭剁燈杆者哩，
去了一十八年了，來是還情愿者哩。

更難得的，乃是尾興的三句式。

有話可給誰帶哩？活把人心想壞哩！
山川綠的合菜哩。

合，像的意思。

輪柏又苦刺又扎，我娘把我生在輪柏樹底下。
杜鵑叫罷四月八。

輪柏，卽野丁香。扎，針刺意。

敎他今兒明個看我來——
來給我的阿哥把話這麼兒帶！
鞋一雙，四雙鞋。

末兩句，可能有誤字。

實話說上好指望，娃娃家者沒主張。
涇陽騾駒兒十五雙。

捧上是害怕攢破哩，含上是害怕嗻上哩。
你喝索落拌湯哩。

含上，含在嘴裏之意。拌湯，爲北方麪食作法之一類；索落拌湯，爲拌湯諸樣作法之一。

六　本子花、草花

本子花，是運用通俗小說，如封神榜、三國演義、薛仁貴征東、西遊記、楊家將、包公案、水滸傳、二十四孝……等等有本頭的故事，整本整套的往下唱。多半爲對答的辭句，如：

臨着大門是三道嶺，那一道嶺上壓上呢？
楊家壓三國是十八本，那一本打開了唱呢？

第三句指「楊家將」與「三國演義」。

沙果樹木打紅檎，打下的纔是個李子。
你唱個楊家將的楊令公，三國哈我舖個底子。

哈，語助，也所以特見花兒的腔調。

竈爺板上八楞子燈，你照者黃河的水紅。
我個楊家的楊令公，你唱個三國了我聽。

末句語法異於常式。

花兒之運用歷史地理典故，或以天文、博物、人事起興，若只是零星的搬弄才學，就叫草花，以別於本子花。也可以說，花兒中，大都是這種草花。如：

洋鬼子坐了天津的位，五國的兵馬動了。

相好一場的尕妹妹，天配的緣法重了。

首句指庚子八國聯軍之役，下句却要穵說作五國。只說天津，而不點明北京，是很有道理的，也正是當時的態勢。

山是好不過萬壽山，城兒好不過北京。

人裏面好不過少年，花兒好不過牡丹。

圓不過月亮方不過斗，十三省好不過肅州。

麻不過花椒辣不過酒，甜不過尕妹的舌頭。

脚上麻鞋圖輕巧，頭戴遮涼的草帽。

年輕的時節儘者鬧，人上了三十是老了。

上地裏種的糜穗兒，下地裏種的豆兒。

大路上下來的一對兒，那一個是我的肉兒？

糜，音糜，穄也，秋禾，西北特產，農民的主要食品。穗形似稻，粟形似穀。糜，去皮爲黃米，磨麪，其色如金，作成饃饃，又香又甜，富糖質，滋養料極豐。上地、下地，指土壤厚薄。肉兒，喩所歡。

七　令

花兒中的令，近似各地秧歌戲中的幫腔；不過，花兒中的令，乃是一套一套的唱腔。全首花兒在歌唱時，以令貫注於歌辭之中，激蕩其音節，提振其氣勢，使花兒更顯得活潑多姿，變化無盡。這種令，是有地區性的，如「阿哥的肉」，是河州花兒的令，「阿烏令」、「尕蓮兒令」、「尕馬兒令」，則是岷州、洮州、西甯地區的令。例如：

一張皮子縵兩張鼓，高山上打鑼者哩。
又受孽障的又受苦，閻王爺睡着者哩。
縵，當爲「蒙」字語音的流變。

如用「阿哥的肉令」，就成這樣的唱腔了：

一張皮子者喲縵呀兩張的鼓，
嗳喫——阿呀哥的肉——
高山上就打鑼者哩。
又受吧就孽障者喲又受苦，
嗳喫——阿呀哥的肉——
閻王爺就睡着者哩。

又如「六六兒三」的令：

聞太師騎的黑麒麟，

六六兒的三嗎呀三三兒六呀！

黃花山收四將哩。

尕妹妹要的上等人，

六六兒的三嗎呀三三兒六呀！

阿哥們哈怎看上哩？

「水紅花」的令：

尕鷄娃瘦了者毛長了哈！

變成個四不像了呀，水紅花！

大哥去哩呀妹子坐呀，想肝花哩！

衣裳破了者人窮了哈！

小妹妹看不上了呀，水紅花！

大哥哥去哩呀妹子坐呀，想肝花哩！

西寗最出名的「尕馬兒」令：

身穿白袍仔穆桂英也，

腦子小花兒也，頭戴了六郎仔孝了拜來。

尕馬兒拉同者來也，阿吾啦坐來，肉兒！
暈暈昏昏仔具睡夢也，
腦子小花兒也，好像是你跟前了拜來。
尕馬兒拉同者來也，同來了，阿吾啦坐來，肉兒！

「尕花兒」令：

月亮上來蒲籃天，
亮明星上來哈，尕花兒碗大。
刀子斧頭哈不害怕，
只害怕你把腦尕花兒閃下

「拉木頭」令：

姜子牙釣魚者渭，渭水河，
好心腸！風大者起波，波浪哩。
一晚息想你照沒，沒瞌睡，
好心腸！五更天哭你，你者亮哩。

從上例看來，令有的複雜，有的簡單，其羼入進句子，或在句子當中，或在句尾，或在句與句之間。每一種令，都有其固定嵌套的程式。如果說，花兒好比綢緞衣，而令就等於是綢緞衣上的繡花和鑲邊了。張亞雄說：

那些老的「令」，不下數十百種，因爲唱的人少了，漸漸的被人們遺忘。據他的評論：

河州的「阿哥的肉」，這個調子抑揚宛轉，刺激之力極強。「六六兒三」這個調子，具有流浪人的情緒。「水紅花」的調子，有一種如怨如慕，如泣如訴的神氣。「平調」則有慷慨悲歌的氣慨。「西固」的調子，則有天眞爛漫的風格。西寧的「尕馬兒」這個令，有秋風馬嘶，塞上笳鳴之狀，音調甚爲悲壯。「尕阿姐」，倒有激昂愉快的風致。「東峽令」係由番調變出，尖銳細長，音韻悅耳，撩人情愫。「岷州調」子像拉哭聲，然而旖旎情深，大有紅袖掩涕之狀，允稱哀豔。「洮州調」亦如之。

果有人蒐集到百來種「花兒」古今的「令」，詳記曲譜，研究分析起來，必能大有所得。丑輝英「西北民歌集」中的七首花兒，有三首就是採的「阿哥的肉」令。胡樂在唐代傳入中原，這些「令」中必有痕跡的。「舊唐書、音樂志」二：

自周隋已來，管弦雜曲將數百曲，多用西涼樂鼓，舞曲多用龜兹樂，其曲度皆時俗所知也。惟彈琴家猶傳楚漢舊聲。及淸調、瑟調、蔡邕雜弄，非朝廷郊廟所用，故不載。西涼樂者，後魏平沮渠氏所得也。晉、宋末，中原喪亂，張軌據有河西，符秦通涼州，旋復隔絕，其樂具有鐘磬，蓋涼人所傳中國舊樂，而雜以羌胡之聲也。

前人筆記更有這種記載。唐、張鷟「朝野僉載」：

太宗時西國進一胡，善彈琵琶，作一曲，琵琶絃撥倍粗。上每不欲番人勝中國，乃置酒高會，使羅黑黑隔帷聽之，一遍而得。謂胡人曰：「此曲吾宮人能之。」取大琵琶，遂於帷下令黑黑彈之，不遺一字。胡人謂是宮女也，驚嘆辭去。西國聞之，降者數十國。因此而致「降者數十國」，史實乎？傳說乎？連同史書記載，這當是音樂家有考據興趣的課題。再說，花兒中的令，與詞曲小令的關係，也必有其可探察的淵源在。

八　韻脚字例

花兒的韻脚，喜用「哩」字與「了」字。陝甘語音高亢，但在謠諺的唸唱裏，每每一句話的結尾，以輕聲的語助詞來收音，以見語言藝術變化之美。也顯示西北人民剛強勁武的性格，並不失其柔和之德。我曾有「論陝諺語氣及哩呢互用」一文（收入拙著「我歌且謠」）討論過。至於「了」字，在花兒唱腔裏，則更是大有生命灑脫之感。

此外，花兒還好用「上」，「來」，「下」這三個字，以爲韻脚。

哩、了兩字韻脚，前述花兒歌詞，幾篇篇皆有。今仍一齊舉例併見。

哩字韻脚

青石頭尕磨左轉哩，右推者雪花的白麵哩。

肝花心肺想爛哩，那一個日子上見面哩？

這一朵雲彩裏有雨哩，地下的青草長哩。

坐下的地方上想你哩，由不得清眼淚淌哩。
九月九到了登高哩，手提了竹葉酒哩。
那怕身子刀尖上穿，這條路還是走哩。

此首，末句「是」字下省略去「要」字，曼聲高唱，乃使全首主眼所在的「走」字，特見勁道。

羖攊一幫羊一幫，羊夥裏來狼者哩。
上下莊子上你一個，人夥裏爲王者哩。

羖攊，係指山羊，本音如「古歷」。甘肅方言則另有讀法，張亞雄標音欠明確，也因抗戰時書本土紙印刷，字蹟不清之故。「羊一幫」，則指的綿羊。

羖攊，這兩個冷僻字，皆見於古籍。「詩、小雅、賓之初筵」：「俾出童羖。」「爾雅、釋畜」：「夏羊」，晉、郭璞注云：「黑羖攊」。這裏，又證實古字古義之存在於現代謠諺，教我們深深了解，我國有一些不常用的字，它在今日實生活裏，並未死亡。有人要刪除罕用字於字書之外，固然減輕學子負擔，但如按此事例看來，就覺得不宜操之過急。

拔掉蘿蔔栽葱哩，栽葱是要下糞哩。
挖給肝花是要心哩，要心是要阿哥的命哩。

了字韻脚

一身白肉啦想乾了，下剩者一口氣了。
尕妹的心裏刀子攪，壞良心的丢下者去了。

松木的扁擔閃折了，淸水呀，落了地了。
把我的身子染黑了，你走了乾散的路了。

八更太陽晌午了，渴了是喝了水了。
心裏發了糊塗了，睡夢裏夢見你了。

此謠，從流行的「五更調」發展下來。打更本是黑夜的事，他却偏要扯到白天，加上六更到十更。五更天剛亮，六更太陽高照，十更則是黃昏了。

謠俗事物，少有孤獨的存在者，尤其是在一個國家社會之內。這「十更」的歌唱，北平兒歌裏也有。

一更鼓裏天兒哪！貓兒拿耗子。
天長哩，夜短哩。
耗子大爹起晚哩。
「耗子大爺在家沒有？」
「耗子大爺還沒起哪。」

以下，從二更到十更，照樣的唱這麼七句，惟開頭首字變動，末句答語第五字以下也按「更」而變——穿衣服哪，漱口哪，洗臉哪，喝茶哪，吃點心哪，吃飯哪，剔牙哪，抽烟哪，上街繞彎去哪。這是遊戲歌，羣童牽手圍圈，圈外一人作貓，圈內一人作鼠，衆人齊唱此歌，向前徐行，唱到末句，扮鼠者跑出去，貓則跟蹤追捕，故名貓兒拿耗子。因爲全歌有十章，玩起來，很能敎孩子們盡興。

天上的星宿出全了，月亮的光氣們壓了。
妹妹的模樣哈長全了，眉毛兒香頭啦畫了。

第二句，口氣、字眼，皆可賞味。末句，以香頭餘燼畫眉，是民間美容術。

張爺劉爺下一盤棋，打敗了曹操的陣了。
尕妹是好比仙丹藥，看好了阿哥的病了。

上字韻脚

十八條騾子盤涇陽，盤不到涇陽的路上。
十七十八的纏姑娘，纏不到姑娘的肉上。

雨點兒落在石頭上，雪花兒飄在水上。
相思病得在心肺上，血疤兒坐在嘴上。

挾上書包進學房，棋子塊椅子上坐上。
大紅桌子上作文章，尕妹的模樣啦寫上。

西寗城裏的麵店子，蘭州城裏的酒房。
尕妹好比個銀圈子，戴不到哥哥的手上。

麪店子，專賣麪食的飯店。酒房則指的酒樓菜館。

白馬哈騎上槍揹上，照林棵打了兩槍。
槍兒落到牡丹上，下馬者哭的了兩場。

末句，謂哭了兩場，花兒偏要多用此一「的」字。

來字韻脚

西甯的蘿蔔罐子大，當天裏閃出個虹來。
誰是阿哥們漢子家？一步兒一個家唱來。

末句「家」字，爲語助。普通話說：「每人分配一個」，青海土語則說做「一人一個家分」。

山上的黃羊下山來，平川的大地裏臥來。
打個轉身了伴個裏來，身靠住了胛子坐來。

伴個裏，是身邊的意思。胛，背上兩膊間也。

大紅袍兒九龍帶，西涼府考者個舉來。
十分的人才哈我不愛，一心兒我奔者你來。

薛仁貴避難者山神廟，背手站，
把家嗎是個想來。

多天是沒見的小姊妹，懷中抱，

把眼淚是個淌來。

櫻桃好吃者樹難栽，丹青匠畫出個畫來。

上房裏莫去者小房裏來，說個知心的話來。

大家庭中，上房是長輩寢室，小房必爲年輕人住處，又喻所歡。

下字韻脚

果子開花是樹搭架，花敗是葫蘆們吊下。

捉不住心腹是難打話，恐害怕小姊妹嘈下。

甘省種果木的，每當樹開花，先去駢枝繁花，然後搭架拉索，懸其細枝，等到果實纍纍，就不易壓折損壞了，首句故云。嘈，發氣的意思。

麥子拔掉草留下，雀娃兒抱個蛋哩。

長路不走情留下，過後了還見面哩。

胭脂川買下的胭脂馬，回來了胭脂川吊下。

我倆的婚姻天配下，生死的簿子上造下。

甘、寧、青三省有無胭脂川其地？待考。也很可能是隨口稱說的。但頗有暗示作用與色彩上的顯示，得此比興引起，後兩句就特見情境了。

吃罷早飯飲官馬，回來是馬樁上吊下。
白布汗褡兒你脫下，奴給你洗的漿下。
吃罷黑飯是你取來，奴把你留的站下。

牽馬飲水，北方通謂「飲馬」，飲讀如印。汗褡，正身開扣的背心。黑飯，謂晚飯。站下，即住下意。

繩子拿來背綁下，柱子根兒裏跪下，
刀子拿來頭割下，不死是這個做法。

以無畏斬刑，喻熱情勇武，但並不無法無天。

九　三句成章的詩歌傳統

三句爲一首的謠歌，是極可珍異的，他地較少，惟花兒獨多。這種形式，在歷代詩歌中，使我們易於記起的，乃是六朝的民歌，如「讀曲歌」、「華山畿」等。稍加探討，古昔時代，也並非沒有前例。這在中國詩歌的章法，以及我們思想表達的方式，乃至意識形態的傾向上，都是大大值得研究的問題。中國人的思想與生活，四平八穩的慣了，而這是個陽奇的三。

試略作歷史回溯。

「尙書、益稷」篇，帝舜作歌曰：

股肱喜哉，元首起哉，百工熙哉。

皋陶聽了帝舜自勉的歌，大有所感，也和歌云：

元首明哉，股肱良哉，庶事康哉。
元首叢脞哉，股肱惰哉，萬事墮哉。

「詩」三百篇呢，我們的大概印象，總只記得「關關雎鳩，在河之洲，窈窕淑女，君子好逑」這樣四四的章句，以及一部份非四言的長短句。一經檢視，纔發現，也很有幾首三句一章的：

麟之趾，振振公子，于嗟麟兮。
麟之定，振振公姓，于嗟麟兮。
麟之角，振振公族，于嗟麟兮。

彼采葛兮，一日不見，如三月兮。
彼采蕭兮，一日不見，如三秋兮。
彼采艾兮，一日不見，如三歲兮。

豈曰無衣七兮，不如子之衣，安且吉兮。
豈曰無衣六兮，不如子之衣，安且燠兮。

還有甘露、行露、騶虞、丰、十畝之間、素冠、九罭，共爲十篇，皆係三句一章的形式。這種章句，見於國風的周南、召南、王、鄭、魏、唐、檜、豳；至小雅、大雅、周頌、魯頌、商頌的詩篇中，則絕不一見。

「禮記、檀弓」上，孔子蚤作，負手曳杖，消搖於門，歌曰：

泰山其頹乎，梁木其壞乎，哲人其萎乎！

據「古詩源」所錄，孔子作的歌，最多三句成章的。這種形式的詩歌，其出口成章，必在人們情感十分激動的時際。如：

獲麟歌　「孔叢子」：叔孫氏之車，子鉏商樵於野，而獲麟焉，衆莫之識，以爲不祥。夫子往觀焉，泣曰：麟也，麟出而死，吾道窮矣，歌云：

唐虞世兮麟鳳遊，今非其時來何求？
麟兮麟兮我心憂。

和平語。入人自深，此聖人之言也。

楚聘歌　「孔叢子」：楚王使使奉金幣聘夫子，宰予、冉有曰：夫子之道，至是行矣。遂請見。問曰：太公勤身苦志，八十而遇文王，孰與許由之賢？子曰：許由獨善其身者也，太公兼利天下者也。然今世無文王，雖有太公，孰能識之？歌曰：

大道隱兮禮爲基，賢人竄兮將待時，天下如一兮欲何之？

臨河歌　「水經注」：孔子適趙，臨河不濟，歎而作歌：

狄水衍兮風揚波，舟楫顚倒更相加，歸來歸來胡爲斯？

狄，水名，在臨濟，舊作秋，誤。

「孔叢子」所載，或是集前世傳說而然，或爲後人僞託。即或爲僞託，時代也總在兩千年前了。「水經注」錄孔子之歌，自也一樣。

「楚辭、九歌」中，也有三句成章者。如：

魚鱗屋兮龍堂，紫貝闕兮朱宮。

靈何爲兮水中？（河伯）

乘白黿兮逐文魚，與女遊兮河之渚，

流澌紛兮將來下。（河伯）

下，古音戶。

山中人兮芳杜若，飲石泉兮蔭松柏；

君思我兮然疑作。（山鬼）

柏，古音博。

參考繆天華「九歌九章淺釋」。

「漢書、溝洫志」，記戰國時代，魏國引漳水灌溉田畝的事說：

魏文侯時，西門豹爲鄴令，有令名。至文侯曾孫襄王時，與羣臣飲酒，王爲羣臣祝曰：「令吾臣皆西門豹之爲人臣也。」史起進曰：「魏氏之行田也以百畝，鄴獨二百畝，是田惡也。漳水在其旁，西門豹不知用，是不智也；知而不興，是不仁也。仁智豹未之盡，何足法也？」於是以史起爲鄴令，遂引漳水溉鄴，以富魏之河內。民歌之曰：

鄴有賢令兮爲史公，

決漳水兮灌鄴旁，終古舃鹵兮生稻粱。

這事，史家記載有點出入。「史記、河渠書」明明記載：「西門豹引漳水溉鄴，以富魏之河內。」又，「滑稽列傳」，褚先生補述西門豹爲鄴令，破除民間爲河伯娶婦的惡俗，接着說：「西門豹卽發民鑿十二渠，引河水灌民田。」這兩處記載，皆沒提到史起。淸、王先謙補注，指班固抹殺西門豹之功。那麼，司馬遷史筆爲何又不及史起呢？晉、左思、「魏都賦」：「西門溉其前，史起灌其後。」淸、孫思衍重輯的唐代「括地志」：「按，橫渠首接漳水，蓋西門豹、史起所鑿之渠也。」本書用不着研討這段公案，這兒只是引證這首民歌之三句成章而已。

有名的劉邦「大風歌」，也是三句成章的形式。

「漢書、匈奴傳」：

高祖自將兵三十二萬，擊韓王信。帝先至平城，步兵未盡到，冒頓縱精兵三十餘萬，圍帝於白登。七日，漢兵中外不得救餉。樊噲時爲上將軍，不能解圍，天下歌之曰：

平城之下亦誠苦，

七日不食，不能彀弩。

「漢書、淮南王傳」：

淮南厲王長，高帝少子也。長廢法不軌，當棄市。文帝不忍置於法，迺載以輜車，處蜀嚴道邛郪，遣其子，子母從居長，淮南王不食而死。後，民有作歌，歌淮南王曰：

一尺布尙可縫，一斗粟尙可舂，

兄弟二人不相容。

帝聞之，迺追尊淮南王爲厲王，置園如諸侯儀。

這兄弟之間不相得，本爲皇帝的家事，在當時，自也就是天下之事。淮南王行動，本爲國法所不容。他之絕食而死，人情上總不免引人憐憫。民間歌謠稍稍諷刺，皇帝並未惱羞成怒，且有所補償了，而留下歷史上這一段公案。其實，普通人家，手足之間爲爭家產，還不是有骨肉成仇的。

「史記、外戚世家」，褚先生曰：衞子夫立爲皇后，后弟衞靑，以大將軍，封爲長平侯，四子亦皆爲侯，貴震天下，天下歌之曰：

生男無喜，生女無怒，

獨不見衞子夫霸天下！

老百姓指名道姓的貶議了，這在受之者的精神負擔上，其壓力是難以有形來量計的。

「漢書、外戚傳」：李夫人早卒，方士齊少翁言能致其神，乃夜張燈燭，設帷帳，帝令居帳中，遙望見好女如李夫人之貌，不得就視，帝愈悲戚，爲作詩：

是耶非耶？立而望之，

偏何姍姍其來遲？

「西京雜記」：趙飛燕有寶琴名鳳凰，亦善爲「歸風送遠操」，詞云：

涼風起兮天隕霜，懷君子兮渺難望，

感予心兮多慷慨。

「後漢書、皇甫嵩傳」：嵩爲左車騎將軍領冀州牧，封槐里侯，嵩奏請冀州一年田租，以瞻飢民，帝從之。百姓歌曰：

天下大亂兮市爲墟，母不保子兮妻失夫，

賴得皇甫兮復安居。

晋、崔豹「古今注」：

別鶴操，商陵牧子所作也。牧子娶妻五年而無子，父兄將爲之改娶，妻聞之，中夜起，倚戶而悲嘯。牧子聞之，愴然而悲，乃歌曰：

將乖比翼兮隔天端，山川悠遠兮路漫漫，

攬衣不寐兮食忘餐。

後人因爲樂章焉。

六朝民歌，見於「樂府詩集」的，「讀曲歌」八十九首，大都爲五言絕句式；另有十六首，則係三句成章，略舉三例：

思歡久，

不愛獨枝蓮，只惜同心藕。

有諧音之趣，蓮諧憐，藕諧耦。

桐花特可憐，
願天無霜雪，梧子解千年。
百花鮮。
誰能懷春，獨入羅帳眠？

「華山畿」二十五首，除頭兩首之外，餘均係三句成章。若：

夜相思，
投壺不得箭，憶歡作嬌時。
開刀枕水渚，
三刀治一魚，歷亂傷殺汝。
未敢便相許，
夜聞儂家論，不持儂與汝。
懊惱不堪止，
上牀解要繩，自經屏風裏。

要，腰也。自經，自縊也，此爲一首哀歌。

啼著曙，

淚落枕將浮，身沉被流去。

此三句，也是極度悲傷的哀歌。

「全唐詩」十二函、八：

高苑令劉敬和，先爲鄒淄二縣令，後在高苑，歲饑，擅發倉施賑，民得全活，歌之云：

高苑之樹枯已榮，淄川之水渾已澄，

鄒邑之民仆已行。

有趣的是，這與上舉「後漢書」所記，對皇甫嵩的誦歌，其產生的情境相同，都爲地方官守救民饑荒。

宋、秦觀「淮海集」卷一、「湯泉賦」：

大江之濱，東城之野，有泉出焉。野老告余曰：泓泓涓涓，莫虞歲年，不火而燠，其名溫泉，

曳杖而去，行歌於塗曰：

畢沸滂沱，壽此泉兮被山阿，

吾惟濯沐兮不知其他。

明、趙宦光「說文長箋」卷九十五，引越人自述土風歌：

其山崔巍以嵯峨，其水溢沓而揚波，

其人厽砢而英多。

厽，音壘。厽砢，極言其耿介也。

詞之爲長短句，句法多變化，三句成章者，幾所在皆是。略舉幾例。如南唐、馮延己「歸國遙」：

江水碧，江上何人吹玉笛？扁舟遠送瀟湘客。

蘆花千里霜月白。傷行色，來朝便是關山隔。

再像「浣溪沙」的詞牌，全詞七字六句，向來作者多按上半闋、下半闋，寫爲二章三句式。若南唐中主的：

一曲新詞酒一杯，去年天氣舊亭臺。夕陽西下幾時囘？

無可奈何花落去，似曾相識燕歸來，小園香徑獨徘徊。

也有人說，此詞係晏殊或歐陽修所作。

宋、黃庭堅的：

新婦磯頭眉黛愁，女兒浦口眼波秋。驚魚錯認月沈鉤。

青箬笠前無限事，綠簑衣底一時休。斜風細雨轉船頭。

宋、周邦彥的：

樓上晴天碧四垂，樓前芳草接天涯。
勸君莫上最高梯。
新筍已成堂下竹，落花都上燕巢泥，
忍聽林表杜鵑啼。

錢南揚「元明清曲選」，散曲部份，很有幾例，三句成章式，都在結尾的吟唱裏。如董解元「西廂搊彈詞」——「大石調」「尾」：

莫道男兒心如鐵，
君不見滿川紅葉，盡是離人血。

董解元是宋代、金章宗（一一八九—一二〇八）時人。

元、杜仁傑「莊家不識勾欄」——「般涉調」「尾聲」：

則被一胞尿爆的我沒奈何！
剛捱剛忍更待看些兒箇，枉被這驢頹笑殺我。

明、施紹莘「吟雪」——「南南呂」「尾文」：

願憑一瓣風吹起，遞入綺羅筵裏，
好帶卻陽和一線回。

清、趙慶熺「對月有感」——「南仙呂」「尾聲」：

夢中萬一鈞天奏，舞霓裳仙風雙袖，

我便跨上靑鸞笑不休。

從這幾首曲的尾句看來，則上舉「歸國遙」、「浣溪沙」的全闋，仍六句成篇，分之爲奇，合則爲偶了。至於不付諸歌唱的「童謠」，三句成章者，更不勝枚舉。「新唐書、五行志」二，載安祿山未反時童謠：

燕燕飛上天，

天上女兒舖白氈，氈上有千錢。

天寶十四年，祿山反，竊號燕國。這三句謠語，似包含着唐玄宗大加寵信，祿山厚結楊貴妃，自請爲養兒，妃賜洗兒錢的一些史事。又，「明史、洪鍾傳」，鍾招撫賊黨廖麻子未成，賊掠川東，官軍不敢擊，潛躡賊後，亂殺良民以邀功，士兵虐暴非常。時有謠云：

賊如梳，軍如篦，

士兵如鬀。

這些例子，淸、杜文瀾「古謠諺」一百卷，錄句頗多。

現代歌謠裏，這種三句成章的形式，在許多盛唱山歌的地區，確乎罕見。花兒這種句子，所以可貴。

雲南的秧歌戲，曾有類似句子。徐嘉瑞「雲南農村戲曲集」第一、二集，共錄有十五齣秧歌戲：打漁，補缸，放羊，打霸王鞭，包二接姐姐，瞎子觀燈，勸賭，鄉城親家，朱買臣休妻，賈老休妻，割肝救母，綉荷包，出門走廠，大放羊，雙接妹。徐氏最欣賞「雙接妹」，認爲其中的曲子「虞美情人」，「眞是金剛石一樣的寶貴」，曲文不多，都只是每段三句，若：

（老旦）　相公有話只管講，說將出來記心傍，相公只管講。
（生）　母親把妹實在想，纔叫弟兄到你莊，我的親媽娘！
（小生）　今日把妹接囘轉，不過三日送囘還，親媽你想想。

比較起來，「雙接妹」全篇許多三句式的唱文，其遣詞造句，不若花兒的比興多姿，活潑跳動，而熱情似火，這一定因爲花兒特有野性的緣故。

雲南的秧歌戲，民間謂之「打連廂」。李家瑞「北平俗曲略」考證，打連廂起於遼，仿於金，直到淸盛時還沒有亡。「淸代燕都梨園史料」，藝蘭生：「側帽餘談」，所述淸代北平的打連廂，乃是一種十分辛苦費力的雜劇表演：

範銅爲幹，約二尺許，空其中，綴以環，雜劇有打連廂者卽此。蓋一二雛伶，喬扮好女郎，執檀板，且歌且拍，先置幹於指尖，旋轉自如，錚錚作響，繼移置眉宇間，仰面注目，不稍欹側，復作勢一聳，跳至鼻端，技至此爲入神。於時，翹足望，凝神睨者，不知凡幾，稍不謹細，卽鏗然擲地，而惡聲隨之矣。方在眉宇間旋轉時，左手敲板，右手旋扇，口唱紅綉鞋曲，五官並用，汗出如漿。

至其現代在北平的情態，李家瑞說：

天橋、西安市場、什刹海等處，都有演這打連廂的，不過都是附屬在十不閑班子裏。現在的打連廂，俗稱花鼓連相。演的人數沒有一定，最主要的是一個醜女子，一個醜小子，二個俊俏旦角，四人各持小鑼一面，先出醜男醜女二人，擊鑼旋舞，司鑼鼓者擊鑼鼓助之。舞畢，各引出一旦角，四人又依樣合舞一回，又畢，各釋小鑼，二旦易以紙扇，醜男易以馬鞭，醜女易以蚊帚，然後旋舞歌唱。唱完一段，鑼鼓和之，諸人執醜女子，使之應鑼鼓之聲而行動，故意窘之，以爲笑樂，却已完全不用吹彈的細樂了。

現代北平這樣情態的打連廂，跟雲南的秧歌戲，有相同之處，都省去了在眉宇、鼻端上耍銅棍的艱辛動作。「北平俗曲略」，錄有清、毛奇齡所作「賣嫁連廂」，搬演的大金天會年間，利哥，是里頗夫婦之女，不肯「賣嫁」的故事。說是小木蘭河風俗，大戶人家，從幼下定，男大女長，先把女婿入贅在屋裏，然後娶去。若窮家小戶，沒人下定，女兒到十六歲後，將自己家世庚年，技藝容色，編就一個小曲兒，把女兒梳裹的俏，沿路唱着，有中意的，聽憑收取，這就叫做「賣嫁」。於此，摘錄其說白和唱詞：

於是，利哥跪下，里頗慌忙將利哥扶起，一手來撫摩他背，說道：「我的兒，你且耐心，我已領略你意思了，但言雖如此，惟恐事到彼間，終非了局，我且漸漸把家世庚年，粗說與你，你且記者。

家名自在州，世住遺遙垛，
門前淸水是小木蘭河也囉。(吹合)
完顏開國來，天會隨元轉，

兒家生世有九九時年也囉。」（彈合）

婆兒道：「兒也！論技藝呵，

箏彈馬哈弦，曲學阿林調，

機中白氎看織出花梢也囉。（吹合）

容色呵，

眉從遠岫添，髻夾飛絲攏，

身材度褶恰四尺裁縫也囉。」（彈合）

利哥道：「爸媽也，

何須沓沓歌，不用頻頻訓，

孩兒不孝願長奉雙親也囉。」（吹彈合）

你看他三人語言已畢，連廂將盡，請攙笙笛，助我俚詞。

見「毛西河全集」。

毛奇齡還寫了一齣「放偷連廂」。他自己說是根據南京庶人「連廂詞例」的法式來作的。可見連廂章句有一定格調。依雲南的「雙接妹」和毛氏上作句例看來，這種三句成章的唱詞，豈非連廂的主要形式。那麼，從詩經以來，一直到現在的花兒，和雲南的打連廂，這種三句成章的詩歌，既可謂之源流久長，也可說，其形式之運用，還從未中絕過。這是我們以上粗略探討，所得到的一個結論。

陳紀瀅告訴我，這種三句成章的詩歌形式，在平劇裏，謂之「三條腿」。係指劇詞中本應唱四句，但有三句已將劇意説出，不必再強配一句；或因行將下場，另以音樂墊充，增加劇的美感氣氛，故省略去一句。「三條腿」又名「掃頭」，或說「掃了去」，謂第四句卽以音樂「掃」（墊充）之也。我初以爲「洪羊洞」如下的唱句，卽爲「三條腿」：

猛抬頭又只見吾父令公，

曾記得在兩狼山父把命喪，那有個人死後又能重逢？

再請教張大夏。他復信說：「洪羊洞」這段唱詞雖爲三句，但其韻脚係平、仄、平，乃接前邊的唱（或爲他人，或自己接自己的；中間夾有念白或鑼鼓）而唱，故不得謂之「三條腿」。所謂「三條腿」者，其最後一句爲上句，韻脚必爲仄聲，而無下句。張氏舉了「連環套」的例，黃天霸欲去拜山，朱光祖等阻之，黃唱：

大膽去把虎穴闖，全仗腰牌在身旁，俺若不去言有謊。

這三句的韻脚，爲仄、平、仄。

還有三句成章形式的別枝。

最常見的，是三、三、七的句式，若：

月亮走，我也走，我跟月亮提笆簍。（湖北武昌）

正月燈，二月鷂，三月上墳船裏看姣姣。（浙江紹興）

鷂，紙鳶，風箏也。姣姣，美貌婦女。

過婚嫂，連夜跑，莫得轎子馬也好。（四川重慶）

婦人再嫁。

趙宗邦「雲南彌渡山歌」，曾錄有加「帽子」的七言三句式歌謠。據說，這類形式名「四平腔」，起首一句，兩字三字不等，既無關於比興，也不敍說什麼；後三句，爲本體，則多是七字相並，如：

愛喲——

有心那管隔千里，只是你上我說給。

無心那怕門對門。

情郎哥——

好花開在深山箐。錯承爲哥看得上，

小妹出自淸寒家。

小老妹——

將你漂白脚帶蹬成鷄腸樣，只是爲哥說給你，

把你小奶捏成豆腐渣。

脚帶，纏足的裹脚布。

載「歌謠周刊」一卷四十期。

廣西也有類乎這種「四平腔」的形式，但首句辭義乃爲全歌主旨，以下三句，則爲主旨的申述。如：

心焦焦，好比水缸離了瓢，
情妹離哥哥離妹，好比大路斷了橋。

轉念轉，燕子囘來念舊窩，
白鶴遠飛記舊路，莫把舊情丟下河。

你莫慌，我倆牽手到官方，
幾大事情哥頂起，幾大事情哥承當。

盧野夫「廣西山歌」，錄有三句一章的情歌十九首，全係「七三七」形式，比起七言三句成章的花兒，也只能算得別枝而已。如：

擔鴨過橋跌落水，
妹呀你！得見嬌鵝（娥）湊隊游。
隊，我也。

十字路頭栽種藕，
賢朋友！我想偸蓮人又多。
藕諧耦，蓮諧連。

蜘蛛攀網林裏邊，

情呀你！夜睡有成爲着絲（思）。

載「歌謠周刊」三卷九期。

這三句中間的三言短句，也跟上述雲南彌渡山歌一樣，旣無關比興，也不敍說什麼，但因居於「橋拱」的地位，唱起來，勁道自是不同些。不過，嚴格的就其句式來辨認，以花兒爲標準來比較，這是算不得七言三句成章的。

黃詔年「孩子們的歌聲」，錄南方各省兒歌二〇三首，就有十幾首三句成章的兒歌。於此，略舉其三：

鴉片吸得脚虬虬，盤山過嶺偸牽牛，
頤差保長到咱厝。（閩南）

東山籐，南山薪，
北山山下有個討飯人。（浙江吳興）

月季花紅茉莉香，爹娘養她終不了，
開花結果總收場。（江蘇宜興）

十　花兒本事之一例

劍霖「洮河水手」：

洮河自臨潭石門入酒店峽，至峽口，約百餘里。兩岸多懸崖峭壁，河道狹窄，巨石嶙峋，滾滾浪濤，險惡異常，木排無法通行。所以放運木材，分上、中、下三段作業，就是上段水手把木材從產地穿成木排，放至石門點交給中游水手，再由中游水手解開木排，散根趕放出峽口，交給下游水手穿排直放臨洮或蘭州。因此把上下游的水手叫「排子水手」，中游的水手叫「趕材水手」，他們各守地段，互不侵犯。「排子水手」雖在驚濤駭浪中討生活，可是他們個個精通河道水性，一般說來，總是有驚無險，習以為常，毫不在乎，他們除了應得的報酬外，沿途還可搭載客貨，賺取不少外快哩。至於「趕材水手」，經常生活在峽谷兩岸，白天攀崖趕材，夜間露宿岸邊，櫛風沐雨，稀鬆平常。一旦木材橫卡岩隙，河道阻塞，就得引繩懸崖，攀上爬下，設法疏通，不僅辛苦，如稍不小心，隨時有粉身碎骨，葬身深淵的危險。好在他們論根計酬，獲利十分優厚。洮河流域的木商，少說也有二十多家。每家的木材，各有其記號。這種記號，不像臺灣木材上的大印記號，而是用利斧砍上去的，有的砍成口字或品字形，有的砍成二八或廿等數字形，也有用☷ ☴ ☳等卦字作記號的。木商不一定全知各家的木材記號，可是水手們非熟悉清楚不可，每當「撓鈎」（撈材用的鈎杆）豚在水中的木材滾動時，就得認出木材誰屬？眼明手快，毫不含糊。同時他們也是作記號的能手。手起斧落，二斧成口，六斧成品，不深不淺，乾淨利落，技術的熟練，使人歎爲觀止。記得有一首很流行的民歌：

斧頭一把繩一盤，

阿哥的肉啊，撓鈎杆兒專撈錢。

說明水手們也有快樂的一面。

載民國六十年六月十四日，「中央日報副刊」。

這段敘述，把花兒的本事，生活背景，說得十分具體動人。但請教他甘寧青鄉土人士，豈非每首花兒，都有如此風趣超絕的本事可以發掘，不勝企盼也。

花兒之豪蕩俠情，太教人欣賞了。

第四章　歌謠生活

一　詩教

好些人喜歡說，詩經是我們古代歌謠的集結。其實，這是強調的說法。如說詩經是中國古代詩歌的集結，這話就妥貼了。鄭西諦「中國文學史」，論詩經與楚辭：

詩經的內容，可歸納爲三類：一、詩人的創作，像節南山、正月、十月之交、崧高、烝民等。二、民間歌謠，又可分爲：㈠戀歌，像靜女、中谷有蓷、將仲子等；㈡結婚歌，像關雎、桃夭、鵲巢等；㈢悼歌及頌賀歌，像蓼莪、麟之趾、螽斯等；㈣農歌，像七月、甫田、大田、行葦、既醉等。三、貴族樂歌，又可分爲：㈠宗廟樂歌，像下武、文王等；㈡頌神樂歌或禱歌，像思文、雲漢、訪落等；㈢宴會歌，像庭燎、鹿鳴、伐木等；㈣田獵歌，像車攻、吉日等；㈤戰事歌，像常武等。

詩經在中國古代社會的權威性，那却是無有人不承認的。從先秦諸子以及古代史書所見，人們廣泛應用詩經中的語句，無論個人立身處世，社會行爲規範，國家政治理道，乃至國與國間之折衝尊俎，大家莫不徵引詩篇，以爲陳說、辯論、諷刺的依據。正是：

不學詩，無以言。（論語、季氏）

子曰：小子何莫學夫詩？詩可以興，可以觀，可以羣，可以怨，邇之事父，遠之事君，多識於

鳥獸草木之名。(論語、陽貨)

孔子最讚美者，是詩的思想意識。

子曰：詩三百，一言以蔽之，曰思無邪。(論語、爲政)

論六藝政教之得失，首重詩教。「禮記、經解」篇：

孔子曰：入其國，其教可知也。其爲人也，溫柔敦厚，詩教也；疏通知遠，書教也；廣博易良，樂教也；絜靜精微，易教也；恭儉莊敬，禮教也；屬辭比事，春秋教也。故詩之失愚……其爲人也，溫柔敦厚而不愚，則深於詩者也……

孔穎達疏：

溫，顏色溫潤；柔，謂情性和柔。詩依違諷諫，不指切事情，故云溫柔敦厚是詩教也。詩之失，愚者，詩主敦厚，若不節之，則失在於愚。

對於孔子詩教的義理，朱東潤「中國文學批評史大綱」依據古今情況，有一段平實的說明：

按禮記出自漢初經生，所述孔子之言，不可盡信。然溫柔敦厚之說，則深中於人心，此則以儒家思想支配中國社會，人人不敢有所違異故也。中國詩詞每作委婉之辭，不敢有所指斥，兢兢焉恐失詩人忠厚之旨，皆出於禮記一語也。

民國三十五年九月，開明書店再版，一〇頁。

則「孔雀東南飛」這首長詩，是一個最好例證。

歌謠是老百姓的詩，雖爲在野的花朵，却也承受了夫子詩教的影響。跟「孔雀東南飛」一樣，也有個最好例證，是卽北平兒歌的「小白菜，地裏黃」。（參閱第二章「中國歌謠的風貌」，論比與第九節）孤兒淒苦，呼天搶地，悲愴已極，而毫無詛恨語。盧前「民族詩歌論集」，錄有這麼一首湘西苗謠：

騎馬莫騎虎，騎虎難爲情。
栽花莫栽刺，栽刺難爲情。
說話莫說謊，說謊難爲情。
唱歌莫唱淫，唱淫難爲情。
笑富莫笑貧，笑貧難爲情。

「唱歌莫唱淫」，可謂之山歌戒條。而「莫騎虎」、「莫栽刺」的比喻，「莫說謊」的篤實，「莫笑貧」的公道，皆是爲詩歌「溫柔敦厚」所下的最好註脚。否則，人與人之間，就難爲情了。却也有生活苦痛至極，免不了直率詛罵，以求發洩的。如河南懷慶一首罵媒妁的謠歌：

紅火筒，黑紙門，裏邊有個白閨女。
脚又小，臉又好；
——先澆牡丹花，後澆靈芝草。
不怨爹，不怨娘，光怨媒人好心腸！
媒人肉放鍋熬，媒人骨頭當柴燒，
媒人皮當鼓敲。

見劉經菴「歌謠與婦女」，此書還錄有河南衞輝、彰德、四川、雲南各地七首女兒罵媒妁的歌。媒妁但有騙弄了女方的，即使罵破口，閨中鬱怨，也難消釋。此外，須特爲指出的，這「先澆牡丹花，後澆靈芝草」兩句，是極難得的篇中之輿。「光怨媒人好心腸」，反話正說。

山歌必本於男女之情，乃使人聽得心熱手軟，如癡如醉。其農耕作田的氣息很濃厚。特別是，它具有歷史文化的傳統。湖南長沙有首「打山歌」，其形式極爲活潑自由，風格淸新，意念執着可喜。

郞在門外打山歌，姐在房內織綾羅，
不曉得那家聰明伶俐子？
打出這麼這樣好山歌。
打得我脚瘦，手軟，
踩不得雲板，抛不得梭，
丟了綾羅不織，聽山歌。
娘罵女：賤家婆，
如何綾羅不織聽山歌？
作田漢子牧牛郞，純靠山歌騙婆娘。
女答娘：老昏癲，
山歌本是古人言，山歌本是作田農夫打，
歌不打來工不行，打句山歌散憂心。

打山歌爲唱山歌意。此「打」字辭意之擴張，既富鄉土味，也見其口語之別致。許牧野輯，載民國五十九年三月十六日「中國時報」副刊「中國民謠選粹」。

二　社會現實與神秘色彩

先說歌謠之社會現實的形態。

察訪歌謠，是古代政治很重要的措施。用現代觀點說，政府要廣知輿論，以保有良好公共關係。「左傳」襄公十四年：

自王以下，各有父兄子弟，以補察其政。史爲書，瞽爲詩，工誦箴諫，大夫規誨，士傳言，庶人謗；商旅于市，百工獻藝。故夏書曰：遒人以木鐸徇于路，官師相規，工執藝事以諫。

這是說，王者爲政，如有錯失，全國人不論朝野賢愚，都可提出糾舉，而表現於歌謠裏。杜氏注，說得極清楚：

逸書，遒人，行人之官也。木鐸，木舌金鈴徇於路，求歌謠之言。

「公羊傳」宣公十五年，何休注：

男女有所怨恨，相從而歌，飢者歌其食，勞者歌其事。男年六十，女年五十，無子者，官衣食之，使之民間求詩；鄉移於邑，邑移於國，國以聞於天子，故王者不出牖戶，盡知天下所苦，不下堂而知四方。

「禮記、王制」：

天子五年一巡狩。命太師陳詩，以觀民風。

又：

天子齋戒受諫。

明、王三聘「古今事物考」卷二：

孟子曰：「天下不謳歌益，而謳歌啓。」是謳在禹已有之也。列子曰：「堯微服遊康衢，聞童謠。」謠之起，自堯時然也。

「叢書集成初編」本。

這種採歌謠，受諫言，以廣納天下意見的美好傳統，一直承繼於後世，不但王者爲此，地方官守更要注意。「後漢書、李郃傳」：

和帝分遣使者，各至州縣觀採風謠。

「後漢書、羊續傳」：

羊續爲南陽太守，當入郡界，乃羸服間行，侍童子一人，觀歷縣邑，採問風謠，然後乃進。

「北史、崔挺傳」：

崔挺拜光州刺史，風化大行。及車駕幸兗州，召挺赴行在所，復還州。及散騎常侍張彝巡行風俗，謂曰：「彝受使巡方，採察謠訟，入境觀政，實愧淸使之名。」

「古謠諺」卷一百，引「東朝錄」：

皇太孫洪武三十一年，上親擇二十四人爲採訪使，以覿風謠，給事華亭徐思勉亦與焉。

美者讚好之。歌功頌德，並非宗全要不得。春秋時代，鄭國大夫子產，爲政寬猛相濟，歷四代國君，處晉楚兩大爭霸之間，而能使鄭國平安相保，其爲朝野上下愛重美讚，自屬當然之事。「左傳」襄公三十年：

子產從政一年，輿人誦之曰：「取我衣冠而褚之，取我田疇而伍之，孰殺子產，吾其與之。」及三年，又誦之曰：「我有子弟，子產誨之；我有田疇，子產殖之。子產而死，誰其嗣之？」

這是說，子產從政之初，力行改革，民有未便，竟至要參與仇殺他的行動；及至事功已顯，大衆受到益惠了，老百姓則惟恐他死掉。孔子是極推重子產的。「論語、公冶長」：

子謂子產，有君子之道四焉：其行己也恭，其事上也敬，其養民也惠，其使民也義。

後來子產死，孔子爲之出涕，曰：「古之遺愛也。」又像「淮南子、道應訓」。

昔武王伐紂，破之牧野。乃封比干之墓，表商容之閭，柴箕子之門，朝成湯之廟；發鉅橋之粟，散鹿臺之錢；破鼓折枹，弛弓絕弦；去舍露宿，以示平易；解劍帶笏，以示無仇，於此天下歌謠而樂之，諸侯執幣相朝，三十四世而不奪。

當年周武王弔民伐罪，使國家政治復歸平順，老百姓生活安適，建立了國史上歷年最久的朝代，其鼎革之初，種種良美措施，乃達到了「天下歌謠而樂之」的境界。淮南子成書時際，去古未遠，這種論斷，彷彿還帶有歌謠頌美的餘韻。若如王莽之假造歌謠，那就只落得萬世唾棄了。「漢書、王莽傳」上：

風俗使者八人還，言天下風俗齊同，詐爲郡國造歌謠，頌功德，凡三萬言。

至於，歌謠的神祕色彩，是關乎「讖謠」、「童謠」、「熒惑星」、「詩妖」之類的往古說法。占天象以察人事，在古代知識的限度，我們今天豈可批評其虛幻無知？「史記、天官書」，指出熒惑星，主勃亂、殘賊、疾、喪、饑、兵，而說「雖有明天子，必視熒惑所在。」唐、張守節「正義」：

天官占云：熒惑爲執法之星，其行無常，以其舍命，國爲殘賊，爲疾，爲喪，爲饑，爲兵。環繞勾曲，芒角動搖，乍前乍後，其殃逾甚。熒惑主死喪，大鴻臚之象，主甲兵大司馬之義，伺驕奢亂孽，執法官也。其精爲風伯，惑童兒歌謠嬉戲也。

「晉書、天文志」中：

凡五星盈縮失位，其精降于地爲人。歲星降爲貴臣；熒惑降爲童兒，歌謠嬉戲……

「魏書、崔浩傳」：

初，姚興死之前歲也，太史奏，熒惑在匏瓜星中，一夜忽然亡失，不知所在，或謂下入危亡之國，將爲童謠妖言，太宗聞之大驚……後八十餘日，熒惑果出於東井，留守盤旋，童謠訛言，國內諠擾。

一直到十九世紀，中國社會都這樣傳說，熒惑星化爲紅衣小兒，造作歌謠，以「入危亡之國」，引起「諠擾」，其辭語每每爲他日禍亂的徵候，因又有詩妖之說。「漢書、五行志」中之上：

孔子曰：「君子居其室，出其言不善，則千里之外違之，況其邇者乎？」詩云：「如蜩如螗，如沸如羹。」言上號令不順民心，虛譁憒亂，則不能治海內，失在過差，故其咎僭。僭，差也。刑罰妄加，羣陰不附，則陽氣勝，故罰常陽也。旱傷百穀，則有寇難，上下俱憂，故其極憂也。君炕陽而暴虐，臣畏刑而拑口，則怨謗之氣，發於歌謠，故有詩妖。

宋、吳處厚「青箱雜記」卷七，列舉許多謠讖徵候的事，有一條說：

謠讖之語，在洪範五行，謂之詩妖，言不從之罰，前世多有之，而近世亦有焉。昔徐溫子知訓，在廣陵作紅漆柄骨朵，選牙隊百餘人，執以前導，謂之「朱蒜」。天祐末，廣陵人競服短袴，謂之「不及秋」。後十三年六月，知訓爲朱瑾所殺焉，則朱蒜、不及秋之應也。李昪先爲徐溫養子，冒徐姓，名知誥，爲昇州刺史，童謠曰：「東海鯉魚飛上天」，後竟即僞位。

童謠徵兆史事之說，歷代史書「五行志」，無不廣爲錄述，足見前人的信認。以其多不吉利，故又加上「詩妖」的帽子。僅舉兩例。「元史、五行志」二：

至元五年八月，京師童謠云：「白雁望南飛，馬札望北跳。」至正五年，淮楚間童謠云：「富漢莫起樓，窮漢莫起屋，但看羊兒年，便是吳家國。」。十年，河南北童謠云：「石人有雙眼，挑動黃河天下反。」十五年，京師童謠云：「一陣黃風一陣沙，千里萬里無人家，回頭雪消不堪看，三眼和尚弄瞎馬。」此皆詩妖也。

按，此係元代末年，天下豪傑並起，這些童謠很可能是他們造作出來的「心戰攻勢」，代表了老百姓要掃除元代統治，期望光復華夏河山的心理，所以一經傳播，全國皆知。又如「明史、五行志」三：

詩妖。太祖，吳、元年，張士誠弟僞丞相士信及黃敬夫、葉德新、蔡彥文用事，時有十七字謠曰：「承相做事業，專靠黃蔡葉，一朝西風起，乾鱉。」未幾，蘇州平，士信及三人者，皆被誅，此其應也。

玄妙之說，發展下來，更有鬼唱歌謠之說。「宋書、樂志」一：

子夜歌者，有女子名子夜，造此聲。晉孝武太元中，琅邪王軻之家，有鬼歌子夜。殷允爲豫章時，豫章僑人庾僧度家，亦有鬼歌子夜。

這是因爲子夜歌「聲過哀苦」（「唐書、樂志」語）所引起的傳說。我們今日看來，這種玄虛意象，原不必去信它；不過，每當遭逢世變，人們心境上，確有山河變色，鬼哭神嚎之感。像八年抗戰中的南京撤退，徐州突圍，長沙大火，皆其例。李家瑞「北平俗曲略」論兒歌云：

或謂周宣王時童女所歌「檿弧箕服，實亡周國」，爲童謠之起源，這不過是就有記載的說，其實兒歌爲兒童謳歌嬉戲之一種，出於天籟，自有言語以來就有了。

他評論「晉書、天文志」「熒惑降爲童兒」之說，有謂：

這是用讖緯之說解釋兒歌的起源，本來極其荒謬，但是中國幾千年來的兒歌，都是這樣解釋了；而古兒歌之能於保存一點下來，却還是靠了這種不經之談。

咱們現在除掉它的神祕色彩就是。

三　古代歌謠生活的幾個趣例

古代社會，宮庭、民間，都有其豪野浪蕩的歌謠生活，試舉幾個有趣的事例。

「韓非子、難一」篇：

齊桓公飲酒，醉遺其冠，恥之，三日不朝。管仲曰：「此非有國之恥也，公胡不雪之以政？」公曰：「善」。因發倉囷，賜貧窮，論囹圄，出薄罪，處三日而民歌之曰：「公乎，公乎！胡不復遺其冠乎？」

「莊子、達生」篇：

孔子觀於呂梁，懸水三十仭，流沫四十里，黿鼉魚鼈之所不能游也，見一丈夫游之，以爲有苦而欲死也，使弟子並流而拯之，數百步而出，被髮行歌，而游於塘下。

唐、成玄英疏：

塘，岸也。既安於水，故散髮而行歌自得，逍遙遨遊岸下。

「史記、刺客列傳」：

荆軻好讀書擊劍。既至燕，愛燕之狗屠及善擊筑者高漸離。荆軻嗜酒，日與狗屠及高漸離飲於燕市。酒酣以往，高漸離擊筑，荆軻和而歌於市中，相樂也。已而相泣，旁若無人者。

荆軻刺秦王失敗被殺後，秦滅燕，併吞六國，立爲皇帝，燕太子丹的門客都散了，**獨高漸離隱姓埋名，藏身傭僕間，**思圖爲邦國、朋友報仇；以無從下手，**乃露出眞面目，仍然擊筑而歌，聽者無不感動流涕。他是故意讓這情形，**傳到知音者秦始皇耳裏。

秦始皇召見，人有識者，乃曰：「高漸離也。」秦皇帝惜其善擊筑，重赦之，乃矐其目，使擊筑，未嘗不稱善。稍益近之，高漸離乃以鉛置筑中，復進，得近擧筑，扑秦皇帝，不中，於是遂誅高漸離，終身不復近諸侯之人。

秦始皇好聽高漸離擊筑而歌，竟不顧自身安全來靠近他，只不過早把這刺客的眼弄瞎了。後來受到大驚恐，加上荊軻給他的威脅，硬是終身不再接近六國臣民。這種愛好歌謠生活的情境，千古傳承不衰。民國三十五年四月，我們六男一女，快遊華山，山崖谿谷，落寞深處，聽當地人士引吭高歌秦腔，其慷慨激昂，正是荊軻和高漸離那種胸懷。

楚漢之爭，項王敗困垓下，諸侯兵圍之數重，夜聞漢軍四面楚歌。劉邦旣得天下，在位十二年。六十三歲，他臨死的那年十月：

還歸過沛，留，置酒沛宮。悉召故人父老子弟縱酒，發沛中兒，得百二十人，敎之歌，高祖擊筑，自爲歌詩曰：

大風起兮雲飛揚，

威加海內兮歸故鄉，

安得猛士兮守四方？

令兒皆和習之。高祖乃起舞，慷慨傷懷，泣數行下。謂沛父兄曰：「游子悲故鄉。吾雖都關中，萬歲後，吾魂魄猶樂思沛。」

這是當時劉邦愛唱的楚歌，鄉土味重。「漢書、禮樂志」：「高祖樂楚聲。」「史記、留侯世家」，記戚夫人圖廢太子，代以己子如意，呂后求計張良，請商山四皓輔佐東宮，廢立之事，乃不可行。

戚夫人泣，上曰：「爲我楚舞，吾爲若楚歌」。歌曰：

鴻鴈高飛，一舉千里，

羽翮已就，橫絕四海；

橫絕四海，當可奈何？

雖有矰繳，尙安所施？

歌數闋。戚夫人噓唏流涕，上起，去，罷酒，竟不易太子者。

劉邦是很怕呂后的。戚夫人雖受暱愛，但很委曲。晉、葛洪「西京雜記」卷一：

高帝戚夫人，善鼓瑟擊筑。帝常擁夫人，倚瑟而弦歌，畢，每泣下流漣。夫人善爲翹袖折腰之舞，歌出塞、入塞、望歸之曲，侍婢數百皆習之，後宮齊首高唱，聲入雲霄。

至於司馬相如「上林賦」，本是諷勸漢武帝少事游獵之作，故又名「天子游獵賦」，司馬遷雖評其「侈靡過其實」，這本是兩漢辭賦特色，體製弘偉，內容空虛。但有部份描繪，却給本書留下了好資料，由之可見那時代宮庭的歌謠生活，吸收了雅樂、俗曲、古代歌舞、與邊疆地區及蠻夷的歌舞。

目前甘、寧、青地區的「花兒」，西南各省的傲山歌，苗傜、康藏、蒙古、新疆的載歌載舞，以及北方的秧歌戲，豈不跟司馬相如兩千多年前所見情景一樣，這是値得我們注意的事實。

由於生活水準提高，今天世界各國都修正了「勤有功，戲無益」的看法，認爲休閒游樂，是十分重要的活動。這，孔夫子早有所見，「子貢觀於蜡」，夫子與他論國家社會生活張弛之道（「禮記、雜記」下）。玩樂的事，雖日新月異，但東方、西方如今都喜歡搬演民族、鄉土古老的節目，像那陶唐氏之舞，葛天氏之歌，非爲返璞歸眞，只因濃厚的歷史興味而已。

於是乎游戲懈怠，置酒乎昊天之臺，張樂乎轇輵之宇，撞千石之鐘，立萬石之虡，建翠華之旗，樹靈鼉之鼓，奏陶唐氏之舞，聽葛天氏之歌，千人唱，萬人和，山陵爲之震動，川谷爲之蕩波。巴兪、宋蔡、淮南、于遮、文成、顚歌，族舉遞奏，金鼓迭起，鏗鎗闛鞈，洞心駭耳。荆吳鄭衞之聲，韶濩武象之樂，陰淫案衍之音，鄢郢繽紛，激楚結風，俳優侏儒，狄鞮之倡，所以娛耳目而樂心意者，麗靡爛漫於前，靡曼美色於後。

「史記」、「漢書」，都全錄了司馬相如的這篇賦，註釋家們說：

千石，十二萬斤也。虡，獸名，立一百二十萬斤之虡以懸鐘。「呂氏春秋」曰：葛天氏之樂，三人持牛尾，投足以歌八曲：載民，玄鳥，遂草木，奮五穀，敬天常，建帝功，依地德，總禽獸。巴兪之人，剛勇好舞。于遮，歌曲名。文成，遼西縣名，其人善歌。益州顚縣，其民善西南夷歌。族，聚也，聚居而遞奏。荆、吳、鄭、衞，山歌也，前人斥爲淫哇之聲。韶、濩、武、象，指舜、湯、武王、周公之樂。鄢，宜城縣。郢，楚都。激楚，結風，皆楚歌曲名。狄鞮，西戎樂也。

四　吳越王唱山歌

宋、釋文瑩「湘山野錄」卷中：

開平元年（九〇七），梁太祖卽位，封錢武肅鏐爲吳越王。時有諷錢拒其命者，錢笑曰：「吾豈失爲一孫仲謀耶？」拜受之。改其鄉臨安縣爲臨安衣錦軍，是年省塋壟，延故老，旌鉞鼓吹，振耀山谷。自昔游釣之所，盡蒙以錦繡，或樹石至有封官爵者。舊貿鹽肩擔，亦裁錦韜之。一鄰媼九十餘，携壺漿角黍迎於道，鏐下車亟拜，媼撫其背，猶以小字呼之曰：「錢婆留，喜汝長成。」蓋初生時，光怪滿室，父懼，將沉於了溪，此媼酷留之，遂字焉。爲牛酒，大陳鄉飲，別張蜀錦爲廣幄，以飲鄉婦。凡男女八十已上，金樽；百歲已上，玉樽。時黃髮飲玉者，尙不減十餘人。鏐起執爵於席，自唱還鄉歌以娛賓曰：

三節還鄉兮挂錦衣，吳越一王駟馬歸，臨安道上列旌旗，碧天明明兮愛日輝，

父老遠近來相隨，家山鄉眷兮會時稀，斗牛光起兮天其啓。

時父老雖聞歌進酒，都不知曉。武肅覺其歡意不甚浹洽，再酌酒，高揭吳喉，唱山歌以見意，詞曰：

你輩見儂底歡喜，

別是一般滋味子，永在我儂心子裏。

歌闋合聲賡贊，叫笑振席，歡感閭里，今山民尙有能歌者。

至今狂童遊女，借爲奔期問答之歌，呼其宴處爲歡喜地。

宋、袁褧「楓窗小牘」卷上，也記了這件事，並說：

「湘山野錄」，「楓窗小牘」，都收入民國王文濡編的「說庫」內，現有新興書局影印本。

錢鏐榮歸，唱還鄉歌的這件事，「舊五代史、世襲列傳」、「新五代史、吳越世家」，都有記載，但未提到他唱山歌。他這首歌，乃吳越情歌的形式，其七言三句成章，是很別致的，與漢高祖唱「大風歌」的情境相彷彿。所以，宋、范坰、林禹兩人同撰的「吳越備史」論評：「其雄辭壯氣，實大風之

儔也。」在遣字用詞上，正和現代吳歌一樣。顧頡剛「蘇州的歌謠」（載「民俗周刊」十一、十二期合刊）也特別論到這件事，可見吳越謠俗生活裏，樂於稱道錢鏐唱山歌的這個傳說。

五　歌仙劉三妹及其他的傳說

清、屈大均「廣東新語」：

新興女子有劉三妹者，相傳爲始造歌之人。在唐中宗年間，年十二，淹通經史，善爲歌。千里內聞歌名而來者，或一日或二三日，卒不能和而去。三妹解音律，遊戲得道，嘗往兩粵谿峒間。諸蠻種類最繁，所過之處，咸解其語言，遇某種人，卽依某種聲音，作歌與之唱和，某種人卽奉之爲式。嘗與白鶴鄉一少年登山而歌，粵民及傜僮諸種人團而觀之，男女數十百層，咸以爲仙。七日夜，歌聲不絕，俱化爲石。土人因禮之於陽春、錦石岩。岩高三十丈許，林木叢蔚，老樟千章蔽其半，岩口有石磴，苔花繡蝕，若鳥跡書，一石狀如曲几，可容臥一人，黑潤有光，三妹之遺跡也。月夕、輒聞笙鶴之音。歲豐熟，則彷彿有人登岩頂而歌。三妹今稱歌仙。凡作歌也，無論齊民與傜僮人山子等類，歌成必先供一本，祝者藏焉，求歌也就而錄之，不得攜出。漸積至數筐，兵後，今蕩然矣。

屈大均是明清之際人，出生番禺，以世亂，一度爲僧。他這記載，係根據民間傳說。康熙間，王世禎「池北偶談」卷十六，「粵風續九」條，記劉三妹事，也說她是唐中宗時人，而出生地却變到廣西了。

相傳唐神龍中，有劉三妹者，居貴縣之水南村，善歌，與邕州白鶴秀才，登西山高臺，爲三日歌。秀才歌芝房之曲，三妹答以紫鳳之歌；秀才復歌桐生南嶽，三妹以蝶飛秋草和之。秀才忽作變調，曰郎陵花，詞甚哀切；三妹歌南山白石，益悲激，若不任其聲者。觀者皆歔欷。復和歌，竟七日夜，兩人皆化爲石，在七星巖上，下有七星塘。至今風月清夜，猶彷彿聞歌聲焉。

新興書局「筆記小說大觀」本，第十八冊。

清、閔叙「粵述」：

白石山，卽道書所謂二十一洞天也。唐、景龍中，貴縣西山，有劉三妹者，與朗寧白鶴書生張偉望，歌酬，化石于山巔，遺跡宛然至今。傜俗尙歌，因立祠于此，祀爲歌仙。

據「說鈴」本。

劉三妹的傳說，在兩廣有好多大同小異的說法。廣西柳州對岸，有立魚峯，上大下小，形如倒立之魚。傳說：

劉三姐，廣東潮海人，有歌唱天才，走遍兩粵，不獲對手。她很想嫁一個唱得比她高妙的人。至立魚峯，遇一農夫，對唱，一直唱過三年又三月，三姐不支，心中一急，呆化爲石。

載「歌謠周刊」一卷八十二號。

鍾敬文「幾則關於劉三妹故事材料」：

合浦民間傳說：她是貧家女，性情幽逸，善歌。她哥哥恨之，欲置之於死，抬而墮之峭岩下，攀篠得救。自此出走，飄泊欽廉間，故她的歌調流傳這一帶，很是普遍。相傳三妹從危岩墮下，攀着籐蔓，還唱着說：「老天無虧劉三妹，轉手又攀救命籐。」及今傳誦，猶覺其豪爽鎮靜的精神，不可比擬。

廣西傳說：劉三妹極會唱歌，天下人都非她的對手。她很美麗，許多榮華富貴的英雄俊秀，向她求婚而不得。她太喜歡唱歌了，以自樂而終其身。後因唱歌而感神靈，得道上天。

電白傳說：劉三太，本吳川歌女，原名三妹，貌極美。吳川饑荒，流浪電白。電白人聆其妙音，皆極傾倒，擲錢如雨下。三太衣食之餘，所得皆予貧苦者，人益重之，後坐化於電白北部屏廓山某洞。歷數十年，顏容不變，一點朱唇，益增紅潤。往瞻仰者，不絕於途。洞口有小石巖，巖儲淸泉，不竭不溢。微溫，味香美，因呼爲仙茗泉。後一浪徒往觀，心起淫念，洞口因以封閉，後遂無人能往觀者。因其靈應，遂遍建廟祀之。

載「民俗周刊」十九、二十期。

這幾個傳說，頭三個都說她歌而難止，乃化爲石，這自屬神話，但却道出了歌謠生活的十分心神激越狀態。合浦傳說，描繪出一個飄泊女郎，行歌天涯的神貌，引人無限同情。無怪乎，後兩則要頌美她得道昇天了。淸水「民間文藝掇拾」：

「廣東考古」引「輿地紀勝」註陽春三妹山云：「劉三妹，春州人，坐化於岩石之上，因名」。

「廣東考古」註從化潯洋山云：「其左爲仙女峯。相傳爲仙女劉三妹所居。石菴有蔴盤、水盂二石，可爲一證。諺云：好唱莫如劉三妹，好打莫如柳光卿。皆以絕技名也，蓋三妹好謳不嫁，修道於此，遂仙去。有草開花如錦，名映山紅，他山皆無，俗以爲仙花。」

載「民俗周刊」四十期。

綴以映山紅的「尾輿」，這傳說更美了。光緒、廣東「新寧縣志」卷七：

鳳山在縣北三十餘里，一名仙女峯，上有石室，名爲鳳山石室，內有二石如麻籃、水盆，相傳劉三妹所居。故諺云：好唱莫如劉三妹，好打莫如朱光卿。（「元史、順帝紀」：至元三年，廣東增城民朱光卿反，即其人也）。皆以絕技名也。三妹春州人，素善謳，修道於石室，遂仙去。山有草，開花如錦，名曰映山紅，故俗又以爲仙花。石室下有石壁，數丈瀑布緣壁而下，光濺如珠，下有深潤，泉極清美。潤旁舊有書齋，陳獻章嘗講學於此，遺址存焉。

新寧，今台山，在廣州西南約百公里；陽春則西距台山百公里；從化，廣州東北約六十公里，三地都以劉三妹遺蹟傳說稱勝。新寧與從化的說法，顯然是同一記事的分化。所述陳獻章講學於此，這就增加份量了。獻章即世稱「白沙先生」的明代大理學家，是王陽明的前輩。王禮錫「江西山歌與倒青山風俗」，記載劉三妹的傳說，不及其神話部份，却描述了歌謠生活的實在形態。

廣東有一個劉三妹，她肚子裏的山歌最多，隨便什麼山歌她都能和得來，她能窮人，却從沒有人能窮過她。劉三妹的歌名，傳播了山歌所能到的地方。一個飽學先生氣極了，妬極了，滿滿的裝了一船書去訪她。從江西一直到廣東，問不到劉三妹的蹤迹。一天，懶懶的盪到一個碼頭，歌着尋劉三妹的歌曲。碼頭恰好有一個洗衣服的女郎，抬頭看了他一眼，用靡曼的聲調，問他何事載書遠來？他便說明尋劉三妹鬥歌的原因。「聽說她究竟也沒有什麼本領。」「但是你何特而來尋她呢？」她微笑的問。他指一指這一船書：「我的本領就在這裏。」「來罷，我歌一曲給你和——

江邊洗衣劉三妹，你有山歌唱得來，
山歌只有心中想，那有船裝水載來？」

飽學先生忙着翻書，尋不到這個典故，半天不聲不響。最後把一船書乾乾淨淨的送給水神，羞澀滿面，搖着空船而歸。少女也就搖曳其凱旋的歌聲，微笑而去。

載「文學周報」三〇六期。

陳志良「廣西特種部族歌謠集」，指出廣西好多地方，也是都搶着以劉三妹的出生地爲榮，有如下述。

潯州府志云：劉三妹，係漢、劉養之裔，父尙義，以唐莊宗時流寓潯州。三妹貌如天仙，聰慧而善歌，通蠻語。聞風而來者，迭爲唱和，或一日或二日，卽罄腹結舌而去。有秀才張偉望者，慕而訪焉。與唱歌三日夜，不倦，乃相率登山顚，連唱七日，聲出金石。久之，不見下山，村人登山覗之，則皆化爲石矣。

同治、廣西「蒼梧縣志」：

三娘神，須羅鄕人，姓劉氏，生於明季。上巳日，祓除溪中，風雨驟至，弟妹皆走避，獨與神遇，端坐石上，衣不濡。由是能歌，成文理，言人幽隱，皆奇中，出入必歌。使紡績而故棼其絲，隨歌隨理，卽有治。使治田，歌如故，須臾終畝。恆數日不歸，莫知其蹤。使拾溪石爲炊，啓釜視之，柔脆如粉。里人皆神之。求爲禱雨，輒應。一日告其家：「將仙去。每年上巳必歸。若有求，在前坐溪石呼之，必福汝。」遂不知所終。里人立廟以祀。

平南人傳說：

劉三姐係平南產，她的故居，在平南鄉大容山、七排思迴岩脚下的大村心。父名劉國贊，母黃氏，兄妹四人。兄一人，有收滅蝗蟲的奇術，玉帝冊封爲劉猛將軍。姐妹三位，劉大娘居長，二姐雲遊天下，三姐唱歌得道。

民間傳說這種「唱歌得道」的義理，可見老百姓對於歌謠生活之重視。容縣、岑溪一帶呢，則指劉三妹爲大容山人：

三姐好歌，行爲浪漫。哥哥劉猛屢勸不聽。一日，哥哥把凳子攔住大門，自己坐堵凳上，不許三姐出去。不料三姐有遁形之法，竟自凳下走去，在門外高歌道：

我兄癲，我兄癲，我兄擔凳把門前；
你妹走跟凳底過，正知你妹是神仙。

後來哥哥想得一法，拿石頭數顆，要她煎成糕糰一樣，方許出去。誰知三姐又用法術做到了，哥哥只得讓她出門。她出了門，又唱歌道：

我兄癲，我兄癲，馬卵石頭畀我煎；
煎得石頭粽噉軟，正知你妹是神仙。

他哥哥又設計，想在山上跌傷她，使她不能出去唱歌。她在陡峭的山路走過，果然倒了下來，但她抓住岩壁的一條藤，並未受傷，她又唱了歌：

石山裂，石山崩，我兄陷害得人憎；
正想跌傷劉三姐，好得個條救命藤。

這個傳說的情節，使前述廣東合浦傳說得到了解釋，原來劉三妹不學好，所以哥哥恨她，乃至要置之死地。永淳的傳說呢，當然也說她是永淳人。

相傳有粵東人李、陶、祝、石四位，喜歡唱歌，到博羅尋求歌書，載滿一船，自以爲所得甚富。船行到永淳江邊，訪劉三姐。適三姐在江邊洗衣，自認爲是三姐的妹妹，問四人到訪有何用意？他們述明來意，三姐便隨口唱道：

姓李唔見李花白，姓陶唔見桃花開，
姓竹要來塘邊種，姓石要來路底埋。

四人瞠目不知所答，退入船裏，遍查歌書，沒有一首可以作答，因想三姐的妹妹尙且如此多才，何況三姐，遂把歌書完全燒去，而覆船於大江之邊。

「古今圖書集成、職方典」第一四三七卷，「潯州府部彙考」，貴縣部份說：

西山，在縣西二十里，峯巒奇特，石筍揷天，有七星山，多躑躅花，方節竹。仙女寨，有白鶴張秀才石，歌仙劉三妹石，其形儼如二人相對而坐，値風淸月白，每聞答歌聲。其地，婦人好遊歌。有術家云，風水所鍾，宜琢去石人嘴，土人琢去之，遺響遂止。

又，第一四四〇卷，「潯州府部藝文」二之四，載張爾翮的「劉三妹歌仙傳」：

世傳仙女劉三妹者，一善歌之佳人也，余不知其所由來。癸卯淸明日，因訪友於西山楊氏，路經山谷，惟見春色撩人，紅紫萬狀，輕烟薄霧，山突天下。須臾入寨，卽仙女寨，忽聞層巒之上，有聲烏烏然，若斷若繼，響振林木。四顧無人，青峯滿目，遠盼山巔，惟二石人偶座，心頗異之。嗚呼噫嘻！無人有聲，聲在半天，飄緲雲端，意者其仙籟乎？傾耳細聽，隨聲仰望，或隱或現，遙見人影三五成羣，互歌相答，惟聞呵呵聲，而不知其所歌何調，何奇幻若此乎？時卽抵友家，見一叟，童顏鶴髮，彷彿仙狀。余揖而問焉。叟曰：「余卽子之友之叔祖，今年八十有八矣。」余因問及山上之歌聲胡爲而來也？叟曰：「此村中之少婦採茶也，答歌相戲耳。」余曰：「何其聲之嬌嬈耶？」叟曰：「此地古有歌仙，故鄉中所生男婦多善歌。」余曰：「歌仙爲誰？叟爲我詳言之。」叟曰：「余年少時頗學歌，故詳其事，但傳本已被祖龍焰矣。夫仙女三妹，係漢劉晨之裔，其父尙義，流寓斯土，生三女，長大妹，次二妹亦善歌，早適有家，而歌不傳。至少女三妹，生於唐中宗之神龍元年，甫七歲，卽好筆墨，慵事鍼指，聰明敏達，人呼爲女神童。年十二，能通經傳，而善謳歌，父老奇之，偶指一物索歌，頃刻立就，不失音律。櫻桃之口，不讓樊素，眞可欺莫愁而壓永新，是曹娥之繞梁，陶妻之黃鵠，皆不足羨也。爰是數百里之能歌者，莫不聞風而來，迭爲唱和，或一日或二日，既罄腹結舌而走，而歌仙之名，遂由此而盛也。年十五，其父受聘於林氏，和歌者仍終日塡門，無一較勝。至其貌之羞花掩月，光彩動人，見之者無不神駘意蕩，但授受之禮甚嚴，終不可犯。年十七，將于歸，忽朗陵白鶴鄉一少年秀才，張姓諱偉望者，聞歌仙之名而慕焉，不辭跋涉，登門叩訪，禮尊賓主，言談擧止，皆以歌爲節。鄉人敬之，特架一臺，置二人於上，一唱陽春，一唱白雪，流風激楚，不分高下，非下里巴人比也。豈僅停雲，卽星辰亦爲之下矣。觀聽者男婦不啻數百，環堵重重，於是三日夕，竟忘寢食，而歌聲不歇，人人豔賞，聲震於野，未免雜遝。三妹曰：『此臺太低，人聲喧鬧，而韻致不明，請陟山頂，與君子長歌七日，何如？』秀才曰：『既蒙不棄，願步追隨。』二人徑登山頂，偶坐而歌，若出金石，聲聞於天。至七日望之，則見其形，而不聞其聲矣。鄉人曰：『二人競歌已久，可請下山。』乃遣數童登山以請，而童子訝然報曰：『奇哉，奇哉，二人石化矣。』衆皆驚駭，莫不親詣，欽慕羅拜乞庇焉。其所許林氏夫，聞而疑異，卽登山以驗，旁立長笑，亦化爲石。今山巓之石偶三人者，卽當時昇仙之遺跡也。故吾鄉之善歌，皆鍾二仙之英靈。余得聞自先人，考之故老，始備詳其事，非敢誣也，子當識之。」余喟然嘆曰：「異乎如叟之所言也。」一曰其眞耶？其非眞耶？謂其眞也，而書志灰燼，不足徵信；謂其非眞也，而石像猶存，遺響躍躍。卽此以觀，則知武昌之望夫石，宜都之攘袂峯皆此類也，余於斯益信。吾郡司理吳公，探風至此，訪歌仙之蹟，命爾爲傳以紀之。嗟乎！仙蹟不磨，恍美人之宛在，歌聞尙沸，懷西歸之好音。陟彼崔嵬，標其槩矣，把茲突兀，掇其芳哉。一時而千古，千古而一時，貴雖僻壤，其盤礡鬱積，得此而物色之，用記筆端，以垂不朽云爾。

「圖書集成」，纂輯羣書，刋於雍正初年。由之，可見這「歌仙傳」是把淸代以前劉三妹的傳說，全部記之於書了。此傳特點之分析：

1. 現實的歌謠生活，與歌仙傳說飄緲之境的交織。

2. 也肯定劉三妹爲唐神龍年代人。則不論確否有其人，這個傳說的起始，不會遲於明代，却也不會早過唐代，因爲宋人筆記裏，還少有劉三妹的影子。

3. 劉三妹七歲好筆墨而厭女紅，十二郎通經傳，善謳歌。這定是傳說特爲美化此主人公的說法。

4. 她是十七歲，將嫁前，與張秀才傚山歌而石化仙去的。這自不會是事實，焉有少年男女，登臨山顚，連歌七日夜之理？但就神話意境論，這却是極有情趣的，無怪他的未婚夫，「旁立長笑，亦化爲石」了。

5. 現在兩廣各地劉三妹的傳說，當與此文獻記載多少有些淵源。

清、王世禎「池北偶談」卷十六，於記述劉三妹神話傳說之餘，特錄了七首情歌，說就是劉三妹傳留下來的。如：

妹相思，不作風流到幾時？
只見風吹花落地，那見風吹花上枝？

思想妹，蝴蝶思想也爲花，
蝴蝶思花不思草，兄思情妹不思家。

娘在一岸也無遠，弟在一岸也無遙，
兩岸人烟相對出，獨隔靑龍水一條。

陳志良「廣西特種部族歌謠集」，認爲下面這首最爲詩人們所看重的情歌，也是劉三妹傳下來的。

入山忽見籐纏樹，出山又見樹纏籐，

樹死籐生纏到死，樹生籐死死亦纏。

羅香林「粵東之風」所錄，字句稍異：「入山看見籐纏樹，出山卽見樹纏籐，樹死籐生纏到死，籐死樹生死也纏。」

出生於江西的客家人林谷村說，這首情歌實爲客家山歌的代表作。按，羅香林也有同樣認定。足以看出客家人是同具此一讚美的。

就以上這四首看來，其情思纏綿，淸新委婉，實爲歌謠中的上品。

廣東有關劉三妹的傳說，更有把羅隱扯上去的，所述情境，尤爲動人。按，羅隱，五代吳越餘杭人。工詩，長於詠史。所爲詩文，傲視當世，故屢舉不第。曾任錢塘令，有善政。淸、長汀人黎士宏所著「仁恕堂筆記」云：「今豫章、兩越、八閩人，凡事俗近怪者，輒謂羅隱秀才說過，後訛爲羅衣秀才云。」愚民「山歌原始的傳說及其他」：

翁源的傳說。羅隱，本爲天上星宿，玉帝派他下凡，扶困救民，做王做帝的。羅隱一出娘胎，便能說話識字讀書。他去土地祠玩耍，一入門，土地忙站起相迎，說：「眞命天子來了。」他老去那裏，弄得土地神非常辛苦，便託夢他媽媽，叫羅隱少去。羅隱媽媽非常高興，不住的說：「我的兒子做了皇帝，非殺盡萬家不可！」萬家跟羅家有仇怨。灶君忙上天告狀，說羅隱母親生性太殘，要殺盡一萬家人民。於是，玉帝派神下界換了羅隱的肋骨，使他不能做皇帝。自後，羅隱赴了多少次考場，都不得意，只中了秀才。他很懊惱，悶居家中，著了許多山歌，一本一本的堆了三間大屋。唸給人家聽，誰也不覺得好。羅隱的山歌，太正經了，文雅了，一般人也聽不懂。他妹妹勸他：「你的山歌，該說說女人吧？否則，誰懂得你的意思？更有誰會唱起來？」於是，他又著了許多吟詠女人的山歌書，仍然一本本的存在書房。

劉三妹，是遠近知名的才女，吟詩作對，件件都能。唱山歌，更是特別的本領，和人們對唱十天半月，都唱不盡。誰都喜歡她，欽敬她，怕她。她常很自負的說：「有誰和我猜山歌，猜得我贏的，我便嫁給他。」

猜山歌，卽對唱鬬勝之意。

爲此，羅隱秀才便載了九船所著的山歌書，去見劉三妹。到了三妹屋前，碰到一個少女在河邊擔水，羅隱便問道：「小妹，妳可知劉三妹家在什麼地方？」

「你找她做甚？」

「我想和她猜山歌，娶她來做老婆。」

「請問先生有多少山歌？」

「一共有九船。三船在省城，三船在韶州，三船已撑到河邊。」

「那麼，你回去吧，你不是三妹的敵手。」

「怎解？」

「滾開！」三妹高唱道：「石山劉三妹，路上羅秀才，人人山歌肚中出，那有山歌船撑來？」唱得羅隱啞口無語。翻遍船上的山歌書，都對不出來。一發惱，將三船山歌書抛下河中，垂頭

喪氣回家去了。其他的在韶州、廣州的山歌，因爲沒有焚掉，遂流傳世上，爲人們所歌唱。

載「民俗周刊」十三、四期。

照這個傳說「考評」，劉三妹所唱的歌謠，是高過於羅隱的，却並未傳在世上。則由其所隱含的命意看來，可見人們對於歌謠詞句、腔調、風格的品評，其所抱的希望之高。

就上述這些傳說看來，劉三妹之被目爲歌仙，仍是一致公認的。其情節岐異處，正是所有民間傳說流變的必然形態。這裏，不作歷史考證，也不想爲更廣的例舉。說劉三妹爲喜唱歌謠的鼻祖，那就未免抹殺了三百篇以來歌謠的傳述。不過，分析這些傳說的背景，我們可得如左認證：

1. 從前曾有過一位善歌女子，也許就叫劉三妹。

2. 凡好唱山歌的地方，在男性心目中，那對唱的女性，沒有不會是聰明美麗，活潑熱情的道理。

3. 這傳說之愈傳愈盛，乃因人人以傳說中的主人公自擬。就像人人都認爲自己有梁山伯、祝英台、張生、鶯鶯，或是賈寶玉、林黛玉的氣質一樣。而本來事實，也確乎如此。

4. 男女對唱山野，日以繼夜，傲歌不絕，人化爲石，這其間實反映了生命最高度的激動。

除了歌仙劉三妹之外，更還有秦始皇之女、太白金星以及張良的傳說。謝雲聲「從上海民衆日報得到民間歌謠及歌謠的故事」：

秦始皇修築萬里長城，從各地徵集來的民夫，邊地寒冷，工作艱苦，弄得人人悲傷，哭聲遍野。秦始皇有個女兒，年輕貌美，慈善柔情。她很同情這些苦人們。因爲畏懼她父親，不能用旁的法子來幫助大衆；她想了一個安慰他們靈魂的方法，叫他們唱歌謠，尤其是歌謠中的情歌。

這樣，民夫一面唱歌，一面工作，把辛苦和鄉愁都忘去了。

載「民俗周刊」四十九，五十期合刊。

朱自淸「中國歌謠」錄河南羅山傳說：

其一，說老天爺恨世間人太壞，便叫秦始皇下凡來殺人。他殺人的方法，除打仗外，便是興築長城。老天爺又助桀爲虐地，在天上出了十二個日頭。這十二個日頭輪流着司晝，使天永晝而不夜。這樣，可以使人都疲乏死。這時一個慈善家的繡樓上，一位小姐，動了惻隱之心，便製出許多歌來。人們學了一唱，便忘了疲乏，又作起工來，於是得以不死。

其二，也說秦始皇下凡，叫人與築長城好讓他們勞死。但是好善的老頭兒太白金星李長庚知道了，便私走紅塵，仍變成一個老頭兒，教大家唱歌，使他們忘掉疲勞而免於死。

沈安貧「一般關於歌謠的傳說」：

漢時張良，最會編唱調笑譏諷的歌謠。當他離了故鄉十多年回來，看見一個少女在田中芸刪棉花，就對她唱起歌來：

啥人家田？啥人家花？

啥人家大囡辣浪刪棉花？

阿有啥人家大囡搭我張良睏一夜，

冬穿綾羅夏穿紗。

少女回唱道：

張家裏個田，張家裏個花，
張家裏個大囡辣裏削棉花，
我娘搭倷張良睏一世，
𠲎看見啥冬穿綾羅夏穿紗。

張良聽了，知道所謂笑的就是他的女兒，大大的悔慚，從此他不再唱歌。

沈氏說，這傳說流行蘇州一帶。魏建功「耘青草歌謠的傳說」，通行於江蘇海門，更說得神乎其神了。張良是第一個製風箏的。他騎在風箏上，飛騰到天空中，看見下面有兩個女子，他動了情，就唱起調情的歌來。歌曰：

耘青草，斫芝麻，
啥人家宅上出仔兩枝敷？
兩朵鮮花同我倆眠一夜，
還你寒穿綾羅夏穿紗。

敷，古與花通，今此歌所唱之音恰同，故寫作敷。

下面的女子也引聲而歌：

耘青草，斫芝麻，
張家宅上出仔兩枝花。
我的娘搭你倆眠仔千百夜，

也甭得寒穿綾羅夏穿紗。

原來便是他自家的女兒在下面，張良一聽，從九霄雲裏掉下來，就嗚呼了。到如今，那條繫風箏用的線還在南通，是一條鐵索。這鐵索的傳說不一，這是一個特別的。索子，說是在南通城北上眞殿神龕前，香爐下面井裏。

這兩個傳說，分載於「歌謠周刋」一卷六十五、六十六號。

這傳說，足見老百姓的天眞，自是附會了楚漢之爭的歷史，張良使人唱楚歌，渙散了項羽的軍心。又，臺靜農「山歌原始之傳說」：

從前時候，有兩位大家小姐，一日在繡樓上，看見農夫在熱日炎炎下做田活，極爲疲乏勞頓。於是作些山歌，借風與紙片力量，送到他們面前。從此，農夫一面唱歌，一面做工，都變成歡欣不再疲乏了。

此文，載「歌謠周刋」一卷九十七號，也曾發表於「語絲周刋」第十期，說是從淮南田夫野老的口裏搜集來；其另一個傳說，與謝雲聲所記的說法相同。這類傳說，旁地方，別樣說法，自還有的是。都不過要藉以解說歌謠之原始，以及歌謠生活一些動人的情態，使人們更爲提高對於歌謠的興趣。

六 傲山歌

在野外，對唱歌謠，鬥智爭勝，有的地方謂之傲山歌。這傲字，用得十分絕妙。茲先舉廣西「歌墟」與甘肅「花兒」，兩現代歌謠生活爲例。

賈農「廣西的歌墟」，述民國二十四年情形，他先說「蒼梧道的歌娘」：

> 蒼梧道的岑、博、陸、北各縣，因和外來文化接觸較早，只在偏僻村落，還盛行着男女聚在山上對歌的風俗。從前，舊曆二月初到二月底和秋收前後，都要舉行歌會。地點多在各鄉鎮的墟場（市集），其時，地痞、商人、賭棍，常在廟前大草坡上，蓋搭一間草棚。棚上有閣，可容留二十多人。他們請一位善唱的歌娘坐閣內唱歌。縣裏會唱歌的男人，遠近都來，和她挑逗對唱。唱不過的，就離開了。有本領高的，能和歌娘對唱數天數夜，就獲得歌娘烟檳款待，歌棚主人並奉以酒食，甚且獲得她的愛。觀衆的興趣也就更高了。於是開賭場，開食品攤的，也就更有生意了。這種歌棚式的歌墟，隨着汽車路的開通，和政府的禁賭，已衰微了，許多歌娘變成了汽車站的挑夫和鄉間的賣淫指導者了。

歌棚爲賭棍流氓把持，無怪乎那些歌娘之不正經了。次述「綏綠的唱歌會」，由之看出農村男女社交生活，在傲山歌裏，如何有其傾心喜悅之境：

> 歌墟在武宣、邕寧、武鳴等縣，是還存在的。綏綠的唱歌會，和蒼梧各縣的歌棚比較，要簡單許多，或比龍州、明江等處的歌墟還要差一點。每年三月十三日和十六兩日，在縣屬各鄉各村舉行。到時，家長都替女兒媳婦購置衣物，把她們裝扮得漂漂亮亮，盛裝赴會。男子也都着新衣，雄糾糾的赴會。一見中意女子，便對她唱起歌來。每村女子三三五五聚成一堆，男子也三三五五聚成一堆，一對對，一堆堆男女對唱。男女對唱的結果，交情濃密起來，於是互贈糕餅手帕等物。那一女子得禮物最多爲最榮耀，家長也高興。有夫之婦，若僅得很少禮物或竟空手

而歸，丈夫甚至要罵她羞辱她。

「龍州和明江的歌墟」，是上述情境之更見佳美者：

舉行時期每年四月初旬到二十六日止，地方在小墟場和各個村落。在散墟（買賣完畢）時，各村男女聚在樹蔭下對唱；夜了，就移到附近村落中去。是夜，附近各村的男女都來唱歌的村落，澈夜對唱。舉行歌會的村落，要好好招待唱歌的男女們，用好聽的歌詞來歡迎。每個村落都要舉行一次聚唱，所以一村唱到一村，從四月初直唱到月底。他們不管禁令如何。唱歌完畢，便互贈禮品來紀念大家交情。男子預備糕餅、飾品，女子則是手帕、鞋子、汗巾。這樣夜夜聚唱，交情談得好，不管有夫有妻，往往相互戀愛起來。不過唱歌時候，不得有輕薄行爲；發生性關係，是要經過一段長時間的。

由此看來，歌墟不免引起了感情生活的放蕩。但唱歌時不得有輕薄行爲，却見出歌謠生活的禮法，人們是出之相當莊重的態度。其時，廣西省府以歌墟有傷風化，下令禁止，但農民則不謂然。因歌墟乃爲祈年而舉行，那兩年遭逢天災，收成大減，農人竟然歸咎於這個禁令。所述「南津古渡印象記」云：

縣府派警兵制止村民唱歌，違者捉去罰款。有位五十餘歲老農很生氣，向觀衆訴說：「禁止！那學堂裏有唱歌？學堂唱歌，我們就唱不得嗎？現今男女平權，唱唱歌又怎樣！禁止？學堂裏就准唱歌……」

載民國二十四年七月「東方雜誌」三十二卷十四號。

老農將唱山歌與學堂裏音樂課唱歌，相提並論，這正是我們「歌謠生活」所要探討的課題。

本書第三章「花兒」篇，曾舉出「花兒」的流派，有河州調、洮州調和西寧調。蓮花山，是唱洮州調的中心地點，王樹民「蓮花嶺上山歌聲」：

蓮花山是甘肅臨潭縣北部和康樂縣交界上的一座大山：幾個山峯攢聚起來，據說很像一朵蓮花，所以取了這個名稱。山上滿長着松林，洮河在東邊掙扎過幾個山峽，急速的自南向北淌着，風景十分清幽。可是居民十分稀少，甚至過路的人要自己攜帶帳蓬和飲食用具，以便在山中過宿。這裏沒有公路，也沒有大路，交通工具是靠騾馬的四條腿和人的兩隻脚。耕地也很少，山坡上佈滿了成羣的牛和羊。這樣一個冷僻的地方，在附近各縣提起來，却婦孺皆知，而且會興致勃勃的，講說許多你從未聽到過的東西。原來，它是附近幾縣人民的山歌會唱地啊！

王氏認爲番民好歌的謠俗，有影響於花兒。他說：

在邊區的番民羣中，每逢春夏之間，風和日暖，山林裏，河灘上，幾個人一壺酒，喝到面紅耳熱時，便盡情的引吭高歌起來，這樣叫「浪山」或「浪河灘」。在田野裏，兩情相遇，或工作疲乏了的時候，更可以聽得見他們柔曼的歌聲，隨風入耳，接近邊區地方的居民染得這種風俗，自然無可奇異，所以在臨洮、岷縣、臨潭、臨夏、樂都、西寧各地，民歌都十分盛行。

「浪」係陝、甘、寧一帶語詞，遊耍之意。

跟廣西歌墟之祈年一樣，蓮花山的歌謠大會，也有媚神的意味：

番人向有祭山神的風俗，在集會中除唸經祈禱人畜平安，福祐一方外，小商販多趁此來做些臨時生意，男女青年自然也不放過這樣機會，一面趁熱鬧，一面便大唱其山歌了。山神的大小，是看山的大小和形勢而定的，山神愈大，集會的人愈多。蓮花山在附近一帶，本具有領袖羣山的資格，而這些地方原也是番人的居住地，漢人來住不過是明朝以來的事，這裏自然可以保持一個源遠流長的大集會。後來番人勢力日漸消滅，祭山神的意義不復顯著了，於是，唱山歌便成了它的主要目的和活動，這樣纔保持了它的盛大意義，免得和番人的消滅一同逝去。這種痕迹，在朝山人的燒香祝禱與還願等舉動和歌詞裏，還可以看得出來。如：「一窩鷄，兩窩鷄，我懷抱長錢手抓旗，這是爲兒女着許下的。」「拿的鐮刀割刺哩，我要是個兒子哩，要下女子淘氣哩。」這是還願和求子時的禱告的話，當然是對神說的了。

按，古今政府與民間，都有崇祀山嶽的禮俗。至其會唱山歌的情況：

會期在陰曆六月初四到初六。參加的唱家們，都是各村派的選手；他們平日有良好的練習，臨時纔能夠應答自如。六月三日下午，便可看見他們穿了顏色動人的衣服，帶着一切吃的東西，由各地陸續來到了蓮花山。還有些觀光的人們，帶着毛紅之類的布來，預備給他們認爲唱得最好的人「掛紅」。這些「少年」、「花兒」們前來時，路上並不能十分放心，半途中常常有些男女青年，拿了馬蘭草編的繩兒攔住去路，一見人來，便唱起花兒來了，來的人必須唱得使他們滿意了，纔能通過。這樣的情形，並不止一處，幾乎隨時隨地可以遇着，直到上了山爲止。現在舉兩例子來看看。

上山的唱　　尺子要量綠布吶，馬蘭繩繩堵路吶，

　　堵路有什麼緣故呢？

攔路的唱　尺子要量綠布哩，馬蘭繩繩堵路哩，
　　堵路有點說不來處呢。
上山的唱　柴一曳，四曳柴。你把你的路放開，
　　好的花兒後頭來。
攔路的唱　柴一曳，四曳柴。唱上兩個都走開，
　　纏三五四的人過來。

纏三五四，是糾纏不清的意思。

他們到了山上，在自己帶來的帳房裏歇一晚。四日清晨，先燒香敬神，唱山歌祝禱還願。五日起，纔是這些少年和花兒們放懷傾吐，自由對唱的時候。他們大概都是老朋友，相見時，先要表示一番久別重逢的意思，然後和自己最對勁的對手唱起來。唱時態度十分自然，一邊遊山玩水，一邊卽景生情，一問一答的對唱。如果對答不上來，或所答非所問，就算輸了。那些觀光者，一邊喝着酒，一邊隨手爲唱得最好的人掛起紅來。六日再唱一整天，方興盡還家。

他們回去時，路上仍然遇到那些把守「馬繭關」的朋友，還得一關一關的打過去。

攔路的唱　蓮花山，蓮花山上幾架山？
　　幾個嘴嘴幾個彎？幾個彎裏幾眼泉？
下山的唱　蓮花山，蓮花山的山好看，
　　朝山的花兒忙着吶，誰還把它數去呢。

攔路的唱　　刀子切了菜瓜了。

　　　　　　昨晚上你在那裏站下了？店賬多少算下了。

下山的唱　　昨晚我在足固州裏站下了，

　　　　　　石頭把脚墊下了，店賬二百八十文着算下了。

載「風土雜誌」一卷二、三期合刊，民國三十三年一月成都出版。

總之，他們這一段生活裏，不斷的遇上「傲山歌」的對手，少有言語交談，而只是一首一首連續不斷的唱答着山歌，來表情達意。張亞雄「花兒集」，述「二郎山情調」云：

洮岷山歌，洮州以現屬康樂的蓮花山為主流，岷州則以二郎山為極峯。二郎山上有莊嚴的廟宇，叢林環繞周遭，風景頗好。每年舊曆五月中旬，開祭神大會。十七日是正日子。這天自日出東海，一直到金烏墜地，整個的山景，幾乎為歌聲所溶解，成為玫瑰色的酒醉景色。

他特別描繪了那些花兒、少年的儀態：

二郎山對唱花兒，開會之日，四方男女唱家畢業，看熱鬧觀光的人亦自不少。唱家中以女人的裝束最為奇古，身穿各色布衣，腰繫藍布大帶，足登大紅鞋子。全身披掛，類桓桓武夫。頭上及足下更為別致。女髮作高髻，類似古之菩薩鬘。耳際着繁花，髻下橫擎油漆小木牌一面，寬約八九分，以代簪子。木牌兩端垂絲絡作簪纓。纓的色彩，青年少婦是紅的，中年及老年者皆作藍色，戴孝的作白色。洮岷女人，都為天足，鞋前端作鈎鏈形，行動起來，如兩隻小船。男唱家手撐藍布大傘，三五成羣，覓山頂樹陰濃密處，共坐傘下，引吭高歌，男唱家選定對手以後，蹲踞一旁，待曲終，而和聲起矣。

道光「廣東通志」卷九二：

潮州，上元日門輋歌。輋音斜，俗字，卽山歌也。

輋字，甚冷奇。淸檀萃「說蠻」：廣東澄海、海豐、潮州一帶傜族之一支，稱輋人。「廣東通志」卷九三，又說，客家人耕作，鋤輋蒔穀及薯蕷苴薑茶油，以補不足，名曰「種輋」。這大可看出苗傜歌謠生活與中原文化的關係。還有，潮州燈節，「各坊市扮唱秧歌，與京師無異。而採茶歌尤妙麗，飾姣童爲採茶女，每隊十二人或八人，挈花籃，迭進而歌。」

至於平時傲山歌的情況，羅香林「粵東之風」記述甚多。這裏，略摘其兩例。

民國十四年五月，自滬患脚氣病回里，途次梅縣，僱二轎夫，年少風流。過山時，竟大吊其嗓子，和山上採薪的女郎，對唱其相思之曲。其初，女郎的歌詞，句句都輕視轎夫的爲人，但轎夫則善能取譬，句句都能當行出色，終於漸唱漸諧，過了一會，那女郎竟前來和他們說起笑話來了。（朋友們，不要誤會。粵東男女相遇，隨便講講笑話，並不會發生什麼曖昧的事情的。）

羅氏這段聲明，乃證實了歌謠生活的禮法。他又述行船江上，跑碼頭的工匠、商人和兩岸採樵的男女傲山歌：

十四年十月，我復自興甯坐船往汕頭。同艙有兩個籐椅工人和一個布商，他們都很喜歡講笑話，唱山歌。當船行出新墟以後，兩岸採樵男女的歌聲，由風送到船艙裏來，他們三人，便一齊起立，站在船頭，齊着喉嚨，和那採樵的男女駁歌。

民國、廣東「東莞縣志」卷九：

粵俗好歌，凡有吉慶，必唱歌爲樂，詞不必全雅，平仄不必全叶，以俚言土音襯貼之。故嘗有歌試，以第高下，高者受上賞，號爲「歌伯」。婦女歲時聚會，則使瞽師唱之，如元人彈詞，曰某記，某記者，皆小說也。其事或有或無，大抵皆孝義貞節之事爲多。

「歌伯」，見其才學、歌唱聲調、講說情趣，大受鄉土社會尊敬的意味。婦女聚會唱彈詞，也融合在歌謠生活裏。

江南地區，有因傲山歌而毆鬥，就像各地方迎神賽會，那神的隊伍相遭遇而起衝突一樣。孟森「唱山歌之淸史料」：

吾鄉小南門德安橋，每年七月三十日晚，必有唱山歌之會。會分兩派，各推善唱者比賽。始而各自誇其山歌之美富，繼互誚對方山歌之不能敵己，又其後則成互相謾罵之歌。此其人皆胸中富有舊歌，又能臨時編造刻毒之語爲歌，則漸至無本可據。而一造有不敵，則以毆打終焉。此亦非年年必有之事，但其勢必至於此，經勸解得力，則以作勢而止耳。又幸吳俗人柔，相毆亦不甚毒，且不至如邊地之械鬥成俗。幼時聞相罵之歌，尚能記其一首云：

你唱山歌嗚啊嗚，好像蜀山大夜壺，

日裏倒見你空砰砰，夜裏塞只你結都都。

載「歌謠周刊」二卷十期。

七　苗傜地區的歌謠生活

神話、故事、傳說、歌謠、諺語，皆是口耳相傳，其成爲原始民族保存經驗，積聚知識，發抒感情生活的主要手段，可以說是少有例外的。其中，歌謠尤顯其特殊功用，一方面，神話、故事、傳說，每每籍歌謠來敍述，而諺語常被包含在歌謠裏；一方面，歌謠連帶的有音樂與舞蹈相配合，這種情形，中國歷代史書的樂志裏，有極豐富的記載。

那麼，說歌謠是今日苗傜地區精神生活的主要呈現，這話就一點也不過份了。陳志良「廣西特種部族歌謠集」，其研究部份的提要，說得十分充足，用不着我們另加論證。他指出：

1. 廣西特種部族，苗、傜、僮、夷，都是歡喜唱歌的。其中以盤傜系傜人的歌謠，更爲發達。
2. 特族的語音，讀「歌」字有「分」Fen「加」Ka（濁音）「頌」Zong，就是詩之三體風、雅、頌。風卽情歌，雅卽史歌，頌卽巫詩（祭祀歌）。
3. 特族歌謠，是俗文學中的最好材料。
4. 以特族歌謠來證明，歌謠之起源於祀神、情愛、抒懷、戰爭，便於記誦。
5. 歌謠的特質是大衆的，口傳的，新而粗的，富於想像力，勇於吸收新題材。
6. 特族同胞好歌的原因，爲其簡單的社會環境所形成的。
7. 劉三妹是傜人傳說中的唱歌鼻祖。
8. 盤傜系傜人，人數既多，又用漢文歌本，故歌謠發達。

9. 苗人夷人則用土音土語，其歌辭未曾譯出，數量故少。

10 侗人的歌本，用漢文記侗音。

11 僮人及西山傜、東隴傜，雖用漢字歌本，都是土音土語，而且還有土字，然亦有用漢文的歌本。

12 以情歌最多，祭祀歌(巫詩)次之，歷史歌最少。

13 情歌之中可分言情、寄情、哀情三類。寄情歌就是古代的投贈之作。

14 特族同胞愛國心切，受時代潮流冲激，所以產生抗戰建國歌。

15 他們唱歌時有一定禮節，且用歌詞來表示儀式。

16 唱歌時必有許多人圍聽，所以有「發乎情，止乎禮義」，「哀而不怨，樂而不淫」之概。

17 其形式，以僮人的最繁複，有五律，七律，上三字下五字，上三字下七字，上五字下七字等等。

18 用字有五言，七言，雜言，拆字等等，而以七言最多。

19 語音有土音土語，漢字土音，漢字漢音，漢傜語混用等等。

20 七言歌爲高聲調，五言歌爲低聲調。黑衣族的天聲地聲，是高低二聲合唱。

21 傜人是徒歌的，苗人侗人纔有簡單的樂器伴奏。

22 唱時，以男女二人對唱爲最多，一人及多人唱者較少。

23 歌辭，四句一首爲最多，一首有多句者較少。

24 唱傜歌時纔有歌頭，侗歌則有尾音。

25 特族歌唱的曲調，大多數是簡單的。

26 劉向「說苑」中的越歌，現在假定為傜人的歌。

凡按「今夕何夕兮，搴洲中流」那首越歌，「說苑」中記有越音原辭。

27 從歌謠來研究，凡是行政、教育、抗戰建國、文學、考古、語音、文法、文字各方面，都有很大價值。

28 傜民有創造歌謠，傳佈歌謠的天才。

29 唱歌比賽，答不出為失敗。

30 特族同胞的娛樂，只有唱歌、音樂、舞蹈三者，新年正月及農閒時最盛行。

其詳細情形，見原書所述。據他分析，各族人口，僮族最多，有五六百萬，大多已漢化，分佈全省，以廣西西部最密。其次為傜族，二十餘萬人，多在柳江下流的大籐傜山，富川、賀縣、恭城、鍾山、興安、全縣、灌陽、義甯、龍勝、永福、融縣、三江、凌雲、萬岡、南丹、河池、東蘭、百色、田東、田西、西隆、上思、鎮邊、宜山、都安、上林、平治、隆山等縣。苗族，五六萬人，分佈於滇黔交界的邊境，而以三江、西隆為最多。夷族最少，不及三千人，惟鎮邊及西隆有之，係從雲南遷來。各部族繁殖之處，均係崇山峻嶺，交通不便，故文化幼稚，工具簡單，生產落後。大部份還保持着古代的遺風，所以要研究古代社會，原始習俗，廣西的特族，亦是最好的對象之一。况僮、傜、苗，純為中原土著，對我國民族文化的關係，更為重大。

述白布苗的歌謠生活云：

不論在婚喪、慶弔、宴會、跳坡、新年之際，遇見生客，路逢少女，都用唱歌來表達情意。唱歌時，吹蘆管伴奏，男唱女吹，女唱男吹。唱歌時間，以夜裏爲多，男女老小都來參觀，喝彩捧場，所以大家很用心唱，有的要唱幾天幾夜。又如在山地路上，男女相逢，各訴苦情，則唱「苦情歌」，男說男苦，女說女苦，有時大家會哭起來。

清、陸次雲「峒谿纖志」，所述當時苗傜的歌謠生活，有幾種情況，迄今並無什麼變更：

苗童之未娶者，曰羅漢，苗女之未嫁者，曰觀音，皆髻插雞翎，於二月羣聚歌舞，自相擇配，心許目成，卽諧好合。余有「跳月記」，以詳其事。

谿峒男女，相歌於正月朔、三月三、八月十五，而三月謂之浪花歌，尤無禁忌。

苗人親死，則聚親族笑呼歌舞，謂之鬧屍，又曰唱齋。至明年春月，聞杜鵑聲，比戶號哭，曰：鳥猶一歲一來，吾親不復至矣。

播州苗所歌，十數輩連袂而舞，以足頓地節歌，名曰水曲。

胡蘆笙，大如盂，長二尺，止六管，此六律初起，六同未備之製也，以依歌曲，韻頗悠揚，古穆澹宕，可於此求元音之始。

據「說鈴」本。

貴州的苗族，常有隔着谷地，在兩座山頭上對唱，歌聲遠闊雄壯，名之爲「飛歌」，意思是所唱的歌，能從這山飛到那山去。這一點也非過份形容。

雲南武定夷民的歌謠生活，更顯示其禮教素養。馬學良「茂蓮社區的男女夜會」：一般未曾到過夷區的人，往往蔑視他們爲蠻貊之人，但我們從他們的吟歌上看，深驚其男女之天才。這種情歌，固然有固定的格調，但詞句則隨情吟詠，不加思索，這種眞情流露所成的詩歌，縱使寒窗十年出身的文匠，也望塵莫及。這些情歌，是他們的白話詩。夷族中還有些老人，每在婚喪宴客時，飲酒賦詩，不似情歌之淺近易曉，多古典古語，以能比喻善感者爲尚，頗類詩經中以草木鳥獸詠成之比興體詩歌。他們雖很少認識夷文，通曉經典，可是經書上的典故及道理，全憑這種口傳矜才，得以保存。越是盛會巨典，越喜吟詠。如賓對主之客氣語，主答客之謙虛詞，多憑這古香古色的典雅詩詞賦詠出來，稍越規矩，或措詞不當，卽被人輕蔑譏笑，甚或擯棄，不歡而散。漢籍古經典中所載賓主相見的賦詩，及孔子以「不學詩，無以言」之語教子，也許夷俗是上繼數千年之傳統，精神至今不泯，誠然，禮失而求諸野了。

載民國三十三年一月「邊政公論」三卷一期。

「廣西特種部族歌謠集」，指出茘浦板傜青年男女的歌謠生活，極有層次，他們每到別村去，往往唱歌爲樂。女子先唱「起頭歌」，六條至十六條，每兩條爲一對。第一對，說相會。第二對，說蒙恩賜福。第三對，說本地淺薄。第四對，說她困在小地方，無人賜教，此時則北斗現影。第五對，說貴人到此沒有招待。第六對，是唱敬茶烟及檳榔。此時，略休息，講些閒話，女子又唱歌：第一條，「投情歌」。第二條，「求情歌」。第三條，「約情歌」。第四條「拜情交談歌」。此時，男子起身唱「回禮物歌」，男唱一條，女唱一條。男子所唱的意思：第一條說初到貴村，第二條說得到好招待，

第三條說本人不知禮儀，第四條說吵煩主家及衆村男女老幼，第五條說承賜八寶茶烟及檳榔，第六條說多謝賞賜，第七條說無物還情，第八條邊唱還禮歌，邊將茶杯烟斗檳榔還女方，間講客氣話。此後卽休息。如樂意，雙方再繼續唱。如男方唱了「情由歌」，那就是希望後來結爲夫婦的表示。他們社會裏，一般的歌謠生活，有其不同類型，如榴江板傜的：

盤王歌　最盛大的歌唱。在還願時纔唱，平時不准隨便唱。

古言歌　古言歌所唱的故事，要連唱幾天幾夜，內容高深，只老人家會唱。

修緣歌　男女對唱。未婚的希望結爲夫妻，已婚的，則修來世或第三世配合。

情遊歌　男女所唱的情歌。

飲酒歌　做酒時請來的客人，跟主人對唱，主人也請來會歌的朋友相助。

工作歌　耕地採樵時唱的歌，沒一定規則，各人歡喜唱什麼就唱什麼。

其他各族情形，大都類似。這裏，見其歌謠生活的禮儀、規範，是最值得我們要注意的，絕無「嬉痞」式的邪亂，豈不教人讚美。

傜系民族分爲兩大系，其一爲盤古皇系，省稱盤皇系，也稱盤傜系；其一是三界皇系，省稱三皇系，也稱蠻傜系。過山傜是屬於盤古皇系的一支，在賀縣的過山傜，竟認傳說人物歌仙劉三妹是他們的始祖，且扯上了梁山伯、祝英台的關係。

說的是，劉三妹父親姓劉，母親姓山（三）。父親是上門婿，生下了她，因「兩不避宗」的關係，頂了劉山（三）兩姓，故名劉三(山)妹。還說，傜人有女婿上門的風俗，乃由劉三妹父親開始。

到劉三妹孫子時代，遭兵亂，由廣東逃到湖南，居住山中，用鷄肉樹的葉、山薯、葛粉、苦馬菜（傜人稱爲祖宗菜）度日，傜族之吃這些東西，就是這樣開始的。在山中，遇到盤古王的子孫，也是避兵亂而來，因而互相通婚，劉姓子孫漸漸發達。後來，盤姓子孫日見增加，而劉姓子孫，日見減少，到了山伯英台的祖父時代，認爲同姓婚嫁不合理，就將盤姓子孫，分爲盤、蓬、趙、李、鄧、曾等姓，異姓男女，纔可通婚。此後趙姓人口大增，又分爲「大趙」、「小趙」，大小趙之間，也可婚嫁。過山傜在祈神還願時，一面祭盤王，同時也祭劉三妹。

傜民歌謠，前代士人也無有不特加讚美的。清、陸祚蕃「粵西偶記」：

粵西傜人，服化最早。其風俗，最尚踏歌。濃粧綺服，越阡度陌，男女雜遝，深林叢竹間，一唱百和，雲爲之不流，名曰「會閬」。自穡事畢，至明春之花朝，皆會閬之期也。餘節亦間舉，唯元宵與中秋夕爲盛。有民歌，有傜歌，俱七言，頗相類。其不同者：民歌有韻，傜歌不用韻，民歌體絕句，傜歌或三句，或至十餘句，民歌意多雙關，傜歌專重比興，其布格、命意，有出於民歌之外者，雖文人捉筆，不能過也。

楊力行「湘西南苗傜的娛樂集會及節令」：

蘆笙，是苗傜最普及盛行的一種樂具，無論男女老幼，大概都擅此道。至於蘆笙原始創造之說則有二：一說，相傳從前有黑陽慶其人，迷戀着一個絕色女子。這女子和她的妹妹，與一個老頭子同住在一個地方。有一次，姐姐偷吃了老頭的甜瓜，而始終不肯承認。老頭無奈，向神明禱誓：「那個偷吃了甜瓜，便被老虎咬掉。」姐姐聽了，極爲害怕，乃向老頭求饒恕。老頭說：「你爲什麼早不承認呢？現在事已至此，你只有叫黑陽慶來，給你在大塘上速造一間房子，你躲在裏面，便可避免這場災難。」房子很快做好了。黑陽慶送他的情人躲進去，囑咐她說：「我回去一趟，晚上再來。來時，你要聽準我的脚步聲，還有，我打着一個燈籠。如果是兩個燈籠，又沒有穿釘鞋的脚步聲，那便是老虎了，絕莫開門。」他們這番話，給潛在門外的神虎，都聽到了。於是到了晚上，老虎放重了脚步，又閉上一個如燈炬的虎眼，偷襲進來，一口咬住了這女子，拖上樓去慢慢的呑吃。黑陽慶趕到，就揮刀砍殺了老虎，毀屋葬女，憂鬱而去。他走到貴州玉屏縣，臥了七晝夜不醒。後來，那老頭和妹妹，將此事訴之苗王。並將黑陽慶殺虎時遺下的刀鞘和釘鞋，一併呈上。苗王極讚賞黑陽慶的勇敢多情，很想把公主配給他，派人四處尋覓，久久不獲。乃下令定期鬪牛，集青年男女於一場，使互相擇配，而意在得壻，要他們以所佩之刀試鞘，並以足試釘鞋，始終無適合的。後來苗王命令老頭和妹妹，才尋到了黑陽慶。他見苗王時，口吹蘆笙，所吹的曲調叫「哈衝賡」：

啊啦啊啦，日路趁路，

格娘哈得路，虐格中路，

虐格偸路，路得油澆頭。

前兩句形容虎來時聲響。其餘的意思是：

虎自何來？

虎自格仲（地名）來，抑自哈偸（地名）來？

——來咬這姑娘。

本來，苗語的「油澆頭」，漢譯是黃色的小牯牛，黑陽慶用此語，大概是比喻她的不幸，以示悼惜。從此，苗民吹奏蘆笙，即以「哈衝賡」爲開始之調，然後再吹二調，名爲「便沖」。次吹四、五、六調，名「亨格」。次吹七調，名「楷合滿」。又有十餘調，名「楷合友」。再次又有四五十調，名「梗不落」。黑陽慶見了苗王，刀鞘、釘鞋都相合，可是他不重名利，也不愛苗王的公主。苗王無可奈何他。他後來却愛上巧遇的龍王公主，尾隨着至一深潭處，公主躍入了水晶宮；黑陽慶驚而俯視潭中盪漾的水波時，不意將佩刀落入水中。他既喪失了意中人，又失去了心愛的刀，心中異常不快，一直徘徊到晚上，才恨恨而去。到了第二天，再去深潭前張望，只見潭旁豎起了一根竹竿，上面懸有五色布製之蛙形的東西。於是便將它取下來，携歸作「擺牙竹」，敲巴朗（殺牛）祭祖，並吹奏蘆笙。這是一套傳說，和歌神劉三妹一樣，很普遍的流傳在苗疆中。

這個英雄美人的傳說，悲壯勇武極了，也纏綿悽惻極了。黑陽慶的剛強，眞是難得。楊氏指出，還有一說，則說蘆笙係諸葛亮所創。諸葛亮是苗傜所敬仰喜愛的人物。在其製造蘆笙的傳說中，必然還有些故事情節流傳着罷。

蘆笙的製作，楊文中也有詳細分析。摘述如下：其原料，是竹木、簧片和白藤等。先拿木榦，挖心，成爲一根空心木筒。上端是尖銳空筒，下端是實木，全體略呈彎曲而又帶扁形。正反兩面各有六孔，以竹管六條橫貫其中。竹管中間也挖兩小孔，一隱在木榦內，一露外面，再以簧片安置其中。又在竹管上部，各繫較斜口的竹筒，用以鼓盪外層空氣。並在上端尖銳處，以竹筒緊接其口，纏上白藤，防洩氣。吹時，卽由此管輸氣入木榦中，榦中簧片爲氣流所激，卽由六管中分別透出，嗡嗡作聲，以手指按撚之，能成十五個不同的音響，嘹喨而悅耳。蘆笙有大小十二級：第一級最小，不及一尺，製作吹奏都很費力，除名手外，普通苗民很少用。十二級最大，長丈餘，使用不方便。經常普通用的，都爲第六、七兩級，不過兩尺長，製作、携帶皆便。

蘆笙的吹奏，在參與集會時，大家執笙圍成圓形，最善吹的，在中央領導。一面吹笙，一面舞蹈，音調有一定格律，動作有一定規範。如此集團吹奏，抑揚頓挫，聲音響澈山谷。吹笙的時期，每年八月逢卯日起，至次年二月逢卯日止。傳說，這也是諸葛亮所定，意思是農隙時要常吹奏，否則，年歲不豐，還有疫癘發生。因此，苗民謹遵遺教，每年當此時期，男女老幼，工作之餘，或夜闌人靜，必羣趨一處，吹奏多時。有時兩寨比賽，往往鬧到次日黎明，還不會終止。至於一人單獨吹奏的時候，是很少很少的。

本文，爲楊氏所撰「對日抗戰時期湘西南苗傜與屯政考察記」之一，載民國五十八年四月「湖南文獻」第二號。

歌謠之呈現爲社會精神生活的主要部份，在臺灣的高山族，當然也不例外。何聯奎、衞惠林「臺灣風土志」下篇：

各族的歌曲比樂器有更高的造詣，在祭儀婚禮和酒宴中都必有歌舞，歌曲大體可以分爲祭歌、酒歌與工作歌曲三種。祭歌大都是集體舞蹈時在室外合唱的歌曲。歌曲開頭與末尾，常附有低沉悠長音調的序曲與尾聲。歌曲常重複或間隔反覆，音調哀怨而單純，極少短音節的裝飾音，內容大致敍述其民族起源神話，或歌誦其古代英雄的戰史。最有名的祭歌之特例，如賽夏族矮靈祭的祭歌，有曲譜十六種，歌詞四十八章。沙阿魯阿的密阿道敎斯祭歌，也有曲譜八種，歌詞二十六章。其歌調依歌詞之內容有陰沉、悠揚、強毅、興奮、愉快等不同的情調與變化。阿美族的成年禮儀與曹族的祀天祭儀中，也都有連續的樂章，其樂階最簡單者有三音，最複雜者有八音。其歌唱法大部是齊聲合唱，卑南族與阿美族有二部合唱與和聲的歌法。酒歌是在召開飲宴時，在室內唱的歌曲，普通是一人獨唱或少數人合唱，其歌曲普通是套合着較短的曲調，臨時配以卽興歌詞，首尾也有照例的頭句與尾句。在北部與中部諸族，仍屬於哀怨凄愴的情調。其音調仍甚簡單。惟南部各族，如排灣、卑南、阿美諸族的酒歌，情調較爲愉快，也有二部合唱及和聲唱法。參加合唱人數也較多，常由少數人唱詞，多數人和聲。第三種歌曲是工作歌曲。如田間耕作時的鋤草歌、收穫歌、舂米時杵歌、出獵行進中的歌曲等，其歌調比較簡單，常有固定的歌詞。

中國民族音樂研究中心，曾特別注意到採集臺灣山地同胞的歌謠。民國五十六年夏，分東西兩隊，大力進行。許常惠「西隊日記」：

他們一唱起歌來，表情是多麼自然，多麼眞實，多麼幸福。他們的全部感情與精神都融合在那歌聲，哦！在歌唱的世界裏，他們本來是偉大的民族呀！「想念愛人之歌」，「失戀之歌」，「純潔的少女之歌」，「父親講當年英勇的故事之歌」，「捉到山豚之歌」，「飲酒之歌」，「歡迎客人之歌」，「賽跑選手之歌」，「打仗之歌」，「過年跳舞之歌」，「找迷失的牛之歌」……您看，他們什麼都可以唱成歌，生活上的任何一件事都可以成歌，歌唱無疑是他們的生活。

轉錄自丘延亮「現階段民歌工作的總報告」，載民國五十七年二月「草原雜誌」第二期。

浙江畲民婚喪、年節，其禮儀與感情生活的流露，也全在歌謠生活中。沈作乾「畲民調查記」，敍說的是：其婚禮簡單，吉期，新郎穿新衣，步行到岳家親迎。岳家款以酒食，就席時，桌上無一點東西，須新郎一一指名而歌，要筷，則唱筷歌，要酒，唱酒歌。新郎唱，司廚人和，所要的東西，就應聲而出，這叫「調新郎」。席畢，新人交拜成禮，然後懸一狗頭人身的祖先像於堂中，大家圍拜而歌。拜後，辭別，新郎前行，新婦緊跟，各人右手持雨傘，傘半張，將頭蒙着，途中，新郎唱結婚歌，新婦和之。逢到喪事，往弔者送香帛、豆腐和小饅頭若干，於靈前唱歌拜禮。祭時，主要的是邀幾位親戚來唱歌。過年時，除夕，家人聚宴，叫「吃分歲」，男女老幼，都要口銜肉骨一塊，屈身繞桌足匍匐三周，又作犬吠三聲，然後就席。宴畢，互相答歌爲樂。合村如此，嘔啞之聲，數里外可聽。夜深人靜，關閉門戶，懸狗頭人身的祖像於堂中，全家環拜而歌。沈氏的乳母爲畲民，且成年後彼此來往很密，故充分了解其生活情形。

載民國十三年四月「東方雜誌」二十一卷第七號。

民國、浙江「龍游縣志」卷二：

畲族最重祭祖，凡曾經祭祖者，得服紅色衣。若其祖又祭祖，則得服青色衣。其職分之尊卑，一以祭祖次數之多寡爲準。祭祖日本爲三年，日夜祭之，其後以資力不繼，乃改爲三月，寖減爲半月，至今遂減爲三晝夜。祭時則懸其畫像，別以繩繫木板兩端而懸之，置香爐於其上，至夜深人靜，始取其紅布袋所儲之犬頭羅拜之，惡爲他人見也。凡祭祖日人有往賀者，則必祭，祭時唱歌，歌後即食，食竟又歌，如是循環，故日必飲食至十餘次云。

伍稼青「山水清暉集」所述「畲民在處州」的情形說，畲民係由湖南入廣西，再伸延到廣東，而福建，而浙江。其分佈地區,在福建,有二十二縣。在浙江，早先大家只知是處州十縣，即麗水、青田、縉雲、松陽、遂昌、龍泉、慶元、雲和、宣平、景寧。後來經調查，還有平陽、龍游、蘭谿、湯溪、建德、壽昌、金華、武義、桐廬等九縣。民國三十六年九月，伍氏兩度進入畲區踏訪，曾看到了畲民巫師擔來的祠堂：

原來是一只竹箱子。這箱子裏放着一個木刻的龍頭，其實便是狗頭，大約有一尺多高，在祭祖時須裝在一根木棍之上，供在正中，大家向它跪拜。這龍頭便是盤瓠的刻像，在龍頷之下有很多紅布條。照例，凡是有人祭過一次祖，便須加上一條紅布，日子久了，所以布條已經掛上一大捆。此外有幾個小小香爐，他說藍姓族大香爐有七個之多，雷姓却只有五個。又有一幅手卷式的畫傳，這畫傳高一尺，長達五丈以上，用彩色繪畫着槃瓠的一生事跡。自三皇開天闢地起，一直到槃瓠岩前喪身爲止。每一幅上面都有漢字的簡要說明，畫的左上角還寫上「大清某年月日閤族重修」字樣。這幅畫傳的內容，和現在市上流行的連環畫相似，相當工細，想來是平地上畫師的手筆。另外有四張單片的畫像，這也是祭祖時所要供奉的，却看不出究竟是何神道。這個「祠堂」向由巫師負責管理，有人要祭祖，便將它擔到人家陳列起來，拜祭如儀。其中最貴重的，就是那塊木刻的龍頭。

伍文，還詳述了畲民有關其始祖槃瓠的神話傳說。篇末說：

畲民又尊稱他們的始祖槃瓠為「忠勇王」。因為它曾殺敵護國，所以他們認為這是一位英雄，英雄做他們的祖宗，不管是龍是狗，或是半人半狗，子孫們都是非常光榮的。他們這一氏族裏有一首普遍流行的歌，那便是「狗王歌」。這首歌似通非通，完全是依據前述槃瓠神話編撰而成的，可以說是畲區裏的大衆文學。而且標題上毫無忌諱地稱槃瓠為狗王，也是够坦白的。此歌在畲區中無論男女老幼都能唱，大家當它是一種經咒似的背得滾瓜爛熟，這倒眞是數典不忘其祖哩。

民國五十八年四月，臺灣商務印書館，人人文庫本。

畲民的歌詞與調譜，如得充分記載，自必大有可觀。

八 康藏

西康、劉家駒於民國三十，三十一年，在「邊政公論」上，先後發表「西藏民歌的研究」，「再談西藏民歌的研究」。三十七年四月，他把前此意見加以歸納，出版了「康藏滇邊歌謠集」。他認定，康藏歌謠為山歌、鍋莊、弦子、雜曲四大類。

山歌流傳最早，藏語叫「嚕」適應游牧生活而產生。南北朝時際，西藏有了佛經，最流行「嗡嘛呢叭彌吽」六字大明咒，和佛經故事，編為通俗的佛曲，讓人歌誦。其後，音調雜出，部落間各成方調，字句長短不一。以工作、旅途、游牧、山野間的生活感觸，大自然界的歌詠爲主題。其初都是行歌互答，不需樂器伴奏。近數十年來，有人譜入弦調，配以舞蹈，如「亞亞兮」、「肅登甲」等調。山歌特別盛行於開化較遲的部落，互相口授，無有文字記載。其形式，多八字句，二句或四句爲一首。如劉家駒所譯例句：

我弟弟是山頭的牧童，見白羊想起了弟弟。
大江雖是金沙瀾滄，實惠還推山頭小泉。
我沒享過那般的豔福，也沒受過這般的窮苦。
眞隱士，要老死洞中；
好漢子，要戰死沙場。
狂濤請止着你的怒吼，讓我聽聽她的嬌聲。
高峯請散去你的濃霧，讓我看看她的麗容。
愛人後面愛人跟，惹出是非你自明，
而今弄得漢家藏人都知道，恩愛深淺你自評。

其次，論鍋莊，這名色，內地人多有知道的。劉家駒說：
鍋莊是較進步的歌舞，藏名叫「卓」。近人譯爲鍋莊或歌莊，言爲村莊的歌舞，恰如魯齊韓三家之詩，均係里巷平民作品。有四句、八句、十二句、十六句之別。一唱一和，接連不斷，一般酬和者，能從傍晚唱到天曉，無一首重複。排頭先唱，羣卽依詞而和，弓腰漫步，迴繞場周集團而舞。凡祀神、鄉會、結婚、年節，必行之，以表慶祝。旅行康藏滇青者，隨時可遇鍋莊的集會，此爲邊胞普遍之集團娛樂，不解詞意者，多感其單調冗長。家駒此次漫遊滇西北之麗江、維西、中甸、德欽等縣局，一般傈、摩邊胞，雖不解西藏語文，而村村所跳之鍋莊，完全與康藏相同，且酬和之意亦能了解，歌詞之多，反勝康藏，古之所謂「楚人善謳楚歌在秦」者乎？此足證滇西與康藏文化之交流也。

其例句：

白鶴是北野的鳥，野草枯了牠不去。（父母恩深難報答）

烏鴉是樹上的鳥，樹葉落了牠不去。（父母恩深難報答）

黃雁是海邊的鳥，海水結冰牠不去。（父母恩深難報答）

「父母恩深難報答」之句，是加唱以作廻聲的。三段都同有此，就變爲歌中的主眼了。

青草壩上莫建佛寺！

青草壩上建了佛寺，佛寺內好外也好，

內好的是有了大德高僧，外好的是滿牆花紋。

山坡脚下建了法院，法院內好外也好，

內好的是有了清明官府，外好的是滿牆花紋。

駿馬是一個寶，金鞍是第二個寶，
京毡絨褥子是三個寶，我祝禱這三寶常在一處。
大犏牛是一個寶，花木鞍是第二個寶，
漢茶馱子是三個寶，我祝禱這三寶常在一處。

考其歷史，鍋莊是有其經濟生活與政治生活的關係的。余蒴「康藏飲茶風尙」：

漢藏茶葉交易所爲鍋莊，鍋莊爲康定所獨有。此種場所起於何時？殊難確考。然以安家鍋莊之家譜考，查在五百年前，卽已創業。他如江家鍋莊，則成立於明洪武年間，餘如包家鍋莊、楊家鍋莊，亦皆成立於明代。當五百年前之元明時代，關外各縣及康藏商人，常以各地土產物，如羊毛、皮革、麝香、蟲草、鹿茸、貝母、赤金等物，運集康定，以求出售，而易回粗茶、布匹等物。各處商賈前來貿易，於一定之處，架搭篷帳，豎立鍋樁，以長柱形石三塊，埋於土中，或栽樁三根，成三角形，置鍋其上。按鍋莊之名，或由此轉音。爲時既久，日漸繁榮，遂由荒涼山村而市纏，建築房屋，以招待遠道而來之康藏商旅；或爲明代土司，分封大小頭人晉見時，來康止宿之處。

載民國三十三年十一月「邊政公論」三卷十一期。

弦子，是近代產物，藏語叫「諧」。唱時配以胡琴，或橫笛響鈴。歌調數十種，各有合拍的舞姿。六字四句一首，多爲情歌。是康藏平民、婦女，在河邊挑水，山野採樵，或酒後工餘，互相酬和，乘興創作，而後又經多人評正、傳述。淸代康熙初年，第六世達賴喇嘛倉洋嘉錯，弘法渡衆，學養很高，而且風流不讓常人，戀一女郎，常化裝入市。他作下了很多通俗易解的情歌，深情綺麗，毫無粗獷之氣，間也有臧否人物，詼諧感世之作。再加以各地的歌，相互交流，日有增加。每逢年節、喜慶，或春秋佳日，約集「拈香姊妹」，打平伙，耍壩子，玩柳林，醵資共飲，載歌載舞，日以繼夜。或有男女青年，村姑牧童，獨歌於坡頭水濱，對舞於麗日和風之中，清歌入耳，情趣有如仙境。略舉其例句：

神柏的顚上，棲着一隻靈鴉，
不勞你喳喳多叫，只求唱句賞心的曲兒。
對父母未曾談的私語，而今不由地講給愛人聽了。
誰知她的密友多，一切祕密已被仇家知道了。
披有黃衣的，都能普渡衆生嗎？
那麼海邊的黃雁，渡過幾許人？
瓷碗要破讓它破，碗花要脫讓它脫，
這般茶碗滿街都可買。
不是拉薩好玩而來，確爲頂禮釋尊，
佛若有靈應，爲我開金口。

關於康藏歌謠之分類，也有另樣看法的。于道泉「第六代達賴喇嘛倉洋嘉錯情歌」，認爲康藏歌曲有：

排歌　歌者都坐下成排，同聲和唱。歌詞多吉祥語，新年或婚嫁時用以祈福，平時無人唱。

大歌　鄉間農民農事畢後，宴樂時用之。以歌詞冗長，故名。

環歌　唱時男女攜手成一大環，左右旋轉，同聲合唱。

字母歌　乃以西藏文之三十字母，依次作歌詞中各句之第一字，故歌詞以三十句爲限，在西藏情人間的唱和，多用此種歌。故歌詞多男女相慕之語。

短歌　普通每節四句，每句六個綴音。西藏人日常口頭隨便唱的，及跳舞時普通所唱的歌曲，都是這一種。倉洋嘉錯的情歌，卽係此種。

民國十九年中央研究院歷史語言研究所出版。

有位比達賴喇嘛倉洋嘉錯更出名的，是康藏所尊爲詩聖的彌拉蘭巴，他是西藏黃敎與紅敎的共同祖師，留下了「十萬詩集」。他隱居山穴靜思，也旅行各地，爲感化大衆，而寫下了這些詩篇，成爲康藏歌謠的泉源。他的詩，最爲喇嘛們所誦唱。彌拉蘭巴的事蹟，據張澄基譯「密勒日巴尊者傳」，他在世時間是公元一〇五二——一一三五年，享壽八十四歲。張氏的評斷，以爲除釋迦牟尼外，彌拉蘭巴在古今中外佛敎史中要算是第一人。他的生平，可歌可泣。其遺下的詩歌，至精至要，爲千古不朽的敎言。在修持上，比其他許多佛敎聖哲有過之無不及。一般的佛敎聖哲，總喜誇說是某某佛的化身，某某菩薩的示現，惟彌拉崗巴坦率直陳：「我是個凡夫俗子，此生此世因刻苦修行而得成就。」

張譯，佛教大乘經典編譯所，民國五十四年六月在香港出版。張氏曾花多年工夫，將藏文的「彌拉大師歌集」全部譯爲英文，已在美國出版。

還應當提到的，是李霖燦「歌唱的人生」一文。由於李氏民國二十八年親身的採訪，在雲南麗江、文峯山、文峯寺，從紅教喇嘛祕藏經典，得知其神話傳說，敍述彌拉蘭巴與黑教教主多巴神羅鬪法的故事。多巴雖失敗，而仍受到佛法寬容，指引其投奔到麗江的玉龍雪山，乃使得如今麼些人的奔波巫教（也卽是黑教），仍然不失其生根發達的地區。故事的情節，很富詩趣。其有關這位西藏詩聖的歌謠生活云：

這位祖師，不但智慧如海，而且在形跡上平易近人。更難得的是，他的教義都是謠諺詩歌，一一清淺如話。你問他何所爲而來？何所見而去？他回答你一曲歌。你問他人生眞義何在？他回答你一曲歌。你向他請問佛法要旨如何？他回答你一曲歌。你問他山間明月，湖上清風，他回答你一曲歌。你問他澗中流水，山巔白雪，他回答你一曲歌……言酬應酢，談笑風生，一肚子的錦繡珠璣，出語成章，聚集成「十萬詩篇」，飄落在濁世人間，流傳於後藏前藏，澤及蒙古西康。不論紅教黃教，誰不膜拜尊敬，稱彌拉蘭巴爲崐崙山樣高的大宗師。

載民國五十七年十二月五日中央日報副刊。

鄰近青海的拉卜楞（卽甘肅夏河）藏族，其歌謠則分爲酒曲，情歌，神曲，工作曲，遊戲曲。見于式玉「拉卜楞藏族區民間文學舉例——民歌。」

民國三十年一月，「新西北月刊」三卷五、六期合刊。

陳立峯「邊城——康定浮雕」：

康人閒暇或逢有無論宗敎的和個人的紀念節日時，就男男女女團攏起來跳鍋莊，一名跳弦子。所謂跳鍋莊的意思，就是大家聚在鍋莊的空場上，歌唱跳舞。在歌舞時，由男人拉着三弦伴奏，大家手牽手，盡情地唱，疲乏了就飲酒，喝酥油茶。在這種場合，多半是男女調情擇偶的時候，多少佳偶就由此產生。

人言「耍柳林」：

前藏首府，達賴喇嘛布達拉宮駐在地的拉薩，是在一塊東西兩百里長，南北二十里窄的長形拉薩平原中的一朵奇葩，她在萬山環繞當中，氣候比西藏任何角落都好，所以在拉薩近郊的拉薩河邊，遍地綠草如茵，鳥語花香，並不亞於江南春色。仲夏時節，拉薩河畔一叢叢密集的柳樹，碧綠如油，隨風飄舞，正是拉薩人民耍柳林的時候。這時，拉薩平原所出產的水果，大都上市了，氣候也一反冰天雪地的肅殺，變成炎熱的夏天。那些成天住在拉薩市區大廈裏的貴族和官吏，以及他們的公子千金，都爭先恐後地到拉薩河畔的柳林裏，搭起五顏六色的帳篷，白天裏吃着各色水果，在拉薩河裏游泳嬉戲。入夜則柳間燈火輝煌，舉行宴會，輪流作東，彼此互請，嚼着羊肉酥，喝着靑稞酒，男男女女在一塊跳土風舞，在一起唱弦子歌，一直到醉了倦了而後止。

連陳立峯上文，收入拙編「方言記事示例」一一五、一二〇頁。

拉卜楞的藏民，謂「耍柳林」爲「浪帳房」。浪，是遊耍的意思，陝甘甯一帶的語詞。夏季在高山上，在淺水濱，支起最講究的帳幕，最華麗的陳設，最豐盛的飲食，最稱心愜意的遊戲——捉迷藏、拍球、拔河、跳繩，而以早晚祭神、唸經、唱歌謠、爲其主要節目。

見于式玉「浪帳房」，載民國三十四年十月「文史雜誌」五卷九、十期合刊。

劉思蘭「理番四土之社會」，所述「壩壩會」，高山寒冷，圍火而跳鍋莊，則特有性質嚴峻的快樂之感，歌謠生活使荒涼世界大爲生色。

梭磨，卓克基，松岡，三土之南部及黨壩，皆山嶺綿亙，地勢高峻，雖河流兩岸較多平壩，然山坡斜峭，車馬難行，水流急湍，舟楫難渡。且山多碎石，凸出欹垂，谷風狂烈，往往石墮沙飛，因之商旅裹足，故該地居民，多與外界隔絕。四土之地，平均在海拔一萬呎左右。又因其位置適在西北季風之勢力範圍中，故冬季西北風怒號之際，該地氣候異常嚴寒。七月間，在青稞收穫之後，各寨民衆相約集資少許，以青稞作雜酒若干罎，定期各攜帳篷至沿河之指定平壩，團集爲歡。凡參加與參觀者之帳篷，皆依次搭於平壩上，圍成環形，前門皆向環之中心，覆以毛布或棉布。每家皆到附近之山坡森林中，砍取木柴，堆積於帳篷中心之草地上生火，各人皆牽手圍火而跳鍋莊舞。每帳篷之前，也各有木柴一堆，爲各家烹煮之用。各家牛馬也隨之來，晝則放牧於附近之山上，晚則繫於篷後。男女老幼，皆宿於此，大跳鍋莊，且唱且跳。時而跳舞，時而至火邊酒罎旁，以麥莖吸酒。至疲倦時，則回到帳篷內，或飲茶，或休息。跳鍋莊，以晚間最興奮，最精彩。晚雖有嚴霜，以有火故，未感寒冷。男女均圍於火堆四周，男子聚爲半圓形，女子亦然。唱時分班，女與女合唱，男與男合唱，男女聲調，互相抑揚，且歌且舞。

唱時齊頓足，或前推或後退，或一齊旋轉，以火堆爲旋轉中心，步法漸行漸速，直向圈中急馳，歌聲亦愈激揚。自晨至午，再至深夜，日復一日，有時歷三五日，方盡歡而散。

載民國三十七年九月「邊政公論」七卷三期。

西康地區的「傲山歌」，有贊鬬、駡鬬、血鬬的風俗。這風俗實則並不特別，內地歌謠生活也有此情態，不過未有形成此名色而已。李鑑銘「康屬見聞」，有很動人的敍述。他所指的地點，是康北鑪霍縣附近的「定馬官寨」，青年男女，當「耍柳林」，情歌過後，都起有發乎情而不能止乎禮的熱烈情緒，卽一致通過，改弦更張，實行鬬歌。未鬬之先，議定鬬法。不外乎：

1. 贊鬬　少女們發着瘋瘋騷騷的長聲，讚美同緣男子，比印度孔雀還漂亮可愛。男子們歪頭斜眼，望着意中人，曳着奇聲怪調，讚美女子比萬刼難逢的曇花，更香更豔。

2. 駡鬬　少女們駡這些蠻大漢，今生貪似鷄，瞋似蛇，癡似猪，來生墮地獄。男子們更甚其詞的回駡。

3. 血鬬　駡到無以復加時，卽前衝血鬬。固然有實拳實脚，打得頭破血流者；其中黏手滑脚，輕來輕往，恨鬬語中，深藏情愛者更多。

鬬歌之後，更行鬬詩。或同性相鬬，或兩性相鬬。也分褒鬬、貶鬬。褒貶其品貌、裝飾、及其家畜，甚且專說俚詩，褒貶其生殖器，令同緣人大笑難止者。

載民國三十四年十月「文史雜誌」五卷九、十期。

在他們的歌謠生活裏，稱這些歡樂男女爲「同緣」，正如內地南北情歌中，稱戀愛爲「連」。此等用字，實具深義，並非隨便稱說的。

九　蒙　古

札奇斯欽「蒙古之今昔」：

蒙古人的娛樂，在冬季是打獵。黃沙蔽天的春風，吹化了冰雪之後，初夏是草原上最美麗的季節。遍處野花爭豔，羊羣好像珠子灑在綠絨上一般。青年男女在無邊的大地上，一面唱着悠揚的民歌，馳騁飛奔。一入陰曆五月，到處都是賽馬角力的盛會。七月間，是各寺廟的廟會時期，也是人們聚集遊樂的時候。寺廟旣是人民信仰的中心，文化的中心，也是人民聚集遊樂和商業的中心。它對社會的影響甚大，往昔人民剩餘勞動的所得，都貢獻到這裏，所以寺廟都是非常雄麗宏壯。

民國四十四年五月，中華文化出版事業委員會版。

楊庚午「閒話蒙古」也說：蒙胞娛樂，以騎馬、角力、歌舞爲主。男女老幼皆善騎，且十分愛嗜之。能在無鞍馬上，一口氣跑完五十公里的行程。廟會時，善騎者，不期而集，每由王公主持賽馬大會，勝者獎之。角力，頗似日本柔道，雙方着長靴，相互撲鬪，以壓倒對方爲優勝。歌舞每於廟會、迎神時舉行，男女盛裝，和以樂器，載歌載舞，十分熱鬧。

載民國五十六年六月二十九日，中央日報「山川風物」。

在蒙古，凡是大喇嘛廟舉行誦經大典的時際，各盟旗的遠道香客，東北各大都市的觀光客，蒙漢各行的生意人，也都以寺廟爲中心地點集聚，而形成盛大的廟會，有的一年纔有這麼一次盛會，就名之爲年集或歲市。梅濟民「草原秋集」，敍述蒙古、貝爾湖東北的大喇嘛廟甘珠寺的誦經大典，每年八月初五開始，中秋的第二天結束，其有關歌謠生活者：

集期裏，蒙古各盟旗也舉辦不少的娛樂節目，皮影戲，民歌賽會，放焰火，馬戲等；白天的賽馬、比拳、角力和騎術表演等。一近夜晚，每家攤販的帳幕前，都燃起一堆營火，火光、月色、燈影、夜霧，把大集場點綴得似詩如畫。人們坐在帳幕裏盡情豪飲。平時在遊居不定的茫茫大草原上，親友間的交遊是極難的事，只有在集場上纔是與親友們歡聚的日子。他們喝着、唱着、談着、笑着，把長年寂寞和辛勞都宣洩在這幾天的快樂中，歌聲中帶着傷感，笑聲裏也帶着嘆息。

他更指出，當中秋明月高懸夜空時，大集場上，狂歡到了最高潮，明天是散市的日子，人們都以無限惜戀心情來度過這最後一晚。一到明天，大家又要回到那寂寞無邊的荒野裏去了。人們都在狂飲高唱，所有攤位貨物都盡量減價傾銷，半賣半送的，商人一定要把殘貨都處理光，免得在交通不方便的草原上，運來運去。所有飲食店，午夜時，一律免費招待婦孺；糖果商也把剩餘食品，順手分給那些還在市場遊蕩的孩子們。遊藝場，也都免費開放了。在這年集最後一夜，到處充滿着人情味。

載民國五十四年十月二十三日「中央日報」副刊，後收入「北大荒」，民國五十九年十月立志出版社版。

蒙古地方，舉行鄂博祭時，也要載歌載舞的。游牧之區，原野茫茫，無山河作界識，於是纍石爲高堆，或於高處集石成堆，上插旗桿，作爲標誌，這就是叫做「鄂博」的了。每年春秋佳日，蒙胞例行鄂博祭，必同時舉行賽馬大會與歌舞大會。鄂博祭，也有訛言爲「祭鬧寶」的。祭祀的儀式，除了唸經，圍着鄂博唱神曲之外，還有一個重要的動作，大家要把四下的石頭拾攏來，增添在鄂博之上。有的地方，每隔十多里，就有一個鄂博。鄂博的樣式，大小、色彩，是有些不同的，因而可命名爲「白鄂博」、「黃鄂博」。大家都認爲鄂博有兩大作用：

1. 它是山神，保佑地方水草豐滿，人畜平安。

2. 路程的標記。

參考張季光「蒙古采風——祭鬧寶、跳鬼、謁活佛」，載民國五十五年四月三日中央日報「星期雜誌」。

馬鶴天「西北考察記」，述其在青海地區旅行，所見蒙旗人民的歌謠生活：

夏日全族集合駐牧時，每逢神佛之祈禱節，尤多唸經賽神，神舞諸會，舉行儀式，以求降福消災。此時族衆，各穿紅紫黃之緞袍氆氌衫，策馬來預盛會，參觀儀式。其於致祭鄂博時，全族民衆，莫不華服乘馬，男女並肩，向鄂博出發。至，則以羔羊剖腹，去腑臟，覆於燃燒之藏香柏葉上，乃揚灑鮮血清酒，縛掛哈達，及「隆什達布」（布繪鹿馬等物，並印印度咒文）及咒文胛骨後，赴會者咸左繞鄂博數匝，並高呼「哈什家牢」而散。途中，男女各由懷中取出祭神之餘酒，勒馬團集，狂飲半酣，又四散急馳，以應鄰幕之飲酒會。幕主亦以久儲美酒，供應酒客之痛飲，極愉快放浪之能事。柴達木一帶，於市集之後亦然。新年時節，或婚嫁、生育慶祝會上，或於幕中，或在明月之下，男女老幼，圍坐一處，以親友餽贈之滿桶酸乳，大瓶美酒，及煑熟之羊肉，置於中央，先禱神佛，然後各自執刀割食，輪飲美酒。酒後耳熱，高謳牧歌，男女合唱。甚或數對情侶，手握長袖，舞蹈合歌。盡興而散，扶醉上鞍，沿途歌唱；或竟以天地爲廬帳，露宿草際，翌晨酒醒，駢行而歸。

載民國二十四年十二月「開發西北月刊」四卷六期。

十　新疆

在歷史上、地理上，以及現代社會生活上，新疆乃是一個充滿了無限詩意的地方。而更是中華民族血淚交流，具有無限辛酸的地方。

從漢武帝時代開始，中國人即逐漸進入西域、今新疆與中亞細亞一帶，開拓經營，足有兩千載悠長歲月。百年來，雖給俄國先後侵佔去不少土地，現在的新疆，仍然還是中國最大的省，佔全國面積七分之一強。諺語所謂「新疆有四大：冷大，風大，灘大，山大。」豈只大，而尤其是地區情態懸殊，構成其偉壯景色。吐魯蕃盆地，熱到攝氏四七・八度，却也有零下三八・二度的極寒。嚇煞人的大戈壁，古今行旅所畏，却也不乏江南風光的水鄉。地下寶藏，異常豐富，游牧與農業的諸多產品，無不量多而質美。爲亞洲腹地，海通之前，是東西世界的中心，經過了歷史上無限滄桑。

清代以來，由於內在與外在的原因，新疆迭次變亂，廣大土地上，軍民犧牲之慘烈，是中原人士所難於想像的。

民國二十二年春，由於地方主政者受迫，接納了俄帝分化陰謀的建議，將新疆四百多萬人劃分爲十四個種族：漢，漢回，錫伯，索倫，滿，蒙，維吾爾，哈薩克，塔蘭奇，塔塔爾，塔吉克，烏孜別克，柯爾克孜，歸化族。考其歷史：漢人到新疆已兩千年，是最老的土著。漢回，是內地信回教的同胞，多來自陝甘甯靑。錫伯、索倫，乾隆間，自黑龍江移來；滿人也一樣，但在移民新疆前，卽已漢化。蒙人來新稍早。維吾爾，爲新疆多數民族，有三百九十多萬人，第九世紀由漠南遷入；塔蘭奇，維語農民之意，實際就是維吾爾人。歸化族，是一萬多白俄及逃離俄帝集體農場的俄國人。其餘，哈薩克、塔塔爾（卽韃靼人）、塔吉爾、烏孜別克、柯爾克孜，其老家，乃是中亞細亞俄帝的五個聯邦共和國，皆原爲我藩屬，一八六〇年後陸續被俄國侵佔。這五個少數民族之所以在新疆：有早年留下的；有逃避俄帝集體農場而來的；有自主的樂意而來的；有到新疆旅行貿易，戀戀不捨，就這麽長住下來的；也有極小部份，由俄帝有意滲透派遣而來的，可是既到來後，多半都放棄了政治任務，但願消遙自在，做一個中國人。

這就是新疆歌謠生活的社會背景。

參考胡秋原「世界史上之新疆」，廣祿「俄帝侵略新疆之陰謀」，收入民國五十三年六月中國邊疆歷史語文學會發行的「新疆研究」。

以下，略述維吾爾、哈薩克、回族的歌謠生活。

新疆風土諺語說：「吐魯蕃的葡萄，哈密瓜，庫車姎哥一枝花。」庫車，古名龜茲，這一帶，地勢平坦，氣候溫和，土壤肥沃，水源充足，是南疆最富庶之區，住民以維吾爾族爲多。年輕女性莫不體態健美，風姿綽約，活潑熱情，能歌善舞，她們穿着花裙衫，戴着小帽，一雙辮子隨風飄擺，頭上常插着花朵。這些姎哥（維語婦人意）又善騎快馬，跟男子一樣在野地工作。她們生活中最有情趣的事是「偎郎」（維語，跳舞之意）。維吾爾的男性也能歌善舞。就是外方人，一旦跟維吾爾人接觸，也總得高高興興接受「偎郎」，這不僅爲習俗，也是社交禮儀。

新疆第一大湖的羅布泊，是地理學家、考古學家最感興味的地方，南北長一百二十四公里，東西闊七十六公里，湖水遷徙不定，或北至樓蘭附近，或南移阿爾金山山麓，素有「漂泊的湖」之稱。每當秋冬之季，羅布泊的冰魚，便在迪化上市了。羅中清「羅布泊的漁夫」：

老漁夫穿着一件老羊皮衣，不斷的敲着一塊不知名的木質的樂器，嘴裏和唱着一曲令人聽不懂的羅布泊爾底漁歌，這老頭子不管貧窮到任何地步，遇着快樂的時候，嘴裏就會哼出各種不同的曲子或者情歌的。我說：「史特拉老先生，你還不下網捕魚嗎？」他却笑道：「客人，今天我們盡情的盪遊一天罷，只要客人玩得有興趣，卽使捕不到魚兒，也是値得的。」

這老漁夫，父子倆陪着遠客在湖上盡情遊蕩。黃昏之際，老漁夫飮酒後，便呼呼睡去。夜裏，湖上寒冷，船到水深處下網，一次也不落空，不到天明，就撈獲了百來斤魚。豈不太可慶幸，但老漁夫說，在羅布泊這樣的漁撈量，乃是極尋常的事。時當民國三十四年仲秋。

載民國四十六年六月二日「新生報副刊」。

陳紀瀅「新疆鳥瞰」，述民歌手阿都克木的事。他是維吾爾族，喀什鄉下農家子弟。家極窮，天性好音樂。幼時，能唱各種民歌。因鄉民慫慂其父，始得讀書迪化師範。此期間，歌唱天才更爲展開了。天山，烏魯木齊河，沙漠曠野，這等大自然的陶冶，使他的歌喉越發圓潤。民國二十年，考選俄國的塔什干，讀政治經濟，其大部時間，仍在硏究音樂。他在音樂戲劇方面的成就，比政治經濟方面大得多。他參加過多次歌唱比賽；受到俄國的榮譽獎勵。他的歌聲，透過塔什干電臺，常播給全俄人民聽。尤其被小亞細亞、土耳其及所有回教大衆所喜愛。

他說，有一次塔什干開歌唱比賽大會，參加的歌手不下幾百人，批評的人都是蘇聯有名的音樂家及歐洲歌唱聖手。他一共唱了七個，被選中了兩個，這兩個已灌成了唱片，說着說着，他打開留聲機，檢出了他那張唱片。唱完了，我們請他把歌詞唸出來，請翻譯何君說明意義，經我修飾如下。

這兩首歌名「朝暮」、「花的愛人」，純是歌頌愛情的，其摘句，如：「你把我抛在愛火裏炙燃，你使我的靈魂飛騰在宇宙。」「你的媚眼的凝視，一個人會被你溶化。」

他又說：「可惜的是，我那次唱了一個被壓迫者，竟沒被選，我自己以爲無論哪方面，都比以上兩個好。」我們請他把歌詞讀給我們聽。由我譯成下面的歌詞：

被壓迫者

這山是高的，它阻止了窮人的道路，
他死去，誰會替他悲傷？只有他自己！
穿起壽衣來，爲的是睡在花圃裏，
拿起弓和箭，爲的是向敵人射擊。
碧空與紅雲在我的上面，

敵人已陷於我們的包圍，
弱小的民族聯合起來罷，
敵人一定是在我們的脚下。

民國三十年五月，商務印書館版。

阿都克木認為此首，無論那方面都比以上兩個歌要好，我們從文字所顯示的意義上，也可以看出。這是一首悲愴激昂的歌。其一再吶喊着的敵人是誰呢？自然是指的新疆當局那時候最親近的「蘇聯友邦」了，所以不入選也。

哈薩克人，男女老幼，都善騎術，人人過着滿足而愉快的遊牧生活，家家都有數不清的牛羣、羊羣，馬羣和駱駝。他們的諺語說：「新疆有三寶：咯支，克支，可美支。」指的是馬肉、美女和馬奶做成的酒。哈薩克少女，正和維吾爾的妹哥一樣，活潑多姿，能歌善舞。

新疆西北境的伊甯，緊鄰蘇俄，十四種民族俱全，境內四周多山，擋住了寒風的吹襲，冬無嚴寒夏無酷熱，春秋兩季氣候溫和，風光明媚，不亞江南，却無江南的梅雨。這時季，也有類乎康藏「耍柳林」的遊樂，人們全家出動，坐上馬車，帶着地毯、樂器、酒食、炊具，到伊甯河畔，或西山吉利拉等地野餐露營，唱歌跳舞，玩樂通宵。種族間的融合，不自覺的，就在這種歌謠生活裏，有了大大進展，這也就是詩「可以羣」的道理。原來，在歷史上，同治年間的陝甘回亂、新疆回亂，伊甯舊城會有兩萬多漢滿居民，在一個時間裏，全被殺光的慘事。

竇震寰「新疆纏回生活文化概況」，述其歌謠生活「闌浪」說，纏回散處南疆，歲時節令、迎神賽會、婚禮宴慶，莫不載歌載舞，謂之圍浪。樂器用扁鼓笙弦等。扁鼓，單面，內繫小鐵環，左手挾握其邊緣，右指撾擊鼓面，發音鼕鼕，環亦錚錚作響，加以笙弦的吹彈，抑揚緩急，全合於歌舞的節奏。舞時或在室中，或在樹蔭下。先奏開場鼓詞，引男女來賓入場，詞意如「戈壁上有棵樹，影子倒在地上，路上有個行人，心在姊妹身上。」於是男女各別，雙雙逐隊起舞，進退相應，步伐整齊，兩臂上擎作式，腰臀左右簸盪，表情莊蕩悲喜，類似西洋舞，惟不相互擁抱。交際舞罷，息而會餐，俄而樂聲復作，繼爲招請的舞女，以手帕捲花環，顧其意中人，作相請誘惑狀，被招者必起而應舞，且互易一物。之後，再輪他人。少女喜招青年，婦人則喜壯男，被招者若不起應，則爲失禮。最後，由善於詼諧者裝演瘋人尋妻，新婦逃春等餘興節目，令人捧腹而散。

載民國二十五年十月「邊事研究」四卷五期。

許公武「邊疆述聞」，據多種資料，更爲如左敍述：

回俗無戲而有歌曲，古稱西域善歌舞而並善，今之盛行者曰圍浪，男女皆習之。每曲男女各一，舞於氍毯之上，歌聲節奏，身手相應，旁坐數人，調鼓板絃索以合之，王府及伯克家皆喜爲之。（凡按，伯克爲職官之稱）一曲方終，一雙又上，有緩歌慢舞之致。又有半回半漢之曲，上半句回語，下半句漢語。哈密地近雄關，略識中原音韻，編有拉駱駝一曲，全然漢語也。對舞不限於夫婦，隨意可湊，究用婦人成對者多，到處弦歌，八城尤盛。此外有衆人圍坐彈唱者，有一人跳舞而歌者，腔調不一。至於野外放歌，長聲獨唱，蒼涼塞上之音，聽者淒然。迎年送日均有鼓吹，鼓之大者徑二尺餘，高尺餘，小者徑尺，高約三尺，以鐵爲框，輓以羊皮，設數面於高臺，交錯擊之，緩急相聯，以成節奏。嗩吶喇叭，本龜茲所出，傳漢地者，至今形式相同，與鼓並奏於臺，彼中之大樂也。凡宴會及平時歌舞，有絲弦小樂，鼓徑尺二三，高約三寸，羊皮輓之，施以彩色，框裏周綴鐵環，手拍以爲節。有胡聚，用鋼弦十根，馬尾棚弓勒之。有弦子，桑木所製，長三尺餘，皮弦二根，鋼弦五根，手彈之。有似洋琴者，長三尺，寬一尺，鋼弦十二皆雙，兩邊附以單弦，名日喀淪。又有琴，皮弦四根，鋼弦三根，狀若琵琶，日胡撥。各種琴弦粗宏，其爲音也，蒼涼而猛烈，殆亦塞上之風剛勁使然也。

民國三十二年十月，正中書局版。

十一　一般人的歌謠生活

民國十五年，國民革命軍北伐之後，一時間文人學者，撰寫自傳，蔚爲風氣。許多自傳的寫述，章法各不相同，其敍述童年，則少有不提及兒時所受到的歌謠教育。這方面，給我印象最深者，首推李季「我的生平」，全書三冊，上海亞東書局出版。李少陵「駢廬雜憶」，雖後此將四十載，出版於民國五十二年，其敍述童年，也無例外，特以「山歌與童謠」爲一章。我自己也是一樣，幼時從母親所學得的兒歌，至今難忘其詞句，以及當年學唱時在童心裏所構成的意境。

在臺灣，有兩位長者特別喜唱歌謠。

林淸月老人，他在民前七年畢業於臺北醫學校，民國四十九年一月逝世，對於臺灣歌謠的蒐集、寫述、傳唱，有着五十多年持續不衰的興趣。晚年，每逢自己生辰，必舉行歌謠大會祝賀，不管與會耆多爲晚輩男女，他照唱情歌，毫不避忌，且手舞足蹈，與衆同樂，得人生靑春長在之樂。

少年試盡失戀好滋味，老來這件東西不要矣，
沒有逢場突寄意，不似少年許情癡。
老人可喜，歷遍人間事，
稍知物外理，將恨海愁山一齊抹消到底。
免被花迷酒欺，食後多思睡，
睡起在綠草地上作兒戲，
做起首兒童歌，與伲念到笑微微。

他除了每年春季漫步郊野，採訪民謠，尤喜去茶樓酒館，跟女孩子們對歌：

我愛聽山歌，鄉社去迌迌，
路上光景好，美人送秋波，
邪着竅竅倒，生命險險無，
村女偏有色，媚態醉人多。

上舉例句，實際上，乃是民謠體的詩句。可以說，在林氏的歌謠生涯中，詩與謠，是不可分的。他說：

光復後，臺灣民謠進步甚速，余嘗言之。現時在街頭巷尾，或在聚餐席上，多有人興唱。留心此途者，無論何時，能聽到路人在路上行歌而過，嬉嬉然若地上仙。

見所著「歌謠集粹」，民國四十三年十二月，臺北中國醫藥出版社版。

黃純青「晴園老人述舊」，自謂對山歌、民謠、採茶歌，特感興趣。兒時承母教，學得兒歌「月光光」，入私塾發蒙，仍喜唱此歌，而得了「月光光」的綽號，以迄於老。他說：

民國三十七年四月，臺灣省參議會參議員組織京滬考察團，老漢任團長，時年七十有四，於上海遇舊友，相視而笑曰：「月光光，無恙乎？」

載民國四十九年二月「臺北文物」八卷四期。

民國四十四年十一月間，我發表了「論陝諺語氣及哩呢互用」一文，陳紀瀅兄見到，童年鄉土歌謠生活，頓自記憶中浮起，他立卽寫錄了一首河北安國的兒歌來：

你是誰呀？我是王姑蕾呀！
你幹嘛呢？我看瓜呢。
你那瓜呢？賣了錢咧。
你那錢呢？稱了肉咧。
你那肉呢？着貓叼咧。
你那貓呢？上了樹咧。
你那樹呢？大水冲咧。
你那水呢？老牛喝咧。
你那牛呢？上了山咧。

你那山呢？倒咧，一句話兒說了咧。

參見第二章「論結構」第八節青海兒歌，第五章第四節之27 28。

齊如山八十歲後，我請爲寫一條幅，指明要歌謠，當承慨允。不兩日，就寫了一首長的兒歌「搖搖搖，搖到外婆橋」相賜。可以想見的，在書寫時際，老人必有時光倒流的感受，永不失去的童心，使垂暮之年的生命，活潑跳躍起來。

齊鐵恨「歌謠」稿本，上下二册，上册所錄，全係北平兒歌，八十餘首，其內容，總有百分之七十，是已出版的北平歌謠集子，所未及登錄的。鐵老憶錄這些兒歌，當七十歲以後，客住臺北，很顯然，這是長者幼時自己所熟唱的。頂難得的，是他所加的註釋。像：

小耗子兒，亂哄哄，

娶媳婦兒，打鑔，沒咚咚。

鑔，音ㄔㄚ，或唸ㄘㄚ，是兩片銅鈸合擊發音的樂器。如果娶媳婦時，只在打鑔，那是沒有大鼓咚咚響的。比喻沒東西，沒錢財的意思。

拍呀拍，拍燕兒窩。

拍出錢來買餑餑。

小孩一手放沙土裏，然後加土埋好，一手在上面輕拍，拍緊後，抽出手來成一空洞，叫燕兒窩，隨拍隨唱此詞。

轉磨磨兒，吃餑餑兒，

吃了餑餑兒作鍋夥兒。

磨子，讀作陰平ㄇㄛ，以諧韻。鍋夥兒，是給工人起火造飯的組織。這一遊戲，小兒左右平伸兩手，身子轉動，至轉暈了坐下爲止。

若不明實況，於其用字的音義，又有膈膜，錄記這些兒歌，就不免走移岔失了。熊海平「母歌實驗談」：

敏兒總算是乖孩子，不大肯鬧人。有時餵他奶粉或羊乳，一時不冷，他又急着要吃，於是我就要給他唱沈縣的冷冷歌了。

冷冷，小狗等等！
熱熱，小狗歇歇！
飯冷冷，小娃等等！
飯熱熱，小娃歇歇！

爸爸提出抗議了，「這歌不好聽，不如南陽的：

小娃，有的直加兒童之名，如敏娃之類，這纔懇切，又何必以小孩爲小狗呢。」我說，南陽的反不如沈邱的。叫出兒童的名字，多麼呆板，叫他小狗，不但是好玩，而又表示親愛之意，你沒聽說過「打是親，罵是愛」呀。

載「歌謠周刊」三卷一期。

按，呼小孩爲小狗，還有兩層意趣：1.在童心裏，孩子們每視小狗是最好朋友。2.習俗，有藉狗以祈福辟邪之意。湖北俗話，祝禱人家兒童健康，每說：「狗頭狗腦，長命百歲。」據作者文末所記，她這篇文章寫於民國二十六年春，南京大雪紛飛之際。這做父母的人，乃係董作賓夫婦。他倆各認自己鄉土兒歌爲中聽，雖係笑謔打趣，却也正是實在意願。後此五十年，作父母的，少有人以自己幼年所熟知的兒歌，來教導兒女了。也許不會這樣。現在幼稚園唱遊教材，老師們莫不採用了傳統的兒歌，它比新教育家的擬作，更切合兒童心理，順口合轍，而情趣多方。

客家人的歌謠生活，頂是令人激賞，除了「序說」中特有敍述之外，喬梧所撰「翁鈐談山歌」一文，正好，提供了本書以極其意味醇厚的論證：

公鷄打架胸對胸，山羊打架角對衝，

男子打架爭天下，阿妹打架爭老公。

五十五年七月九日，我剛剛接任臺灣省民政廳長之後不久，帶着內人回家鄉——桃園縣龍潭鄉烏林村去省親。父老們知道了消息，在我的母校龍潭國校禮堂請我們吃午飯。這是我生平最激動的一刻。在舊日的校舍裏，看看自己的親長子弟們，包圍在鄉音的熱浪之中，一切都那麼親切，那麼不拘形跡。酒酣耳熱，大家要我登臺唱山歌。我站在臺上，想想要唱那一首？躊躇了一陣，開口唱出聲來的，就是這首「公鷄打架」。這首山歌經我一唱，居然很受到重視，在以後的幾次記者會中，記者先生們起鬨，硬要點唱這一首。

翁氏談論中，最動人，最可喜可愛的部份，乃是這後半，他接着所說的：

我在十三歲上，學的第一首啓蒙山歌，是我家牧牛老者教的，那是民國十九年的事。我在龍潭國校畢了業，要回大陸家鄉去念書，六十高齡的牧牛老者，因爲我平常替他看牛，陪他談笑，是他晚年的慰藉者，眼看就要分別了，我們兩人都很傷感。我倆默坐在黃昏的草坡上，看看牛羣在池塘裏嬉戲，一直坐了很久。將要趕牛回家時，他說：「你要回國讀書了，我沒有東西送你，就送一條山歌罷。你是客家人，客家人都必須會唱山歌才行。」他唱道：

日頭落山斜裏黃，母牛帶子落池塘，
那有母牛不愛子？那有阿妹不憐郎？

我們牽着牛，唱一句學一句的走回家去，第二天就分別了。在大陸上，好些個黃昏，當夕陽染黃了半邊天的時候，我的眼前都浮現了故鄉龍潭金黃色的草坡和池塘，耳邊響起了嘹喨的客家山歌聲。我原籍廣東潮州府普寧縣，自大陸遷來桃園，到了我已經是第七代，現在傳到了第十代。我們唱的山歌，也是從潮州帶來的。我往來於潮州、桃園兩處故鄉，每一聽到山歌，不由得懷念起家鄉。在潮州時，懷念桃園；在桃園時，却又懷念潮州。

載民國五十九年四月三日，臺北大華晚報「鄉情」專刊。

如所周知，客家人絕不忘本，其特別重視鄉邦、家族、歷史文化傳統，可說是他方人所不及的。廖國仁「關於陳寅恪先生是否客家人」：

陳莘夫兄平時談話，雖用國語，但有時亦用雋永之客語，以加深其意趣。據莘夫兄談稱，其先世係自福建之汀州，遷居江西之修水縣（舊義寧州），原爲客家人。凡客家人均不敢忘本，無論遷至何處，傳家必用客語云。

文載民國五十九年四月二十四日「中央日報副刊」。

客家人謠俗傳承，所以最值得我們注意。

逯耀東「山城」：

在那青山環繞的山城，城裏住着形影不離的娘和我。雖然事隔三十年，而娘又過世七年，我仍然能感覺到，在山城起風的日子裏，娘解開衣服把我擁在懷裏，一雙手臂又緊緊環繞着我的溫暖。因此，在我幼小的心靈裏，就直覺的認爲娘是山，我是被山環繞的城。

這篇「獻給過世的娘」，寫於作者的「生日夜二時」，其結語是有關歌謠生活的：

每天黃昏，娘領着我穿過體育場到識字班去，上課的時候，我抬起頭來，總可以看見她。她不是站在教室外的窗前，就是坐在離教室不遠的臺階上，用微笑和鼓勵的目光注視着我。下課的時候，就站在教室門前接我，然後揹我回家。在朦朧的月色之下，穿過荒蕪的體育場，四週靜悄悄的，只有草叢中的蟲唧，伴着娘輕快而滿足的步履。這時，娘就會哼起那個很古老的兒歌，一曲聲調幽幽，名叫「小白菜」的兒歌，我也會跟着輕輕和唱。我伏在娘背上，看見月光正灑在遠處披紗的山巒上，灑在輪廓模糊的城樓上，灑在我們娘兒倆身上，於是我摟緊娘的脖子，彷彿天地間只有我們娘兒倆存在了。

載民國五十七年八月一日「中央日報副刊」。

這，寫盡了咱們中國人兒時的歌謠生活。悼念亡親，誰能不起一番永生無盡的孺慕之情啊。

歌謠研究會的同仁，根據其田野工作的心得，認爲越是高山大川的地方，越見歌謠的發達。謝雲聲「閩歌甲集自序」：

愈多高山大川的地方，越愈見歌謠的發達。福建就是處在山嶽重疊，山澤峻險之間，所以產出來的歌謠，比較他省爲最。福州有句俗話說：「山東孔雀膽，福建長流歌。」這可以證明福建的歌謠，較多於他省的。

證之苗傜地區，此論甚是。前述劉思蘭「理番四土之社會」，高山寒冷，惟有歌謠生活使荒涼世界大爲生色。第三章的「花兒」，其所以發達的地理背景，也可作如是觀。

謝隕非「老槐樹」，述家庭間事，以之印證歌謠生活，更是極爲動人。

老槐樹，槐樹槐，槐樹底下紮戲臺。
人家閨女都來了，俺那閨女還沒來。
說着說着來到了。
爹看見，接着她；
娘看見，扶着她；
嫂看見，一扭搭。
嫂嫂，嫂嫂，不用扭，
不吃您那飯，不喝您那酒，
當天來了，當天兒走。

他說，小時，受母教，唸這首歌，雖不懂其中道理，只覺其音節優美，韻調和諧，非常有趣。後來年紀大了，了解其詞義，更愛唸這首歌謠了。他母親很少帶他到外婆家去，原來，母親與舅母，姑嫂之間，是死對頭。又敍述婆媳之間不和，他大姐，十七歲出嫁，次年正月回家拜年，問起婆家情形，引起了無限哀痛。他母親悲痛之餘，乃以過來人身分，唸了兩首歌謠，來安慰女兒：

青青菜，紫骨朵兒，打十五，做媳婦。
公也罵，婆也罵，小姑子過來揪頭髮，
跳到黃河死了罷！

打盹神，打盹神，打起盹來盹煞人，
多偺熬到公婆死，一覺睡到太陽紅。

昔日社會重男輕女，他母親頭胎生女，他祖父非常不滿意，第二年生下了他這個男孩，堂上纔改變態度。此事，他母親，到他長大後，還時常提起。因此，引得他向祖父詰問，祖父看孫兒天眞可愛，呵呵大笑，回答的是一首歌謠：

杜李子樹開白花，養活閨女做什麼？
有點兒布裁掉了，有點兒線縫掉了，
有點兒飯吃掉了；
纔養活得中用了，嗚哇嗚哇的娶去了。

再看在大家庭中的「新女性」。所謂新女性，乃是淸末直到民國三十年，約半世紀之久，中國社會所流行的一種看法。指那一些或是受過學校教育的，或是都市上時髦婦女，或是年歲輕在外面做事的女性。經過八年抗戰的大變動之後，這個名詞就少有在口語裏稱說了。謝氏說，他嬸嬸是中學畢業的新女性，不慣廚下工作，而又難於免除，於是只好偷懶或躲避。家庭規矩，桌上菜餚，應該讓公婆叔伯先吃，這位新女性也做不到。他祖母異常厭惡這個媳婦，背地裏總說她是饞嘴婆，而且時常帶了這一羣孫兒孫女，坐在後門石凳上唱歌來諷刺她：

楊柳樹，對南河，聽我說，饞老婆。
清早起，不梳頭，不裹足，
東一溜，西一摸。
一摸摸到她二娘家，正巧二娘蒸饃饃，
二娘偏偏又不讓她，饞的她咕嚕咕嚕嚥唾沫。
抱着孩子回家轉，麥子撈了二斗多，
手推磨，脚打籮，光麵推了一簸籮。
饃饃蒸了一百整，包子包了一簸籮，
脹的個老婆難走路，躺到炕上氣光呼。
她的丈夫回家轉，看見炕上一個病老婆，
東莊去請收生婆，西莊去請收生婆。
兩個生婆都來了，拿隻手來摸一摸，
不是病，不是痞，昨天晚上吃的多。

氣的丈夫沒了路，掀起被來打老婆，

一脚踢到肚子上，光屁放了二百多。

載民國四十三年五月二十九日「聯合報副刊」。

從上敍述，可以判斷，這位新女性的嬸嬸，不太有歌謠生活。否則，她也會藉歌謠以寄意，唱幾首給這個侄兒聽的。於此，我們可以更體味到「詩可以興，可以觀，可以羣，可以怨」的道理了。做母親的，以歌謠自慰自嘲，並以勉慰受苦的女兒。不像現在，家家戶戶有收音機、電視機、報章、雜誌，社會又有全般的進步——政治開明，經濟生活提高，教育普及，交通發展等等，婦女生活早非五十年前可比，其唸唱歌謠的生活背景，已大大有了改變。民國十四年春，劉經菴出版了「歌謠與婦女」之後，所以纔不再有接續。話雖這樣說，電視機裏所表演臺灣茶山上唱山歌的場面，却每比那天天都有的所謂「時代歌曲」，意味醇厚多了。

楊安祥「柳樹塘」，是一部長篇小說，書中的女主人公陳綠珊，她本在河北保定讀中學，適逢蘆溝橋事變，隨了母親逃難，回湖南長沙。然後，坐轎子到鄉下柳樹塘的外婆家住居。她的表姊妹很多，都是鄉下大姑娘。

和表姊妹混熟了，一陣心血來潮，我便糾纏她們輪流唱歌。最初，我以爲她們所唱的歌曲，一定也是我在學校裏所學的，那裏知道，笑鬧推讓過後，我唱的歌兒，她們不會，她們唱的歌兒，我也不會。

「珊妹妹，」桂姐唱過了，遲疑的說：「你唱的是洋歌，我唱的是山歌，山歌沒有洋歌好聽，我再也不唱了。」

山歌沒有洋歌好聽？我怎肯相信。桂姐唱的這段山歌，雖然簡短，却很動聽，歌詞、曲調又別致，又纏綿，我聽得好高興，才不理那套謙虛呢，立刻掏出紙筆，攤在桌上，大聲說：

「桂姐姐，請你把歌譜和歌詞寫下來好嗎？」

「什麼歌譜——歌——詞，」桂姐結口結舌的說，臉上起了紅暈：「珊妹妹，我只會唱，不會寫。」

「你騙人！」我搖頭不相信。

「珊妹妹，眞的不騙你，」桂姐忽然眼圈一紅，吞吞吐吐的說：「我們都沒有進過學堂，——琬妹幫幫忙吧，千家詩、幼學瓊林，她背得熟極了。」

琬姐臉也紅了，她說：「我的字寫得太難看，還是珊妹妹自己寫吧。我們慢慢唱，你聽着就寫出來了。」

我無法，只得動手試寫。寫了兩句，就碰到口語。口語的意思我並不明白，因此感到下筆難。看見我躊躇，她們搶着解釋口語意義，胡亂一陣凑合，總算抄下幾段山歌。

有了歌詞，再學歌調，就覺得山歌容易而有趣。等到學會一段，再唱第二段，那興趣，簡直是無窮無盡了。

第三個山歌，我特別喜歡它的韻味，前後一句，聲調屬於花腔，必須那麼一轉音階再轉音階。因此，我用心學習，反覆又反覆，唱了幾遍。

唱了好幾遍以後，我說：「桂姐，我現在單獨唱一遍，什麼地方唱錯了，你立刻告訴我，好嗎？」

桂姐笑着，答應了，我也就使出全付精神和感情，大聲的唱：

短把子傘，

實難收，

痛心情哥實難——也——留。

郎要丢姐容易得，

姐要丢郎實難丢，

口講——哪——丢情——心不也——呀——丢。

唱完了，大家笑着鼓掌。掌聲使我高興萬分，不覺又唱起來，還是重複這段詞曲。桂姐看見我如此起勁，覺得好玩，也跟着低聲應和，接着，靜姐、琬姐、毛妹、滿妹都隨聲合唱了。

載民國五十九年七月「純文學」八卷一期。

這段描寫，自不是出於想像的創造，而是實生活的敍述。可爲幾點分析：

1. 這首山歌，實際上是七言五句。

2. 民國二十六年，湖南鄉下，大姑娘的生活中，鄉下山歌與學堂的洋歌，涇渭分明，完全是兩檔子事。

3. 以中學生的國文程度，寫記山歌，稍感困難，因爲口語用字，不太見於教科書。

4. 知道了歌詞，再學歌調，就覺得山歌容易唱而有趣。

5. 一個人，不管教育程度如何，但學會了一段山歌，那興趣是無窮無盡的。

6. 「柳樹塘」的這一段敍述，無形中看出，一個受過中小學音樂教育的學生，體認到山歌才是貼切生活的，它有其鄉土社會背景。

7. 付出全付精神和感情，山歌就唱得特別起勁而動人。

8. 這家大戶人家，不禁止女孩子在閨房裏唱山歌，自也與鄉土風習有關罷。

朱鋒，所述臺灣民間笑話「以山歌代家信」。有鄰居兩兒童，就讀同一書房。一天，塾師出「羅帳」爲題，甲童聰明，以「繡枕」對之，卽准放學；乙童資差，且誤想甲童既可以鄰右「秀嬸」對之，他也就以鄰右對之，隨卽唱出：

「薯姆。」

「不通桶，留塾。」

乙童留到傍晚，沮喪回家。母問何遲？他將前述情形說了。他母親認爲兒子才學不比甲童差，一氣之下，從此不准乙童上學，他每天草原放牛，牧童們唱山歌爲樂。

某一天，鄰右蕃薯姆來與他母親閒話家常。蕃薯姆說起，其夫出外營商十餘年，她屢次求塾師代寫家信，丈夫僅匯安家費，人却未曾回來，很覺苦惱。他母親乘機咒罵塾師不通，一定是把意思寫錯了，並極力誇講自己兒子才學，蕃薯姆就拜託乙童寫信，他立卽抄寫山歌一首寄出。不上一個月，長久離鄉的丈夫，突然匆匆回來。蕃薯姆喜出望外，急問：「十幾年來，連寄許多信，你都不想回來；

這次僅寄一信，你就回來啦，是什麽原因呢？」

「事情太嚴重了！非趕回來不可，過去的信，都只說要安家費，這次就不同了。」

「有什麼不同呢？」

「說你要改嫁啦！」

「你將信唸給我聽罷。」

丈夫唸道：「阿君你去一紀年，咱厝田草攏無除，若不趕緊返鄉里，俗俗賥人種蕃薯。」

咱厝田草攏無除，謂我家田草都未除。俗俗賥人，便宜租給人。載民國五十六年一月七日，徵信新聞報、徵信周刊「臺灣風土」。

這種笑話，廣爲輯錄起來，多的是，乃歌謠生活的另一番情趣。

十二 秧 歌

郝瑞恆「晉省中部的秧歌」說，山西祁縣、太谷這一帶，秋冬農閒，財東常有出錢成立秧歌教練所的，聘請秧歌名手，創新曲，授徒弟。大年下，就出臺演唱。官廳或認爲有傷風化，下令禁止，秧歌迷們也仍要偷偷演唱幾天。禁令稍鬆，他們往往演唱兩三個月，由這個村莊被請到那個村莊的，演唱不休。

載「歌謠周刊」二卷十三期。

這是指的演秧歌戲。有歌，有舞，有表演，這也是歌謠生活重要的一面。

秧歌的名，北方最流行。南方也不是沒有，因爲秧歌原產生於秧田挿秧。光緒、江西「萬安縣志」卷一：

四月，農夫蒔田，秧歌遞唱，達於四境。親厚者，互以酒食相餉。

這是說，田野間唱起秧歌，一唱百和，處處都是歡樂之聲。勞者自歌，唱得開心，工作得開心，也吃喝得開心。誰說中國人是不會唱歌的民族呢？農業專家沈宗瀚，述他故鄉浙江餘姚、現代田間的歌謠生活說：

家鄉灌漑田畝，經常是要依賴潮汐的。潮汐來時，河水漫漲，大家趕忙車水，把河溝裏的水，戽進自己的田裏。單靠白晝潮汐還不够，每逢月圓的時候，潮水高漲，我總要半夜起身，跟着三哥下田去車水。月光照着水田，像一面面方形的大鏡子，泛映着銀光。四周幢幢樹影，蟲聲啣啣，夾雜着田裏的車水聲、歡笑聲、和悠揚的山歌聲，這種情景眞是最難忘懷。

見民國五十九年六月五日臺北「大華晚報」「鄉情」，喬梧筆錄「沈宗瀚談沈灣農家」。

又，民國六年刊本「鹽乘」（卽江西宜豐縣志）卷六：

立夏秧針出水，以次栽植，農夫歌聲四起，唱和爲樂。

魏子華「閒話蒔秧」說，成都各地，端陽前後，農夫們下田蒔秧，工作辛苦，最提神的事，是「喊山歌」，一人領頭先喊，大家一起幫腔，而到處洋溢着悠揚悅耳的山歌聲。

載民國五十九年五月二十五日「中央日報」副刊。

把高聲唱說做「喊」，足見其情趣激昂。

還有擊鼓以爲伴奏的。明、萬曆十九年刊本「湖廣總志」卷三十五：

鄖西，揷秧，鋤禾，好擊長腰鼓，唱楚歌。

淸、同治江西「萍鄉縣志」卷一：

蒔秧時，擊鼓而歌，謂之揷田歌。

更有舞和表演。淸、翟灝「通俗編」：

今又有秧歌，本饁婦所唱也。武林舊事，元夕舞隊之村田樂，卽此。江浙間雜扮諸色人跳舞，失其意，江北猶存舊風。

饁字很古，送飯於田中之義。「詩、豳風、七月」：「饁彼南畝，田畯至喜。」田畯，古來解釋有二：1. 田神，亦謂之司嗇。2. 田大夫，司農之官。詩經釋注家，多謂此詩句的田畯，乃指第二義。若就田間生活看來，不如解作「送飯到地裏去，種田的很高興，夫婦夥對唱秧歌了。」

黃華節「中國古今民間百戲」，論今日秧歌形貌，很爲詳盡，茲摘述其要。

高蹺之外，北方農村盛行秧歌的戲樂。城鄉到處，不管廣場、田野、大街小巷，都可爲表演唱所。多半是小夥子出演，扮姑娘媳婦兒，又舞又唱，揷科打諢，逗人開心。也間有老頭兒敲鑼鼓，打節拍。演唱者，有職業的，業餘的，更有臨時「玩票」的。張家口市場，有專唱秧歌的小戲園，日夜演唱，角色很多，還配上八種樂器：四弦、胡笳、大鑼、脆鼓、竹板、大笛、大鼓、小鑼。唱時，大笛領導，四弦、胡笳隨節奏應和，而形成一種特別的「音色」。業餘的歌者，包括了各色人等，從鄉下老兒，莊稼主兒，不識之無的少年男女，到城裏中上階級人士，都不時隨喜，唱他一曲；遇到盛大演出，也不惜粉墨登場。至於田間農人，隨口哼哼，大得解乏之趣，這正是秧歌之所以爲秧歌者。演唱秧歌最盛大的場合，是春節的慶燈會，其次是迎神賽會。慶燈會的巡遊行列，依次是耍鮑老，跑旱船，「小車會」，「少林會」，舞獅，高蹺。秧歌的上演，則爲壓軸戲。於此，秧歌其名爲歌，實爲雜劇的一種形式，唱有一定的腔調，做有傳統的規矩，搬演謠俗故事的情節，處處表現其地方鄉土色彩。自黃河兩岸，至東北地區，長城內外，秧歌無不流行，而以蔚州秧歌最出色。

河北定縣民間傳說，蘇東坡作過定州太守，他常出巡田畝之間。定縣是平原地帶，莊稼以麥爲主，也有少數水田種稻，但須深耕深插，泥田辛苦，過於種麥。東坡見而憐憫，於是隨口編造歌曲，教農人工作時歌唱，這樣，便有了秧歌，而後形成爲有唱有做的農村戲曲。

民國五十六年七月，商務印書館「人人文庫」本。

河北農諺「吃飯有窩窩，看戲是秧歌」，就是指的上述情形。民國、河北「新河縣志、地方考」，有段特別記載，西距縣城三里的大賈家莊，每年九月二十六至三十日，爲關帝廟會期，「會時演秧歌小戲，相傳村人與戲班訂文書六十年，屆期伶人自至。」我也還深刻記得，民國二十四五年大正月間，在大名城所見，軍民們鬧元宵、唱秧歌的情形。唱秧歌的特色之一，是那反穿老羊皮襖的小丑。李景漢、張世文「定縣秧歌選」緒論云：

北平唱秧歌的人，脚底下綁上三四尺高的木棍，叫做「踩高蹺脚」，並且是在街上遊行演唱。主要的脚色，有頭陀和尙，手拿着一對木棒，在前引路，一面走，一面打，後邊都按照他打的快慢來走路。他的後面有儍公子、儍公子的媳婦、老作子、小二格等角色。所唱的都是短歌，或隨時說些趣話，演些鬬笑的動作。

李家瑞「北平俗曲略」：

唱這種秧歌，大致是扮一旦角，稱爲文扇；又扮一丑角，稱爲武扇，以其手中皆持扇也。各人的脚下，都登高蹺，淸人恩竹樵詠秧歌詩云：「捷足居然逐隊高，步虛應許快聯曹，笑他立脚無根據，也在人間走一遭。」（見「燕京歲時記」）這是借寫秧歌的高蹺而有所諷刺。其專記秧歌者，則旗人讓廉的「京都風俗志」（書未刋，稿存中央研究院歷史語言研究所）有一節：「秧歌以數人扮陀頭、漁翁、樵夫、漁婆、公子等相，配以腰鼓手鑼，足皆登豎木，謂之高脚秧歌。」

他這些敍述，根據淸代到民國初年北平的情形，足與黃華節所述者相參證。這「文扇、武扇」名色，又與江蘇宜興出聖王會的行列，那扮演「男歡」、「女喜」的「雙氓」，皆手執紙扇表演的動作，有相同的形態。（見拙著「宜興人的鄉邦歷史精神」，載民國五十七年三月，「中山學術文化集刊」第一集。）李家瑞還說：

秧歌每首四句，每句七字，但是可以連續許多首敍述一種情節，或一種故事，其材料往往取於八仙的傳說，或水滸的故事。唱的時候，先是每人唱一段，末了則諸人合唱，稱爲尾聲。這種玩意兒，在北平所謂走會之中，要算是很重要的部分。毛奇齡「帝京踏燈詞」所謂「走橋婦女呼敎住，好讓秧歌唱過來」，卽指走會中之秧歌也。北平經義堂所刋行的「大秧歌」，是北平秧歌的總集，但其中沒有收着兩人對唱的秧歌。兩人對唱的秧歌，「百本張」鈔本裏有「漁樵問答」一種，很可以做代表。

清、施閏章「燈夕口號詩」：

秧歌椎擊惹閒愁，亂簇兒童戲未休，

見說尋常歌舞競，大頭和尚滿街遊。

自註云：都下兒童，競唱秧歌，擊椎相應，又扮大頭和尚爲戲。

這提醒我們體認到兩件事：

1. 戴大頭和尚面具，賽會遊行，媚神逗趣的謠俗，至今南北各地以及臺灣，還有，在康藏、蒙古「跳神」裏，也都還是很盛行的。四川諺語：「戴着笑頭和尚挨鞭子——陰着在哭。」此因大頭和尚的面具，是白淨臉孔，而表情笑嘻嘻的。以喻人所不見的內心苦痛。

2. 孩子們隨口唸唱的，就純是謠歌了。

十三　例禁與鄙棄

山歌之言男女情愛，固多比喻見意，却也不乏十分赤裸大膽的描述。其實，在本質上，它並不像一些豔體詩詞那樣冶蕩輕佻。只是，不肯披上「高雅」的外衣，隱約曲避，坦呈其「鄭衛之聲」，因而歷來都遭受到例禁與鄙棄的命運。宋、吳曾「能改齋漫錄」卷十三：

政和三年（一一一三）六月，尚書省言：今來已降新樂，其舊來淫哇之聲，如打斷哨、笛呀鼓、一般舞之類，悉行禁止。

滿清入主中原，曾大量利用老百姓的謠俗傳說資料，出之說善書、講聖諭、唱大鼓的形式，以推行宣傳工作，消融漢人的反抗。攻心工作，旣收成效，乃有康熙皇帝六下江南的事，耀德觀兵，綏靖撫慰，兼而有之。爲了表示其「衞道」思想，清廷一再有取締秧歌的旨令：

康熙四十五年九月，刑部議：管順天府府尹事施條奏，應行令宛大兩縣並五城司坊官員，將秧歌脚、惰民婆，速行盡驅回籍，毋令潛住京城。嗣後若有無籍之徒，將此等婦女容隱在家，並同與飲酒者，有職人員，照挾妓飲酒例議罪；係旗下人，鞭一百；民，責四十板；婦女亦責四十板，不准收贖，仍行追回原籍。其失察之地方官，交與該部議處。

見清、孫丹書「定案成例合鈔」，卷二十五「犯姦」。

滿清政府這種作爲，實際上，並非全着眼於教化，而是有其本身政治防禦作用：

1. 歌謠之諷刺嘲笑，是當時異族君權統治最犯忌諱的。

2. 明朝遺民反清扶明運動，旣經轉入地下，跟低層社會緊密結合，則秧歌脚、惰民婆的浪蕩江湖，最足掩護，且進而達到遠近連繫組織，多方運用操縱的任務。

3. 歌謠中的字句，每爲執行祕密政治任務的口訣。

此所以，清代州縣地方官守，也上體「聖」意，常有例禁秧歌的事。頭巾味重的士人，也就一個鼻孔出氣了。咸豐、河北「平山縣志」卷六，錄「知縣王滌心整飭風俗示」：

聞各鄉村又有演唱秧歌，雜以俳詞，穢褻不堪入耳，流蕩適足誨淫，而婦女多喜看聽，性情因而搖奪，以致身犯姦邪，甚至釀成巨案，相沿成風，恬不爲怪……合行出示嚴禁……一經訪聞或被告發，定將該鄉地並婦女之夫男，一併嚴拏，盡法究懲。

清、申涵光「荆園小語」：

造作歌謠及戲文小說之類，譏諷時事，此大關陰騭，鬼神所不容。凡有所傳聞，當緘口勿言，若驚爲新奇，喜談樂道，不止有傷忠厚，以訛傳訛，或且疑爲我作矣。

王翼之「吳歌乙集」自序，敍其兒時在蘇州聽到鄰家唱歌謠，「婉轉而清絕的歌聲」，印象深刻，迷戀不已——

後來，隔不多時，很幸運的，在對鄰一個琢玉匠叫阿虎的那裏，學得幾支很好聽的歌兒。其中却尤以像下面的一支，最感興趣，所以我練習的工夫也特別加多，而且不時這樣的歌唱着：

十八歲姐妮踏板上踔，
娘問媛唔啥心焦？
倷有郎勿得知奴嘸郎個苦，
倷阿曉得奴媛呒日日好像鑊裏煎蝦蜷仔勒熬。

踔，跺足也。媛，女兒。倷，你也。蜷仔勒熬，謂踡曲着受煎熬。

有一回，我正是這樣唱得十分起勁的當兒，不幸被我祖母聽得，她就很威嚴的喝住，而且呵斥着說：「孩子！不習上的孩子！這是流氓浪子的歌曲，怎麼你好好的孩子也在唱呢？」那時，我雖然不能明瞭「流氓」「浪子」究竟是怎樣一種人物，但在我祖母的威嚴的呵斥聲中，至少能够體察是一種穢褻的、鄙夷的人物。因爲覺得他們是穢褻，他們是鄙夷，所以他們所唱的歌唱，從此也就不再注意，不再學習了。

這，很使我想起兒時隨侍曾祖母的一段歌謠生活。她老，是我們家族中性情最忠厚的人。記得有年春天，武昌大東門外東嶽廟廟會，那是跟武漢三鎮人士遊洪山、登寶通寺高塔，在一起的嬉春活動。興盡返城，男女老幼，莫不買一根甘蔗啃啃，因而流傳下一首謠諺。跟曾祖母談起來，老人家所說的，謠諺中兩個粗野字眼就給更改了，而成爲：

三月二十八，

有錢吃甘蔗，無錢吃麻花。（那粗野的兩字，被改爲麻花。）

不過，官廳例禁，多只限止在州縣城池圈圈裏，廣大鄉野，那就天高皇帝遠了，正如前述「晉省中部秧歌」的情況一樣。如福建山歌所說：

新官上任事頭多，不管錢糧管山歌；

倘使山歌禁得了，文武秀才會斷科。

何況實生活裏，每當年節喜慶，迎神賽會，人們忘情於看熱鬧，鄉野秧歌，四方八面的湧進城來，給大家留下了熱情泛濫的一陣印象，久久難去。那眞正衞道之士，也抵擋不住，而爲之心折。此所以，臺靜農錄的「淮南民歌」，竟會如此頌美：

淸晨起來唱一聲，順風颳到紫金城，

萬歲聽着動了位，娘娘聽着動了心，

唱唱的不是凡間人。

載「歌謠周刊」一卷八十五號。

少數人的鄙棄，官府的例禁，阻礙不了歌謠的流傳。這種情形，楚辭時代，卽已存在，「文選」，宋玉「對楚王問」：

客有歌於郢中者，其始曰「下里巴人」，國中屬而和者數千人。

注釋說：「下里巴人」，下，曲名也。下里卽鄉里。巴卽巴蜀，古蠻地，巴人猶云蠻人，「下里巴人」，謂鄉間蠻歌也。

一直到了民國初年，北京大學歌謠研究會的時代，這些下里巴人的鄙俗謠歌，大大得到士君子的青眼，跟前此詩人們之寫竹枝詞，有所不同。若像王翼之，這時候，他改變了由其祖母所傳襲的成見，隨步顧頡剛「吳歌甲集」之後，有了「吳歌乙集」的編刋。

前述咸豐年間，河北平山知縣整飭風俗的告示，說鄉村演唱秧歌，穢褻、流蕩、誨淫，婦女性情因而搖奪，致身犯姦邪，釀成巨案。這並非聳人聽聞的話頭，實是有所據而言。婦女尙且搖奪性情，年輕小夥子之激狂，更屬可知。關乎這種青春的激情，民間故事、笑話裏，有好多描述在傳說。是則，官府之例禁，也不能全說他不對了。

十四 血淚之歌

野地裏激越高唱的山歌，無不含有社會生活的酸辛，往代早有人指出。宋、張邦基「墨莊漫錄」卷四：

蘇陰和尙，作穆護歌。又地理風水家，亦有穆護歌，皆以六言爲句，而用側韻。黃魯直云：黔南巴楚間，賽神者，皆歌穆護。其略云：聽唱商人穆護，四海五湖曾去。因問穆護之名，父老云：蓋木瓠耳，曲木狀如瓠，擊之以節歌耳。予見淮西村人，多作炙手歌，以大長竹數尺，刳去中節，獨留其底，築地逢逢若鼓聲，男女把臂成圍，撫髀而歌，亦以竹筒築地爲節。四方風俗不同，吳人多作山歌，聲怨咽如悲，聞之使人酸辛。柳子厚云：欸乃一聲山水綠，此又嶺外之音，皆此類也。

北京大學的「歌謠周刊」三卷一期，民國二十六年六月二十六日出版，徐芳「表達民意的歌謠」，是此期最有份量的一篇文字。徐氏當時係周刊出編，原打算此期出版，卽行休刊，等學校暑假結束，再復刊。沒想到，十天之後，蘆溝橋事變，這份爲衆人所愛重的刊物，竟永遠休刊了。所有各期的歌謠周刊，篇章字句，無不洋溢着中國人謠俗生活的情趣，惟獨這期份量最重的這篇文字，出乎尋常，使讀者心情沉重，自是當時華北局勢陰霾，山雨欲來風滿樓，日本軍閥之欺侮中國，實已到了極點，中國政府之忍辱負重，也已到了極點。

徐氏認爲表達民意的歌謠，可分三類：一、美刺政治得失的。再分1.對外的。2.對內的。二、描寫民間生活的。三、反映時代演變的。她很心酸，也十分憤激，發表了當時東北人們所偷偷寄到北平來的歌謠，一字一淚，聲聲句句，充滿了同胞們的亡省之痛。她說，「九一八」以後，在東北地方，一定產生了很多的抗敵歌謠。當時，她在北平却只得到這麼五首：

中華民國二十年哪，九月十八那一天呀，

關東起狼烟，

哎喲，哎唉喲，關東起狼烟哪！
中華民國二十年哪，九月十八那一天呀，
××佔瀋陽，（那四五年裏，爲了怕日本人干涉，報刊上常出現這種××而誰也知道，這未刊出的字，即「日本」。）
哎喲，哎唉喲，××佔瀋陽哪！

蛐蛐叫喊夜聲長，茄子下來菊花黃，
沒到八月過中秋，小鬼便搶佔瀋陽。

大街之上少人烟，小鬼和義勇軍開了仗，
義勇軍逃了這不算，
打死小鬼，人民遭禍殃，
東邊搜查，西邊找遍，
抓着男的拷打還把洋油灌，
抓着姑娘媳婦就強姦，
哎哎喲，我的天！

「滿洲國」成立一年又一年，
××二大舅鐵打下江山，

有升官的，有發財的，
還有狗腿給幫忙，
刮的老百姓的血肉實可憐！
扎嗎啡，吸大烟，
賭場、窰子開了個遍，
修警備路，姘府店，
叫你怎樣就怎樣，不辦叫你小命玩完。

據記錄者魏精忠先生來信說：「這五首歌謠，是普遍地流行在遼寧各縣。但東北其他的地方，尤其在農村，也高唱入雲霄的。但是現在如有唱上面這樣歌謠的，就爲敵人誣爲『反滿抗×』，立刻就能被殺身死。被殺的多爲兒童，多至不可以數計！但迄今，據東北來人說，新歌謠在壓迫之下，產生亦多，且富有悲壯反抗性！」這是多麼殘忍的事！槍砲是不能禁住人的情感的；更禁不住人的情感所凝成的歌謠。我願各地的同胞，將這一類的歌謠，儘量寄來。

那麼，如此血淚之歌，豈不還多的是！我黃帝子孫，竟有唱歌謠而被敵人殘殺！要不是「歌謠周刊」揭載了這一事實，誰會想到呢？回想蘆溝橋事變前，那兩年裏，日本軍閥的勢力，其在平津之橫行霸道，徐氏敢於「歌謠周刊」上爲此陳述，也確乎是大膽得很。那時，他隨便整死你一兩個人，中國官府也保護不了你。（參考拙著「抗戰前夕北平之憶」，收入「心潮」，民國五十四年八月，自由太平洋文化事業公司版）劉復如尚在世間，對於這種情況，不知會怎樣憤激難安。他就難以產生下列的看法了。民國十六年四月九日，他在北平，所寫「國外民歌譯」自序，有幾句好斷然的論定：

好在世間只有文字獄，沒有歌謠獄，所以自由的空氣，在別種文藝中多少總要受到些裁制的，在歌謠中却永遠是純潔的，永遠是受不到別種東西的激擾的。

其實，按之歷史，昔日專制時代，豈僅有歌謠獄，因爲歌謠的諷刺，而給皇帝老子殺頭的，也多的是哩，秦始皇是一顯例。儘管各朝代政治上有察訪歌謠的措施。

民國三十八年，大陸再淪陷，赤色暴力血腥統治，人民遭受了空前的苦難，歌謠生活中，就只有哀苦的呼叫。如湖北在民國四十二年間所傳唱的：

國民黨，本來歹，又有吃來又有甩；

共產黨，本來好，逼得人民要吃草。

甩，謂食糧有敷餘也。

本篇所述歌謠生活，在今日迫於死亡地帶的大陸，似乎已成爲過去，必待打破這場浩刼，重見天日，風清月白，青年人纔有傲山歌的情趣，孩子們也纔會無礙其本來的童心，傳唱那些老祖母所教的兒歌。然乎？否乎？長江黃河，萬古常流，旣然不會中絕，那麼，在大陸社會——中國歌謠的生命，也絕不會因暴政摧殘而消停，應只是深潛些，緘默些，或者，加上「保護色」了。目前中國大陸的歌謠生活，可約爲如左分析：

1. 傳統性的那些山歌、兒歌，說唱者自然是不如往昔了，但絕不會完全湮滅。邊疆地區，尤其是這樣。

2. 老百姓的歌謠，或許羼雜了些阿諛共黨的時興話，這種眞假成分的混淆，人人一看卽知。

3. 共黨生硬揑造的歌謠，也就是這十多年來，大陸上公開出版，那些所謂「紅旗歌謠」，其書册雖多，却是一絲兒歌謠生活的性質，也沒有的。

4. 值得教人注意的，乃是那新生的歌謠，表面上是無影無蹤的，實際上却有聲有色，在老百姓口耳裏祕密傳唱無已。了無痕跡可求麼？它鑽進人人心底了啦。

咱們大大可預見，不久的將來，打破了鐵幕，必有無盡事態，來證實這以上的論斷。我樂意於在那時候，爲此寫述。也一定還有無數的他人，樂意於爲此寫述，而且比我寫得高明。心念及此，實不勝其感奮之情。

第五章　兒　歌

一　母　歌

周作人「兒童文學小論、兒歌之研究」：

凡兒生半載，聽覺發達，能辨別聲音，聞有韻或有律之音，甚感愉快。兒初學語，不成字句，而自有節調，及能言時，恆復述歌詞，自能成誦，易於常言。蓋兒童學語，先音節而後詞意，此兒歌之所由發生，其在幼稚教育上所以重要，亦正在此。西國學者，搜集研究，排比成書，順兒童自然發達之序，依次而進，與童話相銜接。大要分為前後兩級，一曰母歌，一曰兒戲。母歌者，兒未能言，母與兒戲，歌以侑之，與後之兒自戲自歌異。其最初者，即為撫兒使睡之歌，以嘽緩之音作為歌詞，反復重言，聞者身體舒解，自然入睡。觀各國歌詞意雖殊，而淺言單調，如出一範，南法蘭西歌有止言睡來睡來，不著他說，而當茅舍燈下，曼聲歌之，和以搖籃之聲，令人睡意自生。如越中之撫兒歌，亦止寶寶肉肉數言，此時若更和以緩緩紡車聲，可與競爽矣。

幼小時期，或有少數人，不會有親生母親唱兒歌給他聽，那應是大大的不幸。張天麟「中國母親底書」：

不是由自己父母撫養的孩子，說話都遲晚，而且言語中缺少許多精神心靈的機構功能。其遲晚的程度，與有父母的孩子相比較，可以相差三個月至半年之久。自嬰兒時期，沒得母愛而長成的人們之性情，多冷酷而不熱情。因此，他也缺乏愛他人或愛人類的熱情。所以代育所制度是種不得已的組織。

民國四十一年十月，正中書局版，八二頁。這一部書，從人生胎教、初生，直到青年時代的保育，都有確切論證。作者初寫此書，是在第二次世界大戰的柏林，不斷遭受空襲，而完稿於南京，時當民國三十六年春。時代鉅變，給予他論證上的啓示，正如我之寫這部「中國歌謠論」一樣，有好多血淚的感受。

母歌自催眠曲開始。

嬰兒期的睡眠，是十分重要的。人生當此搖籃階段，其生活特徵，只是吃奶和睡眠，吃飽了睡，睡醒了吃。健康的孩子，良好的母乳——意思是奶水充足而又有營養的，孩子吃一頓，剛好供應他身體發育上的需要，他一定甜甜睡上四個鐘頭。一醒，腹中的乳水已消化完了，有飢餓感，這時，媽媽的乳房剛好蓄滿奶汁，十分膨脹，於是，一頓授乳，母子都得到舒暢了。如果母乳分泌不够，或身體疾病而致奶水變質，那就不是這樣了。將使嬰兒不够飽，因而不能一次酣睡四小時，或是影響其正常發育。諺語常謂「猪娘壯，猪兒壯」，卽喻說此種狀態。嬰兒就乳，媽媽親着他，眞是一副天使畫圖，宇宙間還有比這更美的事麼。嬰兒充分而快暢的睡眠，全取決於母乳的質量。嬰兒睡眠，須是十足酣睡。只要吃奶時醒那麼一會兒。大多數的嬰兒，總是奶還未吃完，他就含着奶頭，舌頭本能的吮咂着，而早已睡着了。「中國母親底書」說：

據現代生理心理學家斷定：嬰兒腦海的生長，迅速驚人。他與成年人比較，成年人腦子生長的速度，僅爲嬰兒小腦子發展速度的千分之一。由此可見嬰兒底精神生活，無形中是何等地吃力；因爲他所以迅速地生長，是爲了力求適應這個新生的環境。大人因此應當懂得：第一、要給嬰兒預備下安全淸靜的環境，使他底發展，毫無阻礙。第二、要用妥善的方法，把他底發展納之於正規之內。總之，一個人一生底成就之型，可以說已定之於搖籃之內。

凡按，中國諺語本有「搖籃裏定終身」之說。

一兩個月的嬰兒，小臉上已有了哭笑的表情。這時期，媽媽的催眠曲，是他人生最初聽得入神，受其撫慰，感到激勉的歌聲，小心靈上已經聽熟了，聽慣了，聽得非常的舒服了，引致起全生命韻律的波動，而迅速進入沉靜的睡眠。

我兒子睡覺了，我花兒睏覺了，我花兒把卜了。
我花兒是個乖兒子，我花兒是個哄人精。（北平）

常惠錄。並說「把卜」不知何意，有人謂係蒙語。蒙古人也不知道。後在「兒女英雄傳」第二十回見有「罷卜着睡」，或許是小孩含着奶頭睡覺，叫做罷卜。英文 Pap 是乳的意思，倒也相近。

倭倭來，倭倭來，阿拉囝囝睏熟來。（浙江寧波）

「歌謠周刊」，盧前抄本所錄。

乃明代倭奴入寇，傳流下來。亦如三國時代的史實，「太平御覽」卷二七九，引「魏略」云：「張遼爲孫權所圍，遼潰圍出，復入，權衆破走，由是威震江東。兒啼不肯止者，其父母以遼恐之。」如此之嚇唬着孩子，又呵哄着他，浙江建德、桐廬的兒歌，有這麼一個例，進一層分析，也與倭奴有關：

寶貝不要叫，當心燒炭老，

寶貝不要哭，當心燒炭客，
媽媽痛痛小寶寶，快快睡覺覺。

這一帶地方，叫燒炭工人爲燒炭老，他們生活苦，勇敢好鬪，鄉人懼之，因有此催眠歌。見裔坻「浙江一帶的燒炭工人」，載民國二十五年一月「東方雜誌」二十三卷二號。

明代沿海的倭奴入侵，爲患兩百年，浙江老百姓之抗倭，以處州（今麗水一帶）坑兵最勇，參加抗戰最早，犧牲也最慘烈。坑兵也就是這些苦巴巴的燒炭老和礦工。

娃娃娃娃乖乖，睡着醒來唔奶奶。（甘肅臨洮）

王樹民錄。以下兩首也是。

娃娃娃娃睡醒醒，睡着醒來吃餅餅。

娃娃娃娃要睡哩，誰人打攪下瞌睡是有罪哩。

孩子大了，催眠曲的詞句，就得擴充內容了。像是：

楊樹葉兒嘩啦啦，小孩兒睡覺找他媽，
乖乖寶貝兒你睡罷，麻鬍子來了我打他。（北平）

麻鬍子，俗謂騙拐小孩的人，南方也有此說。或謂此係昔時胡人南侵，所留下的痕跡。淸、翟灝「通俗編、狀貌」：『「朝野僉載」：「石勒以麻秋爲帥，秋，胡人，暴戾好殺，國人畏之。市有兒啼，母輒恐之曰麻胡來，啼聲遂絕，至今以爲故事。」「大業拾遺記」：「煬帝將幸江都，令將軍麻胡濬河，胡虐用其民，百姓惴慄，常呼其名以恐小兒，或夜啼不止，呼麻胡來，應聲止。」「資暇錄」：「麻名祜，轉祜爲胡。」楊文公「談苑」：「馮暉爲靈武節度使，有威名，羌戎畏服，號麻胡，以其面有點子也。」「野客叢書」引「會稽錄」：「會稽有鬼號麻胡，好食小兒腦，遂以恐小兒。」按數說各殊，未定孰是？今但以形狀醜駁視不分明曰麻胡，而轉胡音爲呼。」

說麻鬍子要拐小孩、捉小孩的話頭，是我們人人兒時都熟知的事。魏子雲說，在他家鄉安徽宿縣，有這麼一首兒歌，音調很重促，一口氣唸出，歌前且有四短句說白，以恐嚇孩子們：

（白）別哭，別哭，看看，來啦——

紅眼睛，綠鼻子，長着四個毛蹄子，

走路拍拍響，專吃哭孩子。

在孩子印象裏，這麻鬍子，乃是一隻可怕的怪獸。

搖檳榔，來相請。（臺灣）

搖金子，搖銀子，搖猪脚，搖大餅，

噢噢瞌睡睡，山裏下來個老道道，

頭上戴個草帽帽，腰裏緊個草要要。（陝西安定）

搖啊搖，搖到外婆橋，外婆留我吃糖糕，

糖蘸蘸，多吃塊；鹽蘸蘸，少吃塊。

外婆留我堂前坐，舅母留我竈前蹲，

蹲啊蹲，一碗飯兒冷氷氷，一雙筷兒水泠泠；
煎勒鯗，尾巴焦，一塊肉兒肥拖拖。（杭州）

外婆對外孫的疼愛，是我們人人所終身感念難忘的事。「搖到外婆橋」起興的兒歌，所以各地特多。這首歌，大人守在搖籃旁唱。當孩子長大，自己能唱歌的時候，也仍然喜歡唱它。因而，它已非純粹的搖籃曲了。

對於兒童保育，更有及於各樣事物的母歌。如：

鼠兒吱吱叫，我要睡覺了。（安徽）
貓兒眼像線，我要吃飯了；
鷄兒喔喔啼，我要起來了；

狗出驚，貓出驚，囝囝勿出驚。（浙江紹興）
啐，啐，啐！

鬥鬥蟲，蟲蟲飛，
飛到高山去吃白米。（江蘇武進）
伍稼青釋：大人握小孩兩手，以食指頻頻接觸時，唱此歌。

娃娃娃娃你勿哭，我給你買個大葫蘆。（甘肅臨洮）

揹玀　，賣玀玀，賣到奉化買泥螺。

「歌謠周刊」載盧前抄本。玀玀，俗呼狗聲。揹着小孩唱此歌，嬉戲他，就轉以玀玀來叫小孩子。小孩跟狗兒，彼此無有不喜歡相好的。

鷄公鷄大哥，

白天我替你痾，晚夕你替我痾。（川東）

小孩遺尿，媽媽於夜睡時，抱起他與公鷄作揖，唱此歌。

大胖子，二瘦子，三長子，四矮子，五駝子；

巴掌心，鐵門坎；江家灣，疙瘩灣；

挑水擔，喉嚨管，衣服碗；

聞香氣，兩條龍；聽四排，上樓臺；

前腦殼，後腦殼，頂命囟，三栗殼。（四川）

頭五句，喻手指。門坎，指脈門。江家灣，手腕。疙瘩灣，脅下。挑水擔，肩。衣飯碗，嘴。兩條龍，眼。上樓臺，額。頂命囟，小兒前頂跳動之處。三栗殼，是逗笑他，大人彎曲手指敲其額骨之謂。

此歌，在使孩子認識自己的身體，又附帶說到生活事物，是各地兒歌普遍唱說的主題，扶其兩手，邊唱邊指點摩撫之。

拍拍胸，不傷風；拍拍背，不傷肺。

前拍拍，後拍拍，伢伢洗澡不受嚇。（湖北）

嬰孩洗澡時，母親撫慰，使勿啼哭的歌。

疙瘩疙瘩散散，別教姥姥看見。

民國、河北「昌黎縣志」卷五錄謠。小兒傾跌頭腫，母與姑姊等，皆誦此歌，以減其痛。

疤散疤散，莫等媽媽看。（四川）

小孩摔傷，爲止他啼哭，吐口水於掌中，輕擦他患處，唸此謠歌。

孩子周歲後，搖搖學步的時候，母歌的內容就更見擴張。

擺擺手，家家走，不殺鷄，就打酒。（湖北武昌）

湖北稱外公爲家公，外婆爲家家，又引伸而稱外家爲家家。

馬來了，牛來了，張家大姐回來了。

馬去了，牛去了，張家大姐回去了。（湖北武昌）

一拍拍掌，二拍拍胸，三絞絞，四拉弓，

五搓陀，六硼硼。高拱手，低作揖，

戴金花，喝御酒，

相公腰裏有，有！有！有。（湖北武昌）

抱小兒於膝，持其雙手，邊唱邊做這些動作。外孫儀儀，十個月時，這是我唱給她聽的第一首兒歌。每唱完一遍，她都拉我雙手，還要這樣唱做。

這三首歌，先母常唱給我兄弟姊妹伙聽，都是當我們兒時聽得懂媽媽的話，而自己也漸漸學會說話的時際。

貼碑兒，貼碑兒，靠背兒，貼碑兒，
長大，成人兒。（北平）

齊鐵恨釋：小兒剛學站，大人教其貼壁直立，一面說這禱祝的話。

從兒時直到老年，人生之站立，挺直腰板，這實在是一樁很重要的事。

跛大仙，上時堰，買燒餅。
時堰燒餅好吃性，帶個奶奶嘗嘗新。
奶奶吃了腰不痛，孩兒吃了打登登，
姑娘吃了描花朵，相公吃了讀文章。（江蘇泰興）

時堰，地名。抱小孩時所唱，讓孩子立於膝上，逗他聽，逗他笑。

小小蟲兒飛，麻雀剝剝皮，醬油蘸蘸好東西，
小姨娘吃了，明年再來嬉。（浙江餘姚）

抱小兒於膝，唱時，拿他兩手，使其兩食指相對，一開一合，做出鳥飛的樣子。

挨哪挨！載米載栗來飼鷄。
飼鷄好叫更，飼狗好吠暝。
飼後生，養老爸，飼雛兒，他人的。（福建思明）

慈母嬉兒時所唱。母子兩人手指交叉，一往一復，好似舵工搖櫓。

我的兒，我的姣，三年不見，長的這麼高！
騎着我的馬，拿着我的刀，
扛着我的案板，賣切糕。（北平）

本是騎馬拿刀的，則爲上層社會人士，却又扛案板，賣切糕了。順乎兒童心眼來描述，對於那騎馬高高在上，和這賣切糕薄利爲生的小販，都同樣感到興味，並不有什麼尊卑高下之分。

嘡嘡鼓，打上坡，三歲娃兒會唱歌，
不是爹娘敎會我，自己聰明記得多。（四川）

此顯示，孩子們對於唱歌的能耐和喜愛。

二　童話世界

童話世界者，從兒童心眼觀察、感受、辨識宇宙人生之謂。兒歌中，屬於童話世界的主題者特多。由於這種情趣，孩子們的心智與感情皆得到發展，因而對萬事萬物，充滿了無限的愛美，正是

「福從讚歎生」。先說，孩子們跟植物打交道的。

三歲老小快活多，出門要唱好山歌，
手裏拿個金彈子，百花園裏打鷯哥。
打着鷯哥惱起來，芙蓉花留我吃三杯，
芍藥牡丹相陪坐，金雀花篩酒海棠陪。（江蘇無錫）

老小，謂小孩。老字在此詞彙中，非年老意，乃爲語助，是老大老二、老張老李的老字之用法。伍稼青說，常州也有此語詞，而或更顚倒，說做「小老」。

牡丹花有病在房中，金銀花連夜請郎中，
請梅花來診病，請桃花來寫方，
山茶花點火忙煑藥。隔紗窗望見海棠花，
鷄冠花憂來眉頭皺，石榴花哭得眼睛紅，
茉莉花戴孝來穿白，木香花戴孝到如今。（蘇州）

梁山頭上掛竹爿，兩條青蟲顚倒爬，
爬來爬去啣青草，青草開花結牡丹。
牡丹姐，要嫁人，石榴姐，做媒人。
媒人到，十八樣，轎子到，哭爺娘。

爺哭三聲就上轎，娘哭三聲就動身。
進客堂來，香案登登；進新房來，紅綠牽巾。
暖房夜飯燉熱酒，新娘子衣裳蓋啦兩橫頭，
新官人三蓬頭辮線拖到脚跟頭，
新娘子臂膊彎彎做枕頭。（民國、江蘇「川沙縣志」卷十四錄）

石榴花兒的姐，茉莉花兒的郎。
芙蓉花的帳子掛滿牀，
芝蘭花兒的被，繡球花的枕頭鬧嚷嚷；
秋香海棠來掃地，
虞美人的姑娘進繡房，一走走到門帘帳。
臉擦銀花兒香，嘴點蓮花瓣兒香，
走一步，萬花兒香，走兩步，玫瑰露香；
走三步，進花園兒，指甲草兒串枝蓮兒。（北平）

棗兒樹，彎枝兒，底下坐個好女兒。
小白臉，紅嘴唇，毛藍布衫粉紅裙。

棗兒愛她長得妙，離了枝兒往下掉，
掉下她的小嘴裏，
吞了肉，吃了皮，剩下骨頭在草裏。（河南）

再看動物在童心中爲如何。

菜子開花黃了黃，田頭青娃死了娘，
蝦子拱背當孝子，黃鱔出來哭姑娘。
螃蟹脚多來幫助，泥鰍溜溜兩頭忙，
有那烏龜膽子大，揹起羅盤當陰陽。（江蘇溧陽）

螺螄經，唸給衆人聽，日裏沿沙走，夜裏宿河村。
撞着村裏人，一個一個捉我們，
九十九個親生子，連娘一百下湯鍋。
吃我肉，把針戮，捉我殼，丟在壁角落。
雞爬爬，嚮碌碌，善人見了眼淚落。（浙江）

小虮蜡，土裏生，豆葉底下停着靈，
一對白蛾來弔孝，一羣河馬來唸經，

氣的蚱蜢亂地跳，哭的知了不住聲。（河北柏鄉）

青草窩裏小螳螂，一心要娶紡織娘，
先請蜜蜂去說媒，再請蠶娘縫衣裳；
螢火蟲雙雙來高照，金鈴兒奏樂娶新娘，
蚊子唱的文星曲，蒼蠅吹簫引洞房，
多小蛇蟲螞蟻來賀喜，都來恭賀小螳螂。（陝西長安）

小毛蟲，枝上留，蝴蝶一見便回頭。
毛蟲罵道：「不害羞！
你的小時候，容貌和我一樣醜。」（陝西郃陽）

跳蚤有做開典當，癟蝨強要做朝奉，
白蝨來當破衣裳，跳蚤白蝨打起來。
白蝨說：「你這尖嘴黑殼，東戮西戮，
惹起禍來連我一道捉。」
跳蚤說：「你這小頭大肚皮，說話無情理，
自家爬得慢，倒要怪我小兄弟。」（蘇州）

乞丐跟蝨子、跳蚤結不解緣。此外，要非生活動亂，長途旅行，窮鄉僻壤，人們好久不洗澡，身上有了除不盡的蝨子，那總是有點丟臉的事。孩子心目中，可不問這些。於是，「老鼠過街」，本是「人人喊打」的，也就更在童話世界裏，成爲孩子們的朋友了。

小老鼠，上穀穗，掉下來，沒有氣，
大老鼠哭，小老鼠叫，
一羣蛤蟆來弔孝，嘓呱好熱鬧。（民國、河北「景縣志」卷六錄）

上鼓樓臺，下鼓樓臺，張家媽媽倒茶來，
茶也香，酒也香，十八個駱駝駝衣裳，
駝不動，叫麻螂，
麻蛐麻螂噴口水，噴到小姐花褲腿。
小姐小姐你別惱，明天後天車來到，
什麼車？紅轂轤轎車白馬拉。
裏頭坐着俏人家，灰鼠皮襖銀鼠褂，
對子荷包小針扎。
巴着車轅問阿哥，阿哥阿哥你上哪？
我到南邊瞧親家，瞧完親家到我家。

我家沒別的，韃子餑餑和奶茶，
許你吃，不許你拿，燙你小狗兒的大門牙。（北平）

此歌有九點分析：1.起興高朗。2.茶香、酒香，見人情殷懃熱誠。3.十八個駱駝駝衣裳，示生活富泰。駱駝結隊而行，是北平城鄉所常見的事物。4.大駱駝不動轉而叫小昆蟲，未免不合邏輯，正因此，見童心肫懇的情思。5.蝲蝲噴口水，而引起小姐，有奇峯突出之感。6.俏人家，自是有女同車了。7.問阿哥句，小孩說話形象如見。8.親家，兒女親家嗎？似乎不是。最親密的人，也稱親家的。9.末句，嘲謔語，出自阿哥之口，俏人家始終沒講一句話。那小姐呢？只在此歌前半截。後半截，沒有她的角色，她並未坐上車來。總之，仔細體味的話，這首兒歌還有可供分析之點。

小黃狗，你看家，我到南園去栽花，
一朵花未栽了，雙雙媒人到我家。
刷刷外鍋燒壺茶，刷刷裏鍋炒芝麻，
芝麻芝麻你莫炸，我與媒人說句話，
芝麻芝麻你莫動，我把媒人朝前送一送。（江蘇淮安）

沒有雞蛋抱小雞兒，鴨蛋拾到雞窩兒裏，
抱了二十整八天，鴨鴨兒出哩齊齊兒哩。
「我說，領出牠傻傻吧，它見那水坑兒親親兒哩。

——鴨鴨兒，你出來吧，回頭水深淹死你。」
「鷄嘴尖，鴨嘴齊，你不是俺娘，你是俺姨。」
老鷄落下傷心淚：
「我皆爲你，潑嘴老鴰打過架兒，
我跟貍貓對過敵，花狗抓我哩老臉皮。」（河南開封）

優優，即遊遊。皆爲，即因爲。末句「哩」字乃「的」字意。

豈止昆蟲、花草、鷄鴨進入了童話世界，宇宙萬事萬物，都是孩子心目中可親近的朋友。像是：

月太太，下來吃夜飯！
嘸啥小菜，蘿蔔乾咾臭鹹蛋。（民國、江蘇「川沙縣志」卷十四錄）

這跟一般的「月光光」，但爲人們向上天祈福的那種歌唱，大異其趣。

熱頭哥，熱頭哥，烙了兩頁油饃饃，
你吃着，我晒着，陽窪角落裏炒菜着，
你一盆，我一碗，吃上脹死我不管。（甘肅臨洮）

王樹民錄。俗呼太陽爲熱頭，依孩子心眼，復暱稱之。頁爲個的意思。陽窪，爲陽光聚射處之意。三着字，使事態鮮活如見。在陝甘口語裏，着字之爲助動詞，特有一番輕逸飄揚的意味。

小金魚，口噙香，搖搖擺擺過大江。

我問金魚那裏去？東海岸裏朝玉皇。
玉皇爺，會舖雲，雲彩低下蓮花盆，
蓮花開哩千千朵，燒香補火都是我。（河南輝縣）

呵欠打我們前過，板凳叫我穩穩坐，
搭板叫我脫花鞋，枕頭叫我這裏來，
被窩叫我搗搗嘴，褥子叫我伸伸腿。（湖北）

姚青述。五十年前正規的木牀，除牀凳、牀板或牀棚子之外，還有牀架子，供掛帳之用。牀架子前必附屬有三寸高，一尺五寸寬，八尺長的搭板，搭板兩頭，各配置一個高約二尺的牀頭櫃。搭板是放鞋子用的。此歌，描述兒童睡意深沉的種種意象。

三 人生孺慕之情

兒童，須其父母兄姊、叔伯、姑舅、諸姨與爺爺奶奶、外公外婆們的保育、提攜、撫愛，纔得逐漸長大，而以無限愛心擁抱這個世界，準備投身社會。從搖籃時期開始，孩子們最先認識的，自然是媽媽，而後及於家人戚友。兩三歲年紀，即已對人倫關係有了自自然然的體認，父慈子孝，兄友弟恭的德行，已用不着耳提面命的教訓了。人們但一囘憶少小年紀，長上們的厚愛，誰能不起一份深深感恩懷德之情。「孟子、萬章」篇：「大孝終身慕父母。五十而慕者，予於大舜見之矣。」於此，略述人倫關係的兒歌。

小板凳，你莫歪，讓我爹爹坐下來。
我替爹爹搥搥背，爹爹叫我好乖乖，
我敬爹爹一杯茶，爹爹賞個玉蝦蟆。（湖南長沙）

小板牀，四柱腿，我跟奶奶說個嘴，
奶奶嫌我吵的嘴，我跟奶奶做碗湯，
爹吃一碗，娘吃一碗，
剩下一點，給小三吃了罷。（河北束鹿）

祖孫間，「老小，老小」，情趣如見。

梁山頭上一隻羊，遠往松江糴米糧，
大斗量來小斗糶，升籮頭上養爹娘，
爹娘養我能長大，我養爹娘那得長？（民國、江蘇「川沙縣志」卷十四錄）

小雀小雀毛兒髩，公公犂地媳婦耙，小女婿打珂拉。
走路的，別笑話，俺是親爹三。（民國、河北「大名縣志」卷二十二錄）

髩，音乍，多毛貌。打珂拉，大名、郭海清兒釋：「珂拉係表音借字，卽土塊。左傳僖公二十三年，載晉文公逃亡時事——出於五鹿，乞食於野人，野人與之塊。」

白鶴仔，企長檯。金打檳榔銀匣載，
爹媽有錢唔敢開，大舅有錢開匣睇，
打扮姑姑嫁秀才。（廣州）

冇，無。唔，不。睇，看。

阿花咪咪，今朝初一。買斤地栗，望望大姨，
大姨長，大姨短，大姨頭上套隻碗。（浙江嘉興）

阿花，指貓，興起。地栗，荸薺。長短，謂話短長。末句抒情，且爲尾興，又帶嬉譃意。

搖搖搖，搖到石頭橋，石頭橋，一樹小櫻桃。
小櫻桃，長的好，紅裙披綠襖，
小櫻桃，你是誰？我是你的小寶寶。（陝西長安）

全歌重點落於末句。兒童以得長上疼愛爲喜。

我哩乖，我哩姣，不吃麻糖買糖糕。
我的親，我的人，搖錢樹，聚寶盆，
金鑾殿，午朝門。（河南百泉）

親子情誼，呼聲可聞。末四句，述望子成龍的心願，言之簡切。

石榴開花夜夜黃，東邊來個小姑娘，
告訴爹，爹做一聲，告訴媽，媽做一聲，
告訴大哥，大哥做一聲，
告訴二哥，二哥做一聲，
告訴小哥，小哥手拿筆墨硯池開：
么妹八月十五生，同年同月同日同時生。（湖北武昌）

先母述。做聲，江漢語詞，答話貌。

蜘蛛網白老老窩，親娘養我姊妹多。
大姐姐把丹陽，二姐姐把金壇，
三姐把在漁船上。
上船蜴破鞋尖，下船掃破羅裙邊，
吃煞格苦，搖煞格櫓，剪掉頭髮做尼姑。
不怪娘，不怪爺，只怪媒人絕三代，
吃我家豆豆飯，黑心爛肚腸。（江蘇丹陽）

林宗禮錄。把，許嫁之謂。格，個字意，又兼語助。

杜梨兒樹嘩喇喇，我家大姐嫁人家。

借個剪子鉸紅布，借個騾子送媳婦，
一送送到北京城，哥哥嫂子都來迎。
哥哥穿件大綠襖，嫂子穿件大綠裙，
大綠裙上一對兒鵝，嘻嘻哈哈渡大河；
大河對過兒媳婦多，不紡紗來盡唱歌，
一天唱不到半斤米，不够婆婆餵小鵝。
小鵝兒下個蛋，吃一半，留一半，
留給孩子當頓飯。（北平）

四　兒歌源流久長之一例

1

金銀花，十二朵，大姨媽，來接我；
猪拿柴，狗燒火，貓兒煑飯笑死我。（湖北武昌）

這首兒歌，小時候，我唱得極熟。當民國三四年，出身鄉下的曾祖母和祖母，都唱給我聽過。老媽子艾婆，大人們喜歡說她自小「由四川坐鹽船，被拐賣到湖北來的」，也這樣教我。母親是武昌城裏長大的，則從外祖母所熟知的江漢謠俗生活傳統，而熟悉這首兒歌。後來，我長大了，不再唱這歌，却總忘不了末三句的好情趣。民國二十年前後，每自北方回故鄉，還常聽到孩子們唱說，這七句歌詞並未走樣。

宋、趙德麟「侯鯖錄」卷六：「南京人家，掘得一石，上有字可考云：猪拾柴，狗燒火，野狐掃地請客坐。不知是何等語也？」

趙德麟是北宋人，約當司馬光（一〇一九——一〇八六）王安石（一〇二一——一〇八六）那個時代。他所說的南京，並非今之南京，今南京其時名建康。宋太祖卽位之初，以大梁（今開封）爲東京，洛陽爲西京，其後眞宗建宋州（今河南商邱）爲南京，仁宗以河北大名爲北京。四京的建置，都當趙德麟未出生之前。

這三句話，若爲讖緯之說，趙德麟應有所論斷。是兒歌嗎？他怎不曉得？他縱然是趙家宗室，生於王府內院，按他撰「侯鯖錄」的博聞多識，不會說不了然社會謠俗生活吧？這是很可推究的。按下這些問題暫且不說，這三句話頭，很可能在唐宋之際，就流傳南北各地了。

檢閱民國以來各地的歌謠集子，我所見，雖不太完全，其以這三句話的意趣爲主的兒歌，已得二十九首。這首兒歌，流傳南北各地，因其起興不同，常教我們誤認了，以爲它是「月光光」，「排排坐」，「搖搖船」，「天上星」，「狼來了、虎來了」之類。由於一首歌謠的結構，無不流動性很大，它忽而天，忽而地，聽到上句，每每難以猜測，它會接續起怎樣的下句來？此所以，每一首歌謠之命名，古今都採取了三百篇的辦法，但以首句或首句中的頭兩字名篇。把這二十九首兒歌綜合排比看來，纔發現通是以北宋時代南京（今河南商邱）人家石刻的那三句話頭，爲其描述情味的中心。

2

排排坐，吃果果。猪拉柴，狗燒火，

貓兒端凳姑婆坐，阿崩吹簫送姑婆。（廣州）

阿崩，缺嘴人也。

3

烟子烟，烟上天，紅羅裙，紫羅邊，

大姐採花邊；花邊破，菱角糯。

猪打柴，狗推磨，貓貓挑起橋上過；

猪拉柴，狗燒火，貓兒煑飯笑死我。

4

排排坐，請媒哥，媒哥格家裏笑話多：

貓燒火，狗推磨，老鼠端凳客人坐，

你勿坐，我勿坐，拿起尖刀割耳朵。（江蘇武進）

5

點點呵呵，田少屋多，
貓兒吃飯，老鼠唱歌。（湖南新化）

6

點點啊啊，毛廁拖拖，
貓兒吃飯，老鼠唱歌。（湖北武昌）

7

公鷄推磑母鷄簸，鷄娃跟上吃麥顆，
狗做飯，貓燒火，老鼠開門嚇死我。（陝西白水）

8

月光光，柯樹背，
狐狸燒火貓炒菜，鷄公挨礱狗踏碓，
踏口起，喊阿姊，阿姊打開園門採新菜，
採一披，送滿姨，採一把，送哀姐，
哀姐沒馬囘，囘到一隻爛草鞋，

拿來着，着壞脚，眞眞大罪惡。（福建永定）

馬，什麼意。

9

細脚女裏雙蹈對，打開籬門拗青菜。
青菜高，高嶺背，嶺背擔柴嶺背歇；
鵝擔水，鴨洗菜，狐狸便飯貓分菜。
猴仔上樹拗燥枝，拗一枝，燒一枝，
燒得新人烏凄凄。（福建長汀）

對，是舂米的杵。便，作煮字解。結語在嘲新婦。

10

狼打柴，狗燒火，貓子洗臉蒸餑餑，
鴨子挑水鱉啦脚。（山東）

11

天上星，地下釘，丁丁當當掛油瓶，
油瓶破，兩半個。猪銜草，狗牽磨，

猴子挑水井上坐。鷄淘米，貓燒鍋，
老鼠開門笑呵呵。（四川）

12

天上一個星，地下一個窩，
香香草，掛油瓶，油瓶破，兩半個。
狗打水，貓燒火，公鷄打一個噴，
嚇得老鼠關煞門。（浙江）

13

螢火仔，入竹筒，竹筒竹，馬猪歸。
猪劈柴，狗燒火，貓兒擔水井頭坐，
鴨母耙田鷄唱歌。（福建）

14

搖搖船，擺擺渡，絲網船，海裏過。
貓上灶，狗燒火，猢猻掃地朝南坐。（蘇州）

15

皇天錯，狗拉磨，猴子挑水笑哈哈，
公鷄洗碗打破盆，嘰嘰咯咯笑煞人。

應係江南地區的。首語「皇天錯」，奇。

16

狼來啦，虎來啦，老和尙揹着鼓來了。
狼抱柴，虎燒火，老和尙上炕貼餑餑，
豁，豁，豁！我們孩子睡着啲。（民國、河北「香河縣志」卷五錄）

是催眠曲。前三句，本爲另一母題的謠歌。

17

月光光，樹頭背，鷄公礱穀狗踏碓，
狐狸燒火貓炒菜，田鷄食飯脚懶懶，
老虎上山拗苦柴。

18

月光公公，提隻鷄籠，孵出鷄仔，盡是鷄公。
鷄公打米鷄婆簛，鷄仔哩篩米灑灑落。
老鴉擔水橋上過，老鼠蒸飯粒粒熟，
貓兒燒水狗熱鍋。（江西安福）

王禮錫錄。載「歌謠周刊」一卷二十三號。簛，音斯，可以去粗取細的竹器。

19

正月去，二月歸，歸來羅鴉毛點水，
羅鴉揭水鴨洗菜，狐狸炒菜熝疤啄。（廣東梅縣）

揭，擔負也。熝，燙傷也。疤，肉潰也。熝疤啄，謂傷口肉潰爛。

20

白飯子，白珍珠，打扮小郎去讀書，
正月去，二月歸，
開擔籮篙等嫂歸，歸來花缸磨點水。
鵝開水，鴨洗菜，鷄公礱穀狗踏碓，
狐狸燒火貓炒菜，猴哥偷食綠巴僟。（廣東梅縣）

開，挑物意。踏碓，舂米也。熓，熱也，灼也。巴，爛也。㗘，口也。跟上一首關係很近，敍事各有繁簡不同。末句「熓巴㗘」與上首的「燻疤豚」，本係同一事物，只是方言用字不準，以致寫差離了。

21

石螺子，石板蓋，鷄公礱穀狗踏碓，
蟾蜍燒火貓冶菜。（廣東客家）

冶菜，謂偸菜食。

22

公鷄花，十八朵，你老娘，坑害我，
鷄搆柴，狗湊火，毛麋煑飯不留我。（雲南安甯）

23

狼打柴來狗燒火，兎兒跳者鍋裏揑饃饃。
尕的妹陰魂不散夥，

24

心上的話，睡夢兒裏說。（甘肅「花兒」）

狼打柴，狗燒火，貓兒上炕捏窩窩。
捏下三個好窩窩，你一個，我一個，
該咱放羊老兒丟一個。（山西）

25

一顆星，二顆星，高高山上掛油瓶，
狗打水，貓燒鍋，兎子洗手捏窩窩。
捏的大，老婆罵，捏的小，老婆一口搗了撈，
捏的方，給老婆做麵筐，
捏的長，給老婆做大牀。（山東）

26

貓來了，狗來了，貓兒肩個狗來了。
狼燒火，虎抱柴，小貓作餑餑。
「作了多少個？」「兩簸籮。」
「兩籮也不够，」「煮上個猪頭。」
「煮頭沒有眼，」「煮上兩小碗。」

「小碗沒底兒，」「煮上點米兒。」
「米兒沒糠兒，」「煮上點薑兒。」
「薑兒又辣，」「不煮就罷。」（河北唐山）

27

紅花女，坐花牀，花船破，泥裏臥。
猪拉柴，狗燒火，貓上灶，揑窩窩。
一揑揑了七八個，張大哥，李大哥，
請你到我屋裏吃窩窩，一連吃了七八個。
張大哥，李大哥，請你們少吃個，
給放牛娃留一個。放牛娃囘來了！
媽媽，窩窩咧？窩窩被貓吃了。
貓咧？貓上山了。山咧？山被雪蓋了。
雪咧？雪化水了。水咧？水和泥了。
泥咧？泥搪牆了。牆咧？牆被猪拱了。
猪咧？猪殺吃了。猪皮咧？猪皮蒙了鼓了。
鼓咧？鼓打破了。鼓楂咧？鼓楂燒灰羼了大路，

馬家坊，李家莊，你去找去。（湖北竹谿）

參見第二章「論結構」第八節青海兒歌，第四章第十節河北安國兒歌。

28

胡蘿蔔尖兒，跳花山兒，花山沒。
驢推磨，狼抱柴，狗燒火，
貓兒洗手，上炕捻餑餑，你一個，我一個，
剩下一個留給他二哥。
大哥呢？上樹了。樹呢？鐍刨了。
鐍呢？小媳婦換棗兒吃了。棗核兒呢？水冲了。
水呢？和泥了。泥呢？砌牆了。
牆呢？豬拱了。豬呢？剝皮了。
皮呢？黏鼓了。鼓呢？小孩兒打破了。（陝西）

此係常惠兒時所習唱，載「歌謠周刊」十一號。此歌後半的連鎖，歸結於兒童自己，妙。

29

梁山頭上掛尖刀，尖刀落在雙板橋。
花花娘子揷仔兩朵珠花飄咾飄。

一朵落在河裏去，請儂搖船哥哥撩一撩。
問伊住在那搭塊？
門前三棵高楊樹，後頭一個木香棚。
木香棚底下一根繩，送撥儂搖船哥哥做仔櫓棚繩。
日裏搖船鸚哥叫，夜裏搖船櫓棚霜。
搖來搖去搖着一隻大雄鵝，拿去望舅婆。
舅婆不能轉家裏，拿去望阿爹。
阿爹人淘多，貓燒火，狗拾柴，猢猻掃地，
老蛤𧊅開門笑煞客人家。（民國、江蘇「川沙縣志」卷十四錄）

綜合這二十九首兒歌來看：

一、皆沿着宋代「猪拾柴，狗燒火」的正格，更拉進了貓、猪、老鼠、鷄鴨、鵝、老鴉、猴、兎、虎、狼、狐狸、鹿、驢、青蛙、蟾蜍，加以起興不同，地方生活背景不相一致，而顯出了差異。

二、有的變化，越出了這個正格。8 25已變易了主題，26 27更變得將主題歸屬於起興的意趣，全首乃成爲連鎖歌的形式。16爲催眠曲。這四首兒歌其所以不捨棄「猪拾柴，狗燒火」的句子，自因這一意趣，在童心裏，有着濃厚的興味之故。

三、5 6則是省略簡縮的結果。

四、這種意趣，在4 9 25裏，居於篇中之興的地位。

五、23乃是情歌裏，甘寧青的「花兒」，也扯上這種意趣來做了起興，足見其傳佈勢力之廣。

六、4 5 6 7 14 18裏，貓與老鼠和平相處，可眞是海水變酒了。

七、2 4確乎是排排坐的遊戲歌，只以唱出這番意趣，纔特別逗起了孩子們的情味。以2而論，共爲六句，前兩句爲「賦」，也是全歌的主題，其餘四句，竟全是「興」了。

八、這裏的排列分析，跟董作賓「看見她」的母題研究，不大相同，這兒是貓狗這種童話上的意趣，如3 8 9。

九、觀其自唐宋之際，人們初有這種意趣，將近一千年，各地兒歌裏，對之皆感濃厚興味。

十、連鎖歌，26 27 28風格很相近，這「貓狗」的意趣，是居於篇中之興的地位。29又不一樣了，每一連鎖環節，都有所描述，孩子坐在搖櫓的船裏，到舅家去，「貓燒火、狗拾柴」，乃是在尾興地位上給連綴起來的。不過，此首有些長句，太小的孩子不易唱。

又，客家更簡縮爲一條諺語來說：「狐狸燒火貓炒菜」，喻胡攪、或手段不高明之義。

五　流傳臺灣各地的一首兒歌及其藝術歌唱的實驗

游國謙「民謠與我」說：「天黑黑，欲落雨」這首流傳臺灣爲時最久，最受人歡迎的兒歌，目前已經因爲歌星們的爭相演唱，而變成了非常可愛的「成人童話」。其發源地，在中南部一帶。他舉出了十一例：

一、採自彰化、花壇一帶的：

天黑黑，欲落雨，夯鋤頭，淸水路，
淸着一尾鯽鯉魚欲娶某；
龜擔燈，鼈打鼓，蜻蜓舉旗喊艱苦，蟧蟹擔燈雙目吐，水蛙扛轎大腹肚，
一碗圓仔湯給你補。

二、採自屛東一帶的：

天黑黑，欲落雨，阿公舉鋤頭欲掘芋，
掘着一羣土虱魚作査某，鯽仔魚欲娶某，
蚊仔擔燈，戶蠅枚銃，
蜻蜓舉旗叫艱苦，水蛙扛轎扎到腹肚。

三、採自鳳山一帶的：

天黑黑，欲落雨，夯鋤頭，巡水路，
撞着一陣査某孫，齊齊十八歲，
梳龜仔鬃，戴鳳髻，舉烏骨仔烟吹，
托燕尾，舉白扇，使目尾，
脚帛雨，放烟水，木屐搭，印管仔粿。

四、採自嘉南平原、朴子一帶的：

天黑黑，欲落雨，公仔踏水車，婆仔舉戽杓，

厡着一尾三板茄，公仔欲煮鹹，
婆仔欲煮淡，翁婆相拍煩破鼎，
鼎片未曾刦，翁婆着相惜。

五、採自高雄一帶的：

天黑黑，欲落雨，老阿伯仔夯鋤頭，巡草埔，
巡着一尾鯽仔魚，趕緊提返來煮，
老阿姆仔愛食鹹，老阿伯愛食淡，
二個相拍撞破鼎，鼎片較慢刦，
尻川贊棉簣。

連橫「臺灣語典」：「穀道曰尻川。楚辭天問：崑崙縣圃，其尻安在？註：尻，脊骨盡處。山海經：倫山有獸似麋，其川在尾。郭璞註：川，竅也。」北方俗語謂溝子。

六、採自臺南一帶的：

天黑黑，欲落雨，夯鋤頭，宿草埔，
看着一陣雀鳥仔欲娶某，
蟳擔燈，蛇打鼓，水蛙扛轎叫艱苦，
刣鷄鷄仔細，刣鴨難把爈，
親家子兒濟。錢無收，做度啐，

匏仔同鞦韆，
買魚天就黑，買肉人禁屠，
買豆莢，水裏撈，買豆腐，爛糊糊。

七、採自彰化一帶的：
天黑黑，欲落雨，刣猪秉猪肚，
厎仔穿紅褲，乞食走無路，
走去竹脚邊乎狗哺。

八、在彰化一帶，也有另樣唱法的：
天黑黑，欲落雨，厎仔穿紅褲，
乞食走無路，和尙穿紅褲，
一靑盲的偸抱子撞無路。

九、採自臺北市郊下寮一帶的：
天黑黑，欲落雨，做田人舉鋤頭掘水路，
水蛙王，大腹肚，行路喚艱苦。
舉紅旗，打大鼓，做頭陣，去飼虎，
虎不食，走轉頭，爭破額。

十、游氏幼時，在臺北，聽人唱：

天黑黑，欲落雨，舉鋤頭，巡水路，
巡着鯽仔魚欲娶某，龜擔燈，鼈打鼓，
小卷夯銅熕，目賊放火弄，
尾蝶夯彩旗，蚊仔噴達知，
水蛙損轎雙目肚。

他特別指出，這十首兒歌，雖然內容大體一樣，但仔細唱起來，各有千秋。凡按，這些兒歌的用字、語趣，所描述的事物，皆是極濃厚的顯現了臺灣鄉土色彩，無怪乎引得遠適異國的鄉親感動無已。（參閱「序說」篇之八，三七頁）其同一主題，各地述說，格調活潑自由，句式變化，毫不拘束。値得注意的，乃是游氏會把這些兒歌——

擇其精華，改寫了一首，叫「鯽仔魚欲娶某」，由劉福助兒灌了唱片，但效果不佳。究其原因，還是因爲綜合性的唱法，難以表現各地的韻味。

游氏這個實驗心得很可貴。它證明了這種取精拔萃的辦法，用意雖然十分好，但因地方鄉土情味的黏著性太強了，太難以割裂了，還是不要輕易試之，聽其自然演變爲妙。他敍說這首兒歌的歌謠生活說：

時下流行的這首「天黑黑，欲落雨」的童謠，很難追究到底產自何地？只記得在我童年時期就已經相當流行。每到夏天午後時光，田裏的水都被晒熱的時候，魚兒都游上水面解熱，我們都帶着簸箕，約集三兩同伴到田裏撈魚。平常一撈，可以撈上幾斤。可是每當這個時候，也正是「天黑黑，欲落雨」的時候，我們會很天眞的，異口同聲的唱着：

天黑黑，欲落雨，阿公仔舉鋤頭欲掘芋，
掘仔掘，掘着一尾魚鰡鼓，
阿公欲煮鹹，阿媽欲煮淡，
兩個相拍共破鼎。

載民國五十九年六月五日，臺北「大衆日報」「民俗藝苑」第二期。

「天黑黑，欲落雨」這首兒歌，游氏所舉的前十首，都見於李獻璋「臺灣民間文學集」童謠篇。李書資料約係民國十八年前後蒐集。其興起，都作「天烏烏，欲落雨。」有一首，起興句現出變格：

出日落雨，刣猪秉猪肚，
瓩仔穿紅褲，乞食走無路，
走去竹脚邊給狗哺。（彰化）

則與游文之七，顯然本體上是同一首。李書中還有一首，游文未述及：

天烏烏，欲落雨，鯽仔魚欲娶某，
鮎鮘做媒人，土虱做查某，
水蛙扛轎大腹肚，蜻蜓舉旗叫艱苦。

游氏所舉例句，較之李獻璋所錄者，字句小有岐異；又，其末首未見於李書。攏共這一十三首，可看出此首兒歌四十年來的演變，正如上節所類舉的「猪拾柴，狗燒火」一樣。

六　訛傳與創化

兒童自兩三歲起，有了語言的能力，當他會唱上十首兒歌的時候，因爲語音的訛傳，意識的聯想等等作用，他會把大人敎給他的歌唱走了樣。也卽是說，孩子的知識有限，凡是他聽到的字眼，他只能從童心所熟知的，或是童話世界所幻想的事物上來了知。六七歲年紀，是孩子的心，好奇、多興趣、富幻想，也特具心智上最純然創造力的時際，而語音訛傳的情形仍然存在。胡懷琛「採訪民間歌謠之管見」，舉了個有趣的事例。

余幼居鄉，聞人口誦一歌：「風來了，雨來了，和尙揹了豆腐裏來了。」當時聞之，只覺其在可解不可解之間（字句雖可解，而不知其意之所在）。及後於某書見一歌，則云：「風來了，雨來了，禾塲揹了豆和穀來了。」始知現所見者，卽昔所聞者也，而末句因口傳訛讀，遂至與原意相差萬里矣。

所著「國學彙編」第三集，第四冊雜俎，一八頁。

其實，這種情形不一定是訛傳，也可看作是一種創化。當雷雨交加之際，如下面的歌，在兒童心理上湧現，就極見情趣：

風來了，雨來了，老和尙揹了鼓來了。

他把雷聲跟老和尙揹鼓的意象連綴在一起，比說天上有「雷公電母」的神話，就天眞得多了。

七　遊戲生活

孩子的心理，沒有一件事不好玩。兒歌多半有伴隨着的遊戲動作。小部份，是大人逗着孩子們玩的兒歌；絕大部份，自是孩子們自己遊戲所唱的兒歌。先舉前者的例。

研研胡椒，研研花椒，三個銅錢一大包。（杭州）

大人和小孩玩笑，唱時，額角對額角，作研胡椒的樣子。

拉大鋸，扯大鋸，姥姥家，唱大戲，
接姑娘，請女婿，小外孫兒也要去。
沒有好的給你吃：白米乾飯炸裏肌，
撐得沒地方兒拉屎去。（北平）

齊鐵恨錄。肌，或當寫作脊字，此謂猪背脊上的肉，俗稱裏肌肉，是肉中上品。大人和小兒對坐，雙手拉住，前後俯仰，作二人拉鋸形狀。

猜中指，打十五，拿篾來，穿老鼠。
老鼠穿得吱吱叫，養的兒子戴搭帽；
搭帽戴了幾十年，怎麼不還我的錢？（安徽合肥）

猜中指遊戲時所唱。伍稼青釋：「搭帽，即紅纓帽，係清代禮帽。帽頂披紅纓。冬春用暖帽，頂用緞，簷用呢絨或皮。夏秋用涼帽，無簷，形如覆釜，用紗胎或竹絲胎。余疑搭帽，最初應爲韃帽，後以韃字遭忌，改爲搭帽。」

打籮籮，爲籮籮，外婆家場上阿舅多，
阿舅阿舅，鞍子備到後頭，
你騎哩，它跳哩，一下摔到夾道裏。（青海）

拉着小孩兩手，來往推動，像使用籮篩，謂之打籮籮。

礱穀窸窣，大婆踏粄。無粄分，分個爛衫巾。
塘裏洗，井裏盪，盪得一條大鯉王，
頭仔拿來食，尾仔拿來討婆娘。
討個婆娘高天天，炊的飯仔臭火烟；
討個婆娘矮縮縮，炊的飯仔香馥馥。（廣東大埔）

窸窣，礱穀的聲音。大婆，老媽媽。粄，「中華新韻」云：「屑米餅。餅同。」井裏盪，洗而又洗之意。唱此歌時，大人分握小孩左右手，使其雙足站定，將身子或收或縱，以爲運動。

至於孩子們自己遊戲時所唱的歌，那眞是多得不亦樂乎。孩子們在一起，總是有說有笑，又唱又跳的。以下，也略舉幾例。

一抓金，二抓銀，三抓四抓抓茶葉，
五抓六抓抓個人。（湖南長沙）

捉迷藏或其他遊戲的抉擇歌。先由一人伸出手，向下張開五指；其餘的，每人伸出一指頭，頂在他的手心下，大家同時唱歌，唱到末句，張手的人迅速向下一抓，抓住那個，便該那個站出來。

搶上龍頭，龍頭有角；搶上龍腰，龍腰有刺；
搶上龍尾，烏龍有水。（安徽合肥）

孩子們結隊作搶龍遊戲時所唱。

柿子柿子幾個錢一個？三個錢兩個。
呵不呵得的？呵得的。
呵！——（湖北武昌）

呵，不用咀嚼的吃法，却與飲不同，此指吃軟柿子的形貌。羣兒團圈走動的歌，末句大家齊唱，搶步急行而散。

扯呀，扯呀，扯轂轆院哪，
家家兒錢上掛紅線哪，
紅線透哇，馬姑娘二十六哇。
穿紅襖哇，甩大袖哇，一甩甩到門後哇；
門後頭掛腰刀，腰刀尖兒，頂到天兒，
天打雷呀，希哩嘩啦一大回。（北平）

羣兒，拉手圍一圓圈，一邊作遊戲，一邊唱歌。

四金剛，抬蠟燭。一抬抬到天竺，吃碗冷粥；
一抬抬到洋壩頭，吃個藕把頭；
一抬抬到淸和坊，屁股燒得旺堂堂。（杭州）

天竺，洋壩頭，淸和坊，均杭州地名。藕把頭，藕梢。唱時，兩手作抬蠟燭的樣子。

董作賓「南陽的臘八粥」：兒童們得到花生、瓜子之類食物，就摹仿大人做飯、請客的動作。把食物擺在桌上，用小指頭當木柴，一伸一縮的作添柴燒鍋之勢。嘴唱：

呼呼，臘八粥，
豆兒爛，都吃飯，
你一碗，我一碗。

呼呼，形客風箱聲。唱末句時，把花生米放入半個花生殼內，送給小弟兄小姊妹們吃，一面也端一碗自己吃。這遊戲，我們家鄉小孩，沒有不會的。

載民國十四年一月「歌謠周刊」一卷七十五號。

棒棒瓤，棒棒草，帶過江南回頭跑，
收緊了，捏緊了，莫把花五禿子曉得了。（江蘇阜寧）

唐存政釋：棒棒瓤，梂莖的中心花。五禿子，明代阜寧西鄉的大盜。遊戲時，羣兒雙手反背，旋轉唱歌，一人手持棒棒瓤，密給他人，一人猜之，中，則猜者爲五花禿子。

是防盜的遊戲，又把鄉土歷史，人物褒貶，留下了痕跡。

小孩兒，小孩兒，跟我玩兒？
踢球，打嘎兒，帶拍毽兒，還去逛二閘兒。
吃了我的飯，喝了我的茶兒，
看你供嘎兒不供嘎兒？（北平）

齊鐵恨釋：打嘎兒，是種賭博的遊戲。嘎兒，是一個橄欖形兩頭尖的木橛兒，用一片木板切到它的尖端，它就飛起來，再用木板把它打到遠處，以作比賽運動。供嘎兒，是供給一個容易打到的嘎兒。也有把木球代嘎兒用的。

排人子，子排人，排到那隻係我人？
三月三，九月九，排到南山伸出手。（粵東）

兒童遊戲點兵的歌。戲時，先由羣兒站成一排，選出年長的二人做大將。而後由二大將挨次向一排兒童點兵。點時唱此歌，挨字點人，至其人適值手字的，須伸出手來，即爲當選。

羊子尾巴，唱歌南蛇，
長竹篙，打南蛇；短竹篙，打老虎。（粵東）

年稍長的居首，爲羊母。其餘小孩依次排列，各牽前人衣，爲羊子。另擇一年大的，立於場中，叫伯公。遊戲時，羊母引羊子繞伯公而行，齊唱羊子尾巴。

跑馬歇，跑馬歇，不生疙瘩不生疥。（河北昌黎）

民國、河北「昌黎縣志」卷五：「小兒暑日入河，洗澡畢，在岸上對跑十數回，即唱此歌。」

一放鷄，二放鴨，三分開，四相疊，
五搭胸，六拍手，七圓纏，八摸鼻，
九抱耳，十食起。（臺灣桃園）

李獻璋釋：「戲時以三個小石，按照這歌玩一會唱一句，並要依歌詞放一個，放兩個，兼做搭胸拍手的動作。」可能這是李氏兒時在桃園大溪山鄉裏，玩過的遊戲。抗戰勝利後，他久居日本，想必常有憶起罷。

打一摸一，雙手出力；打兩摸兩，咱娘就嚷；
打三摸三，星星滿天；打四摸四，雙手寫字；
打五摸五，金錘銀鼓；打六摸六，六不公平；
打七摸七，七對鴨子七對鷄；
打八摸八，八彩蓮花；打九摸九，紅鞋綠口；
打十摸十，十個姊妹愛坐席，
一個席兒未坐畢，稀屎拉了一脚地。

民國、陝西「洛川縣志」卷二十四「方言謠諺志」採訪冊錄，未刊出。打掌遊戲的歌。

這些遊戲兒歌，句子長短無定，結構變化無常，無一首裏，不是深藏着孩子們喜樂跳躍的精神。所唱說的事物，與其遊戲的動作，皆關聯着生活。可見兒童遊戲，乃是進入成人生活的模擬。

八　上學與勵志

三歲伢兒穿紅鞋，媽媽送我學內來，
師傅師傅好打我，回去吃點奶兒來。（湖北嘉魚）

錄自王鏡清、程其保主編「全國鄉土教材叢刊」湖北省部份。這叢刊由中央政治學校研究部出版，每省爲一冊，內容均係歌謠、諺語、故事傳說三部份。凡按，在武昌，我小時候唱的是：「三歲伢，穿紅鞋，搖搖擺擺上學來，先生先生莫打我，我回去吃點咂咂來」。「三歲伢，穿紅鞋」，也或唱爲「鴨弟弟，上坡來。」

山上鳥不息，學生腹裏飢，
先生不放學，如何得回去？（陝西洛川）

鶯哥仔，啄蜘蛛。爹娘教仔去讀書，
讀世乇？讀四書。（福州）

世乇，何物也。

梔子花，靠牆栽。男兒聰明女兒乖：
男兒聰明讀書好，女兒聰明做花鞋。（河北）

後園枇杷一樹青。大人欺侮我人小，
看我人小心不小，小小秤錘壓千斤。（湖南道縣）

馬馬嘟嘟騎，上街買竹紙，買幾張？買三張。
買給哥哥做文章，買給姐姐剪花樣。（湖北武昌）

筆者兒時騎竹馬所唱的歌。三十六歲時，於南京憶寫。此歌，遊戲，向學，女紅，昆仲情誼皆全。長短六句裏，一字也未提到媽媽，却隱然有媽媽的影子在——問話，豈非媽媽的口氣？孩子們騎竹馬，跑跑蹦蹦，總有媽媽在傍小心照顧的。每首兒歌，都可作如是觀。也因爲，兒歌通是媽媽教的，而媽媽又多半是小時候從外婆口裏學來的。

跟人學，變狗毛；跟我走，變黃狗；
佔我的窩兒，爛屁骨多兒，流黃水，定疙疖。

見雪如「北平歌謠續集」之一六八。疑「屁骨多」，係「屁股朵」之訛寫。

並不正面說教，分明是勉人自主自立之意。

搖搖擺擺，擺到南海，南海轉來，買把扇回。
扇子扇扇風，騎馬走江東，
有人來問我，我是中華民國的主人公。（湖南武岡）

數一數二數王岡，王岡老婆會耍槍，
槍對槍，桿對桿，不多不少十六個點。

民國、河北「遷安縣志」卷十九錄。

此歌有尙武意。下一首，也是。

城門城門幾丈高？萬丈高。
騎白馬，掛腰刀，
大的來，不怕他；小的來，捅死他！（湖北武昌）

先母述。捅，南北口語，讀如統，穿刺之意。見「康熙字典」，「中華新韻」。「辭源」、「辭海」未收此字。

九　呂坤父子之演繹兒歌

理學家，很有人看重兒歌而加演繹運用的，是即明代呂坤及其父呂得勝的「小兒語」。呂坤的學業、事功，超乎乃父，所以大家總先提說到他。呂得勝於嘉靖、戊午（一五五八）序「小兒語」：

兒之有知而能言也，皆有歌謠以遂其樂。羣相習，代相傳，不知作者所自。如梁宋間「盤脚盤，東屋點燈西屋明」之類，學焉而與童子無補，余每笑之。夫蒙以養正，有智識時，便是養正時也。是俚語者固無害，胡為乎習哉？余不愧淺末，乃以立身要務，諧之音聲，如其鄙俚，使童子樂聞而易曉焉，名曰小兒語。是謔呼戲笑之間，莫非理義身心之學，一兒習之，可為諸兒流布；童時習之，可為終身體認，庶幾有小補云。縱無補也，視所謂盤脚者，不猶愈乎！

他以為兒歌不過孩子們「以遂其樂」，在教養上「與童子無補」，這看法當然並不太對。只因他太急急於「蒙以養正」了，恨不得把孔孟之道，一下子都塞入幼小心靈裏，讓天下衆生，都成聖賢。呂坤為發揚先人遺愛，有「續小兒語」的撰述，萬曆、癸巳（一五九三）自序：

小兒皆有語，語皆成章，然無謂，先君謂無謂也，更之；又謂所更之未備也，命余續之。既成刻矣，余又借小兒原語而演之。語云：教子嬰孩。是書也，誠鄙俚，庶乎嬰孩一正傳哉。乃余竊自愧焉！言各有體，爲諸生家言，則患其不文；爲兒曹家言，則患其不俗。余爲兒語而文，殊不近體，然刻意求爲俗弗能。故小兒習先君語，如說話，莫不鼓掌躍誦之，雖婦人女子，亦樂聞而笑，最多感發；習余語，如讀書，謇謇惛惛，無喜聽者，拂其所好，而強以所不知，理固宜然。嗟嗟！兒自有不兒時，卽余言或有裨於他日萬分一，第恐小兒徒以爲語，人徒以爲小兒語也。無論文俗，總屬空談，雖仍小兒之舊語可矣。先君何庸續且演哉？重蒙養者，其繹思之。

「語皆成章」，乃指兒歌。他父子倆所演繹而成的「小兒語」，怎麼有的令孩子鼓掌躍誦，有的却教人不喜聽呢？且看「演小兒語」的句子及其釋說：

盤脚盤，盤三年，降龍虎，繫馬猿，心如水，氣如綿，不做神仙做聖賢。

主靜是性命雙修。

薵苕秧，埽薵秧，直幹繁枝萬丈長，上邊掃盡滿天雲，下邊掃盡世間塵，中天日月懸雙鏡，家家戶戶都淸淨，不怕六合掃不了，且向自家心上掃。

天淸地寧，民安物阜，須於心上經綸。

摘豆角，不待老，嫩的甜，老的飽，豆角雖嫩不傷人，五月桃李已入唇。

用世者當厚其積，用人者當老其才。

水鴨幾個兒？翻船倒舵兒，世間上下無常勢，秦始皇，漢高帝。

上不宜驕，下不宜怨。

八十老兒種白果，但有人吃何必我。當路一木横，來往礙人行，難得過去我，任他車馬傾。

只去了箇我心，則宇宙內事皆吾分內事。

很明顯的，「演小兒語」僅僅只運用了兒歌的起興，連綴敷演的，皆是道學夫子的話頭，不說孩子們不懂，一般成年人也難以了悟，更無論其有否情趣了。這，呂坤在自序裏，已說得很明白。要說，兒歌中並非沒有義理的識辨，只是不像「演小兒語」板起面孔說教罷了。還有，所陳述的，所議論的，所描繪比喻的，須合乎兒童心理、識見、情趣及其生活環境。像這種理學家的語錄，應該是說給當時太學生們聽的。

類乎呂坤父子這樣作爲，可說代不乏人。近人林紓，就曾本於他父子倆的這番作爲，撰著了「小兒語述義」，以爲「端蒙養正之具」。

若以日常生活事理，以釋兒歌旨意，雖不免附會，有如下例，却附會得有些許情趣，跟呂氏父子一番「蒙以養正」的好存心，又自不同。淸、褚人穫「堅瓠首集」卷一：

兒童扯衣裾相戲，唱曰：「牽郎郎，拽弟弟，踏碎瓦兒不着地。」初意兒童相戲之詞，後見「詢蒭錄」，知爲祝生男也。牽者郎郎，拽者弟弟，多男子也；踏碎瓦禳之以弄璋，扯衣裾禳之以衣裳，不着地禳之以寢牀，無非男也。古人雖兒童相戲，亦有至理。

十　抒情與敘事

兒歌之中，抒情者獨多。第一、孩子們的情感生活，要有所引發。其次，成人們生活的鬱苦，每藉兒歌來發洩。譬如家庭間，如有做兒子的人愛妻嫌母，老奶奶就必會有意無意間，讓小孫兒學會「娶了媳婦忘了娘」的歌。即使婆媳和睦，也仍然喜歡唱這首歌，一家老小就更顯得樂和樂和，大可安慰了。何況還隱潛着未有明說的警誡作用：「孩子，記得喲，你長大了，可別這樣。」也因爲歌謠的普遍性，人人難於自外於它之故。姑嫂間總有芥蒂，甚焉者水火不容，就難怪這類歌謠流佈之廣。前述「歌謠生活」篇之十「一般人的歌謠生活」，謝隕樹所述「老槐樹」，是最切近的事例。

兒歌的抒情，孩子們可並非「勞者自歌」，而彷彿是些小詩人，唱盡了人世間的苦樂。他都係代婦女發言：望嫁，爲媳之苦，女婿不成材；等到「二十年媳婦熬成婆」，兒子們又愛妻嫌母了。縱然兒子是孝順的，老母親總看不慣媳婦之嬌嬌媚媚。

甜穀子稭點點紅，俺娘不給俺拖頭繩；
拖的頭繩有點短，俺娘不給俺梳個纂；
梳的纂有點趴，俺娘不給俺買對花；
買的花骨朵少，俺娘不給俺染棉襖；
染的棉襖色不雅，俺娘不給俺找婆家。
找的婆家兄弟多，先藥死公後藥死婆，

留着男兒好使船，留着丫環好燒火。（山東榮成）

是漁民的歌謠。纂，髮髻也，南方俗謂巴巴頭。北方鄉間，秋天多染衣，顏色褪了或舊衣改製，要染。自織棉布，做多衣，也要染。

既嫁之後，却又恨起公婆來。可是，歌謠有其公正精神，不允許媳婦這麼心性偏激，年輕人不厚道。

滿天星斗十二行，妹妹出門子要衣裳。
大哥賠我的鸚哥綠，二哥賠我的鴨蛋青，
三哥賠我的胭脂粉，四哥不是當家人。
大嫂教給我針線多，二嫂教給我織綾羅，
三嫂教給我描花樣，四嫂教給我罵公婆，
——誰家公婆許我罵，天打雷霹嚇死我。（北平）

家庭中，既有好婆母，也儘多賢德媳婦。

媽媽誇女不是誇，好女賽是一枝花，
世間誇女家家有，那有婆婆誇媳佳。（南京）

錐鬃子兒，納底子兒，掙了二升小米子兒。
推推搗搗，給他婆婆吃頓犒勞。

民國、河北「順義縣志」卷十二錄謠。窮家媳婦做鞋子，掙點微薄工資，以奉享婆母。北平兒歌也有此，下截作

「蒸蒸烙烙，吃他娘的一頓犒勞！」比起這順義的，就非純然的孝心了。

其述爲媳的苦情：

小紅油布鞋紅線鎖，狠心的爹娘賣了我，
十二公，十二婆，十二小姑管着我，頭不教梳，脚不教裹；
跳河去，河又遠，跳井去，井又深，
扒着井沿罵媒人：
掙了錢，打藥吃，掙了銀子買供吃。
家前巷後走一遭，看見娘家楊樹梢，
楊樹梢上聒聒叫，想俺爹娘誰知道？

民國、河北「南皮縣志」卷四錄謠。末四句，興歎無窮。

本爲「月光光」起興的兒歌，却借以諷歎女子遇夫不淑：

月亮奶奶明晃晃，開開廟門洗衣裳，
洗的白，漿的白，攤了個女婿不成材。
又喝酒，又摸牌，早起去，黑了來，
這個還不分打開！五個孩子一家倆，
剩了個鼈肚，跟着他奶奶。（山東恩縣）

攤，攤派之意，此字用得特見感歎的情味。分打開，謂離婚。鼈肚，小孩病。

愛妻嫌母的兒歌，很多很多，都是同情老母，而諷刺做兒子的人：

麻野雀，尾巴長，娶了媳婦忘了娘。
把娘揹在山後頭，媳婦娘在炕頭上，
烤白餅，捲沙糖，媳婦媳婦你先嘗。
我去後頭看看咱們娘，
咱娘變了一個屎蚵螂，日麦日麦趕不上。（北平）

日麦，飛聲。

末兩句，似乎幽默岔趣，實隱含無限酸痛。下一首，先是純然兒子心有內疚的口氣，後半一變爲第三者冷眼旁觀，語語皆帶諷刺。

西方路上一片雲，娘去燒香兒去尋。
走一山，又一山，不見我娘在那邊；
走二里，又二里，只見我娘在高山，
伸手拉住我的手，「爲什麼我娘燒香不回還？」
他娘說：「兒不孝，媳不賢。」
他兒說：「古來都是孝父母，如今就是妻當先。」
他娘說：「旣然我兒妻當先，娘去修仙沒掛牽。」
他兒說：「不回，不回罷，

我還回去守我的玉天仙。」（河南汲縣）

乾脆，完全出之老人憤激的口氣：

天低啦，人時啦，十八沒兒就遲啦。

轎兒落了地，就跟媳婦過了繼。（山西榮河）

榮河、王守謙述。天低，有風雨。時，謂人心變了，如時節之忽冷忽熱。十八，指歲數。過繼，即承繼，意謂兒子等於認媳婦作娘了。

愛妻嫌母的許多歌謠之中，山西榮河這一首，格調要算最凸出了。

兒歌之為婦女代言訴苦，其抒情敍事更多的例，見第八章「生活歌與敍事歌」。

十一　月光光

下例，六首「月光光」，固然也祈福，「拜到明年好世界」；也述說兒童生活，且從「下河洗衣裳」，發展而為聯鎖歌；卻也成為「盲公睇見」的滑稽歌，以取悅童心；當然，也為純粹的抒情，像「月亮亮，亮光光」這首。其抒情與敍事之多種多樣，例不勝舉。甚至政治上諷刺、譴責，也出現於「月光光」中了，如「川沙縣志」所錄的。更有格調上的變化，而成為「一個月光照九州」的絕句體。

總之，兒歌最無定格。

月亮光光，騎馬燒香，東也拜，西也拜，

拜到明年好世界。（湖北嘉魚）

月光光，下河洗衣裳，
洗得白白淨淨，拿給哥哥穿起上學堂。
學堂滿，插筆管；筆管尖，尖上天；
天又高，打把刀；刀又快，好切菜；
菜又甜，好買田；買塊田兒沒底底，
漏了二十四粒黃瓜米。（湖南武岡）

右首，既有起興，又得尾興。

月光月白，鼠摸偷蘿蔔。
盲公睇見，啞佬喊賊，癱手打鑼，折脚追賊，
跛仔捉倒，冇牙婆咬佢兩啖。（廣東）
鼠摸，小偷。盲公，瞎子。折脚，斷腿者。

月亮亮，亮光光，出門不拿棒棒，
聽着狗咬哩，往回只跑哩。（陝西）

月亮亮，照北場，北場頭上點兵將。
十六釘，打把釘，戮殺贓官沒肚腸，

肚腸在那裏？肚腸掛在槍頭上。

民國、江蘇「川沙縣志」卷十四錄謠。

一個月光照九州，十分明亮八分秋，

七姐三朝明食兩碰飯，六哥四季明上五層樓。（廣東）

李希三釋：「末二明字，未也。以歌謠使兒童有數字的認識。」

婁子匡少年時代，即集錄「月光光」，有編爲「中國月歌全集」的計劃，經過了七年探集，其初步發表的「月光光歌謠專集」，載於民國二十二年出版的「民間月刊」二卷四號，收浙江各地「月光光」一二七首。他說，還並未把浙省實有者，蒐集得全。杭縣、紹興、金華等大縣，各得五首，或也有一縣三、四首的。其後，有錢小柏集編的「江蘇月光光歌謠專輯」。還有，李希三「廣東兒歌月光光的演變特質及其反應」，載民國二十五年十一月「粵風」三卷三、四合期。事經四十年，婁氏或尚有此豪興，一償少年夙願。則月歌全集，結全國之數，焉有不集納到三千首的？以其內容之豐盛多姿，那是無可删併的。

李獻璋「臺灣民間文學集」，一半內容爲歌謠。其歌謠篇，採民歌、童謠、謎語三分法。他並未著意於「月光光」的專題採集，却錄有十四首月光光，佔其所集臺灣兒歌十分之一。這其中，又有七首起興全是：「月光光，秀才郎，騎白馬，過南塘」，而以下的歌唱，辭句皆起了變化。臺灣全島如充分蒐集起月光光來，怕也不止百首罷？

螢火蟲微微閃亮，比起月光光來，那可不知細微到什麼程度了。以其夏夜飛動浮遊的情態，也是兒歌中饒有趣味的起興取材之一，但舉一例：

螢火蟲，夜夜紅，飛到西，飛到東。
公公挑菜賣大葱，婆婆織麻糊燈龍，
媳婦攜包捉眼蟲，兒子出外做長工，
各人有錢各人用，所以弄得如此窮。（江蘇）

十二　孩子們的詩趣

三歲伢，會栽葱，一栽栽到路當中，
過路的，莫伸手，儘它開花結石榴。
石榴肚裏一壺油，鄉裏大姐梳油頭：
大姐梳的盤龍髻，二姐梳的走馬樓，
三姐不會梳，一梳梳個獅子盤繡球，
一滾滾到黃鶴樓。（湖北武昌）

凡屬兒歌，都有這樣上天下地的奇趣、聯想、童心與詩趣。蕭瑞「無邊的回憶」：

在我們家裏，我排行第三，上面有兩個姐姐，下面有一個妹妹，一個弟弟。小時候，我長得很胖，人很胡塗，口齒也很不清晰。媽媽說：有一次，兩個姐姐從學校學會一個歌回來，就很興奮地教我唱：

大姐嫁，金大郎，
二姐嫁，銀大郎，
三姐嫁，破木郎。
大姐囘來殺隻猪，二姐囘來殺隻羊，
三姐囘來，炒一個鷄蛋，還要留着黃。
大姐囘，坐車囘，
二姐囘，騎馬囘，
三姐囘，走路囘。
走一會，哭一會，望着天邊流眼淚。
天也平，地也平，只有我爹娘心不平。

媽媽說：大概那時只有四五歲的我，一面含含糊糊地跟着唱，一面就哭起來了。後來上初中了，一唱這個歌還會哭。大概那時正是發育時期，對未來存着恐懼之心。又覺得在家裏處處受委屈，覺得父母偏愛姐姐。於是，傷心人別有懷抱，唱着唱着，就會哭了。至於將來會不會嫁個破木郎的事，大概當時還沒有放在心上。

載民國五十八年十一月二十一日，「中央日報副刊」。

這個爲兒歌而哭的女孩，早已長大結婚了。此文，她寫於海外。給本書證明了一個事實：孩子生活於兒歌世界裏，不管怎樣的一首歌，他總認定自己乃是歌中的主人公，爲之悲歡哭笑，感歎不已。儘管孩子們並不了然，人生的感歎，是怎麼回子事。

小孩好，小孩好，休教稀泥滑跌了；
稀泥好，稀泥好，休教老爺晒乾了；
老爺好，老爺好，休教雲彩遮住了；
雲彩好，雲彩好，休教大風颳散了；
大風好，大風好，休教牆頭堵住了；
牆頭好，牆頭好，休教老鼠掏透了；
老鼠好，老鼠好，休教狸貓逮住了；
狸貓好，狸貓好，休教痲繩勒死了；
痲繩好，痲繩好，休教小刀割斷了；
小刀好，小刀好，休教小孩弄缺了。（河南輝縣）

老爺，俗稱太陽，尊敬而親暱的口氣。

述多種意象，以小孩心性爲終始，從地上泥土到天上雲彩，又從天說到地。「好了」的韻脚，灑脫而明快。

好熱天兒，掛竹簾兒，
歪脖兒樹底下，有個妞兒哄着我玩兒。
穿着一件大紅坎肩兒，沒有沿邊兒，

梳油頭，「彆」玉簪兒，左手拿着玉花籃兒，
右手拿着梔子茉莉串枝蓮兒。（北平）

玉簪揷髮髻裏，兩端必冒出髻外，以收綰結之功。這種形態謂之「彆」，人多借「別」字以表口語之音，似不如用彆字較爲近之。

青梅竹馬，小兒心目，已見伊人之美。

小叔小叔無道理，撒尿撒在青草裏，
青草不開花，翻轉地來種王瓜，
王瓜滿肚子，爲你阿妹帶八字。
我家阿妹年紀小，灶頭把不着，提桶拎不起。
阿孀阿孀不要憂，是我明朝梳好頭，
梳個頭來光油油，揷朵花來花抖抖。
走到夫家去，看見掃帚對掃地，
看見麵杖就搡麵。搡個麵來薄薄片，
切來好像細絹線。盛一碗撥隔壁伯婆吃，
伯婆吃得有滋味，明朝叫新婦也搡麵。
搡來好像牛舌頭，切來好像釘橛頭，
吃在嘴裏夾舌頭。新婦呀！

做一個婦人不會做點心咾立灶頭，
那好在裏頭當門頭？

民國、江蘇「川沙縣志」卷十四錄謠。

閒閒述起，而說到新婦的無能，連接得奇絕。若按作文修辭，國文老師必嫌廢話，刪之。

今朝巴，明朝巴，巴到三十賣梅花；
賣花雖然不剩錢，順便看看她。（南京）

鈴鐺鈴鐺花兒，翠雀兒，
拿工拿工錘呀，喝涼水呀，
扳倒了缸啊，砸折了腿呀，
淺淺兒青啊，白江西蠟喲，臘梅花呀。（北平）

齊鐵恨釋：拿工錘，是否娘娘拳？尚待考證。淺淺兒青，是一種苔蘚植物，秋冬乾捲如拳，用熱水一澆，立即展開，而青翠可愛。江西蠟，即江西菊。

聲韻、意境、述事、色彩之美，兼而有之。

小器鬼，喝涼水，打破了缸，割破了嘴，
討個老婆打斷了腿。（臺灣）

臺灣光復五六年之後，國語的推行，小學教育成績最好，這首兒歌，順口合轍，是所有本省外省學童都唱溜了嘴的。

歪辮子歪，歪上街，怕人來，歪回來。（安徽）

盧前抄本，載「歌謠周刊」。

句子極簡白，情境呈現，在四個歪字上。

糾糾辮，打紅線，

上茶館，賣湯圓，

湯圓湯圓賣完了，

辮子長長了。（湖北武昌）

右，筆者小時喜唱的兒歌之一，到老還喜愛無已。往昔，男女兒童都束髮在頂，梳成寸餘長向上豎立的小辮，或一綹，或兩綹，三綹。現今，媽媽們仍然喜歡這樣打扮孩子，使其顯現活潑可愛的形貌。也惟獨中國兒童，方是如此。三「湯圓」的疊詞，接語換韻；兩「了」字，唱得好開心；末句收束於童話情境，乃覺意味無盡。是誰上茶館？並不明說，省略了言詞，反而更隱隱若現。

一砌，砌得天上，又怕風吹，

一砌，砌得地下，又怕牛踩，

好，好，好，不砌，不砌，不砌。（湖南）

口氣、意境、結構之別致，可喜。

括括，括羊角，羊角彎，東院一個楊六拴，

楊六拴做乾飯，一做做了十八碗，
蠅子過來攆個米，一氣攆他十八里；
不是家裏忙，一氣攆到麥梢黃，
不是家裏娃子哭，一氣攆到割罷穀，
不是場裏打穀子，一氣攆個光肚子。（河南）

這首兒歌，有人幼時從母親口裏習唱，長大成人，總還念念難忘，而且由於人生體驗的關係，更看出它所含蓄的義理，很明顯的道出，貧窮農人對於一粒米，是如何的珍惜，意思深長雋永，層出不窮，於世道人心大有所關。

見民國三十七年八月二十九日，「甘肅民國日報」、「認識民歌特輯」，其兩「談民間藝術」。

天大寒，下大雪，虧那個野鷄滿山歇；
野鷄還有一身毛，虧那個兎子滿山跑；
兎子還有四隻脚，虧那個鯉魚滿塘戳；
鯉魚還有一身鱗，虧那個鮎魚打單衫；
鮎魚還有兩根鬚，虧那個蚌瓦滿塘濾；
蚌瓦還有兩塊板，虧那個螺螄無屁眼；
螺螄還有彎彎糾，虧那個曲蟮無骨頭；
曲蟮還有節摞節，虧那個蝦子沒得血；

蝦子還有兩根鬚，虧那個痲雀鑽洞裏；

痲雀還有滿天飛，虧那個鷄婆不屙屎。（湖北武昌）

屎，讀作雖。

十句「虧那個」的敍述，描繪出大風雪天，赤子之心對於禽獸魚介昆蟲的深厚同情，也正是詩人心腸。

這三個月來，撰述中國歌謠論，老是懷念着這首歌未經錄記，以爲會抱憾終身了。遍閱「歌謠周刊」，雖是好些武昌兒歌有見同好諸君子的記述，但却未發現到這一首。而搜尋自己記憶，總只能想起前兩句。幼時許多下大雪的日子，母親屢屢爲我弟兄伙說唱此歌。兒歌篇寫述將畢，查檔卷，喜得之，乃在長安鄉居，特請堂上述說的。怎麼也想不到的，那是雙親大人在世的最後三年哪！

民國五十七年九月二十九日，艾廸颱風，臺北。

黎錦暉「歌謠」第三集，也錄此，採自湖北，標題「六虧歌」：

五黃六月下大雨，十冬臘月下大雪，

虧得野鷄林裏歇；

野鷄野鷄一身毛，虧得兎子滿山跑；

兎子兎子四隻脚，虧得鰱魚滿湖戳；

鰱魚鰱魚兩股鬚，虧得蚌蛤光駋駋；

蚌蛤蚌蛤兩塊板，虧得螺螄無屁眼；

螺螄螺螄兩個尖，虧得泥鰍滿身涎，

滿身涎，滑溜溜，一溜溜到泥裏頭。

民國十二年十月，中華書局版。

此比先母所述者，情趣爲差，但末三句有收束。而首句設想到夏天的大雨，意境擴張了。

「陝西謠諺初集」，錄安康兒歌「刮大風」，與先母所述者，同一主題，情趣也一樣，但層次爲少，而有兩項變化：1.「虧得」變爲「害的」。2.「謔浪哭敖」的扯出了和尚來。安康在漢水上游，與湖北竹谿、鄖西相近，語言、謠俗，都與關中區逈異。

刮大風，下大雪，害的野鷄無處歇；
野鷄本長一身毛，害的鯉魚順水跑；
鯉魚本長一身甲，害的泥鰍躲泥沙；
泥鰍本長兩隻眼，害的螃蟹背石板；
螃蟹本長八隻脚，害的和尚沒老婆；
和尚本有三間廟，害的公鷄光巴屎，不尿尿。

民國二十四年四月，陝西省教育廳編刊。巴屎，痾屎意。「巴」或當寫爲「把」，惟關中區此口語，音與巴字近。

第六章　情　歌

一　中國人的戀愛生活

「周易、序卦」：

有天地，然後有萬物；有萬物，然後有男女；有男女，然後有夫婦；有夫婦，然後有父子；有父子，然後有君臣；有君臣，然後有上下；有上下，然後禮義有所錯。夫婦之道，不可以不久也，故受之以恆。

易理深奧，這一節文字，却明白淺顯。中國人，不一定都讀過周易，但是，我們的社會生活，人生一切感受，則古往今來，少有不與其道理深相脗合。考察中國人的戀愛生活，無論爲歷史人物，小說戲曲，或故事傳說，無有不以夫婦之愛爲恆久追求的目標。像是黃帝與嫘祖，大舜與娥皇、女英，孟姜女與范杞梁，項羽跟虞姬，牛郎與織女，漢元帝與王昭君，孔雀東南飛中的焦仲卿夫婦，薛平貴與王寶川，樊梨花與薛丁山，唐明皇與楊貴妃，白蛇、許仙，楊宗保與穆桂英，以及浮生六記中的沈三白夫婦，皆是。願天下有情人都成眷屬，月下老人所樂意爲之；若不成爲眷屬，那戀愛生活就飄飄蕩蕩了。梁山伯祝英台，張君瑞崔鶯鶯，玉堂春，賈寶玉跟林黛玉，這四個悲劇，有的曾經嘗味露水夫妻的姻緣，有的只是刻骨相思而已。

後人抱遺憾於梁山伯祝英台的未了情，乃有神話傳說，二人生死合墓，化爲蝴蝶。而好些地方，還有把羽毛美麗的長尾鳥，分別叫做梁山伯、祝英台的。如今浙江甯波西郊的邵家渡，有梁山伯廟，奉祀梁祝並坐神像，香火供養，認爲他倆已結爲夫婦了。寢宮塑着梁祝臥像，牀前帳幔低垂，踏板上置黑緞靴、綉花鞋各一雙。牀被上累積草結無數，是上香祈願者所獻，表示「同心結」的意思。當地盛傳的諺語：「若要夫妻同到老，梁山伯廟到一到。」

夫婦之道，爲人倫之始。家族、社會、國家的根基，皆在於此。所以，中國人的戀愛生活，要求其堅貞恆久，福澤及於子孫。

二　中國情歌的分析

中國情歌所陳述者有四方面。

戀愛生活的過程

頌美　意想　抉擇

相思　追求　挑逗

期待　目成　姻緣

戀愛生活的情態

纏綿　迷戀　歡合

浪蕩　偷情　離別

餽贈　逆變　棄負

疑嫉　拒却　滯難

戀愛生活的德性

教導　激勉　感念

誓願　犧牲　同心

堅貞　永篤

戀愛生活的心境

熱情　喜悅　忘形

憐愛　哀傷　恨怨

甯靜

以上分析，得之薛汕「金沙江上情歌」的啓示。他的分類是：追求，期待，相思，歌頌，苦痛，勸誡，猜疑，辜負，拒絕，失望，離別，歡樂，幽會，希望，愛戀，姻緣，象徵，永篤，感謝，儔語，生活。我擴充歸納爲四方面。

只要是眞正戀愛，沒有不感到生命最大的激動，且必然不免其酸甜苦辣的情味。北方有的地方，稱情歌爲「酸曲」，有「唱上個酸曲解心焦」之說。壽生「我所知的山歌的分類」，說鄉下人把山歌分爲五大類：號子（工作歌），風流歌，蛇蚤歌（指其無一定的屬類），盤歌（相互盤問），罵人歌。他說：

風流歌，卽情歌。在山歌中地位很重要，首數最多。歌唱的人最多。唱的人雖實際未能怎樣，總算放情高唱，快樂一氣了。男女對唱，在黔川滇桂等省一部苗民雜居的地方非常通行，其實一般並不如此。普通良家婦女，與人唱山歌者很少。在山野裏常常可以看見三五小女牧童坐着細聲哼唱，那是在練習哭嫁。有些歌看去好像是女人唱的，實際還是男子摹擬女子而作的。這點我們必須知道，不然很可給我們添好些蔽障。

壽生所述，是貴州情形。文載「歌謠周刊」二卷三十二期。

于式玉「拉卜楞藏族區民間文學舉例——民歌」，分析甘肅、青海地區的拉卜楞藏族歌謠，爲五大類：酒曲，情歌，神曲，工作曲，遊戲曲。酒曲，係過年時全村男子聚飲所唱。情歌則在春天，於擇定的日子，全村青年男女夜間聚飲所唱，做父母的人都不參加。値得注意的是，他們酒曲與情歌用字的界限，以及唱歌時的禮儀規矩。

酒曲與情歌，在譯文中，有時不易看見它們的區別，然在藏文，各有各的辭藻。比如說，同樣當「莊子」講，在酒曲裏說「西冲巴」，在情歌裏就說「西得哇」；同樣當「青年」講，在酒曲裏說「囊那雜」，在情歌裏就說「肉禾加」。以此類推，凡在情歌裏頭用的字眼，如「日禾瓊爐」（小朋友），「呆秦」（大莊子），「呆瓊」（小莊子）之類，都絕對不能在宴會場中出現。凡情歌裏頭的字眼，不用說在戀愛場合以外不能唱，就如偶爾提到一個字，也是不成的。這個禁令範圍，不但在宴會場中如此，即在日用生活之間，如有長輩在前，或有弟兄姊妹，或親婭姻戚，都不能流露一字。甚至於「情歌」（拉夷）一詞，也不能提及。作者因爲調查的緣故，不但要在一切有這種關係的人當中避免追問情歌的內容，而且偶因不愼，提到「拉夷」一詞，便致座客星散，而且每人在事後，仍要笑個不止。於此，亦可見藏民禮儀禁忌的嚴格了。

載民國三十年「新西北月刊」三卷五、六期合刊。

趙元任「廣西傜歌記音」（中央研究院歷史語言研究所，民國十九年版）敍述他們民國十七年在傜山採集歌謠時，起初，傜民絕對不承認有情歌，只肯唱幾首普通無甚意味的歌，敷衍敷衍，經過一番好相與的情誼，取得了信任，這纔坦然唱出情歌來。凡按，傜民其所以如此，不外：

1. 羞澀。

2. 情歌美趣，不輕易爲外人道。

3. 社羣生活的自保。

這與拉卜楞藏族唱情歌的禮儀，如出一轍。

情歌之佳妙，在其多爲卽興體。所採取的形式，以七言四句爲多，也有七言八句的，若臺灣。

三　戀愛生活的過程

一、頌　美

火是各處可燒的，水是各處可流的，
日月是各處可照的，愛情是各處可到的。（湘西）

沈從文述。凡按，「愛情」一詞，似應該另有其土俗字眼的說法。

廟門兒對廟門兒，裏頭住着個小妞人兒，
白臉蛋兒，紅嘴唇兒，

扭扭捏捏，愛死個人兒。（北平）

小西瓜，圓溜溜，挑擔白米上揚州，
揚州愛我好白米，我愛揚州好姑娘，
脚又小，鞋又窄，跟到情哥走不得，
大我三歲我不要，小我三歲跟我走。（湖北）

二、意 想

太陽出來雲內藏，沒有問寃家想郎不想郎？
奴家好比屋簷邊的瓦，一面陰來一面陽，
紅豆開花沒有配成雙，那個奴家不想郎？（四川合川）

一個鷄蛋兩頭光，一個姐兒想了十個郎，
大郎想了蘇州府，二郎想了李鴻章，
三郎想了拳棒手，四郎想了是木匠，
五郎想了張道士，六郎想了是和尙，
七郎想了燒餅店，八郎想了米麥行，
九郎想了銀匠店，十郎想了爆仗行。

打到官司有蘇州府，息事了事有李鴻章，
打起架來有拳棒手，打壞門檻有木匠，
捉妖拿怪有張道士，做齋唸經有和尚，
肚中飢餓有燒餅店，缺少糧食有米麥行，
要戴金銀戒指有銀匠店，燒到利市有爆仗行。（江蘇丹陽）

一家女兒做新娘，十家女兒看鏡光，
街頭鑼鼓聲聲打，打着心中只說郎。（廣東梅縣）

三、抉　擇

結識私情勿要結識大小娘，
大小娘私情勿久長，
歇仔三頭四年就要到夫家去，
郎掛心腸姐掛郎。（江蘇）

太陽出來曬紅街，來了一位女裙釵，
頭梳鳳髻，斜綰金簪，娥眉兩扇，
古色裙子，露起脚來，

高三寸，小金蓮，
這種冤家，誰人不愛？
——叫聲妻，你攏來，看你頭髮黃稻草，
看你脚大又古怪，看你走路像螃蟹。（湖北）

你莫嫌人嫌咁很，醜人自有醜人緣，
正二月天落春水，濕柴賣到高價錢。（粵東）

四、相　思

你給他小親親，捎上一句話：
你就說三天三夜，沒吃沒喝，不說不道，
不言不語，面黃肌瘦，但想他呀，卿卿。（綏遠）

打燈蛾兒上天了，癩蛤蟆鑽了地了，
渾身的肉兒想乾了，盡掉下一口氣了。（青海）

一根竹竿十二節，我丈夫當兵十二月，
颳大風來飄大雪，誰知道我丈夫冷和熱？

半碗豆子半碗米，拿起碗來想起你。
想你想你想得太，三天用了半碗菜，
想你想你想的慌，三天用了半碗湯，
白日想你還猶可，夜晚想你睡不着。（陝西洛川）

五、追　求

眼見佳人心裏想，悄悄想你在心底。
在官要把稟帖送，要做稟帖給你看，
凡間下來是妙年，禮行擺着給你看。（湘西苗歌）

「稟帖」是漢語，這兒是情書的意思。苗人知道把民情呈訴官府要用稟帖，因而稱情書為稟帖。

蘭花種在海中心，又想貪花水又深，
因想貪花去過海，貪花溺死也甘心。（福建永定）

掐妹一爪試妹心，掐妹二爪要妹跟，
掐妹三爪跟上了，井水淘沙漸漸深。（貴州）

六、挑　逗

天上烏雲必有風，遠橋三里就落篷，

傺但小小雄鷄撈水先撲仔甲，
奴奴撩郎是先敞胸。（蘇州）

甲，翅膀。

金華金，金華城裏一個金小娘，
在到書堂門口滌衣裳，一隻花花木槌脫到塘中央。
只好叫聲讀書郎：
好弟弟，替我撈起來，
做個花花肚兜你繫繫。
不來撈。
好弟弟，替我撈起來，
做雙花花鞋鞋你穿穿。
也是不來撈。
好弟弟，依你怎樣呢？
依我日裏同凳坐，夜裏同牀眠。
唉！你個短命鬼，活不十六歲進秀才，
活不二十一歲上祠堂。（浙江金華）

太陽上來竹竿高，小姑娘拿棒打櫻桃，
棒又短，樹又高，走路哥哥托我一把腰。
打到櫻桃兩半分，打到樹枝搭仙橋，
有錢哥哥走我仙橋過，無錢哥哥只爲在浪裏飄。（綏遠）

七、期　待

約郎約到月上時，看看等到月銼西，
不知奴處山低月出早，還是郎處山高月上遲？（安徽）

莫要忙來莫要慌，慢慢商量自然成。（滇西）

洮河沿上的柳栽子，多會兒者長成樹呢？
手壓着指頭數日子，多會兒者肉挨着肉呢？（甘肅花兒）

八、目　成

「楚辭、九歌、少司命」：
秋蘭兮青青，綠葉兮紫莖。
滿堂兮美人，忽獨與余兮目成。
上二句，與起下二句。

眉目示意，乃古今中外戀愛生活的不二形態，最爲愜人心意，攝人心魂。正是「西廂」卷一、第一折的名句：

怎當他臨去秋波那一轉，
便是鐵石人，也意惹情牽。

所以，各地情歌都有描述到這一甜美境界。

有心碰着不說話，紙糊燈籠肚裏明。（江蘇）
南頭姐姐望北跑，有心碰着有心人，

兄行大路妹行坡，心想問妹人又多，
衫袖掩嘴吟吟笑，丢些眼角望嬌娥。（廣西）

在熱鬧的場中，彼此裝個不認識，
情人如有意，願藉眼角傳遞。（康藏）

九、姻緣

三歲伢，會賣花，一賣賣到丈人家
大舅子扯，二舅子拉，拉拉扯扯吃杯茶，
吃了清茶吃換茶，隔子眼，瞧見她：

上穿綾羅下穿紗，白皮肉，黑頭髮，

回家拜上爹和媽，典田賣地來接她。

再緩三年不接她，皮肉頭髮都白了啦，

再緩三年不接她，拿起扁擔籮筐挑娃娃。（湖北武昌）

先母述。此歌，介乎兒歌與情歌之間，南北各地都有。參見董作賓「看見她」，民國十三年十月出版，歌謠研究會叢書第一種，係從全國各地一一五五九首歌謠中，檢出四十五首同此主題者加以分析。後來，續得二十三首，董氏又寫了「看見她之回顧」，載「歌謠周刊」三卷二期。民國五十九年春，東方文化書局，刊有增訂本。

半碗清茶半碗血，血對血，要叫你喝兩口哩，

打成官司填成結，結對結，要和你當連手哩。（青海）

連手，愛侶意。

（男）遠見情妹白悠悠，又穿白衣在裏頭，

藍衣蓋過白衣袖，給哥難捨又難丟。

（女）沒抬起，十分抬起不敢當，

妹的手長衣袖短，不敢抬頭望人雙。

（男）太陽越大越加火，落雪越冷又加風，

妹你又白又打扮，幾時得到哥手中？

（女）哥沒想，諒想不成哥的妻，

哥你有妻又有嫂，沒有抬起妹心飛。

（男）哥無嫂，自小來往哥是單，
不信妹去家中看，枕頭一個鞋一雙。

（女）哥有嫂，自小往來哥有嫂，
妹到哥家看過了，枕頭兩個鞋兩雙。

（男）妹錯訪，哥今何曾有了雙？
自己單獨自己睡，聲聲嘆氣到天光。

（女）如哥有心妹有心，我倆下海撿龍鱗，
撿得龍鱗買瓦蓋，太陽不曬雨不淋。

（男）我倆有緣眞有緣，來到江邊就奉船，
挑油逢着賣燈草，肚餓碰到賣水圓。

（女）我倆好，哥也無嫂妹無雙，
哥有心來妹有意，有心有意結成雙。

（男）細筆寫字細標標，先寫合同後結交，
如果那個反心事，合同拿去廟門燒。

（女）我倆結雙先定先，結雙結到六十年，
若還那個五十死，耐坐陽橋等十年。

（男）我倆不丟就不丟，我倆牽手看水流，
我倆牽手長江看，長江水斷我倆丟。（廣西河池紅苗）

四　戀愛生活的情態

一、纏綿

唉——娘娘廟裏點紙哩！
給人帶話：「我死哩！」
尕小孩，死了三魂纏你哩。（甘肅花兒）

「唉——」，長長的、尖銳的腔調，是花兒岷州的「令」，都在起首。

遠望乖姐站門廳，紅綾小襖絲汗巾；
眉毛栽花繞郎眼，懷揣冰凍凍郎魂，
手拿汗巾繞郎魂。（淮南）

無意中射箭，中懸崖，
一想，箭不能收回了。
無意中跑馬，在大灘，
一想，馬不能收回了。

無意中找女人，在大莊，
一想，愛情再也不能拆開了。（拉卜楞藏族）

二、迷戀

葱仔捻開雙頭空，一條小路透臺東，
阿娘目神偌活動，手內無刀會刣人。
葱子捻開兩頭空，一條小路通臺東，
姑娘雙眼靈又活，手裏沒刀刺我胸。（臺灣）

眉毛有如嫩柳葉，臉面好似一朵花，
白天想來黑夜想，心裏愛好不能講。（湘西苗族）

大河漲水沙浪沙，你是那家粉團花？
你是那家花大姐？呢得小郎不回家。（貴州）

三、歡合

上轎去，哭悽悽，下轎去，拜天地，
上牀去，臉向裏，下牀去，頭揚起，
看見女婿笑嘻嘻。（河南）

清早起來去瞧乖，乖姐睡覺未起來，
清絲頭髮盤郎頸，朱紅舌頭壓郎腮，
口口問郎可自在？（淮南）

清早起身霧沉沉，雙脚踢爛姐的門。
我的哥，你今日如何來得這樣早？
一來看水二看禾，特來趕姐熱被窩。（湖南）

巡視水田裏水够否，叫看水。

四、浪　蕩

對己，對人，對社會，皆不負責，但知一味尋樂而已。平平敍來，雖無褒貶，若淮南的這首，可就大有諷意了。

郎十三，姐十三，請個長工也十三，
三個十三三十九，正好耍來正好玩，
好似芙蓉配牡丹。（湖南）

楊柳葉兒尖對尖，花園裏長的牡丹。
年輕的朋友都一般，那一個五輩裏不纏？（甘肅花兒）

五輩，指花天酒地，不務正業。

眼望乖姐站門旁，手上的戒指排成行，
俺問戒指誰打的？一個戒指一個郎，
屋裏還有兩皮箱。（淮南）

五、偸　情

結識私情隔條濱，彎彎曲曲要走二三更，
搖到你村中狗要咬，走到你房中鷄要啼。（蘇州）

楊柳那得青青，青青那得早起？
失落了個女美珍。
在家的公子，失了奴的貞，害了奴的身。
十三歲，要偸情，偸到如今，終弗能稱心；
剛剛稱心，夫家知道，一定要退婚。
叫肩小轎，抬進菴門，
先拜彌陀，慢拜尼僧。
削落兩根頭髮，做個尼僧。
月亮裏點燈，掛啥明（名）？
從今以後，終弗偸情。（蘇州）

「削落兩根頭髮」，隱含諷意。

村中狗咬鬧啁啁，料知情哥在外頭；
我要開門又怕娘罵我，
只說花鞋忘記在外頭。
賊花娘來怪丫頭，你那有花鞋在外頭？
你昨夜偷郎勿曾難爲你，今夜偷郎活切你個頭！
切落頭來碗大一個疤，你越打越罵越要偷，
人多那怕千隻眼，屋多那怕千重門！（安徽）

越是禮教森嚴的時代，越會如此偷偷摸摸。到了現代，男女授受不親的規矩沒有了，這種「反叛社會」的偷情行爲，自然就少有發生。由是言之，今日青年人實在是十分幸福，問題在如何善用此幸福。

六、離　別

去了去了眞去了，這回去了不來了。（滇西）

催人出門鷄亂啼，送人離別水東西，
挽水西去不容易，從今不養五更鷄。（粵東）

正月裏娶下奴，二月裏走西口，
與其走西口，爲何娶下奴？

你要走西口，妹子心內愁，
懷抱梳頭匣，與你梳梳頭。
你要走西口，妹子淚長流，
手拉哥哥的手，送你在大門口。
哥哥走西口，妹子也難留，
打發你起了身，妹子心內憂。
你要走西口，萬不可交朋友，
恐怕你交了友，便要忘記奴。
你要走西口，妹子淚長流，
遇着了鄉裏人，你要勤捎書。
你要走大道，萬不可走小路，
大道上人兒多，失途好問路。
你要走水路，萬不可先來渡，
先渡這危險多，怕掉在河裏頭。
你要走山路，萬不可走崖頭，
恐怕那崖頭舊，掉在那溝裏頭。
你要住大店，萬不可住小舖，

小舖裏惡人多，失財又傷主。（陜西）

陜西在西北，愈走地境愈苦。反覆叮嚀，但望旅途珍重。這首歌的底子，應爲俗曲；也極可能，這就是一首俗曲。

七、餽　贈

「詩、衞風、木瓜」：「投我以木桃，報之以瓊瑤，匪報也，永以爲好也。」自然，戀人間的餽贈，不重在物品本身，而在它所含蓄的深情厚意。

結識私情隔牆牆，做條褲子送郎君，
一條褲子七條縫，條條縫裏嵌私情。（安徽）

姐在園裏摘紅菱，郎在園外提一條水綠裙。
姐末叫聲你郎呀，你要吃紅菱握幾隻去，
我勿貪你一條條把水綠裙。（江蘇海門）

一條條把，謂「一條半條」。

一陣太陽一陣陰，郎哥衣衫汗淋淋，
姐兒看見不過意，送郎手巾遮郎陰。
郎遮陰，郎揩汗，郎拿什麼回姐情？
回姐情來也容易，明朝起來到南京：
一買一包絨花線，二買二包扎花針，

三買三盒淸香粉，四買胭脂點嘴唇，
五買包頭扎手巾，六買花鞋四季新，
七買七件紅棉襖，八買八幅紫羅裙，
九買九只金戒子，十買包頭和手巾。
十樣東西都買了，一肩挑到姐家門。
姐兒看見心一飄，我拿什麼囘郎情？
囘郎情來也容易，繡個荷包送郎君，
荷包繡得銅錮大，十樣花名看分明：
一繡文官當堂坐，二繡童子拜觀音，
三繡天上鳳凰鳥，四繡金鷄報五更，
五繡烏龍下大雨，六繡鯉魚跳龍門，
七繡牛郎織女鵲橋會，八繡白蛇娘娘盜仙草，
九繡鶯鶯送張生，十繡孟姜女萬里關山尋夫君。(四川)

八、逆　變

姉在房中想私情，耳聽門外郎喊聲，
擦着火，點着燈，思思想想不開門。
「你在南京作買賣，把妹丟在九霄外。」

親哥哥喊聲「我的人，開開門兒說恩情。
水路走得八十里，旱路十里到姊村，
空着肚子難說話，餓着肚子難作聲，
再喊幾聲不睬我，一肩撞死姊家門！」
姊在房裏笑嘻嘻：「你拿性命來嚇人？」
手提紅燈來相照，小郎撞死不作聲。
十指尖尖扶郎起，小郎包袱看一看，
「包袱人情值千金：南京本紅帶一疋，
北京天青作一身，打開絨線看一看，
絨線帶得有半斤。曉得小郎有這意，
小妹怎得不開門？」雙脚跪在朝陽地，
「大小菩薩顯威靈，那個菩薩保郎好，
十八羅漢姊裝金。」
菩薩聽得哈哈笑：「那有死去却還魂？」（安徽）

本正會好蜜攪糖，今來纔歹雪攪霜，
雪來攪霜並並冷，蜜來攪糖並並淸。

本來相好蜜拌糖，今朝變了雪攪霜，
雪來攪霜氷氷冷，蜜來拌糖甜又爽。（臺灣）

梔子花開六瓣齊，潘巧雲結織海闍利，
楊雄石秀來傷義，翠屛山上殺嬌妻。

李白英「民歌鑒賞論」：「只一嬌字，我以爲便有替楊雄無限痛惜其妻之辭，而又表出是楊雄、石秀之傷義。民間對此，却獨具隻眼。」載民國二十四年光華書局「文藝創作講座」第三卷。此歌應是流傳於南方的。

九、棄　負

乖姐生得桃子形，柳紅柿白愛壞人；
桃子好比乖姐肉，桃核子好比乖姐心，
乖姐心裏還有仁。（淮南）

核，讀作胡。仁，核中桃仁，意乖姐心中另有情人。

五月黃瓜冷氷氷，小情哥待奴兩樣心，
在人家門說不完，在我家裏不做聲。
未吃花椒痲住嘴，未吃蒜苔辣住心，
全憑花椒不辣嘴，全憑蒜苔不辣心。（四川雅安）

三朝元老程咬金，第一盡忠包文拯，
阿娘無心假有心，菜籃挑水給哥飲。
三朝元老程咬金，第一忠臣包文正，
姑娘無心裝有意，菜籃據水給哥飲。（臺灣）

包文拯，是姓名「包拯」二字的趣名。

皆有無限傷逝之情。

十、疑．嫉

小小聲來細小聲，人心更比江水深，
不見鯉魚不下網，不說實話不放心。（雲南魯甸）

楊大郎領兵者走草地，虛空裏搭下的涼棚，
人家們挑唆你害氣，狠了是翻過個良心。（甘肅花兒）

對父母未曾談的私話，而今不由地講給愛人聽了，
誰知她的密友多，一切祕密已被仇家知道了。（康藏）

十一、拒　卻

感情是不能勉強的，尤其是男女的愛戀。

小姐生得一枝花，手提花籃走人家，
遇到相公騎白馬，借問誰家一枝花？
「怎不到我家去？
又有黃傘打，又有花轎坐。」
相公騎馬脚踏鞍，你到北京去捐官，
十個捐官九個死，死的骨頭白如霜，
等你的美妻嫁別人。（湖北）

豔容女子一枝花，不知此女是誰家？
何不嫁個高官人，免在田間送飯茶。
先生不必把口誇，俺儂不願享榮華，
儂夫雖說農家子，同在田間同在家。（河南息縣）

這兩首歌，分明是源於同一意境形態。

騎上騾兒打上傘，和你這老頭子下關南。
倒坐門閂叉着腰，和你這老頭兒分別了。
年輕的看見年輕的好，老頭兒都可槍排了。（陝西）

關南，指雁門關以南。關北兵荒馬亂，青年女子都嫁給關南人了。溫崇禎錄，載民國二十五年十一月「歌謠周刊」二卷二十四期。

老夫少妻，生活有乖常理，女的另有投好，實不可謂之棄負。

十二、滯難

正好彈琴弦線斷，正好拉弓斷了弦。（滇西）

一針難穿雙龍線，一脚難踏兩隻船，
恐怕我來他也來，龍虎相鬥在妹前，
生生死死妹爲難。（貴州苗族）

今天我們來相遇，相遇相見他人妻，
鴛鴦相見泉水塘，蜜蜂相遇在花蕊，
有命相見無命合，要取明星難到手。（湘西苗族）

世間上，有些事，人們不免執着知難而退的態度，惟獨對於戀愛，最不畏艱難困苦，但却也有硬是不可克服的滯難在，那就不必強力刼取了，俗說「強摘的花兒不紅」。

五　戀愛生活的德性

一、教導

喜鵲花犏牛套一個，勝他老黃牛兩個，

實心實意的維一個，勝他沒心的兩個。（甘肅花兒）

維，交接、相好之意。交朋友、叫「維朋友」。犏牛，即犛牛。

燒火不燃要火燃，情哥不玩要哥玩，
好比後園嫩豇豆，慢慢牽籐慢慢纏。（貴州）

日頭落了萬里黃，猛虎吃了貪花郎，
十字路上血三點，葦子科裏一灘血，
因爲貪花見了閻王。（淮南）

二、激勉

郎唱山歌要好聲，姐繡絨花要好針，
八副羅裙要好帶，井裏打水要好繩，
好女人還要好男人。（淮南）

六月桃子半邊紅，有心跟哥不怕窮，
有心跟哥窮不久，無心跟哥久久窮。（貴州）

白鳥藍翅尖，看見青天心難過；
不要難過，天空任你飛。

白馬黑斑點，看見大路心難過；
不要難過，路廣任你跑。
年當十五的女嬌娃，看見我時心難過；
不要難過，三言兩語任你說。（拉卜楞藏族）

黃瑞麟「梅縣的客家山歌」：

據傳，從前有位黃姓秀才，一日路過某村，因他父母雙亡，身世飄零，一路上垂頭喪氣，臉無笑容，他拚命的抽烟，藉以解除心中苦悶。此時適有一個村姑經過，見他如此光景，便隨口唱首山歌來諷刺：

井底蛤蟆唔知天，三歲哇哇學食烟，
鼻流到嘴唔知擤，父母養死你一生。呼——喂！

黃秀才抬頭一看，四處無人，只見一位如花似玉的少女站在山坡下；秀才知道是在說他，但爲了保持讀書人的風度，不予理會，繼續前進。村姑見他毫無反應，於是又唱一首：

阿哥唱歌莫怕羞，唔怕得罪你朋友，
山歌唔係自家造，世代相傳古今有。呼——喂！

黃秀才見她唱這一首比較文雅，於是也苦中作樂，隨即唱首山歌回答：

賢妹唱歌別罵人，阿哥心中有別情，
係因父母已逝去，今剩阿哥一個人。呼——喂！

村姑聽後，非常同情他的遭遇，又唱一首：

阿哥心事妹已知，細妹十分同情你，
切莫悲傷太過度，自力更生奠根基。呼——喂！

黃秀才這才感激村姑的好意。且見她多才多藝，美麗大方，非常難得，就唱一首歌答謝：

多謝賢妹來同情，哥決重新來做人，
請問賢妹那裏住？他日答謝大恩人。呼——喂！

經過這一段唱和，他倆彼此已有好感。於是秀才上前問明村姑姓名、住址，並將自已的不幸，毫無保留的說給村姑聽。這樣一來，兩人可說一見鍾情。村姑也不顧父母是否反對，竟與秀才山盟海誓，永結同心，隨卽一同回家。村姑父母見秀才確是一表人才，很合理想，就叫這「準女壻」住在他家。黃秀才從此發憤圖強，研讀詩書，力求上進。三年之後，得中舉人，衣錦還鄉，娶村姑為妻。這段山歌姻緣，直到今天猶為鄉民傳為美談。

載民國五十九年一月二日「新生報副刊」。

人生當青年時代，愛情的激勵，本具有最大的力量。這個傳說，很可能實有其事；卽或為歌謠生活的虛構，但久經流傳，也就很美了。

三、感 念

你不來，讓我來，海東燕子飛到海西來，

燕子雖小，飛過海來。
飛到無處歇翅，飛得氣急口開，
鳥爲食亡人爲財，梁山伯總爲祝英台。（江蘇如皋）

焦贊孟良火葫蘆，活化了穆柯寨了，
錯是我兩個人都錯了，不是再不要怪了。（甘肅花兒）

盧前抄本，載「歌謠周刊」。

嘆我日每喜吟哦，不及妹妹唱好歌，
唱得好歌惹人愛，朝朝悵望金沙河。
男兒日每喜吟哦，女子日每喜唱歌，
唱得情郎成伴侶，免我長望金沙河。（四川）

四、誓　願

松口行上甘露亭，手拿香燭拜神明，
郎係燒香妹點燭，保護兩人莫斷情。（廣東梅縣）

松口爲梅縣一大鄉鎭。此歌未唱逃出來的，還有戀人們海誓山盟中，對於愛情的那一番虔誠之感。

戀就戀，打定合同六十年，

打定合同年六十，誰人心偏就先死。（廣西）

三更裏月下約洞賓，桶裏的酒，有心了喝上兩盅，
悔了你心悔我心，悔不過心，
向着你哭上兩聲。（淮海）

五、犧牲

一對鴿子飛崖灣，身穿的一身寶藍，
捨我的金山捨銀山，捨我的花兒是可憐。（甘肅花兒）

脚登板凳手爬牆，兩眼睁睁望情郎，
昨日爲郎挨了打，情願吃打不丢郎。（河南息縣）

鷹在天空集合，其中不好的是我；
我走去，你們再不和氣，那就羞死了。
馬在草地集合，其中不好的是我；
我走去，你們再不和氣，那就羞死了。
男女在莊裏集合，其中不好的是我；

我走去，你們再不和氣，那就羞死了。（拉卜楞藏族）

犧牲自己，成人之美。

六、同　心

同縣同村同鄉里，同去同入同赴墟，
同年同月同時日，同牀同席同枕被。（廣東客家）

郎有心，姐有心，不怕山高水路深，
山高也有盤旋路，水深也有擺渡人，
我二人來一樣心。（淮南）

兩株桃花一個根，金蓮花又打了骨朵了。
兩個身子一個心，好緣法又到一處了。（甘肅花兒）

七、堅　貞

五月裏來是端陽，妹家烤酒滿屋香，
勸郎吃杯雄黃酒，免得蚊子咬衣裳。（貴州）

蚊子，喻其他來誘惑的女性。

西藏佛多，我拜者釋迦，

甘家馬多，我騎者青馬，
莊裏人多，我愛者此婦。（拉卜楞藏族）

郎行三轉不進來，冷酒把做熱茶灑，
鐵打心腸想轉來。聽姐話，囘姐音：
脚上鞋爛進不得你的屋，衣裳爛了進不得你的門，
身上無錢不可行，勸姐戀個有錢人。
聽郎話，囘郎音：有錢大哥未見穿綢緞，
無錢大哥未見着紙衣，世上何能一嶄齊？（湖南長沙）

八、永篇

穆桂英大雨裏招親哩，活拿個楊宗保哩。
你死是陪你者死去哩，不死是陪你者老哩。（甘肅花兒）

生要聯來死要聯，生死要聯一百年，
九十九歲短命了，奈何橋邊等一年。（雲南石鼓）

生愛連來死愛連，官司打到衙門前，
脫頭恰似風吹帽，坐牢好比坐花園。（廣東梅縣）

六　戀愛生活的心境

一、熱　情

十八輛車子順擺下，蘭州的關山上上了。
手拿鍘刀取我的頭，血身子陪你者睡了。（甘肅花兒）

郎心剛似虎，妾情柔如羊，
願爲虎口食，甘苦任郎嘗。（新疆）

哈薩克「偎郎歌」之一，郭曙南譯意。每當夕陽西下，女在羊羣中偎郎歌唱以悅之。

初戀的熱情，好似野火着山草，
而今想罷休，難如堵洪流。（康藏）

二、喜　悅

高山撒蕎蕎桿稀，哥扛洋槍打野鷄，
野鷄見鎗高飛起，小妹見哥笑嘻嘻。（滇西）

好久唔曾發北風，一發北風滿山動；
好久唔曾見妹面，一見妹面滿身鬆。（粵東）

沒有出嫁的姑娘們，寨裏共有多少人呀？
請快配我一個罷。
我們兩人同路走，我們兩人同寨坐，
快樂賽過活神仙。（貴州苗族）

三、忘　形

想郎想的掉了魂，接個當公下個神，
打柳打在奴房裏，袖子搗嘴笑吟吟，
因爲貪花你掉了魂。（淮南）

臺靜農釋：「當公，卽巫者。請巫爲病家禱告，謂之下神。打柳，巫者所用之柳枝，裹紙圖女像，謂爲柳神，藉以爲病者招魂。招魂後，將柳神置病者牆頭，因名打柳。」按，別的地方，謂之「端公」。

當我想起了親愛的水蓮花，
我就迷惘在她的美麗中。
道路呀分明是應該往西走。
我却怎麼反而呀走向了東？

錄自陶今也譯「蒙古歌曲集」，民國二十九年七月，西安新中國文化出版社版。

文章，經不過雨雪風霜，

經典，免不了火蝕蟲傷，
惟有情人的蜜語，是天衣無縫！
一句句，一聲聲——
聲聲句句，深刻在肺腑心腸。

民國二十三年八月，「開發西北月刊」二卷二期，「西康風俗叢談」譯情歌。

四、憐　愛

前溝田，那個種呵？莫不是我情哥？
手拿着鋤頭，起了繭呵，痛在我心肝。（江西）

女唱，音越尖越好聽。

仰頭一看天清清，七粒孤星六粒明，
鳥隻痛子在樹頂，我娘痛兄在房間。
仰頭看天天清清，七粒孤星六粒明，
老鳥痛子樹頂叫，小妹痛郎在更深。（臺灣）

這山望見那山高，望見情姐撿柴燒，
可憐我的姐，沒得柴燒請你砍，
沒得水喝請人挑，沒得菜吃請你熬，

沒得情哥子，我就來嗒！（湖南長沙）

沒讀若毛。

五、哀　傷

傷心啊，眞傷心！受曲啊，眞受曲！
天老爺啊，知道罷呀！
地老爺啊，怎不知道？
活了一輩子，活了半輩子，
若和心投意合的阿哥過活，討飯也願意。

夫妻不和的感歎。錄自凌純聲「松花江下游的赫哲族」上册，民國二十三年中央研究院歷史語言研究所出版。赫哲屬通古斯族。

你兄長長想着妹，長長想妹妹沒知，
眼淚流過三張席，牀底挖有活魚池。（廣西）

月亮彎彎照四方，四方路上碰着小孤孀，
頭上紮白心裏酸，哀哀哭哭收孝堂。（蘇州）

六、恨　怨

睡到半夜去爬牆，想起人生好凄涼，
有夫就像無夫樣，好比陰間出太陽。（貴州）

吃了飯來懶燒茶，姐大郞小懶貪花，
酒肉財氣人人愛，一隻龍船無人剗，
十七八歲守孤寡。（淮南）

臺靜農錄。凡按，這個剗字用得有意思，初疑係划字之誤。剗，讀若産，或作剷，削減、平治之意。韓愈詩「活計以鋤剗」。平地上玩旱船，乃是前後剗着划動的形態，武漢元宵夜划龍船的歌謠云：「剗龍子船哪喲喲！剗龍子船哪，划着。上面坐個大姑娘呀喲喲！來得慢哪，划着。」兩着字，還要兼帶表語助詞的口氣。不過，此歌首句，也可能是唱的另外兩種字眼：「彩龍船哪喲喲」，「踩龍船哪喲喲」。

血手拍門的林照得，王桂英哭殺場哩，
蒼蠅抱筆的勾不上魂，陽世上有寃枉哩。（甘肅花兒）

七、寧　靜

人不能老在熱情中燃燒。自人生之全程看來，戀愛究竟不是生活的全部。此所以，戀愛生活的恆常形態，以及其最高境界，乃在心神之寧靜。

昨日行經門口過，看見我情在門樓，
不得知心人分話，二人望望就回頭。（廣西）

此謂默契在心。「我情」之稱，妙絕。

妹子不使恨嗟嗟，恨壞心肝害自家，
妹子愛學井桶樣，拿得起來放得下。（嶺南）

腳穿蔴鞋者圖輕巧，頭戴上一頂草帽。
陽世上來了者歡歡的鬧，緊鬧慢鬧是老了。（甘肅花兒）
歡歡的，有「盡量的」之意。緊慢，「轉眼就」之意。

七　山歌跟俗曲

情歌一詞，老百姓口裏很少這樣稱謂，而是叫做山歌。如：

新打洋船下江河，洋船圍桿繫絲羅，
絲羅不要重槌打，撩姐不要話頭多，
只要五句眞山歌。（淮南）

手做生活口唱歌，大家落得笑呵呵，
現在洋學堂裏先生都把歌來唱，
我種田人也有幾隻小山歌。（江蘇川沙）

帶唱山歌帶種田，不費工夫不費錢，
自己省得打瞌睡，旁人聽聽也新鮮。（河北）

「俗曲」呢，這兩個字也是不大見於口語的。口語只叫小曲或者小調。

寫述情歌，我總不免想起，在江漢地區，兒時就熟悉的「痲城歌」：

太陽滿天霞，想起小冤家。

想起冤家淚如痲，不記當初話，

調戲小奴家，發下誓願比天大！

昔日來調情，話兒說得明，

說得涼水點燃燈。

鑰匙叮噹響，打開書盒箱，

手拿梅紅紙一張，左手磨香墨，

右手把紙摺，

兩眼汪汪寫不得。……

以下有「十寫」、「十繡」的描述，未能記憶。

首句五字雖爲白描，却給人們一個極燦爛的形象。這歌是刻在唱本裏的。瞎眼算命先生，於夏天夜晚，拉着胡琴沿街唱小曲，這「痲城歌」總是常要被人點到的。

坊間唱本的編刻，往年都是些讀書識字不多的人來經營，所以常是寫些俗體字、簡筆字以及別字，刻印的手法低劣，印書的紙張，每每也是最粗陋的。這種唱本，流行於下層社會。也有大的書店，蒐集了這些唱本，以鉛字排印，使粗俗鄙野的風格爲之一變。如上海廣益書局的「梁山伯祝英台唱本」，述祝英台弔孝：

一隻眼兒閉，一隻眼兒睜，
莫不是捨不得堂上二雙親？
一隻眼兒閉，一隻眼兒睜，
草不是捨不得樓房共敞廳？
一隻眼兒閉，一隻眼兒睜，
莫不是捨不得家財與別人？
一隻眼兒閉，一隻眼兒睜，
莫不是捨不得安童小使們？
一隻眼兒閉，一隻眼兒睜，
莫不是捨不得四季好衣裳？
一隻眼兒閉，一隻眼兒睜，
莫不是捨不得親戚鄰舍人？
一隻眼兒閉，一隻眼兒睜，
莫不是捨不得書籍與文章？
一隻眼兒閉，一隻眼兒睜，
莫不是捨不得功名與前程？

一隻眼兒閉，一隻眼兒睜，
莫不是捨不得訪友到莊門？
一隻眼兒閉，一隻眼兒睜，
草不是捨不得少個披麻執仗人？
一隻眼兒閉，一隻眼兒睜，
莫不是捨不得在日不曾來看你，
死後來上你的門？
欲要到府來看你，恐怕旁人說短長。
哥哥你是明白的，男女授受不相親。
左思右想猜不到，不知哥哥什麼心？
一隻眼兒閉，一隻眼兒睜，
莫不是捨不得妹妹薄情人？
說到山伯心上話，閉了雙雙兩眼睛。
英台不顧羞和醜，一把抱住放悲聲：
難捨就可帶我去，甘心願意見閻君。

此書大約是在民國十三年前後出版的。

又如上海中央書店，民國二十五年出版「時調大全正集」，錄蘇灘六十七首，申曲五十九首，甬灘三十四首，揚州調三十四首，北方雜曲二十七首。從其篇目上，可見其內容之龐雜：

蘇灘　做人家，江浙戰事十嘆，閻瑞生，四季相思，昭君和番，八仙上壽，滑稽宣卷，仲張女權賦，十嘆空。

申曲　比家當，壽字開篇，繡荷包，鳳陽花鼓，捉牙蟲，阿嫂告偸情，四季春調，秋香送茶，跳槽，小孤孀。

甬灘　大發財，賣橄欖，姊妹望郎，斷私情，公媳唱曲，馬燈調，哭七七，菴堂相會勸夫，大遊碼頭，吃食五更相思。

揚州調　新泗州調（江浙戰事），大小爭風，孟姜女過關，小寡婦上墳，洋烟自嘆，吃醋跳槽，賈寶玉哭林，秦雪梅弔孝，九腔十八調，男吃醋。

北方雜曲　妓女相思，秦樓悲秋，光棍哭妻，小寡婦上墳，打花鼓，四賣，西廂記，老媽開嗙，熟客釘嘴，說西話。

俗曲所唱說的，以言情的主題爲多數，因而與情歌纏混不淸。例如雲南的一首情歌：

濛鬆雨兒漫天下，偏偏情人不在家；
若在家，任憑老天下多大。
勸老天住住雨兒，教他回來罷，
濕了衣裳事小，凍壞情人事大。

又像顧頡剛所錄的蘇州情歌：

自從一別到呀到今朝，今日相逢改變了！
郎呀，另有了貴相好。
噲呀，噲噲唷！郎呀，另有了貴相好。

此山不比那呀那山高，脫下藍衫穿紫袍。
郎呀，容顏比奴俏，
噲呀，噲噲唷！郎呀，金蓮比奴小。

打發外人來呀來請你，
請你的寃家請呀請弗到。
郎呀，撥勒別人笑，
噲呀，噲噲唷！郎呀，撥勒別人笑。

你有呀銀錢有呀有處嫖，小妹妹終身有人要，
郎呀，不必費心了，
噲呀，噲噲唷！郎呀，不必費心了。

你走呀你的陽呀陽關路，奴走奴的獨木橋，

郎呀，處處去買香燒，
喻呀，喻喻唷！郎呀，處處去買香燒。

仔細辨認，這兩首情歌乃係俗曲，而非歌謠。其間區別是：

1. 就大體上說，俗曲是有音樂伴奏的，歌謠則爲徒歌。
2. 俗曲是有底本的，歌謠多爲卽興。
3. 俗曲的字句，可看出文筆修飾的痕跡，歌謠則一味率眞。

總之，俗曲多在市井、烟花中傳唱，文人爲之潤色，言情細膩，流於纖巧，而且輕薄浪蕩。歌謠生活於山野中，老百姓羣體的口耳相傳，始終保持其樸素本色，若有流於纖巧，就被甩棄於歌謠領域之外。試看「白雪遺音」所錄的俗曲：

（馬頭調）人人都說偺兩厚，
提起那事全然無有，
不過是眉來眼去把情透，
我的皮何曾粘着你的肉？
可是枉費了心機，未曾到手；
若不信，對着老天賭個咒，
這纔是腥了嘴兒未吃肉。

（馬頭調）人人勸我丟開罷，
我只得順口答應他，
聰明人豈肯聽他們糊塗話，
勸惱我反倒惹我一場罵。
情人愛我，我愛寃家，
冷石頭煖的熱了放不下，
常言道：人生恩愛原無價。

又像「霓裳續譜」的：

（寄生草）得了一顆相思印，
領了一張相思憑，
相思人走馬去到相思任，
相思城盡都害的相思病，
新相思告狀，舊相思投文，
難死人！新舊相思怎審問？

（寄生草）新人說奴與舊人厚，
舊人勸我把新人丟，

奴怎肯有了新來忘了舊，
新舊的人都是奴的連心肉，
新人俊俏，舊人風流，
無奈何，一夜新來一夜舊。

見劉復、李家瑞「中國俗曲總目稿」一一一〇、九三四、九七五頁。

再說，俗曲有眞俗與假俗之別。例如安徽從前所流行的「十杯酒」：

一杯酒兒進房來，手提銀壺把酒篩，
叫一聲小郎才，哎哎呀，叫一聲小郎才。
手提銀壺斟上一杯酒，
才郎無事不到奴家來，
奴與你開胸懷，哎哎呀，奴與你開胸懷。
二杯酒兒酒有情，請問才郎貴尊庚？
說與奴家聽，哎哎呀，說與奴家聽。
郎說正月十五日，姐說元宵鬧花燈，
你我是同庚生，哎哎呀，你我是同庚生。
三杯酒兒酒有酸，又酸又甜叫郎端，
莫嫌酒兒酸，哎哎呀，莫嫌酒兒酸。

郎說銀錢如糞土，姐說仁義值千金，
才郎記在心，哎哎呀，才郎記在心。
四杯酒兒汗淋淋，手捧花扇代郎搧，
引動郎的心，哎哎呀，引動郎的心。
手拿羅袖替郎揩揩汗，免得才郎帶手巾，
奴待你是眞心，哎哎呀，奴待你是眞心。
五杯酒兒郎要醉，才郎不吃只一杯，
莫把杯兒推，哎哎呀，莫把杯兒推。
我勸才郎多吃雄黃酒，免得毒氣上郎身，
我郎記在心，哎哎呀，我郎記在心。
六杯酒兒正三雙，一瞞爺來二瞞娘，
瞞不過才郎，哎哎呀，瞞不過才郎。
一瞞哥來二瞞嫂，瞞不過才郎這一遭，
你我二人舊相交，哎哎呀，你我二人舊相交。
七杯酒兒進花園，手攀桂花淚漣漣，
巴不到早團圓，哎哎呀，巴不到早團圓。
花開花謝年年有，人老何曾轉少年？

才郎記胸前，哎哎呀，才郎記胸前。
八杯酒兒桂花香，手挽手兒進香房，
一對好鴛鴦，哎哎呀，一對好鴛鴦。
手托香腮心思想，才郎待奴好心腸，
小奴家不能忘，哎哎呀，小奴家不能忘。
九杯酒兒月偏西，才郎睡在我懷裏，
酒醉又發迷，哎哎呀，酒醉又發迷。
有心下牀倒上一杯茶，又恐驚動二爺娘，
爲的小奴家，哎哎呀，爲的小奴家。
十杯酒兒要郎囘，高挑銀燈郎穿衣，
奴家捨不得你，哎哎呀，奴家捨不得你。
手挽手兒送郎出房外，才郎早去早囘來，
免得奴家掛心懷，哎哎呀，免得奴家掛心懷。

據清、嘉慶間崇本堂刻本，見李家瑞「十杯酒」，載「歌謠週刊」三卷四期。

這是眞的俗曲。像下面的例子，就是假俗曲了。

一杯酒，憶多情，天南地北，杳無音信，
離多會少，何處去找尋？

自從分別後，一直到如今；
可曉得春宵一刻，能値千金！
最關心，一輪皓月明如鏡，
能照着你我離人，兩地一樣心。……（下略）

「歌謠周刊」二卷三十八期，載「安徽民間俗曲」。

假的俗曲，字句失去了口語性，自不易與歌謠揉合。原來，儘有那一種歌謠，你說它是山歌也可，說它是俗曲，也沒有什麼不對。

這兒，我們當注意的，俗曲既然先有底本，它見於文獻的機會，就比之歌謠爲多了。

八　對口情歌之一例

下例，是一首廣西的情歌。基本形式，七言四句爲一章。先是男唱八句來引起，女答四句，而後反覆對唱。間插入三、七、七、七的句子，以變化之。男女對唱了九次，而後齊聲合唱三章的七言四句。其敍事極有層次，充分見出雙方情分，與戀愛、婚姻的德性，雖然內心熾熱如火，而絕不胡來，相互尊敬、體貼、勉勵，字字句句，恩意纏綿。所以合唱一開頭，就冒出了「篇中之興」，而共申其生死不渝的願心。

我們從這裏，大大看到了，山歌對於青年男女愛情生活的教育作用。

（男）春來桃花滿樹紅，愛花心裏跳咚咚，

　　一心想到花園看，水淹木橋行不通。
　　唱歌要唱歌答歌，織布要織梭連梭，
　　織布不給梭線斷，唱歌要找人來和。
（女）誰人唱歌像彈琴？聽見歌聲不見人，
　　妹妹開口答一句，拿塊磚頭換黃金。
（男）唱條山歌逗一逗，看妹抬頭不抬頭？
　　妹今抬頭哥就唱，妹不抬頭把歌收。
（女）公鷄打架頭對頭，唱歌不要出風頭，
　　我今不是畫眉鳥，要你學舌把我逗。
（男）開條大路邀妹遊，喝口涼水解心頭，
　　涼水解得心頭悶，妹話解得萬年愁。
（女）哥那樣，悶悶不樂爲那般？
　　哥你有事慢慢講，妹今同你來商量。
（男）翻山過嶺又過河，今天特地來唱歌，
　　一心要到花園看，葫蘆裝茶來解渴。
（女）風吹樹葉張張翻，講起唱歌心又慌，
　　和哥生疏難開口，哥的心事妹難猜。

（男）樹上斑鳩叫咕咕，問妹有夫沒有夫？
情妹若是半壺酒，不如合攏做一壺。
（女）雪水泡糖吃心涼，問哥有雙沒有雙？
若是情哥無雙對，妹願和哥結成雙。
（男）老老實實講妹聽，自小單身到如今，
挑穀過河去找磨，家中無磨去求人。
（女）哥也單來妹也單，合意我倆就成雙，
你我都是單身鳥，合意就飛共一山。
（男）妹乖乖，不高不矮好人才，
情妹生得這般好，見了情妹心就開。
（女）哥你乖，胸寬肩厚好人才，
砍柴打魚你都會，哥哥早在妹心懷。
（男）妹是桂花香千里，哥是蜜蜂千里來，
蜜蜂見花團團轉，花見蜜蜂朵朵開。
（女）有意有情有商量，情哥是個好兒郎，
若是得哥成雙對，吃粥調鹽也是香。
（男）情妹好比一枝花，情哥連根挖回家，

回家種在後園裏，早晨淋水夜開花。

（女）哥是江邊竹一排，妹是楊柳在沙灘，

有心移柳排竹種，風吹竹柳兩相挨。

（合）石頭相碰火星飛，我倆成雙不用媒，

我倆有心又有意，好像蝴蝶雙雙飛。

生不離來死不離，我倆死了共堆泥，

我倆變龍共個洞，我倆變花共一枝。

我倆相愛海樣深，拉手下海撿龍鱗，

撿得龍鱗做瓦蓋，撿得黑土變黃金。

第七章 工作歌

一 概說

從遠古直到將來，人必須工作纔能獲得衣食所需。社會的發展，更是憑藉於人們互助合作的勞動關係上。這不僅只是爲了要生存的緣故，也因爲人類的生活，在精神的安頓上，如此方見意趣。

在以人力爲主的勞作中，爲了組織勞動，調節動作，消除疲乏，激發興趣，以及提振勞作者的團隊精神，這就有了工作歌。爲何要說以人力爲主的勞作呢？原來，凡屬以機械爲主的勞作，尤其是那大工廠裏，其生產過程，雖然動力機是受着人的操縱，但那許許多多同一型式的作業機傍，工人處於從屬地位，隨順着機械而操作；況且，機械轉動，聲音宏大，而進行規律，不容許勞作者忙裏偸閒的唱歌爲樂了。要麼，是勞作之餘，或者他哼哼唱唱。

因勞動場合的不同，工作歌有着以下類型：農歌，採茶歌，牧歌，工歌，夯歌，船歌，漁歌，兵歌。

純粹性的工作歌並不太多。人們在工作中所唱的，主要的仍然是情歌，也就是老百姓所習稱的山歌。

山歌勿唱忘記多，官塘大路勿走草滿窠，

快刀勿用生黃鏽，私情勿做兩荒疎。

說荒疎來話荒疎，荒疎城裏兩條河，
一條河裏裝柴米，一條河裏唱山歌。

李白英「民歌鑒賞論」，說這首歌：

歌的形式，分成兩節，是先言他物他事他情以引譬起興，一直逼到本題，然後分賦其事。歌的內容，是說，大地呵，原是一座荒疎的城；人生呵，原是一場荒疎的夢。人生有什麼意義呢？這荒疎城中有兩條河流，人生活於此兩條河流之中。一條河流裏，人是爲了生活——柴米油鹽的謀算，工作、勞碌、憂愁——等等人是在動着；一條河流裏，却是愉快、無愁的、輕鬆的唱歌。

載「文藝創作講座」第三卷，約民國二十四年出版。

這首歌，應是流傳江南地區的。末兩句的敍述，境界奇妙。其實，每一個人必須同時在此兩條河裏營生。人旣不能一天到晚，專爲衣食勞碌，却也難以專唱山歌抒情來生活。貴州有首歌：

光打號子不唱歌，惹得傍人笑呵呵，
一來笑我們人才醜，二來笑我們沒有得歌。

有人說，號子是一種介於唱、白之間的歌，有韻脚，而唱時不把脚韻拖長。據我的了解，號子乃是在勞動中協合呼叫的聲音，例如武昌白沙洲和漢陽鸚鵡洲，每當春夏之交，江岸傍，常有浮靠着由湖南各地河川順流而下的木排。這些木排是由四五丈長，約一尺直徑的木材所紮起來的，每個木排五六丈長，三丈多寬，重疊積層約七八尺厚。把木排解體，讓一根根的木材，從水面卸到岸上，通常要由四五個碼頭工人爲一組，合力操作：在水面上，鬆開紮木排的粗篾繩，防止木排漂走；在岸上的，使用兩丈多長的矛刺和鈎桿，刺鈎住浮散水面的木材上，拖上岸來；而後兩人合力，扛起了走，豎架在江岸一定的地方。其工作步驟，有三段過程，皆特別需要出力用勁，協同一致的動作。於是產生一種有韻律的呼叫、應和：

耶——耶——喲——喲！

杭——唷——唷——喲！

聲音曼長而尖銳，腔調高低，全配合着動作，他們並不歌唱什麼。我以爲這就是號子，其作用在組織勞動，調節動作。在夯歌裏，這種例子最多。又像長江巫峽，逆水行舟，岸上「絞灘」的動作，也是「光打號子不唱歌」的。若在插秧、車水、划船的這些勞作，一唱起歌來，歌中有敍說、議論、描寫，又復謔浪笑敖的，自然產生了消除疲乏、激發興趣、提振團隊精神的功能。

楊安祥寫的小說「柳樹塘」，有幾處，描寫到湖南長沙鄉下的歌謠生活。指出不但男女都善唱山歌，還有一種「打喔嗬」，在野地裏登高處或攀高樹上，扯起了喉嚨喊叫：

喔嗬——喔嗬——喔嗬

或是：

喔——嗬，喔——嗬——

喔——嗬，喔——嗬——

因聲調高低緩急，以及喔嗬兩字組合上的變化，表示出許多不同的意思，而成爲一種訊號：豺狼下山，要溜進猪圈了；田裏耕作的牛，發野性跑掉了；小孩子跌斷腿了；河裏淹死人了；家中有遠客到了；媳婦生娃了；飯熟多時了，某人你快回家罷……這種種事情的訊號，一如無線電報，有叫有應，有問有答，且有轉播。當然，更成爲唱山歌的押尾或合聲。有了這種押尾或合聲的作用，歌謠字句的結構，就可十分活潑變化，不必躭心韻脚問題，每一喔嗬起來，特別顯得氣勢磅礴，使山爲之動，海爲之驚。如：

這山望得那山高——喔嗬，
皇帝老子下江南呀，
看見一羣嬌蓮走過去——喔嗬。
妹子呀妹子，等我摸够了大奶子，
今夜和你成過親呀，再慢慢兒走——喔嗬。
喔嗬——喔嗬——喔嗬

嬌蓮，嬌娃意。

打喔嗬，是特具野性的呼喊。當地習俗，此事屬男子特權，「這是伢子家本領，妹子不學的」；若有女性敢打喔嗬，那就成爲天大笑話，是公論所不許的。

見民國五十九年八月，「純文學」八卷二期載。

用文雅的字眼說，打喔嗬，也卽是古代詩書上所說的「嘯」。「說文」：嘯，吹聲也。籀文作歗，蹙口而出聲也。依字書上這種解釋，古代的嘯，等於如今吹口哨。不過，據我的了解，嘯既可縮口長鳴，却也多的是張口大呼的形態，正是說江湖豪傑之呼嘯山林，文人學士的傲嘯當世。試略舉例證。「詩、召南、江有汜」：

之子歸，不我過；

不我過，其嘯也歌。

又，「小雅、白華」：

嘯歌傷懷，念彼碩人。

最有趣的例子，是魏晉之際，竹林七賢，眞是布衣傲王侯的傲嘯當世。「晉書、阮籍傳」：

籍容貌瓌傑，志氣宏放，傲然獨得，任性不羈，而喜怒不形於色。或閉戶視書，累月不出；或登臨山水，經日忘歸。博覽羣籍，尤好莊老。嗜酒能嘯，善彈琴。當其得意，忽忘形骸時，人多謂之癡。……籍雖不拘禮敎，然發言玄遠，口不臧否人物。性至孝。……嘗於蘇門山，遇孫登，與商略終古及棲神導氣之術，登皆不應，籍因長嘯而退。至半嶺，聞有聲若鸞鳳之音，響乎巖谷，乃登之嘯也，遂歸著大人先生傳。

「世說新語、棲逸」篇，記這段事說：

阮步兵，嘯，聞數百步。蘇門山中，忽有眞人，樵伐者咸共傳說。阮籍往觀，見其人擁膝巖側。籍登嶺就之，箕踞相對。籍商略終古，上陳黃農玄寂之道，下考三代盛德之美，以問之，仡然不應。復敍有爲之敎，棲神導氣之術以觀之，彼猶如前，凝矚不轉。籍因對之長嘯。良久乃笑曰：可更作。籍復嘯，意盡退還。半嶺許，聞上啗然有聲，如數部鼓吹，林谷傳響，顧看，迺向人嘯也。

按，阮步兵，係以官職名稱籍。「阮籍傳」云：「籍聞步兵厨營人善釀，有貯酒三百斛，乃求爲步兵校尉。」

晉、葛洪「西京雜記」卷四：

東方生善嘯，每一曼聲長嘯，輒塵落瓦飛。

唐人，失其名，撰「嘯旨」，今存「唐人說薈」本。說嘯有十五章，有深溪虎，高柳蟬，空林鬼，巫峽猿，下鴻鵠，古木鳶等等名色。又，「明詩小傳」：

徐文長，貌修偉白晳，音朗然如唳鶴，中夜呼嘯，有羣鶴應焉。

從往代典籍的這些記載看來，則「蹙口而出聲」的嘯較少，多的應還是「打喔嗬」的形態。若有音樂家肯從事這項研究，自可把古今種種不同的嘯聲、號子、喔嗬，提出分析的記載。於此，美國電影的連續長片「泰山」，爲我們留下了形象鮮活的例證。泰山幼小時，隨父母旅行，輪船遇難，雙親死亡，他飄流山林，被人猿抱去養大，身強力壯如野人。山林生活中，凡有什麼事要打出訊號，泰山都是聲震山谷的長嘯。

二　農　歌

「墨子、三辯」篇：「農夫春耕秋耘，秋斂冬藏，息於吟缶之樂。」注：缶當爲岳，岳，古謠字，謂歌謠也。田間耕作，勞者自歌的情況，古今相同。民國、四川「巴縣志」卷十一：

六月芒種。是月也，薅頭秧，旬日以後，薅二秧，去莠稂，農歌四聞，以遣勞倦。

參見第四章「歌謠生活」十一秧歌。

如今還有些地方，農家春忙時，雇工下田做活，特別另請一個善唱的歌手，謂之「響夫」，坐田塍上，在春風駘蕩裏，唱本鄉本土的歌謠，以娛耕者，而常常是一唱百和。響夫那種習練有素的歌喉，與即物起興的歌唱天才，究非莊稼漢們所能比得上，於是，多半的時候，大家一聲也不響，都高高興興的埋頭工作，但聽着他的獨唱，而引起陣陣洪亮的笑聲，表示對響夫的讚美——有些最愜心的讚美，反而深藏不露。響夫唱的多半是情歌。如廣東瓊崖：

（男）枚姐割稻田中央，何不舉頭分哥看？
眼眉彎彎眞標致，眼子迷迷割肚腸。
（女）儂割儂稻田中央，何必舉頭分哥看，
鐵打鐮鈎割儂稻，怎樣割上哥肚腸？

純粹的揷秧歌、除草歌、車水歌、收穫歌，是不多見的。如果這時田間或大路上，正有年輕女性經過，不是極能逗引大家的興味麼。但由於以下兩種情況，人們不敢有挑逗的表示。其一，到田間來的，多半爲家裏人，或者本村親鄰，怎好意思以情歌來開玩笑？如果是路上來往的呢？你冒犯她，她會投告別人，說某村的莊稼漢太欠禮數，況且，人家也許是來此地探親的貴客，怎好得罪？

壽生「我所知的山歌的分類」，據貴州的情形說：

號子在普通場合不常唱，是一夥數十百人，「薅打鬧草」時，「鬧首」唱的。號子的調門，不同他類山歌，且甚複雜，早上、午間、挨黑唱的，各不相同。鬧首是主人負責指揮工程的，而又爲工程之一員，所以主人、工程兩方面，他都有話好講。因之，在普通唱的號子外，有催工歌，催飯歌，催放工歌，謝主人歌，譏主人歌，譏工程歌等。而上坡工作第一聲唱出的，又特名爲號頭。

載「歌謠周刊」二卷三十二期。

這樣，號子就不僅只是呼叫了。這還有一個旁例，清代蘇州文魁堂的刻本「香袋子」，乃以「號子」爲其類名。約二百六十句的長歌，描寫香袋繡製的過程，其首、尾句：「姐家門前一條溝」，「香袋不落別人家」。至於，貴州號頭的例子，像：

清早起，早早起，頭不梳，臉不洗，
搬起鼓兒就走起。

張果老王治天，盤古老王治地，
羅衣秀才治朝廷，置下鑼鼓響器——
也不強也不弱，放下鑼鼓把口號說。

口號卽號子。

一天早、中、晚，勞作和生活情況不一，號子的調門也不一樣。早上唱的是：

早唉早晨早喂，早唉早晨早喂，
早去早來，呀呵喂，呵喂，呵喂，呀呵喂！

鵡子肉翻叉謝呵呀，後園奶洋歐雀，
叫得哎哎呀，後園奶洋雀，叫得哎哎嗚哪！

洋雀，卽杜鵑。

午間唱的是：

高山好田地呀喂，住的人戶稀喲，
吃的是包穀米呀喲，穿的是痲布衣呀喂，
痲布繡衣裳嘍喂，小姣要鴛鴦嘓，
哪鴛鴦不離主啦喂，小姣不離郞嘓喂，
哂呵陽呵哪，哂呵喂，呀呵喂，哂呵陽哂喝喂！

挨黑時光則唱：

一對烏洋雀啦喂，飛在烏江河啦喂，
站在橈竿上嘓，看到太陽落喂。

催工歌：

江邊楊柳靑哪喂，洋雀打高聲嘍，
一晚四時叫嘓吼，愈叫愈傷心吼，
哂囉陰陽呵喂！

太陽出來照一照，照見主人在「打鬧」。
照見南京苗子反，照見北京文書到。
早晨點刀槍，夜晚點旗號。
點了幾十幾把鋤子，窄頭窄腦，
角頭角腦都耨到，莫等主人來見笑。
挨到包穀糧食的草要扯，
運兜繫草，扁擔立壁，
緊上工程挖上一息。大家努力，起喲！

運兜，卽裝土的簸箕。

催飯歌：

太陽當頂過喂，豆醬瀘上鍋啷，
篩子去抬水啊，碓窩架上鍋啊，
下街去買米喲，買米就下鍋啊，
對門少午早哦嘅，耨得幾面坡哦，
小郎肚皮算來也不錯啊啊
呀呵，呀呵呀呵喂！哂呵喂，呀呵喂！
哂呵呀噫喲，呀呵呀呵喂！

少午，卽午飯。

催放工歌：

太陽當頂過，先生要放學，
放學早放我，路上有躭擱。
賢姐當門過，撈杯冷茶喝。
走齊朝門口，一對大黃狗，
小姣來攆狗，雙手扶郎手。

第二首，乃藉情歌示意，並非純粹的催放工歌。再看謝主人歌：

耨得完的喲罷，耨不完的罷喲，
耨不完的青草壓在山脚下呀，
吃不完的茶喲付與主人家喲。
牛吃江邊草喲，馬吃路邊花喲，
小郎駕上馬喲，加起鞭來打喲，
去要打，去要打，多謝主人家。

諷刺主人的歌：

太陽出東門吶喂，主人叫工程嘍喂，
工程來得早呵喂，捱住不下田嘞喂，
將自纔下田嘍喂，就些貧貧言嘍喂，

耨齊少午陣嘞喂，就要工夫錢哪喂，

「二場拿是你」呀喂，「拿去要稱鹽」嘍喂，

晒呵哦，呀呵喂，晒喝陽晒呵喂。

太陽是從東邊起來，到太陽出東門時，已是午後了。「二場拿是你」，是主人說的，意思是現在沒有錢，五天後給你罷。「拿去要稱鹽」，是工人說的，意思是說要拿了這工錢去稱鹽吃，一刻也不能緩。

關於東家與雇工兩方面的情態，皆應兼而說之，是各地歌謠所普遍唱說的。如：

大白麵，馬尾饃，什麼飯食什麼活，

不叫吃，咱就磨，看是躭誤的誰的活？（河北定縣）

叫聲僱工莫偷閒，快快割草去磨鐮，

多些好草你不割，偏要割那杜李酸，

大牛不吃小牛看，罵聲僱工太不賢。

僱工回言莫輕賤，因你沒有好茶飯，

一斗穀子半斗糠，蒸的窩窩生翅膀，

一飛落到楊樹上，叫聲窩窩快下來，

餓的我雇工甚心慌。

民國、河北「大名縣志」卷二十二錄謠。

這是未免誇張的說法。凡到農忙，那做東家的，即令平日是很刻薄吝嗇的人，這時也無有不懂得要好好款待雇工，因爲這正是要用人的當口，「什麼飯食什麼活」，現實極了哪。

太陽下山紅又紅，我勸主人要收工，
別人家家吃晚飯，我們還在田當中。（湖北蘄春）

你會早飯早，我會撒屎撒到日頭高，
你會午飯早，我會田塍裏睏午覺，
你會點心麩皮糕，我會耘田勿拔草。
你會十個銅錢九個小，
我會嘅我兒子嘅開門來掉。（浙江紹興）
嘅字下的「我」字，讀挨，意即我們的。

糕軟些，菜滿些；工錢大些，天短些。（綏遠）

以下，宗丕風錄塞北的這一首，則純乎是莊稼漢的口氣：

莊前屋，房後田，老實莊家只種田。
東莊田，西莊田，田中種的米麥棉，
有了米麥棉，就可賺到錢。
田就是錢，錢就是田，我下田，我賺錢。

下了田去就有錢，不下田去沒有錢。

我希望大家都下田，我希望大家都有錢。

載「歌謠周刊」二卷二十五期。惟「希望」一詞，並非莊稼漢的口語。

在臺灣，有駛犂歌。據呂訴上「臺灣的音樂」所述：駛犂歌，是臺灣中南部鄉村很特出的一種歌舞，又是農村最有興趣的俗謠。載歌載舞，繪聲繪色。凡遇迎神賽會時，結隊而行，都以男性裝扮：一農夫手拿犂柄，牽着牛，牛也是人戴紙糊面具裝扮而成，牛拖着犂；另有兩村女，拿着鋤頭隨伴左右，鋤頭，有眞的，也或者以木質品代之。村女或不拿農具而持紙扇，像在田間耕作一樣，往復跳步，唱着駛犂調的情歌，互相戲謔。此外，還有音樂伴奏，南管系爲主，却也有一部份採用北管的，分爲兩班，對答歌唱。樂器用月琴、三弦、銅鏇、笛子等，調節音律。鄉村青年男女，在這種歌舞裏，盪漾着生活的情調，燃燒起戀愛的火焰，而表現其傾慕的心意。

載「臺灣文化論集」㈢，民國四十三年十月，中華文化出版事業委員會再版。

傅振倫「歌謠雜說」所錄的摘棉花歌，把生產過程與農家的行業術語，都有敍述：

棉花子兒着灰拌，種了地裏鋤三遍。

爹鋤地，娘送飯，掐了花心掐花尖，①

開的花黃臥單，②結的桃兒一聯串，

開的棉花白臥單，大姐二姐來拾棉，③

大姐拿着花包袱，二姐提着大竹籃。

拾到家裏，篩子篩，壓車壓，④
棗木弓，牛皮弦，彈的毿子⑤Shuan凡凡，⑥
搓的布集⑦長凡凡，使的錠子兩頭尖。
紡的穗兒圓上圓，⑧往的Suei⑨子⑩兩頭尖。
拐的拐，降的降，⑪
經布⑫娘子遙院裏走，相布的娘子站兩邊，
摘頭的娘子對臉看，織布的娘子坐在正官。
織成布，染房染，剪子裁，用針做，
看看穿件衣裳怎麼難！

①花長太高，結棉種少，故必去其尖。②花似黃色之布。③棉必摘下收存，是曰拾棉花。④篩以去棉中混雜物，壓之造成絮狀。⑤絮狀棉。⑥鬆軟之狀。⑦以絮狀棉，造成長條狀。⑧甚圓美。⑨穗。⑩布線之造成圓軸形者。⑪二者均為使線的順序之常例也。⑫使線成經。

載「歌謠周刊」一卷六十八號。

前面說過，農事工作的歌謠生活，多半是唱的情歌，此所以，齊如山「華北的農村」一書中，很見到一些關於農事技術、經驗、作物栽培方面的諺語，而少有這方面的謠歌。

還有杵歌、或稱春歌，也是屬於農歌的。如臺灣日月潭高山族婦女，有唱杵歌的風俗，其內容也多半是情歌，或祈豐收、祈福的歌。

羅尙「府河下游民歌擧隅」：

夏日耘田時期，秧歌是一節目，蓋唱歌能和脚下動作配合，能提高工作效率。大莊稼戶，有一人專司打鼓，提頭壓陣，口與脚都應節。惟數天演唱，老調子唱盡，就得卽景編謅。路上單行女流，挑窰貨者，揹雜貨子者，甚至本主家送飯者，都是取笑之對象。

載民國五十三年九月「四川文獻」二十五期。

其唱法，有單唱、合唱、輪唱，還有幫腔。鎌刀、鋤刀、竹梆梆，敲敲打打，以代伴奏樂器，充分表達了勞者自歌的本色。

三　採茶歌

採茶歌的特色：

1. 純爲女性所唱。
2. 茶的種植，多在山野，與田畝風光有異。
3. 採茶工作很輕易，除了繫上一件圍裙，揹一個茶簍，此外無工具，而茶樹多不甚高，故採茶歌特具悠然情趣。
4. 歌中辭句總離不了茶字。

宋、汪元量「湖州歌」有句：「北客醉中齊拍手，隔船猶唱採茶歌。」凡是產茶地區，逢到婦女們採茶季節，莫不處處充滿了採茶歌，間也有男性參與。如廣東客家的：

二月採茶茶發芽，姐妹雙雙去採茶，

大姐採多妹採少，不論多少早還家。
三月採茶是清明，娘在房中繡手巾，
兩頭繡出茶花朶，中間繡出採茶人。
四月採茶茶葉黃，三角田中使牛忙，
使得牛來茶已老，採得茶來秧又黃。

羅香林「粵東之風」註：右，見「粵東筆記」及「嶺南郎事」。使牛，謂犂田也。粵中婦女多有能操犂田諸事者。

林清月「歌謠小史」：

臺灣在來之民謠，多出自無學村婦村夫之口，工巧異常，傳至今日，非無因也。夫民間歌謠，非先立意而作之，乃無意中之發現，觸景牽情，出口成歌，偶然之發興。其起源始自茶山。臺灣北部多茶山，可謂民謠之發生始自臺北，如臺北市之松山，次而汐止，而基隆，而宜蘭及新莊等處之茶山。在春夏二季，多數妙齡村女被人請作採茶女，摘挽茶葉，單純工作，無聊之甚，各自構思心中情緒而歌之。愈念愈熟，愈唱愈佳。歌唱之範圍愈廣，單獨唱念已感不足，繼而互答如詩之唱和，謂之相褒，或云相嘲，又曰盤歌。此種相褒極度發達之後，一變而爲長短句，流行歌傳至今日，於今爲盛，樂莫大焉。

載民國四十二年八月，「臺北文物」季刊二卷二期。

他說臺灣的採茶歌，可分爲三種：

一、散唱　　任意唱此唱彼，散亂無章，不成套。

二、互答　男女相褒，或兩女相褒，假定一人作男。

三、述懷　專述採茶的景況。

散唱的例句：

挽茶查某眞艱苦，脚脊映天面映土，
憶着趁錢做衫褲，身軀來美面來烏。

阮今一陣姊妹伴，山頂挽茶學念歌，
挽茶說笑心化化，別日無囥卜按怎。

茶山宛然是仙山，上山挽茶淸心肝，
日日挽茶心化化，手塊挽茶嘴念歌。

互答的例句：

做茶無趁無奈何，娘仔挽茶心眞嘈，
勸兄這茶不通做，來做生理較會和。
日來無食暝無睏，我君消瘦十二分，
卜做生理兄無本，今年且看明年春。

娘來出本哥出工，緊緊開店緊倩人，

來做頭家有映望，二人相偕來開行。
你今叫我做生理，也着做茶較順利，
若無內行連本去，到時攏收無本錢。

我君歹命着擔壓，親娘歹命着挽茶，
等候我若做皇帝，別日致蔭恁一家。
阿君擔壓眞可惜，阿娘艱苦挽茶葉，
等候我若做皇后，致蔭阿君你會着。

其述懷的採茶歌，林氏所舉，與以上形式，內容相同，故從略。

周學普所錄福建汀州採茶歌，是十二月調，這並非工作的紀實，而是藉採茶爲題以抒情。

正月摘茶是新年，借去金釵定茶錢，
茶錢定來十二月，當過寫字先交錢。
二月摘茶正摘茶，郎攀茶樹姐摘茶，
郎摘多來姐摘少，多多少少轉自家。
三月摘茶茶葉青，姐在家中織手巾，
兩邊織起龍獅子，中間織起摘茶人。
四月摘茶日又長，田中少個使牛郎，

摘得茶來人又老，使得牛來秧又長。
五月摘茶茶葉濃，茶葉根下生哩蟲，
多燒金錢少燒紙，神山土地保平安。
六月摘茶熱難當，太陽如火水難養，
多吃細茶少吃水，茶葉樹下躲得涼。
七月摘茶正割禾，姐在家中織綾羅，
一日織得十八朶，織給丈夫做衣着。
八月摘茶桂花香，大風吹來滿山香，
大姐出來問小姐，家花沒我野花香。
九月摘茶九重陽，重陽美酒噴噴香，
男人莫吃重陽酒，女人莫戀少年郎。
十月摘茶十立冬，十擔茶桶九擔空，
茶桶掛在金鈎上，略來明年施茶崗。

略字意不明，待考。施茶崗，則頗見情境。汀州一帶山地，搬運貨物多用肩挑，挑夫在大熱天行走長途，最是辛勞。山野人家，有特地泡了一桶桶的茶，擺在門口，讓他們解渴去暑，這叫做施茶崗，習俗認爲是有功德的善事。

十一月摘茶雨子飛，雨子飛飛飄郎衣，
姐在家中烤炭火，郎在路上受苦楚。

十二月摘茶又一年，拿把傘子接銅錢，
上家接來下家轉，家家約我過哩年。

這首採茶歌，句子平板，缺少情趣，不及周氏所錄「汀州民間情歌」的另兩首：「十想妹」，「十斷情」（見婁子匡「情歌三百」）。比之甘、寧、青的「花兒」，就更是遜色了。

有的地方，採茶歌發展而為採茶戲，這也是歌謠生活必然要達到的道路。呂訴上「臺灣戲曲發展史」：

採茶戲現在是散布在臺灣的新竹、中壢、桃園、平鎮一帶，據傳說距今百年前，由廣東客家人帶到臺灣來的一種歌謠戲。是以山歌做基礎，加上簡單的動作表演，所以具有粵調風格。最初由挽茶相褒歌唱起始，是以唱情歌，說情話為主，台詞盡是一長串笑話。

採茶戲多半以旦角為主。為了增加情趣，常有演員與觀衆打成一片的作法，這就是表演「求乞」的場面：有時是觀衆賞賜手帕、金錢、水果、或裝飾品等，演員接受了，即以所得物品為題材，即興唱歌以娛觀衆；有時是演員在臺上，抛出一丈多長的繩子，繫有一個茶籠，內置茶一杯，以敬禮某一觀衆，受者當有所賞賜，演員唱情歌謝了。全體觀衆喝釆之中，還可接續一兩次，適可而止。

四　牧　歌

在內地社會裏，牧牛放馬時，人們所唱者，仍是一般性的山歌。純然以畜牧生活為題材的牧歌，並不多。平劇「小放牛」的唱詞，是一個例。

遊牧地區，野地裏，跟馬牛羊、駱駝生活在一起，人們所歌唱的，則必然的呈現其牧歌的意味。如蒙古的「牧馬歌」：

早起的太陽纔上山崗，馬兒的身上都染紅光，
馬蹄兒踏的是隔夜霜，走遍了沙場沙不揚。
黃昏的太陽纔進山崗，馬兒的身上都染紅光，
馬蹄兒踏的是野花香，走遍了草場草精光。

「日落」：

日落西山下，紅霞映野花，
喇嘛輕忽哨，東山羣馬嘯。

「勒格基瑪」：

跨下的白馬，不走也不跑，
年輕的勒格基瑪，已經出嫁了。
茫茫的大地，狂風捲黃草，
美麗的勒格基瑪，已歸他鄉了。

以上三首歌，均見陶今也譯「蒙古歌曲集」。他還錄了登山曲一首，涉水曲一首，山歌三首，牧歌五首，都記有簡譜曲調而失其唱詞。集中有幾首純然的情歌，但仍不失其遊牧生活的風光，如「棗騮馬」：

棗騮馬，戴白花，最可恨，寃家呀！

沒有奴奴，你怎麼騎得上牠？

此曲係一美麗的愛情故事。有少女竊家中棗騮馬一匹，覆以白花絨氈，贈其情人。情人從軍立功，得官歸來，不復再念舊情，對女漠然，女口唱此，自遣哀怨。其曲譜還有訛傳者。

「妒婦詞」：

花花馬呀出了汗，你又到那裏去遊蕩？

看你的神氣不一樣，究竟是喝了誰的迷魂湯？

陶今也，長沙人，於武昌美專習繪畫，兼修音樂，也曾爲文學寫作。是在民國二十八年，於內蒙、伊克昭盟工作之餘，採錄民歌，記曲譜，譯詞意，約半年之久。他指出了兩件事：

1. 蒙古歌曲從無曲譜紀錄，都係口耳相傳。

2. 唱蒙古歌曲，要完全拉直了嗓子硬喊硬叫，纔足以表現出那朔漠長空的塞外野趣。

凡按，口耳相傳，係歌謠生活的本色，只是，蒙古既有文字，則曲譜的錄記，或許有之，也說不定。

胡仲持譯西藏民歌，這三首是很有牧歌風格的。

山上雪，永不溶。

黑天幕，小又大，獅子們，都被縛，

奶出來，像海水。

衆天幕，山巖般，老鷹們，都被縛，

奶出來，好像海。

平地上，大小幕，鹿呀鹿，都倦了，
奶出來，好像海。

海中央，高高山。
高山上，太陽照，大地上，好花開。
太陽好，照黃花，衆百姓，都快樂。
山之上，水和草，草叢裏，放着牛。
山之上，樹長青，樹林裏，杜鵑啼。
樹木青，杜鵑啼，衆百姓，都歡喜。

大平原，在上邊，有好馬，九千九，
馬背上，都金鞍，衆神們，保佑着。
大平原，在中央，有好牛，許多羣，
就金廐，吃着草，這些牛，活千歲。
大平原，在下邊，羊呀羊，結着隊，
既快樂，又長命。

見於胡氏所譯「西藏故事集」，開明書店版。當民國二十四年以前，先後還有三種譯本：程萬孚譯，亞東書局版；遠生編譯，世界書局版；甘棠譯，商務印書館版。所據的原本是 A.L. Shelton The Tibetan Folk Tales

又像新疆哈薩克所唱者，雖無牧歌之名，而有牧歌之實。如「黎明之歌」：

黎明的太陽，已經照進了帳房，
遠遠的草灘，跳起了無數可愛的白羊。
提上你的木桶，老牛身旁擠奶，
拿着你的皮鞭，趕着羊兒回來。
啊！白羊奶子拌炒麵，太陽下多麼自在。

「奶子滾了」：

紅的火兒着了，白的奶子滾了，
紅的火兒着了，白的奶子滾了，
啊！小青馬兒等着我，我和二利出去賽跑。

「草原舞曲」：

草原的路上寬又平，春風呀暖又涼。
那裏住的姑娘辮子長，兩隻眼睛眞漂亮。
你要想嫁人，不要嫁別人哪，一定要你嫁給我，
帶上百萬錢財，領着你的妹妹，騎着那大馬來。

右，爲王洛賓「沙漠之歌」兩幕歌劇的插曲。另外，還有「我們的阿依莎」，「瞎熊舞曲」，「流浪之歌」，「炒麵敬朋友」，「歡迎加入我們的快樂集團」，「我願作個牧羊人」，「獵人之歌」，「愛

子孫先要愛我們的中華」，「中國穆斯林進行曲」，「我們是抗日遠征軍」，共十四首，全係哈薩克的牧歌，記有簡譜，而塡以新詞。曾在西寧上演二次，一次卽係招待哈薩克同胞觀看，效果極佳，引起了大家許久許久的興奮。其劇情是：

在西北的草原上，住着一部落信奉回教的哈薩克人。他們的游牧生活是樂天的。遇到風雨的時候，他們彈起三弦，躲在帳房裏。太陽出來，却又奔馳草灘上。這是他們了解的人生。一個政治工作者，從遠方走進了這無邊的草原，想進行組織工作。他苦口婆心的講着，可是那些頭上揷雁翎的人們，却笑他是個說謊的瘋子，這是當然的困難。但是經過幾個月的努力，竟達到了工作的目的，一個黃昏，一支抗日遠征軍，在強大的歌聲中，離開了草原。

吳亞聲記簡譜的綏西民歌十一首，他通名之爲「山曲」，除了兩首原詞佚去，都是些短的牧歌：

要騎走馬大青馬，要維朋友十七八。

北方區別乘馬爲二種：走馬，顚馬。其慢走、小跑、急馳，脚步姿式，始終如慢走不變者，爲走馬，須特別調教，方得如此。維，接交異性之意。

不大大，小青馬馬房簷根底拴，
不大大，小心眼眼往你身上躺。

南山哪瞭見哪北山高，小哪妹妹在山梢採櫻桃。
櫻桃哪好吃哪樹難栽，朋哪友好維口難開。

如今的女兒，哎喲哎喲好穿白，
好比是白鵝，哎喲哎喲飛在懷。

你哪走哪山頭，我哪走溝，
探不見哪說話，擺一擺呀手。

均載民國三十年一月，「新西北月刊」三卷五、六期合刊「西北民歌專號」。

五　工　歌

小白菜，嫩藹藹，丈夫出門到上海，
洋鈿十塊十塊帶歸來。

右，胡藺成所錄。他指出說：農業社會的牧歌時代是過去了，以後的民歌，重心不在農民，而在於工人，上列民歌，乃牧歌尾聲也。他所說牧歌，係按西洋文學觀點，謂田園風味的作品。這從都市社會生活的發展看來，似乎不容否認。但以我農業社會所佔地區之廣，人員之多，就民國六十年來的事態考察，則都市上工人所唱的工歌，究竟還是及不上山歌的傳統勢力。

推煤漢，眞難幹，鷄兒叫，搭上絆。
稀粥喝了兩碗半，窩窩吃了兩個半。
推到半山半，凍得直打戰。

裝上炭，賣到有錢家，
賺了二百大，買了小米一升半。
我吃了飯，婆娘娃娃還沒有，
你看這難幹不難幹？（北平）

礦工唱的歌，在雲南，名之爲「廠歌」。

見「歌謠周刊」一卷五號。

還有，名之爲「魯班經」的工作歌訣，如：

門高勝於廳，後代絕人丁；
門高勝於壁，其法多哭泣。

二家不可門相對，必主一家退；
開門不得兩相衝，必有一家凶。

人家六畔有禾倉，定有寡母坐中堂；
若然架在天醫位，却宜醫術正相當。

四方平正名金斗，富足田園糧萬畝，
籬牆回環無破陷，年年進益添人口。

屋前行路漸漸大，人口常安泰，
更省朝水向前來，日日進錢財。

「魯班經」，全名「新鐫工師雕斲正式魯班木經匠家鏡」，北京提督工部御匠司、司正午榮彙編，局匠所把總章嚴全集，南京遞匠司、司承，周言校正。二冊，一函，中央研究院歷史語言研究所藏本，卷三部份，多爲歌訣。

這些說法，皆風水迷信之論，但一部份的房屋建築法式，按之今日科學律則，乃是合理的。

工匠的行業歌訣，由於各行的保密，多只是父子師弟口耳相傳，連女兒媳婦也不讓知道，社會上就更難流傳了。「列子、說符」篇：「衛人有善數者，臨死以訣喻其子，其子志其言而不能行也。他人問之，以其父所言告之，問者用其言而行其術，與其父無差焉。」有一個事實，我們應該認知：手工業生產，漸漸被機器生產所代替，後者是無需用口訣來傳述技藝的奧妙的。

在中國歌謠的採錄上，工歌部份，還有待我們發掘。

六 夯 歌

夯字，讀音如抗，大用力以肩舉物之貌。首先是碼頭工人的夯歌，如武漢的，這是只有號子而無歌的：

嘿！——呃——呵咧！（肩扛，用力，起步。）
哎呀！——嗨！（行走，步伐暢快。）
嘿！——呃——呵咧！（肩扛行進中，重疊呼號。）

哎呀！——嗨！

乃兩碼頭工人抬物，一前一後，或一左一右的相並行走，周而復始的號叫。其節奏、高低、快慢，依所抬物品的輕重與行步快慢而定。例如，由駁船上抬一件紗，約五六百斤重，先由艙中慢慢抬起，碎步走上船頭，經過船上與岸上的跳板，下地，上江岸的階坡，這五個步驟，動作都是慢的；到了碼頭，歇地一下，再起步，就跟尋常人空手行路一樣的速度了，不過爲求穩重，乃是走着快的碎步。當年，漢口的外國租界，有一項不人道的禁例，不准碼頭工人叫號子，只見那碼頭工人，負荷了重物，低頭慢步，無聲行走，好哀苦無告之貌。一出租界，則到處洋溢着杭育杭育之聲。

這種勞動生活習慣、起於生理與心理上，勁氣激發的必要。「淮南子、道應訓」：「今夫舉大木者，前呼邪許，後亦應之，此舉重勸力之歌也，豈無鄭衛激楚之音哉？」「漢書、司馬相如傳」郭璞、王先謙注，皆說：「激楚，歌舞曲名。」可見古時夯歌，不僅打號子，也唱出歌詞的。

武昌城郊，大清早，常可碰到的，碼頭工人四人、六人或八人，抬棺材到墳塲去，唱着夯歌，也只叫號子：

呃呃呵咧！呃呃呵咧！

哎呀嗨！

呃呃喝咧！哎呀嗨。

起聲不叫「嘿」，而叫「呃」，調子蒼凉，因其走着快速的碎步，所以音極短促，略呈悠然況味，彷彿是安慰亡靈的輓歌。

拉板車運貨，十分吃力，也有夯歌。以號子爲主，而加入一部份唱詞，如：

哎喲，哼喲！哎喲，哼喲！哎喲，哼喲！
哎喲，哼哎！用力喲，哼喲！哎喲，哼喲！
哎喲，哼喲！拉喲，哼喲，哎喲，哼喲！
哎喲，哼喲！嘿啲，嘿啲，嘿啲，嘿啲！
坡坡到了，哼喲啲！爬上去喲，哼喲啲！
用力拉喲，哼喲啲！哎喲，哼啲！哎喲，哼喲！
沒鬆勁喲，哼喲！用力喲，哼喲！趕快拉喲，哼喲！
哎喲，哼喲！哎喲，哼喲！

在上海碼頭上所見，建房屋，先築地基，打樁子，也叫夯歌：

來唷……抗唷！兵艦砲打南京城，抗唷！
用力呀，抗唷！大英牌香烟，抗唷！
先施公司，抗唷！大馬路的洋鬼子，抗唷！
洋鬼子洋錙多、抗唷！
大青娘，抗唷！花格子布，抗唷！
三角洋錙一天，抗唷！抽緊褲帶，抗唷！
抽緊點，抗唷！來……哎……唷！抗……抗……唷！

通常，頭一句是工頭喊的，下面的抗唷，則是工人們的和聲。工頭提喊的一句，通常是見眼生情，隨口說的，沒定規。來一次抗唷，便打一下樁。打一下樁，樁落坑穴，便有一聲「轟通」，跟地面的震動相應合。北平，泥水匠打樁子，也是叫做夯歌，佟晶心「夯歌」：

夯字讀如河江切。北平俗稱打夯歌。原爲泥水匠築牆打地基的時候所用的傢伙。這傢伙是用木頭作的，有四五尺高，甚爲沉重。上端有紅纓子。直徑約四五寸。全長三分之一是圓的，在下部。全長三分之二是四方的，在上部，中間剔空作成四柱，以備把握。打夯歌並非在任何砸夯時候都唱，這要看造房子的主人是否要他們唱。

我有一個印象，民國二十年，長江大水災之後，翌年春，國際聯盟李頓調查團，一部份人員，由上海到了武漢，看我們長江兩岸築堤工程，未能有機械作業，只見挑土運石的人羣之多，聚集如蟻，那打樁所唱的夯歌，響應四方。

美儒艾伯華，曾錄述北平的打夯歌十三首：歌頌關公，戰船往益州，讚美桑樹，十八個黑臉，十八個紅臉，十八個白臉，十八個青臉，十八個三，十八個小人，十八個美男子，勸善歌，十個依次的數目字，十個數字的歌。可惜他所錄這些歌的原詞，我們都未能見到。

見金畸「愛伯哈特談北京打夯歌」，載民國二十六年二月「民衆教育」五卷四、五期合刊「民間藝術專號」，浙江省立民衆教育實驗學校出版。

四川抬滑杆的轎夫，在行進途中，有對口式的歌訣，前頭人提示，後頭人應答，一唱一和，使動作協調，有時也嘲謔開心一番。這應歸之於夯歌之類。表列如左：

事情	前人所說	後人所答
路中有水	明晃晃	水蕩蕩
道中過牛	左首力大	右首讓他吓
須直進	逢中	帶冒
道上鋪石搖動了	活搖活或青石帶挸	逢中不踹角或踹穩不上當
前有陡坡	洋洋坡或陡得很	慢慢逡或踹得穩
路旁有水溝	倒掛金 金爲鈎字的簡縮語。鈎溝同音。	萬丈深
道中有糞	莧子花	莫踹他
前面有人	天上一朵雲或右邊起了雲	地上一個人或左邊站個人
前面有阻礙	前擋	後讓
道旁有人撐傘	左邊一把傘	扯爛我不管
招呼前一乘滑杆偏右，讓其先行	前踹右	後踹左

見伍稼青「幾種古老的交通工具」，載民國三十九年六月「暢流」半月刊一卷八期。

七　船　歌

船歌即往日所稱的榜歌，唐、孟浩然詩：「榜歌空裏失，船火望中疑。」更早些時的記載，「漢書、司馬相如傳」，錄其「子虛賦」，有一段形容天子乘舟江河，榜人歌唱的盛況，這自是據水上旅行實態而有的擬想：

擬金鼓，吹鳴籟，榜人歌，聲流喝。水蟲駭，波鴻沸，涌泉起，奔揚會。礧石相擊，硠硠磕磕，若雷霆之聲，聞乎數百里外。

清、屈大均「廣東新語」卷十八：

東莞渡船趕水，常以一人執杵，在船頭，以杵左右舂船，爲搖櫓疾徐之節。左舂則足左躍，右舂則足右躍，諸櫓人以之作勢，以之齊聲。又口唱山歌，使諸櫓人屬和，以蘇其苦。於是筋力盡忘，舟行迅速，須臾至彼頭矣，此古舂堂之遺俗也。寰宇記云：「新州俗，豪渠之家，喪祭則鳴銅鼓，召衆則鳴舂堂。」按，舂堂狀如小船，長丈餘，兩三人交擊。

劉復所錄「江陰船歌」，其內容仍爲情歌，不過反映江河船家生活而已：

今朝天上滿天星，明朝落雨勿該應。

我情哥出門分帶釘雨傘，一身細皮白肉也傷心。

分，未也，勿曾二字的合音。釘雨傘，釘鞋雨傘的省語。

郎在山上打彈弓，姐在北紗窗裏格做裁縫。

我彈弓彈箭甩落子他，我原想北紗窗裏格女裁縫。

格，作之字解。

新打大船出大蕩，大蕩河裏好風光。

船要風光雙枝櫓，姐要風光結識兩個郎。

蕩，豬活水處，小於湖，大於池，去讀。大蕩河，大河也，蕩字平讀。

搖一櫓，拉一綁，追着你前船一同行，

你前船裝格是孟姜女，我後船就是范杞良。

綁，維櫓之索。

郎唱山歌啞嘝嚨，自小貪花擯子風。

我小阿囝梳妝台上有一六、二六、六六三十六個生鷄蛋，送把情哥亮嘝嚨。

亮嘝嚨，亮嘝嚨，山西唱歌應山東。

嘝嚨，喉也。擯，爲風雨所打也。應，響應也。

載「歌謠周刊」一卷二十四號。

閩南的一首船歌，是船家搖櫓，轉彎時所唱的：

問　嘿，嗬！水怎麼轉哪？嘿，嗬！

答　嘿，嗬！什麼都行啦，

只要着力啊，嘿，嗬，啞！

見「蔣夫人言論集、災區巡禮」。

東北遼河的一首船歌，和上述閩南船歌相同，其內容和形式，都屬於純粹工作歌的性質：

大夥使點勁來吧，嘿喲！
拉繩好用船來吧，嘿喲！
一個人不頂事來吧，嘿喲！
大夥使點勁來吧，嘿喲！

見史惟亮「論民歌」六十二頁。這「嘿喲」，乃是大夥應答的合聲。

清、夏敬渠「野叟曝言」二十一回「嬌娃走軟索，神術驚人」，記端午龍舟競渡時，賣解女子的一首船歌：

船兒快快搖，竿兒快快圍，旗兒快快招，
娘的脚快快跑，娘的眼兒快快瞧，
瞧的快，跑的快，鑼兒敲得響嘈嘈，
娘的歌兒快快唱，爺的錢兒快快抛。

由之，使我們記起端節競渡，與賽者唱船歌，調齊動作，催舟前進，奮力爭勝，多半是打號子的情況。「隋書」卷三十一：

屈原以五月望日赴汨羅，土人追至洞庭不見，湖大舡小，莫得濟者，乃歌曰：何由得渡湖？因爾鼓櫂爭歸，競會亭上，習以相傳，爲競渡之戲。其迅檝齊馳，櫂歌亂響，喧振水陸，觀者如雲，諸郡率然，而南郡、襄陽尤甚。

諸郡乃指當時的南郡、夷陵、竟陵、沔陽、沅陵、清江、襄陽、舂陵、漢東、安陸、永安、義陽、九江、江夏等地。

是則端陽競渡，高唱船歌的風俗，由來已久了。

行船拉縴所唱的號子，無詞句，但有一定的腔調，以協調合力，盡其組織勞動的作用。像四川岷江流域的情形。他唱的聲音可聽得老遠，一聽，卽能判知是那種類的行船，載重量多少？而且還可了然他船夫拉縴的工作情態：是伸腰走路？彎背用力？還是很緊張的在手脚爬行？

參考羅尙「府河下游民歌擧隅」，載民國五十一年九月「四川文獻」二十五期。

蜀弓「拉縴」說，縴伕唱的歌，常喜唱說的口號，是「頂起，頂起！」這字眼，可看出船上船伕與岸上縴伕合力使船逆流而上，或冒險灘而挺住，那種緊張吃力的情況。他們唱的歌句，觸景生情，見啥唱啥。拉縴時唱：

爲兒爲女把船拉唷，咳唷！背拉牽籐脚蹬沙唷，咳！

早上拉船爲老婆唷，咳唷！晚上拉船爲寃家唷，咳！

無聊時，也唱：

對門大嫂通身紅喲，咳喲！嫁個老公賣燈籠喲，咳！

燈籠照亮大嫂走喲，咳喲！大嫂心上熱烘烘喲，咳！

載民國五十三年六月九日臺北「中央日報副刊」。

「心上熱烘烘」，是白描句，而極生動有力，得來全不費工夫。

八 漁 歌

同治、湖北「宜昌府志」卷十一，述東湖縣（今宜昌縣）捕魚情形：

漁人捕魚，有網罟罾鈎之屬，或在岸在船，無異他處，所異者一曰「起汕」，一曰「叉繫」。「起汕」必於每年三月初八、十八、二十八三日，相率連纜拍舷，令聲震水面，連歌徹夜，必悲愴慷慨，乃獲多魚，惟在三遊洞以下，十二培以上爲之。「叉繫」則於每年八九月間，捕取鱘鰉二魚，多於黃牛峽一帶水汎急處，先藏繫於水底，魚入其彀，久而後疲，始用叉，而人跨於魚背，納巨繩入腮以起之，其器名曰金叉繫。得魚大者千餘斤，小者二三百斤。

這「起汕」「叉繫」捉大魚的方法，是峽江特異山川裏的特異捕撈作爲。春三月起汕，「連歌徹夜，必悲愴慷慨，乃獲多魚」，顯見歌謠生活之直接關聯到漁業生產，也即是組織勞動的作用，且存在着民俗信仰行事的意味。

一般的漁歌，仍以情歌爲多。如江蘇常熟的，邵純熙所錄：

可正是風微雨過晚凉天，山前湖裏幾隻漁船。
姐說道：郎呀，數一數，一湖漁網還多少？
郎說道：總弗及來情網將人到處牽。
湖邊蓮蓮自田田，常熟山，靑到小船前。
郎說道：姐要晚妝，湖水好像鏡子樣，
我一頭撒網，一頭看你俏容顏。

漁竿漁網收拾全，把船來傍在濱口小橋邊。
橋邊楊柳濃得像銷金帳，多情個月亮呀，
照見一雙兩好並頭眠。

又像廣東瓊崖的：

男　釣魚釣到正午後，魚未食餌心早操，
收起釣竿回去室，打隔無還此路頭。
女　釣魚釣到正午後，魚未食餌心勿操，
日頭釣魚魚見影，有心釣魚夜昏頭。

釣魚，隱喻挑逗意。

直到張玉芝「山東省漁民歌謠集解」出版，我們纔看到眞正反映漁民生活歌謠的書冊，而非假漁歌形式以爲兩性抒情的歌唱。張氏於民國二十二年，因籌辦水產養殖業，曾赴山東威海衛、成山頭一帶海島，長期考察，隨即在長山八島行政特區開設漁村師範學校。他與漁民相處，情誼深厚，所採漁業謠諺，發表於烟臺復興日報。二十三年秋，威海衛行政區管理公署舉辦漁輪長講習會，由張氏主持，集合了黃海、渤海區域的手操網漁輪長百五十餘人，教課之暇，繼續爲漁民謠諺的採錄，並以現代漁撈學、氣象學的科學則律，與此謠俗觀念印證，且隨時檢討當地的漁業實際生活。他前後花了五六年工夫，蒐得謠諺五百多首。採集區域達十一個縣、三個特別區、一個行政區，包括了山東全省沿海的每一漁村，以及渤海對過的遼東半島。他的漁業謠諺採錄與研究工作，有幾大特點：

1. 科學教育與謠俗觀念的印證。
2. 通過了經濟生活的生產過程。
3. 當地風土民情的體味。

準此，方知他序文中這段話，並非隨便說的：

說這是一本漁謠嗎？不！這完全是一本偉大的漁民生活慘史。在這慘史中，暴露着數千萬漁民大衆赤裸裸的生活史料，發掘出數千萬漁民大衆堅苦卓絕的生活方式。這裏有他們對於漁政的憤嫉，有他們對於漁業的嫌惡，有他們對於航海、漁撈、生物、氣象、潮汐的經驗；至於他們的境遇，他們的生活，他們的風俗，他們的紓情，他們的哀樂，這裏都有。他們，山東漁民大衆的一切，都包括和表現在這本哀婉的漁謠裏面。

所惜者，張氏對於山東漁民的歌謠生活，少有敍及，希望今後有人補足，纔好。

一拉金來，海么浩！二拉銀來，么海浩！
三網打了個聚寶盆來，么來浩！
聚寶盆上揷金花，浩海么！
我是砣磯島上第一家呀，海么浩！

此爲砣磯島上漁民拉網唱的歌。每每二三十人齊聲同唱，腔調慷慨激昂。

黃渤海，汽船跑，船主出去把魚找，

春秋上烟臺，冬臘上石島。（山東文登）

春秋魚汎，水產生物都向渤海灣作產卵及索餌洄游，而烟臺爲漁獲物集散地。冬季，魚羣向東移動，漁民便隨之去石島港了。

大雪紛紛下，打漁的艄公都害怕。

頭子說：「跑嚕吧？」

船主吩咐把錨下，個個都往艙裏爬。（山東文登）

頭子，水手頭，漁撈長也。艄公，水手，卽漁夫。船主，卽船長。天道惡變，不能放網，水手們主張歸港避風，船長因職責關係，則主張抛錨海中，以便風停雪止時，卽刻繼續工作。

能到南山去當驢，不到北海去打魚，

不上北海去打魚，捨不那一口乾飯兩口魚，

深思深思，還得打魚。（山東日照）

這比之目前臺灣所見漁民之豐衣足食，東家和夥計都大發其財的情形，不可同日而語。但是，在往昔，則臺灣漁民與大陸沿海漁民的苦況，乃是一樣的。

初二十九，兩頭沒有；初五十九，兩頭沒有；

初八九，兩頭沒有；十八九，兩頭沒有；

二十八九，兩頭沒有。六月天長，兩頭趕上。（山東福山）

每天日夜兩潮，漁村婦女老幼，多於乾潮時到海濱「趕海」，拾取海產。春秋天，夜長晝短，兩次乾潮非過早即過晚，無可獲得。獨於夏六月，晝長夜短，早晚兩潮皆逢其時，趕海可如願以償。

是則此首，純係生產知識與經驗的提示。

初八、十八、二十八，小倆口商量着走娘家，
一籃子螃蟹一籃子蝦。半道裏下小雨，
地又濕，路又滑，一滑滑了個仰劈杈，
跑了螃蟹跳了蝦，鬆鬆打打轉回家。（山東萊陽）

漁夫生活粗野，而此中有詩情畫意的韻味。

一過帆石峽，眼看就是你，
兩角一紮撒，活活把個傻煞！
「家去坐會兒吧，妹在家裏等着啦。」（山東榮成）

「兩角一紮撒」，或作「大白旗子一捽打」。帆石峽在石島口外，藁椰島附近，望之如帆。其地多娼妓。兩角，少女兩髮髻。大白旗，歡迎者所持手帕。

風高浪大，漁郎在家，
海貓子吃肉，好天來罷。（山東威海衛）

漁婦不安於室，丈夫不出海時，就妨碍她偷情了。

這兩首，用字不多，格律活潑，寫景述情，又深刻，又灑脫，堪稱絕品。漁業區域，都不免於這類情

況，非關風俗厚薄，乃實生活環境如此。不過是少數人行爲，而風土謠諺誇說之。挑魚苗的魚販子，水行或陸行，每每綿延數十里，高唱漁歌，而狂嘯不絕。嘉慶、湖南「衡陽縣志」卷十：

縣南百里許，有潭曰龍祖潭。每歲自小滿迄夏至，春水漲時，巨鱗沿江而上，至潭畔，若往朝焉。已復東下，所遺子滿湘波間。居民編竹爲筏，名曰舫，施罛逆流而取之。以苧布爲箱，置水上，櫳魚子置其中，越宿而化爲小魚如髮。上至柏舫，下至雷家埠，過此則取魚苗。舊爲舫三千有奇，今多寡不等，以取利微而計値少也。邵武、辰、靖，皆於衡地擔魚苗，數十里，漁歌不絕焉。

這情境大可想見，他們必然是唱着火熱般的情歌，而不覺其肩挑魚苗兒，水盆蕩漾，長途跋涉的辛勞了。

九　兵　歌

軍中歌謠，何以不逕名之爲軍歌呢？那是，由於大兵們纔唱說這些。它全出於大兵們的創作和傳述。雖然信從者也不無將校們。

科學的發展，促使了武器的革新。軍事的進步，總是站在一切事物進步的前端。以下所舉軍中歌謠，却都只是第一次世界大戰之後，三十年間中國軍營所產生的，乃昨日大兵謠俗之遺留，這是特別要當說明的。不過，人性却是不變的。拿幾句兵諺來看，就知道了。

帶兵帶心。

打仗是一股氣

一將無謀，累死三軍。

攻心爲上，攻城次之。

當兵三年，見了母猪是貂蟬。

這只是一句嘲謔話，但如就軍營生活，軍隊所要求於他每一成員的體力、精神、情緒的狀態，以及作戰制勝的企圖，在軍隊生活上，以及軍事心理上，這句話就大可分析了。二次大戰期中，美軍飛機上塗繪滿了女人，中國近二十年來普設「軍中茶室」，其理在此。對於這條諺語的探討，我曾寫「兵諺在部隊教育上的價值」，載民國三十二年九月「王曲」半月刋九卷一期。

二等兵，英雄好漢；一等兵，硬幹苦幹；

上等兵，全班模範。下士，內務包辦；

中士，狗心操爛；上士，管寫管算。

排長，管操管練；連長，全連主管；

司務長，管菜管麵；伙夫，做菜做飯；

傳令兵，狗腿跑斷；號兵，牛皮吹爛；

勤務兵，屁股搞爛。

右，抗戰時期的兵營歌謠。表明連隊上官兵各人地位、職分，在大兵心目中的不同處。其排列順序，頗有深意。先從二等兵說起，當作戰時，二等兵總在最前線，所以特加讚揚。中士，指的班長，「當家人是臭水缸」，孩子們總不免抱怨。對傳令兵、號兵、勤務兵的諷刺，乃由於這些雜兵之行動散漫，有損軍隊紀律森嚴，以及他們每好向連排長「打小報告」；其實，每當作戰至艱苦階段，人員傷亡既多，這些雜兵之投身戰鬪，其勇往直前，毫不讓於正式列兵，尤以少年號兵爲然。那西南各省的孩子們，才十二、三歲。無畏犧牲，每使一般官兵，爲之感愧。末句則明言兵營的同性戀。或有人以這種醜事不宜敍述於此，不然，紅樓夢裏，賈寶玉與北靜王、柳湘蓮、秦鍾的關係，就是這樣。而現代英國紳士社會，這種事兒，並不下於中國淸代相公之風，且明定於法律，受到保障。更往前溯，則戰國魏王有龍陽君之愛寵，漢哀帝幸董賢，有斷袖的故事，以帝王之尊，廣擁後宮佳麗，猶且如此，則大兵的互慰，就用不着驚異。不過，歌謠說得坦率罷了。

家有千頃住高樓，不如當兵在外頭：

不種麥子吃白麵，不種芝麻吃香油；

南邊打來南邊去，北邊鬧來北邊遊，

咱們人人想想看，還是當兵在外頭。

往年，未行徵兵制，募入軍營的，不外五種人：1. 流浪漢。2. 走投無路的人。3. 被強制拉夫而去的良民。4. 災荒年間的農夫。5. 綠林份子。這些人，當了一兩年兵之後，即令他再行爲拘謹，也會沾染上幾分浪蕩習氣。那年頭的大軍閥們，可算得典型。大兵的浪蕩，乃由於打破生死關頭而然。北方兵諺有云：「怕死的是懦種。」乍看來，軍隊是消耗性質的，不像農工之爲生產活動，但進一層分析，政治經濟的保衛，軍隊有其間接生產作用在。北洋時代軍閥之誤國，咱們何忍責備大兵們呢？

在家種千頃地，又住大高樓，
不如從軍在外頭：刮風下雨在屋裏，
不種麥子吃白麵，不種芝蔴吃香油，
一桿槍賽着一頃地，一帶子彈賽着一對牛。

是上首歌謠的流變。末兩句，其心可誅，有槍彈，非盡軍人保國衞民天職，乃謂可以打刼，佔山爲王。當那北洋軍閥割據稱雄的時際，全中國有那一個地區能不遭兵災的呢？我心無限悲愴，略舉萬千之一的事例。民國、河北「三河縣新志」卷十六：

十三年，直奉再戰，奉軍駐城內，有某軍官問鄉人曰：「汝等願我勝否？」答曰：「勝固所願也。」軍官笑曰：「勝則捐死你，敗則搶死你，汝等不知命在何時矣！」鄉人聞之，不寒而慄，乃唯唯而退。按某軍官係學界中人，和藹可親，非強暴者比，其言蓋有所謂也。

民國、河北「青縣志」卷十二：

十五年春二月，直魯聯軍北進，二十一日陷滄州，國二三軍敗北。二十三日（卽陰曆正月十一日）聯軍分三路入青，西至大城，東至滄靜之交城鄉。民舍十無一空，丈夫供輸送，婦女任爨炊，老弱奔走不暇，山崩地陷，境內沸然。當是時國軍設防於馬廠左右，鏖戰二十餘日，潰捷時忽，進退無常。凡火線所履，廣可六七十里，袤可三四十里，縱横蹂躪，居民之家私，蕩然無存。自有戰事以來，罹害之劇，莫此爲甚。國一軍忽由津至，聯軍不支，節節退卻，一軍進逼，所在激戰。至興濟、新集以南，相持十數日，戰禍至爲慘酷。涮國一軍又退，聯軍大至，絡繹於途。及至事定，兩方之供給，費以億計，而無形之損失，當倍蓰之。人民被槍砲傷亡者一百餘名，燔燬廬舍千有餘間，尤爲可慘。

儘管現在軍隊的訓練，比之往昔，大大進步了。戰鬥訓練大大加強了，尤其是模擬戰場的戰鬥心理之適應，有了多種新的教練方法，但是新兵上戰場，情緒緊張，總還是存在的。

女人生孩子，怕頭一下；新兵上火線，頭一下怕。

老兵作戰，家常便飯，新兵臨戰場，脚手都是忙。

嫁給當兵的，有始有終的；

嫁給店舖裏，一年有數的；

嫁給讀書郎，多半守空牀；

嫁給莊稼漢，白天不見夜裏見。

大兵沒有不喜歡女人的。此自稱自讚的大兵情歌也。以下幾首，要從軍中生活的趣味來看。幽默嘲弄，皆以軍隊生活爲背景。

立正，敬禮，餉包交給你，

禮畢向右轉，丟了不管。

餉包是裝了薪餉的紙袋，這是昔日軍隊正式發餉時「點名發放」的實情。

一二名站崗，三四名病號，
五六名出差，其餘不到。
仿班長報告人數口吻。

報告班長莫多心，部下才來是新兵，
昨天掉了一根來復線，今天丟去一個螺絲釘，
——敬禮！

只准上邊吃高粱，不准下邊拉紅屎
無理要求——絕對服從。

路上斥候報告：前面有一個小廟，
廟裏有一個尼姑，一個老道，
一挺機關槍，一門迫擊砲，
前面有無敵人？我也不知道，
斥候長派我回報，完了。

還有些粗鄙褻蕩的歌謠，是大兵們行軍作戰，任務在身，人人隨時隨地警覺着要遭遇敵人的時際，緊張中的瞬間放弛，而流傳下來的。這一類望梅止渴，聊勝於無的歌謠，唸唱起來，無形中有了轉移情

緒，鎮靜心理的作用。從軍事心理看，當劇烈戰鬪中，人們心神激盪，幾乎要瘋狂啦。

嚴格的說，上舉兵歌只能謂之謠語。因爲有的稍稍付予歌唱，大多都只是講講說說的在流傳。大兵們所唱來消遣的，仍然是一般性的山歌和俗曲，還有地方戲，而還有好些軍歌進行曲要唱。

當北洋軍閥割據四方，戰禍連年的那個時代，農村經濟失了生機，逼得農民們也只好去當兵了。況且，那時的軍隊沒有不拉伕的，這些伕子跟隨軍隊行軍作戰的結果，不是葬身溝壑，就是也只有披上老虎皮了，少有人可逃得回家。莊稼漢子拿慣鋤頭的手，一旦拿上了刀槍，當其還未磨練成兵油子的時候，他的心思自必念念難忘於田畝。民國、山東「清平縣志」禮俗篇，錄有這麼兩首謠歌：

滿地青草把田荒，指着什麼完錢糧？

一頓棍子打成傷；明天回家看一看，

放下鋤，去扛槍，教練說俺誤了崗，

莊稼人，是難當，一天到晚鋤高粱，

老媽媽，笑吟吟，一個孩子去當兵。

一去當了三十年，那裏見過一個錢？

手中沒的花，不如早回家；

開差出門去，又把逃兵拿，

送到司令部，打成爛西瓜，

這個要槍排，那個說該殺，

咳呀，咳呀，我的媽。

槍排，槍斃也。

老舍的小說「駱駝祥子」，為我們留下了國家社會這一段歷史悲劇的描繪。駱駝祥子，這個可憐的青年人，就是被軍隊拉伕，擡上前線，而成為一個大兵的。

第八章　生活歌與敍事歌

一　日常生活

就普遍的人生感受而言，生活實在很艱苦。人之所以爲人，在其具有克當艱苦，超越現實的精神，乃爲生活之歌頌。

走哇，走哇，上北口哇，
你扶鹽哪，我打酒哇。（北平）

齊鐵恨釋：北平把張家口叫作北口。把用秤稱量東西的輕重，叫作一ㄠ，原是約計的意思。「五方元音」裏用「扶」字，「國語辭典」用「邀」字。

走張家口，是最荒寒的去向，跟山東人闖關東，景象大不相同，人們却毫不以爲意，而一味的只知生活、生活，雖然這簡單歌詞裡，並未明說到這一點。以下兩首，也無不保有熱愛生活的濃厚情趣。

今朝早頭，爬起梳頭，
走到街頭，買一魚頭，
走到河頭，洗洗魚頭，
拿到灶頭，貓拖魚頭，
撩起拳頭，敲破貓頭。（浙江）

女人做衣沒線了，灶房燃柴沒炭了，
揭開鍋蓋沒飯了，揭開麵甕無麵了，
天翻了，世亂了，把娃娃不打生慣了。
揭起鍋沒飯了，揭起麵缸沒麵了，
婆娘縫衣沒線了，燒火去沒炭了，
取水去水鈎不見了，捉鷄去沒蛋了。
揭起被子沒席了，揭開箱子沒線了，
跑到院子沒漢了，一步走到牛圈裡，
看看槽裡沒草了。老牛叫，牛犢跑，
我老婆跑到母鷄窩，收了一個蛋，
等我的老漢囘來好炒麵。（陝西洛川）

錄自民國三十二年「洛川方言謠諺志」採訪冊。漢、老漢，皆指丈夫。

明明生活匱乏，母鷄生下一個蛋，老婆子卽大感滿足，此實因她家有農夫耕作田間。

蕎麥麵，白似雪，做起粑粑黑似鐵，
爲不得人，敬不得客，留在鍋門口慢慢噎。（安徽舒城）

此，生活克己，粗糲自甘之貌。

富翁吃粥，五富六足；

窮人吃粥，福托福托；
瞎子吃粥，越想越慪；
小囡吃粥，鷄毛六作。

見民國十一年世界書局版「童謠大觀」。福托福托，狀吃粥。慪，音濁，作恨解。鷄毛六作，叨厭於人之意。

民生首要，在日食飽飯。窮家小戸吃粥，乃匱乏之象。此謠分析幾樣粥食，實深於生活之觀察。

小小子兒，有意思兒，開開老爺龍鳳門兒，
搬桌子兒，設椅子兒，還有幾碟乾果子兒，
桃子仁兒，杏子仁兒，圓圓荔枝剝了皮兒，
大紅花，揷白果兒，哼！哈！雜樣兒。（北平）

北平社會，非無貧寒，但由於這古老文化城的傳統素養，北平人家的生活味道，硬是比旁地方爲厚重。下兩首，也是。

猪肉片兒，好大塊兒，
羊肉打滷，過水麵兒，
不吃，不吃，兩碗半兒。（北平）

炕頭兒熱，炕頭兒熱，
坐在炕頭兒，做一雙老頭兒樂。（北平）

齊鐵恨釋：老頭兒樂，是一種專爲老頭兒做的棉鞋。

日常生活當有其規律，見於歌謠者甚多，僅舉其一：

睡覺不覆首，人人可以活到九十九；
吃飯留三口，人人可以跟着神仙走。（江蘇邳縣）

人生形態之種種色色：

一家有財沒兒子，一家有子少吃穿；
有財沒子皆由命，有子沒財莫怨天。
惡的惡，善的善，愚的愚，賢的賢，都是陰功修不前；
知命君子隨時過，一日無事一日仙。

民國、河北「邯鄲縣志」卷六錄。妻財子祿，惟子嗣這一樁難強求。

人生自我精神之發揚——自主，自立，自負，自勵，自信。

葫蘆粗，葫蘆細，葫蘆肚裡有個總主意。（察哈爾）

天上下雨地下滑，各人栽倒各人爬
能爬起來爬起來，爬不起來你睡下。（陝西洛川）

我比昔日孔夫子，與我同地又同天，
只有天地不敢比，他大我小不敢言。（江西）

吃自己的飯，流自己的汗，自己的事自己幹，
靠人靠天靠祖上，不算是好漢。（河北）

夫妻親來不是親，同牀合被兩條心；
父子親來不是親，只生兒子弗同心；
兄弟親來不是親，同胞同乳弗同心；
只有自己滴滴親。（江蘇）

生活浪蕩墮落，淪爲乞丐，竟至與豬狗爭食。這首半屬俗曲的謠歌，對那初初失脚的人，或有挽救作用。

賭錢的人時運扒，村南二畝種花地，
輸了一個光撻撻。爹也打，娘也罵，
老婆子看見，死去了吧！孩子說：死不死，就在他。
一到大街說貧話，說的好，道的好，給了我一把爛乾草。
長的舖，短的烤，打了個草窩去睡覺；
睡了個一更一點半，冷的光棍團團旦，
睡了個二更二點半，好像猴兒吃蒜瓣，
睡了個三更三點半，吾與閻王見了個面，

睡了個四更四點半，光棍伸脚充好漢，
睡了個五更大天明，一到大街去討飯。
東街上，要的菜糠糕，西街上，要的糠炒麵，
天上頭下着雪，地下凍着冰凝片，
一栽栽了個面朝天，打了瓢，完了飯，
打南來了個老母豬，扒在地上吃凈飯，
叭叭叭呱嗡瓢片。（河南）

二　家族及婦女

家族生活以及婦女生活的主題，佔了我們歌謠中很重要的地位，幾乎凌駕於山歌之上。因爲山歌僅言男女情愛，不及這方面之涉及多樣事態。除「兒歌」篇有所陳述外，於此，再就親子、夫妻、昆仲、祖孫、戚族，以及婦女生活的敍事歌謠，略加檢視。

說到親子之情，這首娘想兒，結構奇妙，把人體五官四肢都擬人化了。

頭想兒，青絲難盤；額顱想兒，愁眉不展；
眼窩想兒，淚點不乾；鼻子想兒，聞不着香甜；
嘴想兒，胡說亂言；耳朶想兒，胡聽亂言；
腰想兒，兩膀勒痠；屁股想兒，坐立不安；

腿想兒，山高路遠；脚想兒，繡鞋難穿。（河南）

張帆記錄，載「歌謠周刊」二卷二十三期。

柴米夫妻，跟情侶之但管談情說愛不同，是要天長地久，過日子的。以下這幾首，誠然缺少山歌那樣纏綿。新婚的甜美，却洋溢字句間。在字句背後，特有穩定安適之感。

嫁漢嫁漢，爲的穿衣吃飯，
若不穿衣吃飯，嫁漢幹蛋？
娶妻娶妻，爲的挨餓忍飢，
若不挨餓忍飢，那算什麼夫妻？（陝西）

男子無女不成家，女子無男亂似麻；
若是二人同枕睡，麻順不亂又成家。（江蘇靖江）

「麻順不亂」，描畫深刻。

腰菱花，朶朶開，脚踏氈毯軟悠悠，
夫妻兩個正磕頭，暖房夜飯八樣頭，
珠涼帽除啦板箱頭，紅鞋子脫啦踏板頭，
衣裳脫啦兩橫頭，臂膊彎彎做枕頭，

阿嬀做個花枕頭，夫妻兩個睏仔暖悠悠。

民國、江蘇「川沙縣志」卷十四錄謠。

拍呀拍，拍豆稭，騎着大馬看秀才，

秀才戴着紅纓帽，媳婦戴着滿頭花，

咭哩嘎喇走娘家；娘家買上兩瓶酒，

你一瓶，我一瓶，咱倆喝個對臉紅，

你拿弦子我拿弓，咱倆唱個精好聽，

你拍瓜，我拍瓜，咱倆拍個小菊花。

民國、河北「南皮縣志」卷四錄謠。

姊妹夥裏，小的受到薄待，手足情深，並無怨苦。

蕎麥皮，碾子軋。

誰和姐姐一般大？我和姐姐一般大。

姐姐抱着一個好孩子，咱就抱着一個土臺子；

姐姐騎着一個大好馬，咱就騎着一個樹柯杈；

姐姐戴着一個好簪子，咱就戴着一個樹尖子；

姐姐戴着一副好墜子，咱就戴着一個麥穗子。（河北）

程筱冰記錄，載「歌謠周刊」二卷二十五期。

岳壻關係。下一首所述，又並論到夫妻、兒女與堂上雙親，是「愛妻嫌母」主題的別枝。

丈人好比西天佛，妻子好比觀世音，
嬌兒好比懷中寶，父母好比蘿蘿藤，
有心去拜西天佛，堂中又有蘿蘿藤，
有心不去拜西天佛，房中對不起觀世音。（皖南）

載「民俗周刊」四十九，五十期合刊。

通諺：「天上雷公，地下母舅。」意味着舅父在家族地位的重要，而舅甥情誼，每比父子更爲慈孝。外甥們在舅家之受到無上寵重，那更是不在話下。

舅舅，舅舅，河裡游游，
鷄籠關關，生一蛋蛋，
把外甥皇帝過餐夜飯。（浙江）

甥兒與阿姨：

豆皮皮，上房瞭姨姨，
姨姨呢？坐着花花轎，
姨父呢？騎着黑叫驢，
打個盹，睡一覺，毛耗子來了嚇一跳。（綏遠）

小外甥女與阿姨玩笑時所唱。

二十世紀之前，中國社會，不論富貴貧賤，大家庭還是小家庭，其物質與精神上，最是存在着苦痛的，莫過於婦女們了。此所以，當「歌謠研究會」那個時代，有了劉經菴「歌謠與婦女」的集子。先是，劉氏自己採集了四百餘首河北省的歌謠，後來又添上「歌謠周刊」其他各地的千餘首歌謠，兩者合攏，選擇其中與婦女問題有關者三八六首，歸納分析出如下的歌唱主題：

她的父母——父母輕視女兒，打罵女兒，賣送女兒。她的媒妁——恨罵媒妁，媒妁不負責任，女兒向媒妁要求交換條件。她的公婆——公婆打罵兒媳，兒媳怨恨公婆。她的小姑——受小姑排斥。她的兄嫂——在家受兄嫂恨罵，歸寧被兄嫂拒絕。兄嫂賢良的。她的丈夫——嫌丈夫幼小、醜陋、荒蕩。被丈夫打罵。爲夫守節。她的兒子——嫌母愛妻與娶媳忘娘。

凡按，嫌母愛妻與娶媳忘娘，此兩主題本爲一事，但因中國歌謠中特別重視這樁事，故南北各地的這類歌謠，通有兩種比興來諷刺。

她的舅母與繼母——受舅母恨惡。受繼母磨折。她的情人——男懷念女，女愛慕男，男女相互愛慕。其他——要老婆，想女婿。新婚與于歸，想娘家。想像中的未婚妻，心目中的丈夫。多妻的家庭。怕老婆的丈夫，不滿人意的妻子。大脚與小脚婦女。婦女的裝飾。婦女的獨身思想。姊妹與妯娌。姐夫與小姨。

劉氏得出的結論：「婦女爲產生歌謠的母親。」其時，爲民國十四年二月十七日。大學裡剛剛開始准許女子入學，除非爲了生活，農村婦女要下田助耕，都市上有女工，絕大多數的婦女，都被關閉在家戶生活之內，鬱苦沉悶，一言難盡。陳東原「中國婦女生活史」，檢討了歷代的狀態，乃有以下論斷：

我們有史以來的女性，只是被摧殘的女性，我們婦女生活的歷史，只是一部被摧殘的女性底歷史。

民國五十四年十一月，商務印書館臺一版。

我嘗說，假設人生苦痛爲一，婦女苦痛必爲二，而中國社會婦女的苦痛應爲三。「歌謠與婦女」裡，既然首首歌謠都是其例證；還有，我國各地方志，那佔了很大篇幅的「列女傳」，更有說不盡的血淚事實在。這裡，先看看中國婦女一生的犧牲自我，舍己爲人：

一來忙，打開窗門亮煌煌，
二來忙，梳頭凈面落繡房，
三來忙，敬奉公婆捧茶湯，
四來忙，打扮姑叔進書房，
五來忙，丈夫出門整衣裳，
六來忙，姑娘出閣辦嫁妝，
七來忙，催生滿月做衣裳，
八來忙，討個新婦成成變，
九來忙，一串數珠進佛堂，
十來忙，一雙空手見閻王。（浙江餘姚）

盧前抄本，載「歌謠周刊」。

此所以，有的女孩一生下地來，就領受了全家人的疼痛。

老奶奶生下一個痛姑娘，
請了十二個木匠打嫁妝，十二個裁縫做衣裳，
十二個銅匠配鑰鎖，十二個銀匠打首飾；
大哥賠的一身紅，二哥賠的九條龍，
三哥賠的白金刀，留與妹妹切花糕，
四哥賠了四個金磚頭，留與妹妹墊牙牀，
五哥說我的年紀小，賠根金索兒晒衣裳。（江蘇泰縣）

林宗禮錄。全歌重在痛字上。

從前男女授受不親，女孩長大，望嫁心切，每比男子之盼娶更甚，而羞於言說，歌謠乃爲之多方描述。

小姑娘作一夢，夢見婆婆來下定，
眞金條，裹金條，扎花兒裙子，繡花兒襖。（北平）

大姑娘，十幾了？婆婆家，要娶了。
大箱大櫃給你了：一對兒龍，一對兒鳳，小花鞋兒，蝴蝶兒夢。
花紅彩轎滿天星，金瓜鉞斧朝天鐙，一路吹打花得勝。（北平）

齊鐵恨釋：花得勝，是帶花點兒的得勝令，曲牌名兒，北平舊式結婚時，都吹打這一鼓樂。

此歌，「蝴蝶兒夢」句，當屬篇中之興，後述迎親行列，好排場，好風光。往昔女人坐花轎的禮儀，一生只此一次，其榮耀高貴，乃至一種聖潔的光彩，實不下於中狀元。有種習俗，縣官出行，鳴鑼開道，地方上人人都要讓路，以表崇敬；惟有遇到迎親的花轎，倒是縣官閃避一傍，且必誠心誠意，高高興興給新人祝福。

橘子皮，桂花香，打開城門嫁姑娘。
我的姑娘不嫁的，留在屋裡涉罵的；
我的姑娘不走的，留在屋裡喝酒的；
我的姑娘不抬的，留在屋裡抹牌的。（湖北武昌）

主旨本在「嫁姑娘」，只因無限痛惜愛憐之情，乃一再的自反面而言之。

出東門，一道峽，提起娶你我害乏，
叫聲哥哥你不要乏，我明年給養個雪白娃。（陝西洛川）

乏，歉乏也，又含着害怕的意思。

對門山上一口缸，姑嫂二人去燒香，
嫂嫂燒香求兒女，姑姑燒香去找郎；
你有郎，我無郎，揹起包袱跑他的娘。（湖北）

姐在河邊淘白紗，抬頭看見婆婆家，

看見公公不好喊，看見婆婆叫一聲媽，
問道他在家不在家？再過三年不來娶，
懷抱娃娃到你家。（江蘇泗陽）

杜梨樹，開白花，養活閨女作什麼？
拾起針來瞎縫答，拾起剪子瞎鉸答，
鉸答鉸答就會啦，吹吹打打又去啦。
爺也哭，娘也哭，姑爺過來勸丈母，
丈母丈母你別哭，俺家還有二斗粃拉穀，
碾小米，乂豆腐，餓不死你家禿丫頭。

民國、河北「景縣志」卷六錄謠。並釋：前半段言爲女子者，必先在家學會了勤勞工作，然後才能爲人作婦，後半言男子必先有才能可以養家，然後娶婦；不然，男不能自立，女不能操作，必至室人交謫，而有仳離之歎矣。

「景縣志」這種解釋，自生活的觀點看來，乃面對現實，是極見義理的。

卜通卜通，喜氣來到，大姐十八俊俏俏，
花花綠綠上花轎，嫡親娘，哭嚎啕。
親娘你哭什麼？莫非是掛念小姣姣？
姣姣出門能回來。

莫非女壻不成材？女壻讀書明道理。
莫非他家無田地？他家良田千萬頃。
不是這，不是那，究竟哭什麼？
我不哭，不像話，養個娃娃做啞巴。（江蘇泰興）

小黃豆，甜不甜？養活姑娘倒賠錢。
三斤豬肉二斤酒，送到婆家大門口。
公公出來說脚大，婆婆出來說太醜；
女壻出來說：梳油頭，戴翠花，
打扮打扮也不差；咱家沒有驢，沒有馬，
推碾子拉磨都是她。（山西）

丈夫得愛無人欺，就只怕婚姻生活不如意。
有女莫嫁讀書郎，朝朝夜夜守空房，
有朝一日做了官，還要討個小老婆。（江蘇無錫）

韭菜花，滿地舖，金擔銀擔嫁小姑，
小姑命不好，一嫁嫁個駝背老，

上牀又要揹，下牀又要馱。

隔壁鄰家莫笑我，前世姻緣沒奈何。（浙江海鹽）

海州板浦一千家，爲什麼把小奴說把鐵匠家？

叮叮噹噹，刮死小奴家。（江蘇海州）

見娘不語淚紛紛，二八月裡問娘親：

結親怎不打聽好？瞎眼結了這門親。

婆子是嚕囌嘴，天天噪俺不殷勤，

叔公大伯都不好，嫂嫂弟媳起狠心，

還有那個獃子，也不和俺一條心。（河南息縣）

「丈夫得愛無人欺」，本是一句諺語，也有的地方夾在歌謠中，令人一唱三歎。當南北朝、隋唐之季，有種散樂名叫「踏謠娘」，就是以妻子不得丈夫愛的苦楚，爲訴說主題，而成爲十分流行的悲歌。明、王圻「稗史彙編」卷一四二：

北齊有人姓蘇，齁鼻，實不仕而自號爲郎中，嗜飲，酗酒每醉，輒毆其妻。妻啣悲訴於鄰里。時人弄之（凡按，謂諷刺嘲弄其事），丈夫着婦人衣，隨步入場，每一疊，傍人齊聲和之云：「踏謠娘苦和來，踏謠娘苦和來。」以其且步且歌，故謂之踏謠；以其稱寃，故言苦。及其夫至，則作毆鬥之狀，以爲笑樂。今則婦人爲之，遂不呼郎中，但云阿叔子調弄；又加典庫全失舊旨，或呼爲談容娘，又非。

「舊唐書、音樂志」二，「謠」作「搖」：

踏搖娘，生於隋末。隋末，河內有人，貌惡而嗜酒，常自號郎中，醉歸必毆其妻。其妻美色善歌，爲怨苦之辭。河朔演其曲而被之絃管，因寫其夫之容，妻悲訴每搖頓其身，故號踏搖娘。

近代優人頗改其制度，非舊旨也。

優人改其制度，乃是說，「踏謠娘」從歌謠生活而登上舞臺，成爲戲曲了，這跟現代新春間北方的扮秧歌和長江流域的打花鼓，在謠俗、歌曲、舞蹈的淵源上，都大有關係。又，江蘇宜興風俗，七月間的聖王會，男歡、女喜的所謂「調雙伭」（參見拙著「宜興人的鄉邦歷史精神」，載民國五十七年三月、「中山學術文化集刊」第一集），也很可能是由「踏謠娘」變化而來。關乎這個謠曲，唐、崔令欽「教坊記」的記述，比「稗史彙編」稍現簡略。唐、段安節「樂府雜錄」，則題作「蘇中郎」。

今通諺：「男子三十而娶，女子二十而嫁」，本是我國古代禮法。「春秋穀梁傳」文公十二年：「男子二十而冠，冠而列丈夫，三十而娶。女子十五而許嫁，二十而嫁。」這種禮法，當我們了解到男女生理之適應，更必深切認定，這是婚姻生活極要緊的法則。但是，農村裡，却多的是妻大夫小，其成爲風習，城市也難例外。直到民國三十年代，妻大夫小的婚配，才漸漸少見。這種不合理的婚配，其所以形成：

1. 大家庭娶媳婦，爲的持家。

2. 農戶更是十分需要健婦的勞力。

3.公婆抱孫心切。

4.縱然將來夫妻生活不調和，反正男子可以討小。

還有一個重要原因，則由於童養媳的習慣。這習慣之形成，全由於經濟的關係。法政學社編「中國民事習慣大全」第四編「婚姻」、第八類「童養媳之習慣」，指出南北各地，有家貧不能撫養幼女者，卽抱給與人爲童養媳：

贛南各縣習慣——人民爲避財禮負擔計，於是收養童媳者，幾於十而五六。童養媳之外，又有所謂花等女（卽養媳待郎之意，因而有「揷朶花兒待兒生」之諺語），亦曰望郎媳。此等習慣，各地固亦有之，而要以贛南爲特盛。

未生子，先把媳——湖北竹山、通山、廣濟三縣，均有此習慣，竹山縣名爲壓子，通山縣名爲抱媳等子。竹谿、麻城兩縣，人民每於未生子之前，豫抱一異姓女撫養，待生子後，卽以爲媳，俗謂未生子先抱媳。

民國五十一年六月，文星書店版，收入「中國現代史料叢書」第六輯。

這「抱媳等子」的習慣，尤其下述「招郎妹」之事例，在禮教上，乃緣宗法社會不孝有三，無後爲大的觀念所使然。人們雖明知其問題痛切，仍然由於種種「特殊原因」，而忍受之。

由於妻大夫小這一事態的普遍，乃有蘇浙的諺語說：「女大二，米鋪地。」河北農村裏，更是特爲讚美：「女大兩，黃金長；女大三，抱金磚。」實則，這種婚配的苦痛，女方感受最深。

十八歲大姐七歲郎，說你郎你不是郎，

說你是兒不叫娘。還得給你解鈕脫衣裳，
還得把你抱上牀。（河南衛輝）

紅秅襠，水上漂，俺上婆家走一遭，
看看女壻有多高？一進門，心生氣。
看見大衫一尺一，開襠褲子七寸七，
唉喲！那樣兒低！多早晚能够拜天地？（河南南陽）
紅秅襠，秫楷之紅色者。

十八歲大姐周歲郎，每天每晚抱上牀。
睡到半夜要奶吃；膀頭腦，幾巴拿，
只是你妻子，不是你娘，
不是你父母待我好，一脚把你蹬下牀。（安徽廬江）

「十八歲大姐周歲郎」，自是歌謠誇張形容，不過男孩未成年而娶大姑娘，在往昔，確是尋常事。花燭之夕，小新郎硬要擠回娘房跟媽睡，一點也不是笑話。事情太悖常理，自必問題多端，乃至犯下罪行，釀成慘案。陳東原「中國婦女生活史」，也檢討到此事，並錄俞樾「右臺仙舘筆記」所載怪案爲證，茲摘述之。

河南某縣，其俗喜爲少子娶長婦，欲以操井臼，持門戶也。有農家子，甫十三四，所娶婦，年長以倍。新婚次日，賀者畢集，而寢門未開。日晚，舅姑呼於門外，聞其子應聲而不見其出，穴窗視，則縛於牀足。驚問其故，其子曰：「昨暮人定後，有男子自牀下出，縛我於此，而擁新婦睡。」問何故不言？曰：「言則殺我。」語未竟，男女二人，皆啓帳出。男子抗聲曰：「吾與爾新婦自幼有交，昨乘人亂，入此室處，當容我盡歡而去。如敢破門而入者」，袖中出白刃指其子曰：「吾刀刺汝子之腹！」齊家驚異，罔知所措。男子在室中索酒肉、索飯、索湯餅，曰：「不與我，則殺汝子，與我不豐美，亦殺汝子。」不得已，皆一一與之。男子命自窗中置案上，以長繩繫其子，使就窗取之。先命其子品嘗，然後食，以其餘食其子。食畢，命撤。觀者雲集，皆恐傷其子，計無所出。相持三日，聞之於官，官亦駭異，親詣視之，信，問新婦有父母乎？曰：有。乃逮之至，使呼其女，女不應。官命隸笞其父臀，批其母頰，父母哀號甚慘。復使喚其女，仍不應，如是者三。母頰批至百，父臀批至二百，流血漉漉，皆跪窗外，哀懇其女開門，若不聞知。官無如何，命人邏守之，拘其父母去。時，獄中有一賊，善穴人壁，官命之至其家，先伏人於門外，而使此賊伺男女皆睡熟，從屋後穴而進，潛以刀斷其子之繩，曳之走。門外伏者，破門突入，男女皆就縛。……

道光、山東「博興縣志」卷五：

近日民俗，往往以幼男娶長女。道光二十年，知縣用壬福乃爲文禁止之。文曰：照得男子壯而有室，女子及笄而嫁，必年歲相當，則兩好無猜，永卜偕老，此定理也。乃爾民每以十一二歲之幼童，娶十八九歲長成之女，雖詩禮之家不免焉。是愛子而適以貽害其子，愛女而直以陷溺其女矣。本縣到任數月，以霸女嫌夫具控者已三十餘案，推其故，皆因婚娶時男未及歲而女已長成所致。嗣後兩家結婚，男長於女則可，女之長於男者不得過兩歲，男子必十六歲以上方准迎親。

清、采衡子纂「蟲鳴漫錄」卷一：

山東某縣，有夫妻依寡嬸同居者，夫年十五六，女已二十餘，相得無間言。一夕方闔戶，嬸聞房中嬉笑撲戲聲，初不經意，少頃，婦大呼曰：「爾姪氣閉矣。」排闥入救，無及而殞。詢之婦，乃云夫已先臥，婦坐牀邊脫履，夫撩撥爲樂，婦戲以脚帶，向夫頸一按，身隨之而仆，力重氣塞，遂致不救。女論如律，大府聞之，禁娶長妻焉。

「筆記小說大觀」本。

相得無間，而禍出意外，這事例尋常而特殊。

進入民國，這種風俗，人多知其非是，已有所革除了。但是，直到革命軍北伐前後，妻大夫小而生的罪案，仍有發生。劉經菴「歌謠與婦女」，於錄舉這類歌謠後，特別指出：河南滑縣，有一對妻大夫小，起初還相安無事，像母親待兒子一樣，後來却變了，害死小女壻，婦受極刑而死。

羅新宏「招郎妹」：

家鄉粵東興寧，從前有一類女人叫「招郎妹」。她的身份是準媳婦，也是準女兒。她是舊時農業社會的產物。因爲有些人結了婚許久沒有生育，或者生育雖多却沒有男孩；在「無後爲大」的恐懼下，便先向別人家領養或買下一個小女兒回家收養，相信有她的來到，會早日招來她的那個尙未出世的丈夫——第一個男孩的誕生。這就是她的準媳婦身份。但是，如果她長到了十八九歲，小丈夫仍不願出來這個世界，她就坐上大紅花轎，當女兒身份嫁出去。出嫁後，她自然便有兩處娘家好走，倒也其樂融融。

做了人家「招郎妹」的人，就是這樣活生生地、無限期的、未可知的直等待着一個人，而且要男人。這「男」人長大後，便是她的丈夫。這種女人，將來因夫妻年齡上的差異，而造成身心上的痛苦，乃是可以想見的事。所以一般人家，除非有特殊的原因，多不願抱自己的親生女兒給人家去做「招郎妹」。

「括郎妹」如果幸運的話，在三五歲時便「招」着了「郎」君；最不幸的，就是當她在八九歲或十二三歲的時候，小丈夫才鬼蒙住眼的爬出來。那末，人間最慘的悲劇，便要在她身上發生了。也就正驗着客家人的二句山歌：

前世無曾燒好香，十三招到呱呱郎。

我有一位胞姐，就是其中的一個凄凉代表人物。她生下來沒有幾天，媽病得半死，在沒有奶吃和乏人撫育之下，奄奄一息；家裏只好放聲出去（拜託人家），無條件送人領養。結果，在爸媽的同意下，人家領去做了「招郎妹」。這家家境小康，已有了三個女兒，做父母的將近三十歲。習慣上，招郎妹都被看作「迎子神」，我姐也不例外，受到她一家自老祖母以下的疼愛。不幸的，自從姐去了她家之後，做媽的雖然仍是兩年生一次，但一連四胎都是女的。直到姐十一歲那年，她的小丈夫才姍姍來遲。這個寶貝兒子也就是她媽的最後一次「做人」。韶光易逝，眨眼五年去了，小丈夫才學會了婆婆媽媽的牙語，姐姐却已婷婷玉立，春思煥發。她打自十六歲起，每次回家來，總是啼啼哭哭的，怪着爸媽當年不該把她送了人家。但是，每次都給媽的好話說服了：「你爬出蛋殼沒羽沒毛的，他家養你大啦。一年兩套衣服，一日三餐飯，吃穿不會虧待你啦。」媽媽只知恩情，却沒顧到姐姐的精神痛苦。她憤恨、不滿，她不肯投降在這種慘無人道的環境裏；終於，當她二十歲時的一個月色朦朧的夜裏，跳落井去，結束她自己，離開了這個對她確實是毫無喜樂的世界。事隔數十年了，我一直還是憾歎着爸媽爲什麼當年不好好的給她安排——改嫁。

「招郎妹」的辛酸悲慘事情，是說不盡的。據說以前一位招郎妹，長到十八歲的時候，郎君才有三歲。有天晚上，在房裏替小丈夫洗臉洗脚的時候，小鬼不懂事的將盆裏的水亂攪亂潑；她在百感交集之下，隨口唱出一首山歌：

十八姑娘三歲郎，晚晚睡覺抱上牀，
有日惹來心火起，一脚撥你見閻王。

給隔壁一位老叔婆聽到了，便很生氣的半罵半解的和唱一首：

死婊子來賤東西，你愛放長細心機，
帶大丈夫有好日，穿金帶玉自有時。

招郎妹聽了之後，更是憤憤的唱道：

隔壁叔婆你嘸知，等得郎大妹老哩，

等得花開花謝了，等得團圓日落西。

從這些山歌裏，我們知道，招郎妹與丈夫的年紀相差懸殊的時候，她內心的痛苦是難以形容的。好在這種不良的風俗，在抗戰以後已不再見了。據我所知，家鄉這種不知流行了多少年代的「招郎妹」習俗，最後就是我的姐把它在井底結束了的。

載民國五十八年十二月二十二日「新生報副刊」。

望郎媳、招郎妹這種想法，未免「天眞」已極，愚蠢已極，幸而它已湮滅。習俗移人，賢者不免，咱們今天又怎能譴責昔時的那些老爹爹、老奶奶們呢？事實上，從上述例證，已可充分見到，凡屬明情達理的人們，並不喜好這種風俗。

此所以，多數諺語，絕對不贊成妻大夫小的婚配。

只許男大一層，不許女大一歲。

寧要男大十，不要女大一。（山東）

女大五，賽老母。（河北）

男可大十，女不大一。（東北）

寧要男大十，不要女大一，男大十不算大，女大十像他媽。（陝西同官）

男大三歲也無妨，女大三日就是娘。（湖南）

男大三，門前豎旗桿。（閩東。豎旗桿，喻吉利有福。）

媳婦難爲，是昔日中國婦女，幾乎人人都要經歷到的。文學史上，有衆所周知的三樁婚姻悲劇。

1.「孔雀東南飛」裡，焦仲卿的妻氏。

2.宋代詩人陸游，最稱意氣豪邁，却有段憂傷的苦情。他初娶唐氏，於其母本爲姑侄，伉儷情好，但不容於親上加親的這位婆婆。兒子孝親爲上，迫得只有仳離。陸游中心眷戀，終難忘懷，乃有哀傷至極，無可奈何的「釵頭鳳」一詞之作。

3.清初，沈復「浮生六記」卷三、「坎坷記愁」所述，尤令人有無窮感慨。沈復的妻子陳芸，是他舅氏女，比他大幾個月，青梅竹馬，自幼相愛，也極爲姑母所喜。芸行事勤謹，侍奉翁姑，曲意承歡，十分賢德。只以翁姑兩人本身間的誤會受牽累，先後失歡於公婆，竟被攆出家門，病苦至死，也未得到堂上諒解。親上加親，反而仇上加仇了。士族詩禮之家，尚且如此，庶民自然更甚。

麻雀仔，尾彎彎，做人媳婦實在難。
早早起身還說晏，又被家婆打一回，
打斷三條蘇木棍，跑爛三條花羅裙。（廣西）

新來媳婦事兒多，梳完頭來去掃鍋，
提了升籮去量米，問聲婆婆量幾多？
婆婆罵聲不中用，有人有客三升半，無人無客二升多。
媳婦暗地說：鑼靠鼓，鼓靠鑼，新來媳婦靠公婆，
自從今日問過後，不再問你老貧婆。（河北）

盹睡佛，盹睡佛，盹睡起來沒奈何，
幾時熬的公婆死，一覺睡個大晌火。
盹睡神，盹睡神，盹睡起來不由人，
若是沒有公婆管，還算一個什麼人？

民國、河北「完縣志」卷八錄謠。新媳婦，起早睡晚，操作家務，侍奉公婆，侍候丈夫，侍候小姑小叔，以及懷孕在身，生兒育女，怎禁得住白日不瞌睡？反而是，婆母越嘀咕、她越是「悶到頭來瞌睡多」。

童養媳之挨苦受罪，又更甚一層。為小媳婦申冤苦，乃中國婦女歌謠重要主題之一，例不勝舉。

天上星，顆顆勻，地下小媳婦難做人，
一升大麥磨兩斗，還說小媳婦趕人情。（湖北武昌）

寶塔高，掛鐮刀，鐮刀快，割韭菜。
韭菜長，割二行，韭菜短，割兩碗，
公一碗，婆一碗，打碎了一個榴花碗，
公又鞭，婆又鞭，嚇得小媳婦溜上天。（江浙）

末句，實形容小媳婦遭責打，無地可逃之狀。

小紅草，傍花樹，七歲上人家做媳婦，
公公打，婆婆罵，跳下黃河淹死了也罷。（江蘇阜寧）

婆媳之間，也有另樣境界的：

婆母燒水媳做飯，遠看丈夫轉回還。
問婆母：穿紅還是穿綠？
心裡恍惚，將片片糊在婆母臉上，你說恍惚不恍惚？（山東榮成）

張玉芝「山東省漁民歌謠集解」釋：漁夫離家，往往二三月難歸。漁夫大多能隨遇而安，漁婦在家難免望穿秋水之感，偶見丈夫回家，情不自禁，那有心神不恍惚之理？

娘婆二家，使女人的一生，牽腸掛肚，此其間，酸甜苦辣的感受，非男性所能體味。

青粗布鞋白裏子，不比娘家做女子，
在娘家睡得飯時起，在婆家不等曉鷄啼，
喔喔叫，卽梳頭，手拿簪子眼淚流，
離了親娘叫假娘，丢了明鏡照水缸，
筲箕撈飯甑兒蒸，哥哥看我正來臨，
想要留哥吃頓飯，堂上公婆不作聲，
眼淚汪汪送出門。（湖南）

胡蘿蔔腚打滑叉，新娶媳婦盼娘家。
盼着盼着哥來了，問爹好，問娘安，

問問小侄歡不歡？梳油頭，戴銀簪，
小丫環抱紅氈，問問奶奶待幾天？
天又冷，地又寒，不待七天待八天。

民國、河北「南皮縣志」卷四錄謠。「歡不歡」，極見口語神味。

問問奶奶，是以自己兒女的口氣問婆母。接着的，是婆母所答。歌謠章法，凡於此等轉接處所，總省略去一些字句。

小小鷄，遍身黃，那個女兒不想娘？
想起娘來無主意，關起房門哭一場。（河北）

盧前抄本，載「歌謠周刊」。

先母老年時，猶嘗說起，往昔女性爲新婦的那段歲月，少有不想娘而偸偸痛哭的。儘管夫妻和美，乃至有的婆母十分慈愛，視媳如女，也仍然免不了這種傷感。

紅骨頭簪戴滿頭，我去井上飲花牛。
井臺高，看見娘家柳樹梢，
柳樹梢上沙鷄叫，艱難受罪誰知道？

民國、河北「邯鄲縣志」卷六錄謠。

看見娘家柳樹梢句，情境如繪。柳樹梢上沙鷄叫，乃篇中之巽。全首篇短意深，千言萬語併作一句說，只含蓄在末尾的感歎裡。

因轉娘家脚頭輕，
微微細雨也是晴，烏天黑地也是明。（江蘇）

葫蘆抱得娃娃搖，我是爹的小姣姣，
我是媽的金寶寶，我是哥的小妹妹。
嫂嫂叫我去下田，我在屋裡住不三幾年，
浮萍草，風吹浪打就走了。
我的哥，送衣裳；打破蛋，流流黃，
那個姑娘不欠娘。（湖北）

先母述。「打破蛋，流流黃」，是篇中之興。欠，想念也，可能是惦字的音轉。

蒲輪車，大馬拉，古冬古冬到娘家，
爹出來，抱包袱，娘出來，抱娃娃，
哥哥出來抱匣子，嫂子出來一扭拉。
嫂子嫂子不用扭，不吃你家飯，
不喝你家酒，剩下飯你餧狗，
剩下酒你洗手，看看爹娘我就走。
有咱爹，有咱娘，這條道兒來的長，

沒咱爹，沒咱娘，這條道兒苦斷了腸！
送妹送到棗樹行，背着哥哥寫一張，
寫咱爹寫咱娘，再寫嫂子不賢良。
爹爹死了金棺材，娘死了銀棺材，
哥哥死了油漆板，嫂嫂死了席子捲；
爹墳前燒金錢，娘墳前燒銀錢，
哥哥墳前燒紙錢，嫂嫂墳前抹狗屎。

民國、河北「遷安縣志」卷十九錄謠。

「這條道兒斷了腸」，一語述盡萬千情思。

纏小脚這件事，是中國婦女獨特受到的苦痛。諺云：「小脚一雙，眼淚一缸。」幸而民國建立，惡俗革除。民國六十年代，我們在臺灣，還常見到高年的阿婆們，纏着三寸不到的小脚，足骨殘跛，行步間，搖搖欲倒。可想見，當年中國婦女，誰也得忍此苦刑，大脚女性反而自苦自怨哩。

大脚婆娘去降香，看見小脚氣的慌，
大脚一見暗生氣，長吁短嘆回家鄉，
將身坐在牀沿上，劈頭帶腦打頓巴掌。
你就沒吃米共麵，你就沒喝米共湯，
你怎長的這排場？再說你是兩個小泥抹，

你也不能去攪泥牆；再說你是兩個揚場槧，
不能場裡去揚場；再說你是兩塊鮮臘肉，
初一十五不能供饗；再說你是兩盞燈，
戲臺上不能放好光。（河南衛輝）

裹小脚，嫁秀才，吃饃饃，就肉菜；
裹大脚，嫁瞎子，吃糠饃，就辣子。（河南彰德）

丫頭丫頭你別淘，過年就讓你上學；
丫頭丫頭你別哭，過年就讓你讀書；
丫頭丫頭你別吵，媽媽拍着你睡覺；
丫頭丫頭你別跑，過年給你纏上脚。（黑龍江）

好不好，好不好？娶個媳婦是小脚，
又歪又臭，薰的我個够不够？（北平）

或由於當時旗人婦女皆天足的比較，而有此嘲謔。

板橋窄，板橋高，板橋底下浪滔滔，
妹妹脚大膽也大，穩穩當當過板橋，

姊姊脚小膽也小，站在橋頭把手招，
招呼小妹妹，攙姊過板橋。（江蘇灌雲）

有的女性一出娘胎，就遭到闔家人的厭棄，只因「養女是賠錢貨」。「兒大一發，女大一場」，本是事實，往昔卽已流傳「盜不過五女之門」的古諺（見「後漢書、陳蕃傳」）。

姑娘本是賠錢貨，一豬一羊把禮過，
百多塊花錢賠姑娘，白米賣了幾大馱。（雲南）

鼟鼟鼟，鼓兒響，張郎來娶李家娘，
扶持新娘上了轎，轎子一起抬走了。
爹爹跺跺脚，媽媽哭壞了。
爹爹說：賠錢貨，媽媽說：坑了我。
走，走，走，再休提，誰再養女兒誰是驢。（北平）

陝西長安歌謠，對於婦人的品行，特有一番褒貶：

賢婆娘，聰明賢良，敬公婆，孝爹娘，
妯娌姊妹，有謹有讓，看待姪兒都一樣。
敬親戚，和鄉黨，客人到家，先問安康。
男人有事，低頭商量。未開言，笑容先在臉上。

勤婆娘，早起遲眠，梳了頭，洗了臉，
堂前問安。洗了鍋，勤務針線。
白日織布，晚間紡棉。抱娃娃，去上餵碾，
彈棉花，採桑餵蠶。男人不在，槽頭上流連。
到麥熟，半截婦人半截漢。
勤婦人，只爲男人家不辦。

巧婆娘，聰明伶俐，論做活也算第一，
抽龍繡鳳，不爲出奇。做下布，光堂細，
納下鞋襪樣子皙。出下娃娃，乾凈罕稀。
男人出門，時常換衣，
巧婦人，倒與男人爭口氣。

歪婆娘，也是他娘生，他的心思賽長蟲，
頂公罵婆胡刮風，妯娌夥裡長丁稜。
拍屁股打臉，作怪成精，
摔碟子拌碗，指西罵東。

進廚房，起傲性，嚇的灶君吃了驚。
男人打罵，提刀弄繩。羞恥發，
蒙合被子裝成病，睡到炕上哼哼哼。

歪，兇橫之意。

拙婆娘，吃了臘八，見做活，胡死咳圪。
二年紡了半斤花，線頭丟了老碗大，
紡下線是蛇吃蝦蟆，做下布爛成稀渣，
納成被子，溜成圪疸，做下鞋襪，東抽西拉。
數九寒天，布袋片裹的娃娃。

胡死咳圪，漫不經心意。

邋遢婆娘，臉不洗，頭不梳，耳朵背後似車軸。
穿的衣衫無袖，線絆的紐扣。
兩孔窿濃鼻，鞋拽緊掉在後頭。
腰裡的窟窿，漏出精肉。

這種褒貶婦女的歌謠，旁地方也多的是。而於男性，除非他霸道狠惡，品行不端，吸大烟，作賭鬼，當盜賊，則少有爲這樣評議。

三　社會生活

世態觀感

天上星多，地下人多，
唸佛婆婆話多，豆腐百葉亂拖。（江蘇常州）

山上有好樹，園裡有好花，
人間有美女，無錢莫想她。

此謠極爲普遍，流行下層社會，常題在牆壁上。

端着人家的飯碗，受人家的管，
吃着人家的窩窩，受人家的多囉。（魯西）

鄉土事物

痲老六，上炕頭，點起燈來沒了油。
老婆子睡覺罷！紡上這點布機頭。（山東鄒平）

薛建吾釋：炕以土爲之，北人舉家均宿其上，炕下生火，多令頗宜。此歌描寫痲老六之窮苦，點燈無油，不得不呼老婆早睡，而老婆爲生計所迫，猶欲暗中摸索，將布之機頭織成。

一盆火，兩盆火，日頭出來晒晒我。

一盆炭，兩盆炭，日頭出來晒晒我冷漢。（安徽巢縣）

多日晒暖。

未過年來集會多，揹上褡褳走會上，
東街走，西街過，想買毛驢沒有中眼貨。
來到店門口，喝喝茶，吃袋烟，
見一毛驢在面前：毛又長，耳又端，
此驢必定愛撒歡；毛又長，耳朵大，
此驢必定力量大。買驢的心裏急，
不等買好就想騎；賣驢的心兒高，
不等下會錢交了。你一拉，我一扯，
一拉拉到我家中，婆娘叫咱女去拉驢子，
備鞍子，兜完一個扯卵子。
到親家，親家和我吃飯哩，驢子在院子亂轉哩，
女子催的要走哩，好把女兒看一眼，
一頓吃了七八十來碗，女子騎上我走哩，
把娃跌在車壕裡，驢在那裡胡跑哩，

跌麻了，跌麻了，這個毛驢買壞了，
殺的吃他不賣了。（陝西洛川）

歲時節令

正月正，麻雀飛去看龍燈，
二月二，煎糕炒豆兒，
三月三，薺菜花兒上灶山，
四月四，殺隻鷄兒請灶司，
五月五，午糕粽子過端午，
六月六，貓兒狗兒同洗浴，
七月七，七樣果子隨你吃，
八月八，大潮發，小潮發，
城裡老娘活俏煞，城外老娘活急煞，
九月九，打老菱，過酒吃，
十月朝，打兒罵女捆柴燒，
十一月雪花兒飄飄，
十二月家家磨粉做年糕。（浙江）

初一人拜神，初二人拜人，
初三窮鬼日，初四人等神，
初五神落天，初六正是年，
初七七不出，初八八不歸，
初九九空頭，初十人迎行，
十一嚷擠追，十二搭燈棚，
十三人開燈，十四燈火明，
十五人行街，十六人整犁。（廣東海陸豐）

寒冬臘月，小心火燭，前門關關，後門撐撐，
灶窠劃劃斷，水缸挑挑滿。（江蘇宜興）
婆婦、長老們道唸之，更夫呼唱之。

傳統習俗

三十夜，快快罵，初一初二好說話。（湖北嘉魚）
此爲全國性習俗，年關討債，不免爭執責罵，追迫不休。子夜鷄鳴，年已來到，則適才惡狠嘲罵者，頓改歡顏，拱手道賀了。

好禾呵，好生理呵！桔仔掛門楣，人仔眞歡喜，
木莖大如梨，禾葉大如舟，

大人眞歡喜，小兒笑嘻嘻。（廣東台山）

正月初一，取鮮紅桔柑和青葱蒜頭，懸於門楣上，以爲這一年歲月招福祈平安的表徵。

搓糋凝搓搓，年年節節高。

大人添福壽，伲仔歲數多，

紅紅水黨菊，排排兄弟哥。（福州）

糋，「康熙字典」所未收，是方言字。搓搓，搓之又搓。紅紅水黨菊，言供桌上陳列祀神者。閩俗，冬至前夕，家人團聚堂上，搓捏湯糰，邊搓邊唱此歌。

故事傳說

何趙人，硬硬頸，一口田，一口井，

日裏三百桶，夜裏歸原井。（浙江諸暨）

何植錄，並釋：諸暨東鄉，何、趙兩姓爲大族，性情強硬。其地係砂土土壤，灌溉田畝，掘井用桶戽水，與隣鄉用水車戽水，迥不相同。傳說，從前也曾用水車，因將其橫放路上，阻礙羅隱通過。羅隱口占一歌，予以題破，乃改用桶戽水，而永不復改。凡按，羅隱的傳說，見「歌謠生活」篇第四節。

上當年有位朱夫子，所生九子：

三子往東，三子往西，那三子不知順流何往而去？

這是一個老母豬，生下了九個小豬。（山東榮成）

張玉芝「山東省漁民歌謠集解」云：本謠流行很廣，寓意不明。或謂係指文登縣老母猪河而言，其上游係由三幹流，十八小支流滙豬而成。

糖圝蜜，蜜圝糖，九龍帳裡出新郎，
郎伶是龜伓是龍王，伓是龍王龍王狂；
龍王石狂問鳳凰，鳳凰急，目滓拭，
鳳凰不如我，又又光栗隙。（福州）

圝，攪亂。伶，現在。伓是，不是。狂，怒。石狂，一怒。目滓，眼淚。又又，仍舊。光，淨盡。栗隙，形容光的形狀。傳說，五代閩王王延鈞劈死小吏歸守明，因其后陳金鳳與之通。九龍帳爲李可殷所製，外織八龍，而以延傳爲一龍。此謠「郎是龜」，指歸守明，龍王指王延鈞，鳳凰則指陳金鳳。這些事，「五代史」卷一三四「僭僞列年第一」，未有記載。延鈞的父親王審知，於後梁開平三年（九〇九）爲閩王。延鈞自己稱閩王，是在後唐天成元鈞（九二六），未幾，稱帝，國號大閩。

四　政治生活

老百姓政治觀念

國課早完，處女早嫁，
餓死不典當，氣死不告狀。（湖北遠安）

王鏡清、程其保錄。

田要少，屋要小，子弟讀書不要好；
免得殺，免得絞，免得啇鞅飽。（蘇州）

往昔傳襲下來的謠歌，是明清兩代江南人民慘痛心情的反映。元末，羣雄並起，張士誠初據杭州爲王，後建小朝廷於蘇州，常遇春來攻，他堅守數月，被俘自殺。士誠並無什作爲，但江南人民，一直到現在，還懷念這位失敗的英雄。民間好些俗習行事，與他有關。天下田賦，江南獨重，或謂係朱洪武惱恨江南老百姓的緣故。沈萬三以及還有好些富豪大家，被明廷整得人財兩亡。再者，滿清入關，江南義軍抗拒不斷，血腥悲慘的歷史，皆是這首謠歌的背景。

你也去挖河，俺也去挖河，
地裏麥子架成窠，這季不收指什麼？
委員一見怒沖沖，明天還得再翻工！
委員委員你別走，俺家糧食沒半斗，
千萬別弄那一手。

民國、山東「清平縣志」禮俗篇。

二四八月的天，差人的臉，
得錢哈哈笑，不得變鬼叫。（貴州天柱）

穿他糧，吃他糧，只要閻老爹做得長，
初一月半又關糧。（江蘇阜寧）

清乾隆間，知縣閻循霜，屢爲邑人請賑，乃有此頌歌。

你說你好，他說他好，
好與不好？我百姓知道。（山東陵縣）

民國二十二年山東民衆教育舘編「山東歌謠集」。

米不難，包穀紅薯也可餐呀，
菜不難，萊菔白菜也送飯呀，
酒不難，穀酒也能解饞涎呀，
柴不難，草根樹皮也能燃呀，
只有官鹽實在難呀，沒有白銀買不來呀。（西南苗歌）

昔日，苗家食鹽賴官府供給，而有些壞官家壟斷取利，無理剝削，因致苗變。此在中國鹽政與苗傜民族歷史上，皆是大可注意的問題。

在獄內我被拘留，鬚髮如氈，
我用肋骨帶着利刃，挖洞逃出，
從這松木籠式的牢獄裡逃出來，
算我沙鐵耳是個好漢！

陳紀瀅「新疆鳥瞰」：「相傳沙鐵耳是伊犂、塔蘭其族的一個農民，光緒十二年因被伊犂將軍壓迫入獄，逃獄後唱此歌，塔蘭其族人爭學唱。此歌原在民間甚流行。反映過去民族政策的錯誤，惟現在已成歷史上的聲音了。此歌由維族音樂家烏邁與綽號水壺者，在阿拉木圖灌成唱片。」

太平歲月

小棉襖兒，僅靠身兒，
穩坐家中，不出門兒，
吃飽了，撿泡糞兒，
逢五排十，趕個集兒，
閒了來，沒有事兒，走到廟臺兒講古蹟兒，
就便是大皇帝，不如我們莊稼人兒。（北平）

人力鋤，牛力耕，人力牛力同有功，
到了熟時，五穀豐登。
磨的麵，細生生，做的飯，熱騰騰，吃到肚裡飽蒸蒸。
夏天坑水洗個澡，冬天烤火煖烘烘。
合家不受窮，人人歌唱年太平。

民國、河北「大名縣志」卷二十二錄謠。

亂世災荒

今年未算好豐年，風雨不勻難種田，
秋收只得三成半，不够食來不够穿。（廣西）

饅饅洲，饅饅洲，十種九不收，
男人去當兵，老婆跟人溜。（江蘇鎮江）

張宗昌，吊兒郎當，破鞋破襪破軍裝，
破肩牌，破領章。下小雨兒住民房，
大姑娘兒，小媳婦兒，沒地方藏，
天下沒糧，他找老鄉。（北平）

此足見當年北洋軍閥禍國殃民的情形。這一主題的謠諺，不勝其蒐。

朶馬兒騎上，槍揹上，
高山頂上放幾槍；銀錢衣物得到了手，
還有個大姑娘搶在馬上。（甘肅）

土匪之歌。

一等人當老大，銀元儘花，
二等人跨盒子，儘貼老大，
三等人扛步槍，南戰北殺，
四等人當說客，兩邊都花，

五等人都當底馬，苦害民家，
六等人當窩主，擔心害怕，
七等人看排尾，眼都熬瞎。（河南夏邑）

老大，土匪頭子。盒子，配上木把手的駁殼槍，俗謂盒子砲。底馬，也稱底線，土匪的引導者。看排尾，看守被架的「肉票」，肉票者，人質。

五　經濟生活

金錢

女兒親，不是親，全副嫁妝還嫌輕，
兒子親，不是親，討進家婆像閒人，
女壻親，不是親，三句說話面熏熏，
夫妻親，不是親，同牀合被兩條心，
只有銅錢銀子嫡嫡親，我要用他就動身。

民國、江蘇「川沙縣志」卷十四錄謠。

行業

小烟袋，四兩銅，一頭打的靑龍拐，
一頭打的九條龍，這個烟袋打的眞齊整。

紫金布袋紫金鑲，紫金繩，手裏提，
叫徒弟，打着火，吸口烟，噴噴香，
一會不吸想的慌。（河南）

工商業，師傅作活之餘的悠然情況。徒弟的艱難辛苦，師傅乃是過來人。

泥泥，泥泥餑餑兒，
辣辣，辣辣罐兒，
買我的，是好漢兒，
買人家的，是羊糞蛋兒。（北平）

齊鐵恨釋：辣辣罐兒，又叫蒜罐子，古典所謂齏臼，是搗碎辣椒和蒜所用的石臼，或瓷罐子。凡按，此謠描述街上小販心情，頗見意趣。

新鄉縣，大改變，閨女娘們去打蛋，
一天不賺兩千錢，回家渾身上下搜過遍。（河南新鄉）

徐芳錄。民國初年，南北各地都有洋行開設的蛋廠，是列強國家的資本，大大剝削了中國農村經濟，又搾取了我都市婦女的勞力。

貧窮

描述此一主題的歌謠，各地特多。這裡各舉幾例。至於富足的生活，無感傷呼號之必要，所以少見於歌謠。

九九八十一，窮漢順牆立，
冷也不冷了，端害肚子飢。（陝西）

神前下，十八家，朝朝起來望水花。
無米煮，煮泥沙，無牀睡，青天下，
無被蓋，竹葉遮。（廣東翁源）

清水釋：英德東鄉，地處滃江傍岸，有險灘，曰神前。居民甚少，多以撐船放水爲生。青天下，即野外露宿。

此歌述窮乏生活，無怨苦，反只見生命灑脫之感，詩人赤心，表露無遺。

乾人頭上三把刀：租重，利重，押頭高；
乾人面前三條路：逃荒，尋死，坐監牢。（四川）

乾人，謂身子又乾又瘦。

除「三把刀」的形容，此歌全爲白描，却予人苦感無限。

香瓜香，嘸商量；西瓜甜，嘸銅錢。
聞聞香瓜，捧捧西瓜，
討口施茶，過仔一夏。（蘇州）

都市窮人夏日生活，類此句式謠諺，江南各地多有傳述。

天上的星星灑灑稀，莫笑窮人穿破衣，

十個指甲有長短，荷花儲水有高低，
天羅網，太公時，困龍猶有上天時。（湖南桑植）

以「莫笑窮人穿破衣」爲主旨的歌謠，也是各地多有傳述的。

農家苦辛

此類謠歌，爲數也是最多的。也只略舉幾例。

老頭子起來墊圈去，老婆子起來做飯去。
丫頭起來梳頭去，小子起來放牛去，
老牛蝙了尾了，丫頭小子都該起了。
明了，小鷄兒跳了城了，

民國、河北「滿城縣志」卷八錄謠。尾，讀如以。撿乾糞，掃地上灰土、垃圾，層層的做成堆肥，俗謂墊圈。

去的牛拉車，囘來車拉牛。
牛死啦，牛賣啦，拿個牛鈴囘來啦。（河南）

程夢錫錄。載民國三十五年五月二十三日上海大公報。農家被軍隊「拉差」。

正月肥肥胖胖，二月退了樣，
三月無飯吃，四月當衣裳，
五月喝稀粥，六月餓得像猴樣，

七月接到新，八月吃乾飯，
九月復起元，十月去城作小販，
十一月弄錢贖了當，十二月剛剛還淸賬。（廣西灌陽）

陳寂「耕者之歌」，廣西省黨部農民部印行。又載於民國十七年十二月「民俗」三十八期。

按着十二月份，這樣述說的農民生活之歌，也是南北各地皆有普遍傳唱。

水漲怕溺，水退怕乾，
不溺不乾，還怕蝗蟲到處竄，
終日裏提心吊膽；
代人家，種了活命仙丹，
家裏頭，却只得薄粥三餐。（湖北崇陽）

千差萬差，差到農家，
白湯一碗，酸菜一抓，
淸早出門，半夜歸家。（廣西苗家）

見盧前「民族詩歌論集一」。

長工苦

佃戶、貧農，以及那無法租佃到土地來耕作的農村勞動者，自然只有做長工了。各地感歎長工苦的謠歌，也是很多的，此處僅舉一例。

暴時落難暴時窮，無柴無米過寒冬，
央人求謀做長工。
長工苦，苦到正月中，擔繩扁擔到田中。
長工苦，苦到二月中，拿了鐮刀鐵搭到田中。
長工苦，苦到三月中，清明節氣鬧動動，
家家人家墳上都在煨帛紙，長工家墳上出青蓬。
長工苦，苦到四月中，車田落種鬧動動，
南田耜到北田去，家家人家都在叫吃飯，
長工未曾到喉嚨。
長工苦，苦到五月中，
耘秧拔草鬧動動，抬起頭來望烟囱。
長工苦，苦到六月中，東家娘娘撐了雨傘到田中，
上膛有水微微笑，下膛沒水罵長工。
長工苦，苦到七月中，東家煎烤鬧動動，
東家娘娘東場分到西場去，長工未曾到喉嚨。
長工苦，苦到八月中，磨刀捉稻鬧動動，

東行捉到西行去，東家娘娘出來叫長工。
長工苦，苦到九月中，
耕田種麥鬧動動，南田耜到北田去，
東家娘娘出來叫吃飯，長工未曾到喉嚨。
長工苦，苦到十月中，牽礱做米鬧動動。
長工苦，苦到十一月中，淘米挑水叫長工。
長工苦，苦到十二月中，淘米挑水冷凍凍，
十隻指頭凍脫九隻半，還要擺在火上烘。
長工話咾東家娘娘，十二個月的工錢算還我，
也怕討死叫化，不高興做長工。
東家娘娘拿了黃楊算盤算還我，
十二個月算着一千九百大銅錢。
上南去，落北來，
開年沒去處，仍到這裏來。
東家媽媽，西家嬸嬸，謝謝，也怕沒去處，
不到那烏龜地上來。

民國、江蘇「川沙縣志」卷十四錄謠。

此歌詞句，有誇張失實處。農忙時分，田家那敢慢待長工？這是因爲唱歌的人，只顧在苦字上推想，就越唱越苦兮兮了。處處言說東家娘娘的管理指使，隱含調謔情意。按理，這些事應男東家出面。

六　斲喪中華民族的鴉片煙毒

鴉片戰爭是中國一大變局。吸食鴉片烟的毒害，個人體弱多病，傾家破產；社羣生活顚倒，死氣沉沉。更甚焉者，國家以統制銷售鴉片烟爲特稅收入。這種慘苦情況，纒繞我中華民族的歷史，何止三四百年之久。

唐、貞元中，鴉片自阿剌伯傳入，當時只作藥用。明代，南洋輸來烟草，國人吸烟，也有以鴉片同熬的了。淸初，鴉片由葡萄牙輸入，國人吸食上毒癮者漸多，從雍正七年（一七二九）禁例可以看到：「販者枷杖，再犯邊遠充軍。」這以後的歷史，衆所周知，不贅述。

民國二十年前後，國家政治經濟，雖然大有革新，但鴉片烟毒禍根難除，仍然特別顯現在西南、西北與東北地方：中上人家，少有不吸食它的；市鎭上，大烟舘處處皆是；四川、貴州、雲南軍隊，竟至人人有「兩根槍」之譏；東北大財東，爲免子弟荒蕩，居然鼓勵年輕人吸鴉片，以使株守家園……日本軍閥侵略中國，今日大陸共匪之爲禍世界，也以這種不擇手段的毒化政策，爲其基本作爲之一。這種種切切，太是叙說不盡。

鴉片烟毒害，使多少人沉緬其中難以自拔。五十七年十一月間，電影演員「鬼才」洪波，在臺北中華路平交道，跳天橋自殺。他走此絕路，只因食鴉片，未能戒除。前幾年，有一位老牌女電影明星之死，也由於同樣原因。

雖然，現代中國社會，在自由地區裡，極少有人受此毒害了。鴉片烟毒斷喪我民族生命，足足有三四百年之久，實在是中國歷史所不可或忘的事體。略舉幾首謠歌，以示警惕。

鴉片烟，外國生，銅針打，玻璃燈。
裝起泡，燒起烟，吃窮了，賣秧田。（湖南新化）

一盞烟燈照空房，二肩聳起像無常，
三餐茶飯無着落，四季衣裳都賣光，
五臟六腑同受苦，六親無靠宿廟堂，
七竅不通將成病，八面威風盡掃光，
九九歸元自尋死，十（實）在無顏見閻王。（陝西）

跨進烟間，求天拜地，鴉牙一挑，歡天喜地，
鋪上一眠，談天說地。三筒一呼，神氣活現，
看見老班，拍拍馬屁。問伊銅錢，明朝後日，
膽大放心，決不拖欠。彎弓進來，挺直出去，
碰着烟鬼，阿哥兄弟。老癮難過，袋裡無錢，

找搭仔儂，尋尋生意。摘樹椏枝，也算行業，
偸羊捉鷄，包討銅錢。有仔梢板，再吃三錢，
家裡門頭，不必管伊，稱爲烟仙，無憂無慮。
可惜近來，烟價橫貴，小本經紀，吃弗連牽，
況且官場，禁烟緊急，警察捉去，受盡苦頭，
毫無話處。想到此刻，一泡眼淚。

民國、江蘇「川沙縣志」卷十四「川沙歌謠選」。其風格應是四字唱的俗曲。

鴉片烟，眞可恨，上了癮，倒了運。
家中銀錢全花盡，破席擺個照屍燈，
半截磚頭當作枕，髮辮鏽成一根棍，
老婆暗與旁人混。大烟鬼，心中忿，
要說打他吧，渾身沒有勁，
要說殺他吧，刀子捲了刃，
再說稟他吧，官府封了印。
到此時，常發悶，落個河中跳，井裡奔，
親戚朋友全不問，狗腹以內出了殯。

民國、河北「大名縣志」卷二十二錄謠。

因　初吸時有所因。

引　受人引誘而吸。

殷　漸而勤吸。

印　吸之殷，而成印板生活。

癮　既爲印板生活，則癮成。

淫　成癮後，復吸之過度。

飲　吸之過度，產業蕩盡，無力購烟膏，不得不飲烟灰水，聊以止癮。

蚓　瘦成蚯蚓狀。

吟　疾病呻吟。

尹　字象一尸字而横穿木杠，死也。

民國三十二年二月二十七日，西安「華北新聞」錄「癮士十字訣」。

西北的「花兒」，本只是談情說愛的，也有諷刺鴉片烟的歌：

烏路絲盤子十樣景的燈，鴉片烟吃成癮了，

妹妹的好話哥不聽，鬼門關離的不遠了。

烏路絲爲「俄羅斯」的民間譯音，帝俄時代，俄國貨由新疆流入西北各地。

七　教　育

警世，訓誡，兼而有之，還有出諸寓言式的。

日頭出來點點紅，照見哥哥米罎空，
米罎越空越好耍，只愁沒志不愁窮。（廣西）

一張白紙飛過街，那個讀書那個乖，
人人都想高官做，丟下田中秧苗那個栽？（貴州）

盧前錄。

姐姐縫衣縫窟窿，哥哥看書看不通，
兩人急的滿懷碰，幾乎成了瘋先生。
不要急來不要慌，慢慢看來慢慢縫，
鐵打鋼樑磨成針，就是功到自然成。
那有一鍬挖成井，那有一筆畫成龍？（陝西長安）

無梯難上樓，無梯難下樓，
做事要想尾，做事要慎頭，
無頭無尾多悔尤。（湘西苗謠）

盧前錄。

小老鴉，眞混蛋，張大嘴，呑大雁，
問問老鵰幹不幹？

民國、河北「靜海縣志」中集錄謠。

蛤蟆、蟹子、屎克螂，各人覺着各人強：
蛤蟆一身疥，自覺是光皇，
蟹子橫着走，誇他走的正當，
屎克螂推大糞，自說是麝香。（山東萊陽）

山前梅鹿山後狼，兩個結義在山岡，
狼有難時梅鹿救，鹿有難時狼躲藏；
轉身還想吃他肉，狼心還想把人傷，
爲人莫把狼心使，狼心狗肺不久長。（陝西洛川）

高高山上一棵桃，樹大根深長哩牢，
井淘三遍吃甜水，人受調敎武藝高。
老虎狸貓去學藝，膽大狸貓把虎敎，
穿山摸嶺都學會，上樹武藝他不敎；
老虎回頭吃狸貓，狸貓樹上把命逃。（河南輝縣）

七丈溪水七丈深，七尾鯉魚頭帶金，
七條絲線釣唔起，釣魚阿哥枉費心。
七丈溪水七丈高，七尾鯉魚泅過溝，
七條絲線釣唔起，釣魚阿哥枉費勞。（廣東潮州）
隱喻人生行事須專一。

八　歷史歌

歌謠中的歷史歌，乃屬史詩性質。在邊疆民族文化傳承上，佔着極重要的地位。

歷史歌的特點：

1. 篇章長。
2. 以敍述民族史實爲主，非如兒歌之豐富想像，也不像情歌之活潑卽興，多顯示着一種平板的風格。
3. 歷史歌所陳述的事態，帶着謠俗傳說的色彩，與信史自是有着距離。

陳志良「廣西特種部族歌謠集」，所舉例證如下：

1. 盤王歌　　都安板傜，象縣板傜，蒙山盤傜，各有大同小異的唱說，述盤古開天闢地以及本族的源流。
2. 創造歌　　都安板傜所唱，敍宇宙創造及社會生活形態。

3. 傜人歷史歌　義寧板傜所唱。

4. 三界皇歌　上林東隴傜所唱，述宇宙的創造。

5. 遺傳歌　凌雲背籠傜所唱，述宇宙創造與傜族起源。

6. 洪水歌　都安板傜所唱，述人類歷史初期的洪水爲災。

7. 彭祖歌　都安板傜所唱，述彭祖從生到死的傳說。

這些歷史傳說，都淵源於中原文化系統，若盤古傳說，天皇、地皇、人皇傳說，彭祖傳說，而創世初期洪水傳說，是東西方所共有的。無怪乎中原歷史人物，普遍存在於苗傜歷史歌中了。

魯班皇帝造屋宅，造得屋宅得遮陰，
伏羲皇帝造衣服，造得衣服及衫裙，
祝融皇帝造火燭，把生煮熟養人民，
神農皇帝造五穀，造得五穀養人民，
顏回皇帝造書字，造成書字教人民，
周公立例爲夫婦，你來我往合成親，
張明立地爲山嶺，造開水綠到如今。

右係象縣板傜「盤王歌」的一段，把祝融、魯班、顏回，都認做是皇帝了。

陳國鈞「貴州苗夷歌謠」所錄的歷史歌：

1. 起源歌　生苗唱述的有三種，黑苗唱述的有兩種，內容大同小異，章句各有長短。

2. 洪水歌　侗家、花苗，各有一例。

茲舉其辭句較短者：

飛蛾有兩隻，相率飛下來，
彼此來相靠，遂在崖洞裡，
五隻白卵生，無人去照料。
等到三年後，一個成雷公，
一個是生龍，一個是生虎，
一個是生妹，一個是生兄。
兄妹兩相愛，生下一南瓜，
認爲不吉利，遂都砍成片；
肝變成客家，肉變成苗家，
骨頭變傜人，肺變成水家，
腰骨變僮家，肋骨成侗家。
苗客是兄弟，同母同根生，
客苗話不同，苗講客不知，
這樣共弟兄。（生苗的起源歌）

洪水泛濫，伏羲姊妹造人種，
人種造在鼓裏頭；打脫這個鼓，
大水淹滿天下絕人種，
天下不得了，完畢了，喲噫！（侗家的洪水歌）

芮逸夫、管東貴「川南鴉雀苗的婚喪禮俗」所述，唱歌是他們各種禮儀所不可缺少的項目。如訂婚禮，唱歌雖爲謝神，其絕大部份內容，則在敘說歷史，教導青年人以夫婦之道。其特點是，在這種場合唱說歷史，歌辭都僅只提揭要領，不詳爲敘說。說開天闢地的根源，談苗公苗婆的道理。據報導人古明三說：「古時曾有一次洪水，淹死了世上的人，只剩下兄妹兩人，結爲夫妻，遺傳人類。後世稱他們爲苗公苗婆。」或說，那兄妹兩人就是苗人始祖——伏羲、女媧。

天地混沌，苗公苗婆尚未降臨。後來，他倆來到天底下，開始墾地種糧。有得吃的了，苗公苗婆，跟野狗找到山埂下，拿到婚事的根苗。苗公苗婆又從猪、鷄、蝴蝶得到做親事的根據。於是，謝天神、地神、女神、男神、土地公、土地婆、後園的神、堂屋的神、後面晾架的神、灶神。成婚時，謝神，重要的傳說是：神吃喝完了，神沒有地方歇，神要歇在板栗的枝枝上，神要使新娘、新郎明白夫妻之道。

按，指稱初民不解人道，從低級動物交配而始了悟，臺灣高山同胞也有這樣傳說。泰耶魯族有句諺語：「發見蒼蠅停止的地方了。」此諺用於比喻，對於事物的研究，在無論怎樣也想不出道理，忽然豁然領會的時候，用這句話。傳說太古時候，男女不知交接之道，他們作種種無益的嘗試後，忽然因蒼蠅停止的地方，而意識到性器的所在，因而發生這種欣喜的聲音。見顏晴雲「泰耶魯諺語初輯」，載民國三十八年十二月「臺灣文化」五卷二期。

九 故事歌

故事歌者，唱歌謠以敘述故事。不僅邊疆民族如此，現今中原地帶也一樣。邊疆民族的故事歌，和其歷史歌一樣，除了敘述本民族的事物，大多的部份，皆把中國本土普遍流傳的小說、戲劇、故事傳說，糅合吸納，作爲講唱的主題。

「廣西特種部族歌謠集」，說這種歌叫「古言歌」，有：

買臣故事　述朱買臣的事，全歌中並不提到主人公姓氏。

伯喈故事　述蔡百喈和趙五娘的事。

陳佐故事　陳佐與橫宣爲友，陳借錢助橫作買賣。後來陳貧橫富，賴賬不還，控於官，官受賄，陳佐反而敗訴。由於天上玉皇大帝主持公道，判橫宣變作黃牛，全歌三十三章，每章七言四句，共一百三十二句。末四章云：

上帝每年開雨落，黃牛每日作田園，
一步不行棒篙打，臍背打得皮穿連。
日間又把紅日晒，夜間又把雪中眠，
過後隻牛亡身死，約其書信得傳言。
割取皮來明鼓打，後代子孫答還錢，
傳與後代衆君子，十分忠實立約先。

我敬多讀宣文唱，街頭賣紙各分遍，
唱盡當初前故事，傳揚今世萬人知。

從其遣詞造句上，可以充分看到，這些歌册，受到了中原地帶一些唱本的影響，而有苗傜語言的特色，像「上帝每年開雨落」，「十分忠實立約先」，「唱盡當初前故事」這等句子。

文玉與銀案　韓文玉避難，得與趙銀案小姐成婚。文玉應考遇難，妹丈要轉嫁銀案。母女避往福州，又逢表兄逼嫁，投水遇救。後文玉得中狀元，夫妻團圓。此歌一再提到京城爲臨安，顯然以南宋爲時代背景。

粉粧樓　番邦呂佛興兵作亂，羅坤弟兄掛帥出征，奸臣沈謙陰謀陷害。故事發生的地方有京城、淮安、西安，瓜州與雲南。

這種古言歌，正是中原地帶「講古」之意，不過一爲歌唱，一爲講說，合之就成爲講唱文學了。

凌純聲「松花江下游的赫哲族」，所記錄的赫哲歌謠，除了情歌、歷史歌、生活歌之外，再就是故事歌了。僅舉「莫土格格奔月」爲例。據凌氏民族學的考察，古居中國三大族：古亞洲族，東胡族，通古斯族。赫哲屬通古斯之一種。傳說：赫哲古時，有個英雄名叫土爾高。他行獵山中，遇一老婦留宿，並以次女莫士贈與爲妻。土爾高嫌莫士貌醜，對她很冷淡。那莫士原來是個仙女，便顯出美容，駕雲奔月。她站在雲端裡，對着土爾高，唱下了這首歌：

我像烏鴉似的——你厭惡我，
我像喜鵲似的——你厭惡我，

這回我到天上來了，有美觀的木樓，好吃的穗子，

我進樓子裡去了。

右係漢譯。格格卽姊姊。又，男子對女子表示敬意，或女子間互稱，都叫格格。

這故事自與「嫦娥奔月」有關，但情節大不相同。

至於西北的「花兒」，前已言之，所有通俗小說，有本頭的故事，整本整套的往下唱，謂之「本子花」。不過，張亞雄「花兒集」所錄下的，只是以封神榜、三國演義、說唐、西遊記、楊家將、水滸傳的故事，爲花兒的起興，若：

龐統獻的個連環計，諸葛亮祭東風哩。

來是瞞住個娘老子，就說是轉親戚哩。

「本子花」是怎樣的結構呢？還有待取證，想必是不出長篇敍事歌的形式。

薛汕「論潮州的敍事歌謠」說：潮州歌的特點，抒情的少得幾乎不讓存在，而敍事的多到俯拾卽是。這與潮州人民生活、經濟狀況、人文、歷史的諸種因素，大有關係。潮州向以「行古禮」爲風尚，淸朝雖統治了幾百年，而潮州諸多習俗仍以準依明代的行事爲榮。凡按，這不僅僅只是崇古而已，實際含有當時反淸復明的意義，崇古乃係政治上的保護色。薛氏說：

也難怪「春秋」、「國語」的那一些用字、用詞、讀音，在別的地方已經死了，但在潮州却是活的，鄙夫走卒，婦孺小子，一樣講用。後來南洋的海外文化雖也有些兒影響，但也沒有起改變的決定作用。

民國三十七年九月載於廣東報刊，報名失記。凡按，口語上的現象，古字古詞以及其古音義，在南北各地謠諺中，是普遍存在着的，不僅潮州爲然。參見「花兒篇」「八、韻脚字例」——「殁㗒」。

潮州的敍事歌謠，謂之「歌冊」，除了生活歌——嫁娶的，婆媳不睦，姑嫂交惡，後母，思夫，兒女養育——之外，再就是敍說小說戲劇中的故事以及潮州的鄉土傳說。這些歌冊，使婦女們聽了唱了，如醉如癡，對兒童也有影響，更擴展到市井的男人。歌冊的意識形態、語言、故事及表現方法，都有其一系列的特別色彩。

再說，潮州之以明代禮儀行事爲榮，苗傜歌謠多稱說中原歷史及其故事傳說，似還有一個情況。當年南宋、明末、中原士族以及皇室宗親，失國亡家，慘受新朝迫害，只有遠走南蠻荒外，隱藏高山深處，改名易姓，甚至有少數的人化爲苗夷，或與苗夷通婚，以爲掩護，而後成爲苗傜社會的上層份子，也是很可能發生的事情。這種情況，我們更可上溯歷史，從五胡亂華以後，客家人的形成和發展，得到許多旁證。

十　敍事歌的幾個例

山東文登的一首敍事歌，講的是年輕子弟不學好。

龍生龍，鳳生鳳，老鼠生的會打洞，
兎子生的轉山坡，蟹子生的橫着行。
自從爹娘生下我，好吃懶做不願意動。

那一天，時運紅，贏的錢，搬不動，
雇的小驢往家送，爹也喜，娘也敬，
妻子歡喜的拍打臀。今日天，時氣差，
時氣，猶言時運也。輸了錢，回家拿，
爹也愁，娘也罵。從小學着說瞎話，
說的強，拉的好，強猶好也，拉猶好也。
拉上兩把大乾草，長的舖，短的烤，
烤够了，睡大覺，睡到一更讀如經一點半，
渾身凍的出虛汗；睡到二更二點半，
好似孫猴吃辣蒜；睡到三更三點半，
我合閻王見一面；西南過來一個黑大漢，
他言道：朋友，朋友快醒酒。
醒了酒，去拉船，南面拉到通州壩，
北面拉到黃河岸，拉了一年正一載，
銀子成了百，銅錢成了萬，我就捧着往家轉，
明光大道我不走，烟柳巷，穿一穿，
二八佳人門前站，他用金蓮鈎一鈎，

我的銀錢見一見。日平西，黑了天，
包着餃子做着麵，住了一年正一載，
銀子去了百，銅錢去了萬。
自小懶惰成了性，什麼事情不能幹，
虧的東屋鄰居來行好，隔牆摔過瓢一扇，
摔的緊，接的慢，瓢落地，七八瓣，
東屋借個針，西屋借個線，連連補補去要飯。
天上下雪地下寒，狗子咬，我就跑，
跑到了，摔碎瓢，撒了飯，狗子吃，貓子看，
地方老爺報了官。老爺問道什麼事？
吃喝嫖賭抽大烟。

載「歌謠周刊」一卷三十一號。

河北的「搖貨郎」，講述的是未婚夫死，那做未婚妻的女子，不顧父母兄嫂勸阻，硬要去婆家弔孝。她姑嫂間問答，她要穿戴些什麼？怎樣去法？如何行禮？哭弔些什麼話頭？重複疊唱，長短辭句參差，共有二百四十九句。茲摘其首尾部份：

搖貨郎，搖貨郎搖搖，大姐大姐把門瞧瞧。
大姐大姐你要啥？我要梳頭攏篦子。

要幾張？要三張，嫂嫂一張我一張，
掉下一張壓櫃箱。大姐大姐還要啥？
不要啦。娘啊，娘啊，誰家送的報喪帖？
不送紅帖送白帖。紅帖好剪花，
白帖要他幹什麼？她娘說：女孩家休打聽，
婆家知道了不成，吃你的飯，做你的活，
端起筐子上房坐。……
嫂啊，嫂啊，我去東莊哭啥哩？
嫂嫂說：進頭門，哼哼哼，進二門，放大聲，
進三門，我的天啊！紅緞子小鞋不得穿啊！
進四門，我的心啊。我給誰拱牀提尿盆啊。
和尚說：我吃過百家飯，念過百家經，
沒有像這個大姐哭的眞好聽。
你姑娘哭的就好聽，我駡你禿驢禿雜種。

載「歌謠周刊」一卷六十號。紅緞小鞋，婚禮所穿。拱牀提尿盆，婚後服伺丈夫兒女的生活。

鍾敬文「南洋的歌謠」，錄有幾首海外華工的血淚之歌：

娘娘抱兒哭哀哀，爸爸番邪唔猶不也回來，

三更掘，半夜抬，艱艱苦苦受磨抬。
一碗糠飯，幾葉鹹菜，吞到目汁滴滴來；
呣上半年久，餓死一個螳螂骸。
哀，哀，哀！鋤頭六斤重，掘下土去跳起來，
目汁流流，正知唐山好境界。

星仔光光，打開寮仔門，
風仔微微，擔上糞箕兒，
走到巴園去。
心肝卜卜跳，目汁金金吊，
又驚番仔，又怕虎叫。虎叫還好店藏匿也，
番仔一來，鐵棍兒，額頂照照，
呣合番仔意，生命無半厘。
卜，卜，卜，拖到化屍室去。

室內畜大蛇，將擊死之奴隸（華工）擲入，葬蛇腹，而腥紅骨頭，則置於曠野，堆積於山，名之曰白骨山。

腥紅骨頭，一枝一枝，
兒在番邦碎屍，母在唐山盼望兒。

見所撰「歌謠雜談」之二，載「歌謠周刊」一卷七十號。

十一　博　物

氣象占候

雲彩走朝東，有雨變成風，
雲彩走朝西，騎馬披簑衣，
雲彩走朝南，有雨下不長，
雲彩走朝北，有雨下不得。（雲南安寧）

春起東風雨漣漣，夏起東風乾井泉，
秋起東風禾苗死，冬起東風雪滿天。（湖北隨縣）

定旱澇，三月間：
初一初二下兩點，也吃饅頭也吃捲，
初三初四沒有乾地，初五初六吃麵吃肉，
初七初八捉魚拿蝦。（河北大城）

九九歌

因地區氣象及喻說事物之不同而異，每一州縣地方，幾都自有其九九歌，如齊集全國各地所流傳的，大同小異，至少可得到一千首之數。如：

一九二九，捧打不走，
三九四九，滴水不流，
五九四十五，窮漢街頭舞，
六九五十四，笆頭抽嫩枝，
七九六十三，破衣兩頭擔，
八九七十二，貓狗尋陰地，
九九八十一，飛耙一齊出。

民國、浙江「定海縣志、氣象」篇錄謠。

頭九暖，二九凍破臉，
三九四九，閉門操手，
五九半，氷消散，
六九七九，楊坡見綠，
九九八十一，窮漢順牆立，
冷起也不冷，單害肚子飢。（陝西武功）

一九二九，關門閉守，
三九四九，凍破茶口，

九九加一九，黃牛遍地走。（甘肅張掖）
七九八九，凈腿娃娃拍手，
五九六九，羊羔土肉，

地方風物

東門菜黃子，青菜蘿蔔連絲瓜。（江蘇無錫）
西門老頭子，挑擔柴來換芝麻，
北門小夥子，寶下米來吃魚蝦，
南門窰蠻子，弗挑甌來挑豆腐，

東北二關賽梁山，龐家河子似潼關，
揷翅難逃白兎鎭，雁過拔毛風化店。（河北滄縣）
民情強悍，地方不靖，近郊各地行旅，難得平安。

關東城，八大怪：窗戶紙，糊在外；
十七八的大閨女，叼着大烟袋；
公公穿着兒媳婦的鞋；
睡起覺來頭朝外；

草苫房；籬笆寨；烟囱按在牆兒外；
養活孩子吊起來。

地理歌

平則門拉硬弓，界邊隔壁意就是朝天宮。
朝天宮寫大字，界邊就是白塔寺。
白塔寺掛紅袍，界邊就是馬市橋。
馬市橋跳三跳，界邊就是帝王廟。
帝王廟採葫蘆，界邊就是四牌樓。
四牌樓東，四牌樓西，四牌樓底下賣估衣，
我問估衣怎麼賣？桃紅裙子二兩一。
老太太打個火，抽袋烟，界邊就是毛家灣。
毛家灣找老四，界邊就是護國寺。
護國寺賣叭狗，界邊就是新街口。
新街口道兒長，界邊就是蔣養房。
蔣養房按烟袋，界邊就是王奶奶。
王奶奶啃瓜皮，界邊就是火藥局。
火藥局丟花針，界邊就是北城根。

北城根賣破盆，界邊就是德勝門。
德勝門兩頭縮，當間有個王八窩，
晴天出來晒蓋子，陰天出來把脖縮。（北平）

雍城村，四面窪，不打魚來就摸蝦，
下大雨，就害怕。雍城村，四面低，
打了南堤打北堤，你說晦氣不晦氣？
雍城村，四面深，種了莊稼白費心，
這樣情，無人問。雍城村，甚風洒，
春天和暖種禾稼，秋天一澇全變傻。

民國、河北「高陽縣志」卷二錄謠。雍城村在縣城東北，隣安新縣境。此歌形容其久被水患之苦況。

南陽府，南陽縣，南關緊靠白沙灘，
斗姆閣，玄妙觀，東大寺，改書院，
離城八里諸葛庵，四十五里蔓菁山。（河南南陽）

十二　嘲謔諷刺

兒歌、情歌之屬於嘲謔諷刺者，即已不少，今特就生活歌與敍事歌之屬於此性質者，略加考察。

好些人士，於中國歌謠，爲另列三大類：

嘲歌

諷刺歌

滑稽歌

以其所存在的數量之多，質量之佳美，列爲大類，是很應當的。「詩、衛風、淇奥」：「善戲謔兮，不爲虐兮。」吳世昌「打趣的歌謠」說得好：

打趣，在人類的生活中，要佔很大的一個位置。不說在我們日常快樂平安的生活中，卽使在艱難悲苦的環境中，它也是生命力的維持者，卽所謂生趣。沒有它，生活會立刻失去平衡，輕則神經失常，或鬱抑而成心理的變態；重則自殺。在平靜快樂的生活中，生命力充實而閒暇，無須顧慮到生存問題，對於目前的事物，除了滿足以外，還要想法子美化它，以求感情上弛散——本來已經弛散的，或者故意使它緊張一下，再讓它弛散。在艱難悲苦的環境中，則以打趣來暫時忘却目前，重現生命中在某種態度下可能的歡樂。所以戰壕中的兵士，監獄裡的罪犯，也有時要打趣一下子。小孩子比大人更愛打趣——也許是更多時間打趣。詩人也比旁人更懂得打趣，這也是詩人比常人更有赤子之心的一個旁證。……中國人是一個很富有風趣的民族。我們只要看看「紅樓夢」這樣一部大悲劇，但是書中幾乎無時無地都不是沒有風趣，大觀園裡到處可以聽見互相打趣的笑聲。鄉下的牧童野老，也莫不自有各人的諧趣。日樂天，日曠達，日天眞，日傻不期期，却都只是一種風趣的不同的表現。

載「歌謠周刊」二卷四期。

立意本在斥責他，却出之以嘲謔打趣的詞句來諷刺，使對方不會有咄咄逼人之感，且因謔趣的可笑味，而主動的引起了反省。這也正是司馬遷在「史記、滑稽列傳」所指出的：「談言微中，亦可以解紛。」嬉笑嘲謔，點破點破，就很够了。

戲謔

說瞎話，拉瞎話，一拉拉到個屁瞎話，
屁家莊上屁大姐，正月十五走婆家。
到了婆家門，滿炕打撲拉，
婆母問：媳婦得了什麼病？
大姐說：活活叫屁撐死咱！
婆母說：媳婦有屁儘管放，咱家放屁是行家。
大姐一聽心歡喜，急忙就把屁架拉，
第一放了個嗤流屁，嗤的小孩滿地爬，
嗤的大姑娘眼裡生了蘿蔔花，眼上白斑病，患者失明。
第二放了個蛤蟆屁，打壞屋上兩隴瓦。
鄰家一聽心裡怕，只信疑信參半意誰家槍砲子彈火藥炸。
第三放了個鳥槍屁，打到長山長山八島四十里，餘外捎着青泥窪大連市舊稱。

日本領使心害怕，急忙電報國裡打，

國王一聽不得了，馬上派了百條兵船來拿她。

屁姐一聽心大惱，急忙又把屁架拉。

第四放了個落花開屁，打的海水翻浪花，

打的兵船稀流花拉，剩了沙。

日本國王心害怕，怎麼中國女子的屁功這麼大！

請，請，請，罷，罷，罷，快把大連讓給她。

張玉芝「山東省漁民歌謠集解」：「晚近華北環境特殊，洋人勢力達於海隅，深入漁村，雖愚夫愚婦之輩亦知其不可。他們對外的心理，你可以從謠中得知，這潛在的民族思想，實在值得培養。」

這首歌謠的結構、風格，都毫不平常。「屁架」、「領使」，是老百姓語詞。其想像誇張的情趣，如果劉復還在世上，給他看到了，一定又耍特加讚美一番。(見「序說」篇五，歌謠研究會) 更何況，此歌在思想上，反映日本軍閥侵略華北，咱們老百姓無可奈何的心意。當年他特務機關人員，遍布中國，情報鬪爭，無孔不入，想必不會有人知道這首「說瞎話」的歌謠罷。

幽默

青蘿蔔，賽鴨兒梨，

不聽話，片你的皮。(北平)

齊鐵恨釋：片字，動詞用作削切薄片的意思。

大雪紛紛下，柴米都漲價。
老鴉滿地飛，板凳當柴燒，
嚇得牀兒怕。（南京）

一氽氽到河中央，短晾竿撈撈撈弗着，
長晾竿撈撈撈弗着，
隔壁叔婆烟卜嘴一鈎就鈎着。
大鑊煮煮煮弗熟，小鑊煮煮煮弗熟，
隔壁叔婆燈盞丬一煮就煮熟。
大刀斬斬斬弗落，小刀斬斬斬弗落，
隔壁叔婆剃頭刀一斬就斬落。
大人吃吃吃弗落，小人吃吃吃弗落，
隔壁叔婆毛頭奶花一吃就吃落。（浙江寧波）

毛頭奶花，嬰兒也。

嘲笑

久旱逢甘雨——雪彈子，
他鄉遇故知——賬主子，

洞房花燭夜——隔壁子，
金榜題名時——二輩子。

篩，
天牌，
銅鑪蓋，
雨灑塵埃，
雪地走釘鞋，
石榴皮翻過來，
後花園裡蟲吃菜，
爛羊肚子平剖切開，
滿天星斗無雲來遮蓋，
兩腿爛泥瘡瘡好疤還在。

或作「篩，天牌，桃兒核，手爐子蓋，蟲嚙小白菜，石榴皮翻過來，（第七句待錄），紅銅漏勺方才鑽開，鑽花鋼扣須到京都賣，呀，散花娘娘你倒淨口袋。」俗謂人有痲子，乃散花娘娘所撒。

這本是文人所作的所謂寶塔詩，又稱「十字錦」，吸收了謠俗情味，但未免刻薄。有條陝西諺語，說來就極厚道了：「一顆痲子一顆金，娘爲痲子操了多少心。」

嚓場一刀頭落地，呀喲呀喲叫連聲。

伸起手來仔細摸，頭搭肩胛一樣平。

唉！叫我明朝那哼吃點心？（浙江）

嚓塌，形容殺頭刀聲。搭，與也，和也。明，讀如門。那哼，怎麼樣之意。

此歌嘲性緩，其意識豪蕩，語辭夸飾，確乎到了極致。吳世昌說：

這首歌謠除了形容性緩的人的狀態，想入非非，刻劃盡致外，還有一點可注意的，卽在音節本身有一種特別的力量，令人讀時的感情，也不知不覺的由急而緩。因爲「嚓塌」二字讀起來最急，而「刀」「頭落地」，也還很急。「呀喲」「呀喲」在口氣上似乎很急，在意義上已和緩了些。「叫連聲」則是作者用客觀的態度，描寫被嘲者的性緩。以下一步一步緩下去，直到最後。「點心」二字本應念得連在一起，比較的很快，但因爲緣着上文下來，使讀者自然而然不得不拖長了念。全首由急而緩，除意義本身而外，還能由音調操縱讀者的感情。

載「歌謠周刊」二卷十期。

滑稽

一個大姐矬又矬，她比鷄蛋高不多，
三寸布縫的布衫到脚脖；
婆家離去三里地，一下走了三月多。
婆婆看看瞪瞪眼，公公看看跺跺脚，
一脚把她踢到草屑窩，

婆婆忙把笤帚掃，公公忙把簸箕播，
找不着大姐怎麼着？（河南）

四牌樓東，四牌樓西，四牌樓底下掛着燒豬。
大爺說是狼，二爺說是虎，
三爺說是四眼犄角梅花鹿。
街南來了一個董二叔，
說：你們把子哥三別抬槓，
牠也不是狼，牠也不是虎，
牠也不是四眼犄角梅花鹿，
牠是多年的象囝，長沒長足。（北平）

把子，盟兄弟。

說胡謅，道胡謅，老兩口子打黑豆。
一場黑豆沒打了，家去生了個黑丫頭。
爹也愁，娘也愁，愁的黑閨女留下頭。
黑閨女要吃蚰蚰菜，劃起來的黑鑑子，
拿起來的黑鐮頭，走到村南黑地頭，

打那邊，來了一個黑小子。
黑小子牽一條大黑牛，
黑鞭桿，黑鬏頭，黑韁繩，黑籠頭。
黑小子着眼瞧，黑閨女着眼瞅。
黑小子說：我也不用瞧，你也不用瞅，
咱倆作個夫妻滿對頭。
黑小子寫了一個黑道日，一心要娶黑丫頭。
打那邊來了一頂黑老婆轎，跟着四個黑吹打，
還有八個黑抬頭，一到當院磕黑頭。
黑窗戶，黑門樓，黑屋子黑炕黑枕頭，
黑桌子，黑筷子，黑碗黑鍋頭。
娶了三年並二載，生了個小子，
黑不老溜丟，取了個名字烏丁墨，
大了叫他賣黑油。（河北定縣）

留下頭，長成人留長頭髮之意。蚰蚰菜，苦菜。把鑑子放在手腕上日晡。黑不老溜丟，形容黑。

看來，皆是取其滑稽可笑情味，以逗人開心。實則，都有它諷勸、同情、勉慰的意思在。下述顛倒歌，亦當作如是觀。

參閱「中國歌謠的風貌」篇、「論比興」「六、滑稽，七、顚倒。」

顚倒

好久沒唱顚倒歌，明日唱了顚倒歌。
田螺走遍三千里，黃牛飛過一條河。
楓樹枝頭一個泥巴眼，泥巴眼裡一個喜鵲窩。
對門山裡菜吃羊，屋裡媳婦打家娘，
睡到半夜賊咬狗，鷄公擔起狐狸子走。(湖南)

說白話，套白話，蘿蔔長的丈七八，
白菜長的碾盤大，犍牛生下奶牛娃，
蚊子踏得鍋板響，螞蝗腿上起連瘡，
紅血流了幾大缸，到底沒流到瘡科上。
東西巷子南北走，拾起磚頭去打狗。
只怕磚頭咬了手，我在門外聽見門裡人咬狗。(陝西洛川)

我有幾句話，說起來顚槌倒打，
上言不答下語，東葫蘆扯到西架，
有一天是星期八，閑來無事活忙殺。

朝北走，上南窪，剝麥子，拾棉花，
十三點鐘才回家。
脚走路，手發麻，塵土飛場泥滑滑，
陰天出太陽，晴天降雪花，
大風下，大雨刮。慢慢走，跑到家，
抱熟了飯煮娃娃，累的腦袋上長頭髮。
渴了吃乾飯，餓了就喝茶，撐的我活餓殺，
張着嘴哭媽媽，大放悲聲笑哈哈。（河北東光）

諷刺

大脚娘姨，滿身傻氣，潔白絹頭，掛在腰裡。
三十六隻輪船停在黃浦江裡，
問你少爺幾好家計？
還有三十六隻停在東海洋裡。
吹吹牛皮，賣賣名氣。

民國、江蘇「川沙縣志」卷十四錄謠。

巡警狗，警備隊，他們出的儘不對：

人家酒食供他醉，人家財產供他賄，
人家婦女供他睡，他的婦女供官睡。
強盜土匪他不管，只把有錢的百姓來問罪。（河南）

鞋也沒有臉兒啦，錢也沒有眼兒啦，
媳婦也沒有纂啦，烟袋也沒有桿啦。
全國分裂，到處糜爛，也沒有人管啦，
督軍抗命，巡閣耀兵，也不算反啦，
日本奪去我國四省，也不爲甚險啦。（河北定縣）

張益珊錄，載「歌謠周刊」三卷十三期。其史事，是從民國初年一直說到九一八事變。

第九章　儀　式　歌

一　概　說

婚喪大事，喜慶宴會，須有典有則，揖讓進退，彬彬如也，賓主尊卑之間，言行舉止，皆當講究禮數，但有失錯，小則遭人輕視，大則引起糾紛。臺灣交際用語不說「對不起」，而連稱「失禮、失禮」，就由於這種背景。

至於求神祈福，寄希望於冥冥之中——咱們暫且不必斥責這種行事爲迷信，宗教情操原本是人生很自然而然的心理狀態；要不，怎麼美國太空船環繞月球飛行，那三位太空人接受了全世界人們一九六八年耶誕的祝福，而具有極虔敬的心情，在太空裏吃着耶誕大餐呢？儘管世界上有好些人並非基督教徒，還有俄國當局人士處於敵對地位，當此時際，也莫不中心懇摯，致其祝福之意。次年七月二十日，人類首次登陸月球成功，全世界人們的精神感念，更是如此。尤其是一九七〇年四月，美國十三號太陽神三位太空人登陸月球失敗，幾歷生命危險而飛返地球，全世界人們，不管有無宗教信仰，都莫不爲之祈禱上蒼，感恩祝福不已。具有最高度科學知能的太空人，則心靈感應，虔誠之至。無怪乎在個人生辰，社會生活的節令，乃至一些日常行事：造屋上樑，破土，船下水，嘗新穀，品味初釀好的酒，屠牛宰雞，都有些祝禱儀式。今昔之別，只是從前須巫師主持儀式，現在則由那些有福祿的、有名位的人士來行此彩頭罷了。

無寧說，禮儀也是社羣生活一種共同美愛的情趣，所以大家樂意遵從。「說文」：「禮，履也，所以事神致福也。」徐灝箋：「禮之言履，謂履而行之也。禮之名起於事神，引申爲凡禮儀之稱。」「禮、坊記」：「禮者，因人之情而爲節文，以爲民坊者也。」又說：「君子苟無禮，雖美不食焉。」坊通防，爲民坊者，謂防人們之失禮。

在諸種禮節中，表示人們意願的一些謠歌，每每成爲禮節中的主要部份，那就是各種儀式的歌唱了。

古代祭祀，有「祝嘏」的禮儀。「禮、禮運」：「故玄酒在室，醴醆在戶，粢醍在堂，澄酒在下，陳其犧牲，備其鼎俎，列其琴瑟，管磬鐘鼓，修其祝嘏，以降上神與其先祖；以正君臣，以篤父子，以睦兄弟，以齊上下，夫婦有所，是謂承天之祜。」又一連着說：「祝嘏莫敢易其常古」，「祝嘏辭說，藏於宗祝巫史」。疏：「祝，祝爲主人饗神辭也；嘏，祝爲尸致福於主人之辭也。」也卽是一面祝禱於神，一面又領受神的福佑之意。傳襲古昔風習，今世乃有專門「說嘏辭」的人。江蘇如皋、魏建功「嘏辭」：

我們家鄉風俗，凡在每件喜事——嫁娶、建築和特別的時節，當然是新年，都有「說嘏辭」的習慣。說嘏辭的人，都是男女傭工、喜娘、「盤頭」、匠人，其意在說幾句吉祥話，討主人歡喜，得幾個賞錢。人們有時單獨的也說，那是不過爲自己的吉祥。嘏辭的語句，自然是叶韻的，隨口說出，滔滔不絕，收集非常之難。我們那裏的喜娘，師弟相傳，往往以會說嘏辭出名，而營業發達。有人結婚時，賀客最愛要求喜娘說嘏辭，取爲快樂。築屋、上樑的時辰，由地理先生看定，匠人在屋架上要說嘏辭。房屋竣工，屋脊中間還空着，舉行「閉龍口」的典禮，匠人也要說嘏辭。過年，主人敬神，傭工供祭牲，也有說嘏辭的。嘏辭是祭祀時的專名。假託受祭的神靈，教訓祭者的錫福之語。這種儀注，我們那裏還有，在行過「侑食禮」後行之，就叫讀嘏辭，大都是喪事祭奠用之。行祭時，禮生有一人，到靈前行一禮，轉身到香案前面，向外立着，兩手拱舉於眉上，嘴裏念幾句四言韻語，祭者則跪而對之，好像受教的樣子。

載「歌謠周刊」一卷七十二號。

說嘏辭，無非吉祥致福，北平所以叫「喜歌兒」。這喜歡之喜，非僅指的花燭之喜，乃是指一切婚喪喜慶的禮儀，亦即俗說的「紅白喜事」之喜，還加上其他好多可喜賀的事項，上舉魏建功的敍述，說得很清楚。

吳瀛濤「臺灣民俗」，則稱這種謠俗爲「念喜句」或「念吉句」。如嬰兒滿月，有「喊鵰鴞(鳶)」之習，於剃髮後，由母或祖母抱兒至門外，或由其兄姊背之繞行家屋一周，拿趕鷄用的竹竿，敲地呼喊，所喊喜句爲：

鵰鴞飛上山，囝仔快做官，
鵰鴞飛高高，囝仔快中狀元，
鵰鴞飛低低，囝仔快做老爸。

結婚，新人入洞房，有「食酒婚桌」之儀，此卽古合巹之禮。新人對座，由父母雙全、年長、兒女多的「好命人」，念喜句而動用筷子，將十二碗菜（六碗爲素食），一一夾至新郎新婦口邊，作使之食狀。

其喜句：

食鷄，才會起家。

食魷魚，生子好育飼。

食鹿，全壽福祿。

食猪肚，子孫大地步。

食肉圓，萬事圓。

食魚頷腮下，快做老爸。

食魚尾叉，快做乾家。

食福圓，生子生孫中狀元。

食紅棗，年年好。

食冬瓜，大發花。

食芋，新郎好頭路，新婦快大肚。

魚腮下的鰭，狀如鬚，新郎食腮下肉，取意年老蓄鬚做父做公。魚尾交叉，狀如扇，新婦食之，取兆將來子女多。乾紅棗，爲喜果，且象徵甜美。冬瓜狀長而大，喻長壽。快大肚，快懷孕。

喪禮，封棺時，道士念吉句：

一點東方甲乙木，子孫代代居福祿。

二點南方丙丁火，子孫代代發傢伙。

三點西方庚辛金，子孫代代發萬金。

四點北方壬癸水，子孫代代大富貴。

五點中央戊巳土，子孫壽元如彭祖。

大年下，自正月初三，至二月二「龍抬頭」之日止，舞龍的隊伍，挨村挨戶拜禮。龍到之家，主人燃鞭砲相迎，舞龍者就唱：

金龍進門來，主人大發財。

扮龍頭的應聲：

錢糧加萬擔，黃金萬萬兩。

或唱：

金龍躍進門，慶賀年太平。

則應和：

五穀大豐收，人口長千個。

等等吉句。

民國五十九年元月，臺北古亭書屋版，一一四、一三四、一五二、一三三一頁。

這「喜句」、「吉句」，也正是我們湖北的「說彩情話」。記得先母當三十二三歲時，公認為有「全福」（父母在堂，夫妻和美，兒子多，生活富泰，而且秉性賢德）的人，親戚家娶媳婦，很有好幾次，被請去「牽親」，穿紅緞金繡衣裙，為以下執事：花轎到男家禮堂，先以鏡子閃照其上下四周，謂辟去邪煞；開轎門；牽引新娘下轎；拜天地後，攙扶新娘入洞房坐牀；撒帳……這每一節儀式，都要「說彩情話」，以顯示其精神、意義之所在。彩情話的句子，若組合為四句或八句，曼聲吟唱，就變成喜歌了。「彩情話」也謂之「彩頭話」，如後述湖北習俗，出殯日三更時分「吃衣飯」，所唱說的歌辭。

於此，可以說，廣義的喜歌，也就是儀式歌。

二　喜　歌

本節所討論的，是狹義的喜歌。

宋、吳自牧「夢粱錄」卷二十「嫁娶」條，記南宋臨安喜禮行事，凡迎親，催妝，催新人出閣登車，催車起步，男家攔門求利市，撒穀豆，坐虛帳，坐牀……等等節目，須是一段段的通過，每一階段皆有禮官司儀，樂官作樂，妓女及茶酒等人，互念詩詞，爭求利市紅錢。也就是我們現在所說的「紅包」。在謠俗看法，紅包帶有「發財發福」之義，而也是極光彩、極歡樂的行事。若過節時，大人打發小孩以紅包。這與官吏貪汚，人家送紅包賄賂，可是大異其趣了。這些詩詞，即是後世的喜歌。若依鄭西諦看法，則詩三百的首篇，也算是喜歌。參見「歌謠生活」篇第一節。

儀式歌中，以喜歌為最多。在北平、蘇州以及其他地方，專唱喜歌兒討生活的人，都保有一定的本子，唱出來的詞句，似詩非詩，似謠非謠，格調雅俗不分。有時候，故意掉幾句書袋，逗人嬉笑。如：

新人下轎

新人下轎來，鼓樂兩邊排。
親友來賀彩，新人把頭抬。
龍門開，請出貴人來。
喜氣和諧，仙姬來送子，天賜貴人來。
紅氈鋪滿地，蓮步到金階。
傳一代，一世如意，齊聲賀彩。
傳二代，男效良才，夫婦和諧。
傳三代，三元及第，齊登金階。
傳四代，四季平安，四季花齊開。
傳五代，五鳳樓文章滿懷。
傳六代，六龍捧日，齊放光彩。
傳七代，七夕織女，來會郎才。
傳八代，八仙慶壽，齊獻寶來。
傳九代，九世同居，九老齊來。
傳十代，又添人口又添財。
十代傳百代，福祿壽喜財，

百代傳千代，千代傳萬代，
子子孫孫掛玉帶——生貴子，作總裁，
勳位極品，位列三臺。

總裁爲舊日官職名。「稱謂錄」：「此二字始見宋史，張昱詩：丞相銜兼領總裁，此總裁乃今國史實錄館之監修官也。明世直省主考通謂之總裁，今惟會試主司稱總裁。」清代武英殿、國史館、會典館、賢政院均置總裁及副總裁。

把人生一切美好願望，家世代代相傳，都加以祝賀頌美。辭句格調，活潑變化。年中的謠俗行事，更是隨口唱來。

送房——請新郎

行步緩緩進客堂，「鞠躬如也」請新郎。
「有朋自遠來」相會，「不亦樂乎」賀新郎。
「人不知」，我不講，「而不慍」，又何妨？
「巧言令色」我不會，「三省吾身」想一想。
「雖曰未學」知幾句，「譬如北辰」說吉祥。
請新郎，到華堂，牛郎織女正相當。
「宜其家人」成配偶，「永諧琴瑟」天地長，
「在河之洲」喜洋洋，「窈窕淑女」君子喜，
「君子好逑」到華堂。

撒帳歌

一撒瓜瓞綿綿，二撒福壽雙全，
三撒三元及第，四撒事事如意，
五撒五子登科，六撒鹿鶴同春，
七撒七子團圓，八撒八仙慶壽，
九撒九世同居，十撒富貴到白頭。（湖北武昌）

行婚禮時，於牀上撒花生瓜子，所唱的祝辭，武昌謂之「說彩情」。

宗丕風、羅昱合記的「塞北的新婚令」，有「說喜令」，乃新夫婦倆鬭趣：

（夫）石子兒院，
（婦）倒栽柳，
（夫）我問我妻多會有？
（婦）再隔二年半：大的跑，二的站，懷裏抱的個三狗捻，肚裏懷的個四小辮，心裏打的個五盤算。
（夫）養下娃娃交誰看？
（婦）交他姥姥看，金娃娃，銀娃娃，瓜客客長命鎖兒，疙瘩瘩。

瓜客客，即瓜皮帽。疙瘩瘩，帽上寶石類飾品。

（夫）今天天氣眞寒冷，
（婦）打破窗戶紙兒吹的冷，
（夫）咱們倆口兒遮上個衫衫，抱上個緊
（婦）緊不怕緊，你不要發那個癮。

新媳婦害羞，不可能唱此歌，應係賀喜賓客或者「唱喜歌兒的」自擬爲新郎，唱來取謔笑樂的。「抱上個緊」，妙句。

（夫）一步一竹竿，二步二竹竿，三步走到炕沿邊，
（婦）請丈夫，咬脚尖，嘗嘗甜不甜？
（夫）氷糖，洋糖，燻棗兒甜。

新郎邊唱邊走到炕沿邊，吻新婦的脚。

最特別的風俗，這塞北的新婚令，一對新人互試口才，竟有說拗口令來爭強取勝的。

（夫）院裏一排缸，
（婦）夫妻二人開染房，
（夫）不染紅綢綠綢子，
（婦）單染的是疙瘩毛綢大毛綢頭子。

(夫)東房簷下拴着一匹棗紅的花騾馬，
(婦)西房簷上放着琉璃珞玻兒玉瓦。
(夫)不知是琉璃珞玻兒玉瓦，跌下來打了棗紅的花騾馬的左胯？
(婦)也不知是棗紅的花騾馬，抬起蹄子來蹬亂了琉璃珞玻兒玉瓦？

(婦)丈夫挑水我做飯，
(夫)我問新人做什麼飯？
(婦)稀餾疙瘩疙瘩稀餾混子飯，
(夫)我就不吃那稀餾疙瘩疙瘩稀餾混子飯，
(婦)你要給我吃那稀餾疙瘩疙瘩稀餾混子飯，我就打你兩扁擔。

載「歌謠周刊」三卷七期。

鬧房是全國性的習俗。在臺灣，有其一定順序：來賓入新房，食甜茶，新娘收茶杯時贈以紅包，食香煙，食冬瓜，食檳榔，食冰糖，鬧新娘，分手巾，退出新房。這每個節目，都要唱四句。若：

新娘捧茶手春春，好時吉日來合婚，
入門代代多富貴，後日百子共千孫。

手提氷糖講四句，新娘好命蔭丈夫，

奉敬家官有可取，田園建置千萬區。

據王登山「臺灣南部的民謠、童謠及四句」，載民國四十八年三月「南瀛文獻」第五卷合刊。

喜歌中呈特異色彩的，乃是「哭嫁」歌。蔣寧「川中嫁俗」，記四川岳池糧戶人家嫁女，姑娘出閣前一月，或半月，或近至七天時，卽開始哭嫁。從此，不再出房門，茶飯都由人送去。所哭訴的題目，是家中尊長，兄弟姊妹；有時客人來，則哭客人。有時也哭自編的歌詞。哭嫁期的長短，以門第高低與嫁娘（姑娘出閣，未上花轎前稱嫁娘，上轎後方稱新娘。）資質才華而定。高門第的，母親對女兒，諸如紡織、刺繡、做鞋、唱歌、哭嫁以及下厨等家事，自幼卽加以教導，必至精通，哭嫁的日子也就長些，且極排場了。哭嫁時的裝扮，用塊黑綢方巾對摺起來，把頭臉包住，兩端在下顎打一個結。哭的時候用兩手握住額前巾角，一面哭一面低頭彎腰，像公鷄啼時的頭部神態。哭的方式，是以「號」代訴，如惜別父母哭詞：

堂前吶，父母哇，我爹呀，娘呀，
一生吶，辛勞哇，爲兒吶女哇！
今日呀，兒女呀，遠離呀了哇，
早晚寒暖呀，多留意呀，
風霜呀，雨露哇，宜添吶衣呀。

嫁娘出閣的前一天，還有「迎燈」的節目。是當這天晚上，在請來「坐歌堂」的姑娘中，挑選八個年齡身材都相仿，品貌出衆，而服飾也較爲華麗的。四人各執貼花高燃的大紅燭，一對在前，一對在後；另四人則扶持着嫁娘左右臂。其餘姑娘們，就一齊簇擁着走向歌堂。由嫁娘房至歌堂，平時不過一分鐘或半分鐘的行步距離，此時却要走上半小時或超過一小時，因爲她們向前走三步，又退後兩步，再停留幾分鐘。嫁娘邊走邊哭，見到什麼哭什麼。如走過地壩時唱：

月亮呀，出來呀，亮光呀，光呀，
照到哇，嫂嫂呀，洗衣呀裳呀，
一洗呀洗到哇，三更吶後哇。

跨進歌堂門哭唱：

來在呀，堂前呀，心不哇，安呀，
有勞哇，兄嫂哇，爲我忙哇，
更勞哇，姊妹呀，千里呀來呀，
請受哇，小妹呀，一拜呀，禮呀！

嫁娘道過萬福，卽入主位，八位迎燈姑娘分坐左右，其餘的也依次坐下。已婚婦女與男人只有站立，擠在後排；有的大男人不好意思去擠，就只得在門外聽聽看看罷了。鄉諺：「男兒家的課堂，女兒家的歌堂。」姑娘們的神氣，就在這裏。

接着就是「坐歌堂」了。被邀請來的，都是親族戚友鄰居的大閨女，人人花枝招展，羣芳鬪艷。當迎燈完畢，嫁娘入坐，品茶潤喉，稍息片刻，卽起立哭唱「送茶歌」。接着姑娘們輪流接唱，唱的多是民間歌謠，以及「回歌罵媒」之類。每人輪到唱兩三隻歌，就天亮了，由嫁娘哭唱「謝歌堂」才結束。

載民國五十六年二月二十日「臺灣新生報副刊」。此文又被收入婁子匡「婚俗志」，民國五十七年四月，商務印書館版。

婚前「哭嫁」，是相當普遍性的風俗。清、嘉慶湖南「寧遠縣志」卷二：

寧俗，於嫁女前一夕，具酒饌，集婦女歌唱。歌闋，母女及諸姑伯姊，環嚮而哭，循疊相繼，達曙乃止。此風不知始於何時，而道、寧、永、江、新五州縣，如出一轍。

苗傜好歌，於是更承襲了漢人哭嫁的風俗。毛筠如、李元福「西南邊疆的民間文學」，記大涼山倮族的哭嫁歌，乃至把他們奴隸社會制度和買賣婚姻的苦痛，也都唱訴出來。

我是我媽媽一個女，媽媽的女兒眞可憐。
現在要嫁人，怎麼捨得媽？
等到天明亮，阿爹送我行，
阿爹送我能回轉，我便一去轉不來。
我不願，我膽寒，等到天明亮，哥哥送我行，
哥哥送我能回轉，我便一去轉不來。
我膽怕，我心酸，
父親伯叔聽我講，媽媽嫂嫂聽我言。
父母困窮把我賣，不能養我特送人，
我不願，也不能，

將我的骨頭賣銀兩，把我的肉換猪嘗，
再把我的血液換酒飲，我雖不願也不行。
父親伯叔聽我講，媽媽嫂嫂聽我言，
我的一身四體都被你們賣，明天去了不轉來。
你們如果有情義，大家來與我話別離，
今晚還是你家子，明天便是別家人。
父母親族大家送我去，望你們大吃大飽大醉而歸：
我一個孤孤單單不能回，
好像天上烏雲送雨去，雨落下了烏雲回。
我就如蘿蔔菜的葉，被你們一層一層剝來吃。
從前我與我哥哥同命運，而今他好我不值，
因為我穿的是裙子，他穿的是褲。
如果我像我哥哥是男子，不但不出嫁而且很威武，
只恨我生來是女兒，心中憂恨也沒奈何。

載民國三十二年十月「東方雜誌」三十九卷十五號。

民國、廣西「貴縣志」卷一：

女嫁前三日，必哭詈媒妁，謂嫁期為死期，以為愈哭詈，則愈鼎盛。哭嫁時，並以詞告別祖宗

父母兄弟姊妹，而諸女伴亦以詞和答之。

也有的地方，嫁女時的歌謠生活，但只唱歌抒感、祝福，而不「哭嫁」。光緒、廣西「遷江縣志」卷三：

婚嫁，女家於前三日，請親友婦女，終夜唱歌，謂之離別歌，言其別父母兄弟之情也。又謂之迭老歌，言其姑表姊妹，迭之偕老也。

三　喪　歌

後唐、馬縞「中華古今注」卷下：

薤露、蒿里歌，並喪歌也。出田橫門人。橫自殺，門人傷之，爲悲歌。言人命如薤上之露，易晞滅也；亦謂人死，魂精歸于蒿里，故有二章。其一章曰：

薤上朝露何易晞？
露晞明朝更復落，人死一去何時歸？

其二章曰：

蒿里誰家地？聚歛精魄無賢愚，
鬼伯一何相催促？人命不得少踟躕。

至孝武帝時，李延年乃分二章爲二曲，薤露迭公卿貴人，蒿里歌迭士夫庶人，使挽柩者歌之。世亦呼挽歌。

馬縞這部書，內容大都承襲晉、崔豹「古今注」，而有所增益。崔氏書，也有敍述此一典故。薤露三句成章，蒿里五言起句，繼以七言三句的感歎，人生朝露，賢愚皆亡，其哀傷深沉，太是激盪心神。

「後漢書、周舉傳」：

舉，出爲蜀郡太守，坐事免。大將軍梁商，表爲從事中郎，甚敬重焉。（永和）六年三月，上巳日，商大會賓客，讌于洛水。舉，時稱疾不往。商與親暱酣飲極歡，及酒闌倡罷，繼以薤露之歌，坐中聞者，皆爲掩涕。太僕張种，時亦在焉，會還，以事告舉。舉歎曰：此所謂哀樂失時，非其所也，殃將及乎？商，至秋果薨。

薤露、蒿里，其爲秦漢以前的古代喪歌，這是好些典籍都有論證到的。於此，單舉戰國時代的「宋玉對楚王問」：

客有歌於郢中者。其始曰下里巴人，國中屬而和者數千人；其爲陽阿薤露，國中屬而和者數百人；其爲陽春白雪，國中屬而和者不過數十人；引商刻羽，雜以流徵，國中屬而和者不過數人而已，是其曲彌高，其和彌寡。

就宋玉看法，陽阿、薤露，是當時社會上普遍流傳的歌曲，而品級不太低下。至唱挽歌的情態，晉、干寶「搜神記」，略有所陳：

挽歌者，喪家之樂，執紼者相和之聲也。

挽，或作輓。「晉書、禮志」中：

漢魏故事：大喪及大臣之喪，執紼者輓歌。新禮以爲輓歌出於漢武帝，役人之勞，歌聲哀切，遂以爲送終之禮。

到了近代，凡辦喪事，每有職業性唱挽歌的人，前來服務。邢慶蘭「挽歌的故事」：

「水滸傳」第二十三回「王婆貪賄說風情，鄆哥不忿鬧茶肆」中間，王婆道：「眼望旌節至，專等好消息。不要叫老身棺材出了，討挽歌郎錢。」所謂「棺材出了，討挽歌郎錢。」是當時一句流行諺語。元、明的時候，有一種風俗，凡有喪事的人家，在出殯之前，就到「槓行」（當時稱做「凶肆」）裏去租借喪車、靈轝、繐帷，以及其他各種威儀之具，和職掌這些威儀之具的人。這些人中間，有一等人專唱一種悲哀的歌曲來送喪，當時稱爲「挽歌郎」，或叫「挽郎」；他們所唱的歌就叫挽歌，也稱喪歌。

載民國三十六年十一月，「國文月刊」六十一期。

古今的喪歌，多是感歎人生如夢，以安慰亡靈。容肇祖「廣州巫歌——酒白」：

廣州稱巫爲南巫。招祀鬼神未有用女者。南與男音同，或當作男巫，意甚明顯。巫每自稱爲龍虎山正一派，或是後來依附的。廣州俗信鬼神，人初死時，召男巫使開路，次爲死者設位安靈，亦用男巫。死後七日一祭，祭必用巫請死者靈魂歸享。七七四十九日而卒哭。凡七次，皆招巫。又死後百日、周歲、三年，及死者冥壽忌辰，皆用巫。巫於七日招請靈魂的時候，用鈴或鐃鈸以助節奏，其歌詞名爲酒白，卽勸酒之詞，用以慰靈魂者。

這些酒白，文字相當秀麗，是歌謠、詩詞、俗曲的糅合。如：

人死如燈滅，猶如湯潑雪，

若要還轉陽，水底撈明月，
渺渺黃泉路，冥冥地苦關，
只見人多去，那見一人還。
光陰一夢中，榮華總是空，
浮生能有幾？貧富一般同。
人生大幻古今同，誰肯將身入夢中？
百歲光陰彈指去，一場世事轉頭空。
人生百歲夢中遊，世事如同水上鷗，
正得春光今轉夏，又還冬景換殘秋。
人生大幻古今同，暫寄南柯一夢中，
適去適來皆是幻，方生方死總成空。

靈前燭燄燄，不見亡靈面，
空燒一炷香，哭得肝腸斷。
逝水東流去，南柯一夢中，
白雲風颯颯，何處是家鄉？
往事多如去，流年只斷魂，
青山與綠水，相對寂無言。

自古人無千歲壽，花無百日色鮮紅，
樽前有酒須當醉，一滴何曾到九泉。
人生百歲，恍如草上之霜，
萬寶一身，恰似風前之燭。
逝水一去，永無再返之期，
人若命終，豈有重歸之日？
日落西山，尙有回光之照，
人歸黃土，難逢見面之期。

收入「迷信與傳說」，民國十八年八月，中山大學語言歷史學研究所民俗學會版。

蘇州有一首「男孤孀」，男子哭亡妻，詞句也是有點文謅謅，跟山歌之卽興不同。

恩愛夫妻不久長，狂風吹散錦鴛鴦。
出門家內無人管，傷哉門上鎖三鎖。
到晚來抱子歸家轉，冷冷淸淸到內堂，
但只見時新三果高高架，幾幅空懸靑孝堂。
豎尊宋字孺人位，玉女金童立兩旁。
可驚畫師眞妙手，遺容一幅影妻房，
畫出妻房一種病面龐。

一幅銘旌懸左首，枱下花鞋留一雙。
曾記賢妻言一句，說道看龍舟，穿了過端陽，
又誰知未到端陽就病亡，如今在黃泉路上步徬徨。
再思想，更慘傷，一場乏興到厨房，
但見竈頭上面灰塵積，冷清清供一尊竈君王，
傍邊還有水半缸。
傷心萬種歸房內，靑銅寶鏡也無光。
桌上亂堆針線筐，衣架上堆滿了舊衣裳。
一雙小孩兒虎頭鞋還未曾鑲。
欲娶續弦扶幼子，又恐晚母狠心腸，
凌辱孩兒心痛傷。更有一樁奇怪事，
半夜三更哭要娘。傷心一夜難成寐，
三更夢裏念妻房，此間最苦斷弦郎。

三果高高架，靈前所供的三種水果，有架子托之。宋字，扁體字也。孺人，應是七品職婦的稱銜，但無官職的男子之妻，亦用之。蘇州風格，靈座下，放有死人所穿的鞋。載「歌謠周刊」一卷七十五號。

民間迷信傳說，人死亡後，第三天五更，鷄不叫，狗不咬，亡魂在陰曹地府，必登上望鄉臺，最後一次的看望故鄉和家中兒女，做兒女的，當此時辰，定要痛哭一場，盡哀傷之情。

坑岸溪溪一顆海，青枝綠葉發出來，
媽媽上上望鄉臺，看看兒女怎安排？
大兒哭的哀哀痛，二兒哭的痛哀哀，
閨女哭的靈前起不來；
媳婦哭的啥？哭的是；
再有二年俺自在，再有三年膺奶奶。（河南）

海，謂海棠花。膺奶奶，由媳婦升爲婆婆。

婦女弔唁，與主家共同哭喪，歌述死者行狀，以示哀戚。民國、廣西「貴縣志」卷一：

親友家婦女弔喪，衣服樸素，並去簪珥。至喪次，歷溯生平，隨口綴成韻語而哭之。主家婦女亦號泣於旁，謂之陪哭。

還有安慰亡靈的「唱夜歌」。乾隆、湖南「清泉縣志」卷二：

發喪前夕，令一人撾鼓而歌，其詞大率爲哀慰幽靈之語，侵曉乃罷，謂之唱夜歌。

湖北習俗，長輩家主死亡，出殯那天的三更時分，全家大小，行禮後，齊集靈前，「吃衣飯」。飯以綠豆、糯米、粳米合煮，大海碗或大燉鉢雜燴菜佐餐，取的承接前人衣祿之意。菜品中的魚，象徵富貴有餘；白菜，百事如意；肉，福祿；豆腐，淸吉；肉丸子，丸音諧圓子，一家團圓，三元及第，事事圓滿；粉條，綿延久長；海參，鴻運高陞。廚司端出「衣飯」，揭開飯甑，熱騰騰的添飯，高聲唱說彩頭話，他每念一句，大家隨卽齊聲應有。

開倉，開倉，大發大旺——有。

富貴有餘——有。　百事如意——有。

福祿雙全——有。　淸吉平安——有。

三元及第——有。　瓜瓞綿綿——有。

兒時，伯曾祖母故去；少年時，外祖母逝世，出殯那天，都會有此行事。皆是「吃衣飯」已畢，天還未亮，又要孝子磕頭，行禮上香，闔宅女眷哭號舉哀，方見對亡靈之盡禮。喪宅而無哀聲，必遭社會非議，那定是這戶人家上無恩慈，下不孝道了，或因後人中無親骨肉，以致哭不起來。愛講人情的，特把「衣飯」做得很多，晨間出殯之後，卽盛以小罎，分贈至親好友，以示同享亡人福澤之意。

苗傜的喪弔，也和婚俗一樣，唱歌是其禮儀上的主要行事。陳國鈞「貴州安順苗夷喪祭習俗」，述花苗出殯前一日開弔，謂之「開堂」，夜間請鬼師「開路」。弔客都靜靜聽受，惟嗩吶聲終夜不斷。開路，係指亡靈赴陰間所經的路途。行此儀式時，備大鼓一，六笙一，一人吹笙，一人以短棍按六笙的節奏來擊鼓。棺前設一小桌，上置香燭，並以猪肉、酒、茶祭死者。祭桌上伏一雄鷄，鬼師正坐於桌前，手弄竹卦，唸唸有詞。所唸者爲「開路全文」，此文無抄本，惟鬼師能熟記，皆由師口傳，代代相因，成爲苗民社會的重要經典。開路全文分三段：第一段，述創造天地的始祖；第二段，述天地間的爭執；第三段，叮囑死者如何前往陰間投生。

鬼師唸完開路全文，卽將桌下雄鷄用手揑死，放置棺傍，次日上山安葬時，此鷄亦須埋入墓穴。開路後，復宰小猪一隻，祭饗亡靈。祭畢，已是半夜，以大鐵鍋煮猪肉、青菜，供衆客食，名曰「消夜」。

青苗的喪祭習俗，大致和花苗相同，惟鬼師行開路禮時，所唸唱的歌不稱「開路全文」，而名「盤古文」，以示其古。也分三段，頭兩段，鬼師用漢語唱誦，第三段則用苗語。茲錄其全歌，頭段：

洪武開黔，剿北征南。先有老君，後有土地。
土地老爺開天之際，安天下，治人民，
伏羲姊妹治下人。
天大玉皇，地大人皇，陰大閻王，
亡人歸終，送在老皇山，提在閻皇殿領人生，
領兒領女領個四周全，領錢領米領個大富貴，
領兒領女領個七男八女，領錢領米領個吃不了用不盡。

第二段：

你領得男身有一百二十歲老壽元，
領得女身有一百十歲。
領得男身，這世請到寨門土地送子娘娘，
送你套龍袍馬褂拖鞋紗襪，
送你穿衣戴頂，做狀元，做官做府；
那家領得女身，這世請到寨門土地送子娘娘，

你吃不了，穿不愁。

第三段，述事很長：

是那一個同你治天？那一個同你治地？

治天天亮，治地地乾淨。

是那個把你掃天？

女媧娘娘幫你掃天，女媧娘娘幫你治雲。

是那一個撒樹秧？龍王秀才撒樹秧。

孟獲家住天星，管天下。

是那個幫你治日月？孟獲幫你治日月。

白天做天亮，夜間做天黑。

是那個幫你治月數？孟獲幫你治月數。

十二個月做一年，一年三百六十天。

是那個在天上管天下？孟獲家住天上管天下；

孟獲爭得管天下，客家住不得，

客家要來同孟獲家講話，先下狀書。

孟獲家有七兄弟，七個女人還是不怕。

那家有龍舟？

孟獲家有龍舟，七弟兄堵七道水。
那家有毒藥？孟獲家有毒藥。
山全在大江大海，客家大人淹起脚爛脚，
小人淹起腰爛腰，
孟獲家的龍舟，凶的是毒藥。
客家收拾人馬回。(凡按，此處似有掉句。)
那家計策好。客家能賣針線，賣綢緞，
孟獲不在家，姑娘拿龍舟與客家，
假的掉回去，客家又調人馬來與孟獲家打。
孟獲寃姑娘，兵敗而逃，逃至客家地，
將馬捆在春，馬餓馬冲春，
將羊捆在鼓，羊餓羊打鼓。
孟獲哄客家，做七天七夜齋事不得空，
孟獲就不分日夜，逃七天七夜，
逃到那裏？逃到揚州兩縣。
是那個幫你撒樹秧？是龍王秀才幫你撒樹秧。
是那個要你的氣力？是孟獲匠人要氣力。

匠人問孟獲氣力做那樣？折樹來建房子。
孟獲能住，死人亦能住。
一年到頭要過年，要宰猪過年。
姑娘又有新衣裳，穿好找不到那處玩。
問爹問媽我們有吃有穿，找不到去處跳花。
孟獲說：過了這三天，我才去立個花廠，
送你跳花。
這個信給百姓聽到，正月初三就來跳花，
跳這三天歸一，各人轉各人地方回家來吃晌午。
老子吃的是銀子，你媽吃的是金水。
你是個男身，是九個月生，
得個女身，是八個月生。
你媽生你三個月，你望燈光媽歡喜，
你媽抱不够，你爹望你望不够，
你媽怕不得乳送你吃長大，
你爹怕不得飯送你吃一輩子。

凡按，這一段述事似感文句不全，或有漏記。其實，乃歌中精粹部份，此等句子，一如老奶奶們之絮語，憶念亡者生平，不免說這說那，致表面上現得無頭緒也。

兒子長大至十二，長成個大人。
現在望子養身一輩子。
這時長成二十歲，要替他討親事，
二十五歲就見孫，得三十要開親，
得六十爲寨中講話做事。
得七十講話講得明，斷事斷得淸……
是那個幫你做鷄蛋？鷄吃石頭變鷄蛋，
鷄吃白米做鷄兒，一天下一個，
二天下二個，三天下三個，三四下十二個，
七天替你生毛，三天二十一有鷄兒，
三個做怪蛋，還有十個：
一個老鷹拖，一個鴿子拖，一個野貓拖；
還存有七個，一個帶去送親家，
一個帶去送姨媽姊妹，又去三個；
還有四個，一個送弟兄，一個送寨門本家，

一個迗地方上，還存一個，同死人開路。
鷄在陰間有房子大，
太陽來了，躲在鷄翅膀，下雨躲身上，
大的人看不見，小的人不曉得。
閻王大路在中間，鷄在前，你在後，
鷄上香臺，你上香臺，
人家叫你不要受香，受香投不到生，
鷄下香臺，你下香臺。
閻王大路在中間，鷄在前，你跟我，
你趕鷄上米花橋，你趕鷄上花廠，
不叫你到花廠，鷄下花廠跟到碰下花廠。
閻王大路在中間，鷄在前，你在後，
去在大壩螞蟻有狗大，嚇你不要怕。
閻王大路在中間，鷄在前，你跟鷄走，
去到大箐嶺，有老鴉你不要怕。
閻王大路寬又寬，鷄在前，你跟鷄走，
走至天氷地冷，下雪下霜，白滲滲冷天，

你有鞋襪不會冷。
走到酆都城，遇着閻王老爺，
你陽間吃白米飯好碗，是那個指你到這地？
他說在陽間天荒地亂找不到吃，
要走陰間來吃破碗，養口養生。
閻王又問，是那個指你到這地方來？
他說有個老者到那地去，他已去了望不到，
請閻王開門，讓我進陰間。
去到十二殿，碰到頭十輩老祖公，
是老祖公住處，也是你的住處。
去到一年十二月，閻王大路在中間，
鷄在前，隨着鷄走，這會你去過，
大蟒路上來去不要怕，是從前的老祖公。
閻王大路在中間，鷄在前，你隨後，
這回你要吃迷魂水，
不要拿嘴吃，不要手來捧，
嘴吃變牛，手捧變馬，

你要彎腰沾水吃，你才變到人身。
鷄上黃牛頭，你上黃牛頭，
黃牛張嘴向高岩，你不要怕。
鷄下黃牛頭，你下黃牛頭，
年到十二頭開春，青蛙叫不要怕。
生來沒耙墓，死來沒耙埋。
這回走七月，鬼兵大夥跟到大夥走，
你要記得：得吃得吃，你要得用得用
老師各樣教歸一，忘記陽間種種事，
弟兄親戚都不知，夢也遇不到，
望也望不見，投胎陽間管天下。

鬼師唸完「盤古文」後，也將雄鷄捏死，以送亡靈。此時六笙、嗩吶，樂聲大作，衆客仍排坐堂中，不得就寢，乃請善歌者唱「孝歌」。歌詞大都敍述孤獨凄凉的情況，聲調悲慘，唱時常有引起自身哀痛，而流淚低泣，或竟號啕大哭者，旁聽之人亦莫不一灑同情之淚。下爲陳氏所譯青苗喪事中所常唱的孝歌。

一更一點上神堂，想起親生我的娘，
我娘吃茶吃飯無滋味，一晚難睡到天光，

親生父母恩難報，吃齋拜神報爹娘。
二更二點上神堂，想起親生我的娘，
我娘房中生下我，一盆血水無衣裳，
兒得生來娘却死，才隔閻王紙一張，
親生父母恩難報，吃齋拜神報爹娘。
三更三點上神堂，想起親生我的娘，
我娘撫我三五歲，訂下親事配鴛鴦，
好酒好肉別人吃，一生罪惡我娘當，
親生父母恩難報，吃齋拜神報爹娘。
四更四點上神堂，想起親生我的娘，
我娘撫我十八歲，殺猪擺酒接妻房，
接得妻來說妻好，嫁得夫來說夫強，
夫妻說是夫妻好，把我娘丢在冷空房，
親生父母恩難報，吃齋拜神報爹娘。
五更五點上神堂，想起親生我的娘，
我娘老來歸陰去，睡在棺材起不來，
三天不吃陽間飯，四天走到望鄉臺，

望鄉臺上望一望，望見兒女哭哀哀，
大的哭得肝腸斷，小的哭得眼不開，
閻王不放我轉來。

這孝歌，跟我們內地出殯前夜，道士所唸唱的「血盆經」，意思完全一樣，說它淵源於中原文化，確是一點也不牽強。

仲家跟花苗、青苗一樣，喪弔中也唸唱開路文。

「開路」後，將棺材抬至屋外停放，準備「打牛」，以祭死者。當家人牽水牛一條至棺材邊時，銅鼓、嗩吶、六笙等聲大作，衆親友齊集屋外觀望，仲家謂此日「做憂」。死者子女及媳婿等晚輩，均隨鬼師繞牛行數次，每人撒米一把至牛嘴後，卽開始宰牛，由死者之女婿持三尺長之巨刀，向牛肩猛砍至斃。此時旁人不可趨前踰位，否則親友中認爲不吉，必羣起呵譴之，如不服，必至被打或驅逐。女婿將牛砍倒後，割牛頭祭於棺前，銅鼓、嗩吶及六笙等樂聲仍不絕，鬼師在棺前向死者祝贊後，卽告結束。家人設席並備大碗米酒以款客，稱爲「飲老人酒」（衆客不食「打牛」之肉，喪事後，携往場埧出賣），且飲且歌，歌聲同起同止，或數人一調，或數十人一調，常飲至酩酊大醉時，而有打罵相殺之事發生。

載民國三十四年三月「旅行雜誌」十九卷三期。

「打牛」儀式，花苗、青苗也有的，這很是反映了苗傜農耕生活的背景。惟花苗於發喪日「打牛」，以送死者，俗謂「開場」，打牛後，卽用大鐵鍋煮牛肉，以牛頭牛蹄饗客。至於仲家的「飲老人酒」，則跟我們「吃衣飯」，完全是同樣意味，陳國鈞氏所以論斷：「仲家模仿漢人文化，唯恐不及。」

四　神　曲

劉達九「從採集歌謠得來的經驗和佛偈子的介紹」說：四川婦女，很多在四五十歲以上，就吃齋拜佛，修來世。做齋醮時，便上廟裏拜佛。功課完了，大家相聚着唱佛偈子，其內容雖以勸善者爲多，然情感發抒，關於社會家庭方面的也不少。如：

三根笋子品排生，隔山隔嶺來開親，
開親之時娘歡喜，開親之後娘痛心。
——佛唉那唉阿彌陀。（結尾皆如此）

針筒裝針針揷針，沒郎女兒好傷心：
堂屋梳頭哥哥罵，灶房洗臉嫂嫂嫌，
哥哥嫂嫂不要嫌，耐煩待我三兩年。
婆婆來接金簪有，丟根金簪値飯錢，
早晨還的三茶飯，夜晚還的燈油錢。
——佛唉那唉阿彌陀。

一羣白鶴飛過江，口頭啣根紫檀香，
問你白鶴那裏去？峨眉山上去燒香。
——佛唉那唉阿彌陀。

收入鍾敬文「歌謠論集」。

從其辭句、口吻看來，這純是吃齋唸佛的婆婆們所創造的歌謠。段翰蓀「黔北一帶的佛偈子」，也是佛婆婆們唸唱的，與上舉四川的風格相同，只是每首之後不宣佛號。如：

一個桃子半邊紅，遠山遠里來相通，
進了佛堂親姊妹，出了佛堂路不同，
捨得油蠟對子燭，初一十五來相通。

一把扇子二面尖，兒趕場來娘當心，
一怕街上吃酒醉，又怕路上惹禍災。
早晨當心午時轉，午時當心黑點燈，
走在當前父母問，黑臉打嘴吼成聲，
走在房中妻子問，笑笑迷迷談幾聲，
曉得兒子不孝母，早早死去轉男身。

觀音菩薩坐橋頭，手頭提個青菜頭，
人人笑我啃菜頭，我笑人人啃骨頭，
人人笑我坐蓮花，我笑人人織烟綢。

載「歌謠周刊」一卷八十八號。

董作賓「淨土宗的歌謠化」：

南陽的老婆婆，多信仰佛教，奉淨土宗派。有佛堂，有師傅，也做焚香禮拜工夫。淨土宗本有經典，像阿彌陀佛經、無量壽經、觀無量壽經等，晉時已傳入中國。她們却不知道這些，只知有「阿彌陀佛」，於是自已杜撰出種種經典，而用歌謠體式，故我們叫他做「歌謠化」。「老婆經」，是一般人爲她們肇錫的佳名。她們很尊重這種經，互相口授，視同秘寶，不輕易傳人，很難採輯到手。倘然這「經」給肉食者口中念了一遍，便造下極大罪孽。爲這信念，大家也就守口如瓶了。老婆經多半是描寫生活，宣傳道旨的。老婆經多半是描寫生活，宣傳道旨的。

其構成，完全取家戶生活的事物，以爲歌的起興，而名之曰某某經，謠俗情趣濃厚極了。如：

笤帚經，笤帚王，拿把笤帚掃經堂。
掃的經堂淨又淨，光又光，單等齋公來燒香。
香爐滿，穀堆高，燒哩香，有功勞。
走金橋，過銀橋，金銀橋底下有仙桃，
摘個仙，嘗個仙，我隨師傅上西天。

西天有個梨花樹，上梨花，坐梨花，
手捻數珠二百人，南無阿彌陀佛。

蘿蔔經，蘿蔔經，蘿蔔本是一頭青，
拿起鋼刀切的細寧寧，油鹽調的脆崩崩，
雙手捧着敬齋公。南無阿彌陀佛。

線蛋兒經，線蛋兒經，說是線蛋兒眞有功。
拿起線蛋兒往東纏，纏的「珍珠倒捲簾」，
拿起線蛋兒往西纏，纏的「呂布戲貂蟬」，
拿起線蛋兒往北纏，纏的蝴蝶鬧花園，
拿起線蛋兒往南纏，纏的芍藥對牡丹。
上纏纏，下纏纏，上纏烏雲遮青天，
下纏八幅羅裙遮金蓮。左纏纏，右纏纏，
左手纏的龍吸水，右手纏的篆子蓮。
南無阿彌陀佛。

載廣州中山大學「民俗周刊」十七、十八期合刊。

董氏共採錄了他故鄉的這種神曲十首，還有拐棍兒經、白菜經、鯉魚經、香爐經、豆芽經、石頭經、煙袋經等。他指出：獨有這首線蛋兒經完全像首歌謠，倘然截去首尾，便絕對看不出是一篇經文了。

上述老婆婆們唸的佛偈子，莫不意念虔誠，雖也「借孝堂，哭自身」，因爲婆媳不睦，兒子愛妻嫌母，兒女不孝順等等，而發抒一些感傷之詞，但都顯示其福德善良的意願。又像下例，葉鏡銘所述浙江紹興的「老婆經」，也是。

念念螺螄經，日裏沿田塍，夜裏沿沙灘，
大官小官大鑑小鑑拖進去，
一桶水漂我活，一蓬火燒我熟，
尖嘴婆娘挑我肉，饞嘴婆娘吃我肉，
東壁笆一把殼，西壁笆一把殼。
一隻雄鷄走帶出來，哥，哥，哥，
地藏王菩薩看得眼淚和把落。

半夜念佛苦修行，念得佛來管自身。
有朝一日無常到，狂風大雨吹動身，
頭上勿見天和日，地下勿見步高低，
前頭勿見親男女，後頭勿見親丈夫，

陰間概受苦，還欠早修行。

概，這樣意。

念念兒女經，我養兒女實苦命，

輕輕抱，輕輕放，輕輕細步出房門，

只怕閉人叫一聲，出驚大怪多苦辛，

望得成人來長大，忘記爹娘半點毫厘絲忽勿値銀。

載「民俗周刊」第七十五期。

這螺螄經的描述，最哀感動人了。

西嶽華山是道家的山，全山很多大寺院。民國三十五年四月，我初次往遊，適逢因抗戰而中止了八年的大廟會，得以循例舉行，遠近來朝山還願的男女老幼特多。華山素以險絕陡奇稱，就有好些壯漢，也望而止步不前，却因宗教信仰的力量，在這朝山進香的人羣裏，竟然有不少小脚老婦人、大胖子、駝背不良於行的殘疾者，一步挨一步的爬上山來，通過了那許多需要攀援而上的險要關口。當晚宿西峯廟中，曾聽到女香客們的「說善話」，由一年輕婦人，執着本子唱誦，韻語節奏，夾有說白，大炕上圍坐的婦女們，以婆婆奶奶爲多，大家皆細心諦聽，靜心領受。跟華嶽巍峩雄奇，超絕高古的形象，攪纏在一塊兒，只要一閉目沉思，天堂地獄的境界，豈不就在當前？「說善話」所據的書册，乃是些醒世俗語、俗語歌、積德免難、閻王樂、還陽寶傳、樹夾惡子、孟姜女哭長城等。這種神曲的唱誦，比道人們在神殿唸的「南華經」，使得善男信女們要容易領受多了，它不玄奧，十分切近人們日常生活。

魏應麒「道士巫師口中之臨水奶及舍人哥」，錄有「請舍人哥咒詞」：

一炷名香透天庭，二炷名香請神明，
三炷名香三拜請，拜請臨水陳夫人。
家住福建福州府，閩縣地方下渡人，
開寶元年正月半，亥時生下奶一人。
一歲二歲多伶俐，三周四歲奶聰明，
五歲六歲學針黹，繡龍繡鳳繡麒麟；
七歲八歲攻書史，詩詞歌賦件件能。
九歲十歲去食菜，日夜奉伺觀世音，
十一十二知世事，吩咐爹娘莫做親，
奶娘①不是凡間子，乃是觀音化二身。
奶娘十三去學法，法王名字許眞君，
眞君見奶微微笑，十部天書傳周全。
奶娘學法三年足，騰雲駕霧轉家庭，
結義十宮十姐妹，十宮姐妹法高強。

天上渺渺是娘將，地下茫茫是奶兵，
行法之時天大暗，收法之時天大光。
元元二年天做旱，巖磹發火好驚人，
奶娘脫胎去祈雨，化身變體下江中，
左執龍角右執劍，頭戴橫額身縛裙，
奶在江中禮做法②，長坑野鬼到來臨。
蕭墘四角沉三角，咬指血雲到閭山。
法主看見血雲到，徒弟有難在江中。
法主撥出四大將，變化四頭鴨母仔，
四頭鴨母好厲害，長坑看見走脫逃，
片時滿天下大雨，救了世間萬萬人。
許年③皇上生太子，旨道請奶斬白蛇，
可恨千年長坑鬼，無道千年白蛇精，
焚山破洞除妖怪，北蛇被奶斬三唐④。
年年駕到娘宮殿，處處奉伺奶香煙，
天靈靈，地靈靈，拜請靈通三舍人⑤：
靈通三舍騎駿馬，親身下馬度僮身⑥，

度過僮身透⑦陰府，度過僮身透花埕⑧。
急急行，急急走，大路也好行，小路也好走，
大路透陰府，小路透花埕。
橋上看花花不盡，橋下看水水長流，
莫聽老人講古典，莫聽秀才話文章。
古典好聽務日子⑨，文章好聽着留神⑩，
務仈⑪做戲汝莫看，務仈唱曲汝莫聽，
黃土嶺尾⑫汝莫去，大路石板行轉梨⑬，
奴奉閭山法主如律令勅！

載「民俗周刋」六十一、二期合刋。①指臨水奶。②禮做法，正在行法。③那一年。④三唐，三段。⑤以下係請神之詞。三舍人，未知是否指傳說中臨水奶閭山學道，與林紗娘、李三娘結爲異性姊妹，下山行「三奶教」以救世的事？⑥僮身，神媽也。⑦透，到也。⑧傳說係陰間地名。⑨務日子，言將來尚有時間。⑩須費精神。⑪有人也。⑫傳說係陰間地名。⑬轉梨，同來。

右，敍述「臨水奶」的一些神話傳說。歌中方言字，有的應係漢字方音，有的似爲訛書，如詳加考證，當都有其本字在。巫師咒詞，如普遍調查起來，多的是，因其通俗性，故與歌謠相近；而爲引起信徒們的情趣，乾脆就套取了歌謠的形式。至於這「臨水奶」的民間信仰，據鄭昇昌「神明來歷及年節由來」說，在目前臺灣，其神號是南臺夫人、天仙聖母、臨水夫人等。

羅尙「府河下游民歌舉隅」，說四川巫師們，有用詞句邪蕩的謠歌來祀神，這倒是很特別的風

俗。其實，只是人們自己要唱要聽，不過抬出神來做藉口罷了。

民歌亦用於祀神。「跳端公」有一場「散花」，散花要出「包頭匠」和「岙神」。岙神手持「令牌」、「師刀」，和包頭匠「散罈子」，唱山歌，以輩爲貴，而歸結到吉祥大發方面，也許趙公明喜歡此調。諸如「老漢老來沒中用，彎頭彎腦打牙蟲」，「月亮大來跟彎走，月亮小來溝溝頭」，此則可删之類也。有一首倒話，頗爲有趣，包頭匠問岙神，你講倒話做啥子嗎？岙神說，是恭喜主人家，倒發一千年。其詞云：「淸早起來頭不逗，眼睛落在渣渣頭，出得門來人咬狗，撿個狗來打石頭。」

載民國五十三年九月「四川文獻」二十五期。

正月十五前後，全國各地都有「請紫姑」的習俗。淸、顧鐵卿「淸嘉錄」卷一：

望夕迎紫姑。俗稱接坑三姑娘，問終歲之休咎。案，劉敬叔「異苑」，紫姑姓何，名媚，字麗娘，萊陽人，壽陽李景之妾，不容於嫡，常役以穢事，於正月十五日，感激而死。故世人以是日作其形，夜於厠間或猪欄邊迎之，祝曰：「子胥不在，曹姑歸去，小姑可出戲。」提猪覺重者，則是神來，可占衆事。李商隱詩「羞逐鄉人賽紫姑」，此風，唐時已然。

在湖北，則謂之「請七姑」，例由婦女於元宵前後晚間行之。兩少女分坐香案兩旁，捧一個口向下的筲箕，筲箕邊頭左右各綁一枝筷子，案上撒滿了白米，再由一心意虔誠的婦人，望空禮拜，唱歌謠請神。

正月正，麥草青，請七姑，問年成，

年成問得梳籠轉：

前一梳，後一梳，梳得七姑笑呵呵；

前一耍，後一耍，耍得七姑騎白馬。

前門進，狗又咬，後門進，鐵鎖打不開，

天井來，打濕了七姑的綉花鞋。

七姑要來早點來，莫等黃昏夜晚來，

端盆水，拿雙鞋，請七姑，下凡來。

神來時，那筲箕不斷轉動，筷子在米上左右上下的點跳，代表神的答語，正是扶乩一類的手法。我少年時，曾看她們表演過。七姑，或謂爲「戚姑」之訛。同治、湖北「江夏縣志」卷五：

上元夜，村女輩以女衣左右持之，設香案，誦俚歌降神，云請戚姑。神來各如所叩，以首肯否決休咎。其女衣先於歲前二十四夜，露置屋上，以柳枝冪之。按神傳爲戚姑，俗訛謂七姑卽七星仙女，益荒謬也。

紫姑爲厠神，又謂之厠姑。而更把劉邦的戚夫人攀扯上來了。光緒、安徽「和州志」卷四：

七月十五日前後，女兒以箕盛小女鞋一，置厠邊迎戚姑娘，漢之戚夫人死於厠所，所謂人彘者。

宋、張世南「游宦紀聞」卷三：

世南少小時，嘗見親朋間，有請紫姑仙，以筯插筲箕，布灰桌上畫之。有能作詩詞者，初間必先書姓名，皆近世文人，如于湖、石湖、止齋者。亦有能作詩賦時論記跋之類者，往往敏而工。言禍福却多不驗。

是則請紫姑的儀式，唐宋迄今，情態相同。紫姑眞有這種靈驗嗎？許地山於扶乩的研究中，曾爲分析，那筲箕轉動等等所謂「神來」的手法，乃因心理催眠作用所致。

上元夜的歌謠生活，還有特別名色。光緒、廣東「香山縣志」卷五：

春宵結隊，彼此酬答，曰唱燈歌，又曰唱鶴歌。

五月端陽龍舟競渡，其準備，其開始，其畢事，皆有拜神儀式，且鬪唱龍歌。淸、屈大均「廣東新語」卷十八：

瓊人重龍船，四月八日雕木爲龍，置于廟，唱龍歌迎之，而投白鷄水中以洗龍。五月之朔至四日，乃以次迎龍，主人先爲龍歌，包以繡帕置龍前，其歌辭不可見，止歌末一字可見，諸客度韻湊歌，能中帕中歌字，多者得酬物多。其諺曰：

未鬪龍船，先鬪龍歌，

欲求錢帛，中字須多。

吳顯齊「談潮州歌謠」說：潮俗，八月有觀神的儀式，「請戲童」亦是其中的一個節目，係由衆人齊唱請戲童曲，使一孩子扮戲童，唱歌者圍成圓圈，孩子在人羣中，受機械的唪唱所催眠，可以由人指揮做戲或唱曲。其歌詞如左：

一則請神神就知，二請神仙落天臺，
三請神仙一齊到，衆仙衆佛到家來。
童子跪在客廳中，專心立意請神人，
要請老王老古姬，要請娘娘講道詩。
項掛念珠胸前上，手持木鼓在胸前，
金鐘一響木鼓響，木鼓一響人清閑。
天羅詩，連羅詩，拜請娘娘邀童兒，
邀阮童子西國去，亦欲白雲見青天。

載民國三十七年「新中華」復刊六卷二期。

李鴻飛「冀南的臘八」：

臘八日拂曉，男主人卽起身淨手洗面，在天地壇前焚上三炷香，放一掛百子炮。然後，用一隻大簸箕，在灶膛內掏滿了柴灰。右手端着，左手倒拿掃帚把，敲打着簸箕邊沿，使柴灰慢慢下淋成線，在場院裏畫成圓的、長的八個糧食囤形的大灰圈。他一面拍拍的敲着淋着，一面嘴裏唸唸有詞：

糧滿囤，穀滿倉，一車一車往家裝。
糧滿倉，穀滿囤，一車一車往家運。

直到場院完全畫滿，便在八隻「灰囤」裏，灑上各種不同的五穀雜糧，再放一掛百子砲，節目便告終了。臘八日，吃八寶粥，畫八隻囤，合起來恰爲三八二十四節，含有慶祝一年豐收，倉廩充實的意義。

載民國五十九年元月十四日「中央日報副刊」。

北平有一首臘月祭竈王的歌，謠俗的情趣極濃厚。

兩枝蠟，一股香，二十三日祭竈王。
一碟兒草料一碗水，潑在地下上天堂，
當家的過來把頭叩，三聲爆竹響叮噹，
竈王爺，回來罷，回來罷，
給您留着關東糖。

神曲中特有祈年、求財、求子、祈福、祈康寧、求雨的歌謠。若拉卜楞藏族，給山神插箭，是每年必行的典禮，唱這樣的歌：

山頭箭好，年年插；
山腰狐好，取皮戴；
山根女人好，常常作朋友。

上舉四川民歌祀神，趙公明喜聽葷歌的說法，乃阿諛財神的。北方家庭，盼兒女者，於除夕上供接神後，吃餃子，唸下面的短歌：

黃丫頭，白小子，上炕吃餃子。

江蘇有首十拜觀音的歌謠，充分代表了人生祈全福的意願。

一拜觀音，要修九十人家做子孫，
二拜觀音，要修夫妻和睦過光陰，
三拜觀音，要修三頓茶飯有餘零，
四拜觀音，要修四季衣衫件件新，
五拜觀音，要修父母俱全過光陰，
六拜觀音，要修傳男育女仍要拜觀音，
七拜觀音，要修十棣高樓八棣廳，
八拜觀音，要修庫裏金銀用斗搇，
九拜觀音，要修九世九孫多富貴，
富貴榮華福壽增，富貴榮華福壽增，
十拜觀音，要修好親好眷好親鄰。

棣，可能係「幢」字之音轉。搇，音噴，手亂貌。

光緒「順天府志」卷十八，記有小兒遺溺者，夜向參星叩首，祝曰：

參兒，辰兒，
可憐溺牀人兒。

新月，謂之月芽兒，幼兒見之即拜祝，歌曰：

月，月，月，拜三拜，

休教兒生疥。

抗戰期間，在長安鄉上，湖北鄂城、周志蓮太夫人，告訴我一首「眼光經」：

眼是眼光經，兩眼是清燈，

黑角西方塔，恨河一丈經，

文殊菩薩騎獅子，普賢菩薩騎象身。

眼是眼光經，鼻子是孔雀經，

嘴是蓮花經，身是寶塔經，

手是彌陀經，脚是羅盤經，

每日朝朝唸七遍，眼是眼光明。

求雨的歌謠最多。而且有各式各樣施法媚神、嚇神、逼迫神，務要他普降甘霖的行事。巫師唱的求雨歌，大人唱的求雨歌，小孩唱的求雨歌，以及誠心誠意，或嬉笑逗趣口吻的求雨歌，種種色色都有。這裏只略舉幾例。上述「順天府志」卷十八：

凡歲時不雨，貼龍王神禡於門，磁瓶揷柳枝，掛門旁，小兒塑泥龍，張紙旗，擊金鼓，焚香各龍王廟，羣歌曰：

青龍頭，白龍尾，小孩求雨天歡喜。

麥子麥子焦黃，起動起動龍王，

大下小下，初一下到十八，摩訶薩。

尾，讀作以。八，讀作巴。

初雨，小兒羣喜而歌曰：

風來了，雨來了，

禾場揹了穀來了。

雲南昆明，夏天兒童求雨的歌：

小小兒童哭哀哀，撒下秧苗不得栽。

求祈龍天下大雨，烏風暴雨一齊來。

天久旱，綠禾槁，五穀不生人臥倒，

小兒洗手拜上天，大降滂沱雨來了——跪下！

唱畢，齊呼跪下，他們就同時跪下，雖在雨中，也是如此。其中有一敲木魚的小孩，彷彿是隊長，指揮一切。最後有兩三個小孩，抬着一個柏枳編成的亭子。亭中供着神像，或說爲太乙，也有說是張三丰，或說爲龍王。

載「民俗周刊」七十七期。

民國、河北「景縣志」卷六所記載的：

下雨咧，撇泡咧，王八戴着草帽咧，

叫他摘咧，不摘咧，一巴掌給他打歪咧。

釋謂此鄉間祈雨之詞也。言旣誠心祈雨，必不怕雨淋：旣怕雨淋，必非誠心祈雨。凡心不誠者，衆人共擊之，此卽惡惡同仇之義也。

陝西長安鄉下，靠近終南山麓的四皓村，以商山四皓的歷史典故而得名。村內有一石人，引起鄉民的俗傳：如遇天旱，可覓童女七人，於夜星全時燃香，每　手持一枝，唱歌祝禱，用水澆洗石人，七日可以得雨。唱的兒歌口吻：

石娃石娃哥哥，天爺不下，該怎着？
一夥毛頭女子誰養活？
請玉皇，拜龍王，清風細雨下一場。
先洗石娃頭，白雨往下流，
先洗石娃腰，白雨灌街道，
先洗石娃腿，白雨往下滾。
洗的洗，擦的擦，白雨下的嘩嘩嘩。

民國三十四年五月十九日，鍾尹之錄，時正天旱望雨。

右，「清風細雨」句，並非修辭上的意味，而是依從農業技術觀點來說的。陝西咸陽農諺：「清風細雨，落在地裏；惡風暴雨，流到道裏。」通諺也說：「小雨有收成，最怕大雨淋。」

若果久雨難晴呢，又有求止雨的歌：

禿頭，禿頭對禿頭，天上下雨地下流，

要想天上不下雨，今兒門上貼禿頭，

明兒出個大日頭。

小城錄，並釋：兒時在家鄉合肥，遇陰雨連綿不止時，母親常用紙剪成兩個小人形，兩個頭對頭的連在一起，一個人的脚朝上，一個人的脚朝下。叫我貼在門上，一邊教我蹦蹦跳跳的唱這首歌，還有節奏的拍着腿，非常有趣。

陝西洛川，寒冬天裏，更有祈晴暖的歌：

太陽呀，太陽呀，你出啦，

你不出來，把你的女兒凍死啦。

末句，才眞個是「天人合一」了。

五　酒　曲

文人學士，飲酒賦詩；村夫俗子，則酒酣耳熱，引吭高歌。

于式玉「拉卜楞藏族區民間文學舉例——民歌」，說這一帶地區的康藏同胞，日常所唱的歌謠，可分爲酒曲、情歌、神曲、工作曲、遊戲曲五大類，而以酒曲居首。他們在過年時，常是輪流把全村的男子請來，一面喝酒，一面歌唱。所唱的歌，大半是取笑逗樂，或者讚頌，藏名曰「惹」，可以譯作「酒曲」。唱的時候，多半是甲唱乙答，直到一方答不出爲止。如：

(上部) 天上響雷，是老天下雨之兆。

(下部) 地上種田，是糧食豐足之兆。

（中部）此處唱曲，是茶酒到口之兆。

這些酒曲，可注意的，是其地理觀念。一首歌，分三章，每章起首多用「上部」「中部」的字眼。上部指西藏，因爲那裏地勢高。下部是內地。而中部則是拉卜楞一帶甘青邊區地方。他們稱這一帶地方作「阿木多」，凡青海、甘肅、四川等省藏人所居住的地境，如保安、循化、貴德、玉樹、上中下果洛三部、歐拉、阿木去乎、拉木、松潘、鐵布、臨潭、卓尼、黑錯、陌務，都屬於「阿木多」之內。在藏文文獻裏，這一帶地方，號稱聯繫西藏與內地的橋樑。

很好很好的上部地方，喇嘛德高管家好，
管家心慈悲，和尙都歡暢。
很好很好的中部地方，長官德高僚屬好，
僚屬心慈悲，百姓都歡暢。
很好很好的下部地方，婆母好時媳婦好。
媳婦心慈悲，合家都安康。

一把刀不是打的，那就是野牛的角。
一種花不是畫的，那就是老虎的斑紋。
一種顏色不是染的，那就是孔雀的羽毛。

太陽是天空的柱子，
冬天十月到了的時候，他是父母，
冬天使人不至凍死，是它的好處。
大河是山溝的柱子，是水田邊渠的父母，
田雖熱而不乾，是它的好處。
父叔是村子裏的柱子，是被敵包圍時的父母，
患難時勿需別人，是他的好處。

經是不容易念的，
可是佛爺給我們，不能不念。
地是不容易耕的，
可是靠地納糧，不能不耕。
歌是羞於唱的，
可是盛意難却，不能不唱。

苗傜、康藏、蒙古、新疆的歌謠，可以說離不了飲酒作樂。（參閱「歌謠生活」篇所述）陳國鈞區分貴州苗夷歌謠爲七類：敍事歌，酒歌，婚歌，喪歌，勞作歌，兒歌，情歌。其說酒歌云：

此種歌爲飲酒助興所唱，宴會時一面飲酒，一面唱歌，先由主人卽席唱歌勸酒，來賓也唱歌和

答，酒酣耳熱，唱歌爭勝，直至大醉方止。

黑苗唱的：

春天飲酒百花香，鵲鳥枝上叫洋洋，
人生在世如花樣，多飲幾杯又何妨。
夏天飲酒汗長流，唱歌不好自害羞，
言語高低要諒我，切莫將妹當成仇。
秋天飲酒桂花黃，美人房中巧梳粧，
姐姐切莫人前望，怕的人來戲嬌娘。
冬天飲酒北風寒，不怕人生來爲難，
家窮不落人談論，那管衣服穿得單。

仲家唱的：

喜鵲南門叫一聲，今天吵擾主人家，
三兩三錢打錫壺，七兩七錢打金杯，
金杯銀杯擺八個，牙骨筷子擺八雙，
非黃臘肉擺中央，滿盤正席吃不了，
拿轉我鄉去傳名。

水家唱的：

酒味不香酒造壞，白米不好田不肥，
這一盅酒荷不喝？不喝也要伸手接，
我的親家喂！

六節令歌

逢年過節，習俗行事，必拜天地，祭鬼神，祀祖先，所以節令歌多半有着相關的儀式。

廣東東莞，中秋節有「遊耍椽」的風俗。據容媛「東莞中秋節風俗談」的解釋：耍，卽美也。椽卽禾椽，卽柚子，爲東莞土語。從前的耍椽，是以柚子殼刻通花，燃着時極爲美麗，故名耍椽。現在的耍椽是紙製的，有飛禽走獸，人物魚蝦等，式樣不下百種。東莞俗例，中秋節前，外祖母須買寶塔一個，耍椽若干個，送給外孫。小孩於晚上提燈門外，爭妍鬭巧，或聯袂至親戚家添油添燭助興，故名遊耍椽。凡按，這種耍椽，當抗戰前，我曾在北平古玩店裏見過，只記不清楚，那外殼是否柚子？

耍椽仔，點明燈，耍椽仔，
識斯文者重斯文，耍椽兒。
天下讀書爲第一，耍椽仔，
古云一字値千金，耍椽兒。
莫謂文章無用處，耍椽仔，
自有書中出貴人，耍椽兒。

這是讚美男孩子的。仔與兒字，在使歌詞音調變化。再像讚女孩的：

耍椽仔，內頭紅，耍椽仔，
美女佳人巧女工，耍椽兒。
鑿出朝陽變彩鳳，耍椽仔，
又鑿一雙魚化龍，耍椽兒。
四邊鑿出奇花草，耍椽仔，
牡丹嬌艷襯芙蓉，耍椽兒。

還有讚子女孝順的：

耍椽仔，是荔枝，耍椽仔，
人唔敬母枉生兒，耍椽兒。
敬爺敬母如天地，耍椽仔，
敬神敬佛一爐香，耍椽兒。
爲人不敬爺和母，耍椽仔，
枉去拈香拜廟堂，耍椽兒。

廣東台山，正月初一，迎春接福的歌，福建冬至節，搓湯糰的歌，也是節令的習俗行事，見於「生活與叙事歌」篇第三節，不贅述。

七　巫祝

在我們現代社會生活裏，專業巫師巫婆的人，不像從前那麼多了，但並未完全絕跡。求神，驅鬼，除邪，收驚，仍不免於有半以巫覡爲業的人來行法事，像是「下馬」、「過陰」等等；日常家戶生活，殺鷄念咒哪，解夢哪，人死七七魂靈「回殃」哪，這種種陳年難移的習俗，無一而非巫覡事態的遺留。若果說中國人造房子上樑，要選黃道吉日，放鞭砲，唱「魯班經」爲迷信，則輪船下水擲香檳酒慶祝，建大厦有奠基禮，築路行破土式，又怎麼說法呢？

在謠俗研究裏，我們用不着爲這些陳舊習俗紅臉，反而是，愈多記述研究，愈多發現生活情趣與歷史情趣。

正月半，打破罐，頭不痛，腰不斷。（湖北蘄春）

王鏡淸、程其保錄。新春年下求吉利。元宵時，將破罐向門外一扔，口唸此歌。

李蔭光「東莞童歌」說：莞俗，逢到歲末，有「賣懶」之舉。其法，用熟鴨蛋一個，上插點燃的線香一枝，兒童手執鴨蛋，自屋內行至屋外，隨行隨唱此歌。既至，拔下線香插於門口土地神的香爐中，然後轉身入屋，鴨蛋則剖而分給家中長輩，勿自食。

賣懶仔，賣懶兒，賣俾廣東王大姨，
男人賣懶勤書卷，女人賣懶繡花枝，
明日做年添一歲，從此勤勞，不似舊時。

載「民俗周刊」四十八期。

按，賣懶習俗，是有相當普遍性的行事。

鷄子鷄子你莫怪，你是陽間一碗菜。（湖北）

廚下殺鷄，半戲半認眞，唸此禱祝之詞。

伍稼青「武進禮俗謠諺集」，聞鴉鳴，凶，故作吉語禳之：

老鴉呱呱叫，爹爹賺元寶，
娘娘生弟弟，哥哥討嫂嫂，
姊姊坐花轎，一年四季喜酒吃勿了。

湖北武昌說：「老鴉哇四方，哇出禍來別人當」，未免嫁禍於人。

門前一株槐，銀子到家來，
門前一株柳，銀子往家走，
門前一株椿，臨死光發昏。

何所棄厭於椿樹呢？

山西忻縣，有棗樹人家，當臘八獻神後，兩人拿一些粥與一把刀，到樹下，一人照準棗樹斫一刀，說：

棗樹不棗樹？老子把你斫一刀。

那人代棗樹答：

一定要結棗，明年結的滿樹棗。

然後把粥塗抹於樹上，以賞慰之。

江西瑞金，鄉下迷信，人溺死即爲水浸鬼，有機會就要找替身。所以，教孩子們唱歌驅鬼。還有些地方，端午節划龍船，鳴鑼擊鼓，也有嚇水鬼，驅疫癘的意思。

銅瓠杓，鐵瓠杓，捉到水浸鬼來熬膏藥，
銅線筋，鐵線筋，捉到水浸鬼來挑鬼筋。

先上船，後搭轎，船幫船底都露着，
先排底，後排幫，一排排到十八船，
前艙氣煞龍王殿，後艙氣煞龍王宮，
一條大桅坐當中。

張玉芝「山東漁民歌謠集解」說，這是蓬萊外海長山八島流行的歌謠。漁船新造好，小孩往往結隊登船高呼，並作種種舞姿，煞是有趣。

按，各種行業巫祝性的歌謠，是其專業習俗的行事，蒐集起來，必不在少。其中，習俗與技藝經驗，皆値得重視。

夜夢不祥，寫在西牆，

太陽一照，化爲吉祥。（河南沁陽）

北平作「做夢不祥，書在南牆，老爹兒一照，變作吉祥。」閩南則爲「昨夜夢不祥，今朝書上牆，四方君子讀，凶事化爲祥。」其潛意識倒是很可看重。凡有不吉事兆，托他人福氣，得日光照耀，可以化脫。此，社會精神，宇宙精神也。

人們吵嘴，互相咒罵，要把災禍歸之於人。浙江紹興歌謠就唱道：

自罵自身當，嘴要生顆爛疔瘡，
疔瘡勿出毒，夜夜睏弗熟。

劉大白「故事零拾」：

孩子們也有祈禱及詛咒之法。如，小姑娘在踢毽時，受了大風的擾害，可以禱訴道：

大風去，大風來，娃娃踢毽不要來，
初一十五慢慢來。

又如，見着別人有美麗的風箏放，自己的心眼兒窄，不大高興，便詛咒道：

風箏不起，跑破鞋底，
回家去，你的媽媽打死你。

載婁子匡編「民族學集鐫」下册，民國五十七年十二月，中國民俗學會再版。

八　乞　歌

乞丐唱蓮花落，見景生情，先致頌詞討賞，如久索不得，就語帶譏諷了。逢年過節，挨戶而歌，既爲普遍性地方風習，也頗類於年節謠俗的儀式歌。蓮花落這種歌謠形式，唐宋時卽已有之，宋、釋普濟「五燈會元」：「俞道婆嘗隨衆參瑯琊，聞丐者唱蓮花樂，大悟。」

新春大發財，元寶滾進來：
大元寶，買田地，小元寶，做生意。
元寶滾到鷄舍頭，鷄子整畚斗，
元寶滾到樓梯頭，存款存米百廿樓，
元寶滾到猪欄頭，飼猪大如牛，
十七斤油，八十斤頭，
用罐頭，置脂油，此此快快，一年油上頭。（浙江）
此此快快，煎油聲。

掌櫃的大發財！你不發財我不來，
我一來，你發財。
老婆婆，給我點饃饃，

你不給我我不走，好像餓狼守死狗，
你不給我我不去，好像餓鷹守死驢。
來的巧，來的妙，掌櫃的吃飯我來到，
掌櫃的吃麵我喝湯，有我窮人沾的光。（陝西洛川）

抗戰之前，天津久利食鹽公司發行的「海王周刊」，錄有湖南長沙叫化子唱的蓮花落，頗能顯見民國十年前後內地商埠的狀態，以及乞丐那種「討飯三年不做官」的浪蕩逍遙心理，尤其見景生情，信口開合的遺詞造句。

那邊走得這邊來，寶號算是老招牌，
難爲先生抬個手，拿個錢來我好走。
蓮花鬧，唱半天，唱得口裏出綠烟，
個把錢，都不肯，怕莫要我唱整本。

兩湖，都把「蓮花落」說作「蓮花鬧」。

老先生，蹺起脚，神仙莫得你快活，
抬起頭來望望天，口裏還要吸水烟。
少先生，算盤熟，怕是打的六百六，
斤求兩，兩求斤，這盤算盤打不清。

那位看書不抬頭，好比夫子看春秋，
寫大字，寫小字，好比主席出告示。
老板娘子不做聲，好像是個女觀音，
針線手面寧不差，做了鞋子又做花。
做了鞋，又做底，一天做得兩雙起，
做了底，又做幫，一天做得兩三雙。

特別討好老板娘，由於女人心軟，或可多賞幾文，而不會連叫「討厭」而開擋也。

開口回我五八臘，窮人那裏有飯吃？
那位先生有滿壞，不吃飯來專搶菜，
紅燒肉，一大鉈，總是望那口裏拖，
還有一碗豆腐湯，一會吃得精打光。
難爲先生把錢拿，鷂子翻身走別家，
剛才進門到隔壁，你們舖裏好生意，
你說下回不要來，除非寶號莫發財。
紅棗荔枝桂圓多，買起回去燉鷄婆。
魚翅海參不奇怪，酒席館裏頭碗菜，
一年賣出好多貨，可憐我們沒嘗過。

蓮花鬧，慢慢敲，才出爐的鷄蛋糕。
熱噴噴的好點心，買起回去送人情。
少先生，眞活潑，拿個錢我幾撇脫。
那邊走到這邊喊，發財就是王老板。
寶號生意寧不差，雍榮之外有王瓜，
鷄蛋搭夥賣鴨蛋，跌在地下不會爛，
洋芋頭，勞荸薺，洋人都是喜歡吃。
老板娘子不要笑，個把銅錢問你要，
承你費力又費心，爲件小事起回身。
拿起錢，轉對門，這位眞是財帛星，
紅光滿面胖敦敦，硬是一個發財人。
甘草甜，黃連苦，人參鹿茸是大補，
附子炮姜性最烈，紅花桃仁好破血，
檢藥一下不留神，吃了就會害死人，
不是信口亂道白，叫化心裏也道德，
聯絡幾個好名醫，穿吃二字會有的。

不僅述事抒情，逗人開心，還提出教訓、誥誡，要賞錢的大爺們起一番警惕之心。誰不怕他那靈舌利嘴呢？挨戶而歌，少不得家家都要打發幾文，出手少了是會遭嘲罵的。

走到該幫綢緞舖，擺的都是愛國布，
個個先生很殷勤，都是談的生意經，
來來往往老顧客，一買總是好幾百。
裏頭還有太太們，穿得講究又摩登，
不論價錢貴不貴，只要材料合得配，
花樣新色又玲瓏，忙去叫個好裁縫，
闊人有錢眞快活，我們就打蓮花落。

第十章　謠

一　古今傳承

歌謠的另一枝系，是那些不付諸歌唱的謠。古書上常以童謠稱之，而並非我們現代人所說的兒歌。也間或稱為民謠，但與現代音樂上所說的民謠並不相同。如「左傳」僖公五年：

八月，甲午，晉侯圍上陽。問於卜偃曰：「吾其濟乎？」對曰：「克之。」公曰：「何時？」對曰：「童謠云：『丙之辰，龍尾伏辰，均服振振，取虢之旂；鶉之賁賁，天策焞焞，火中成軍，虢公其奔。』其九月十月之交乎？丙子旦，日在尾，月在策，鶉火中，必是時也。」冬，十二月，丙子、朔，晉滅虢。

這是說童謠預測了虢國的滅亡。又如梁、任昉「述異記」卷下，說漢末天下饑荒：

漢末大饑，江淮間童謠云：「太岳如市，人死如林，持金易粟，貴如黃金。」洛中童謠曰：

「雖有千黃金，無如我斗粟，斗粟自可飽，千金何所值？」

這兩首童謠，乃據社會生活實況直敍，深深感歎荒災之辭。

胡適「歌謠周刊」復刊詞：

我在「豆棚閒話」裏，看見這一首明末流寇時代民間的革命歌謠：「老天爺，你年紀大，耳又聾來眼又花，你看不見人，聽不見話！殺人放火的享着榮華，吃素看經的活活餓殺！老天爺，你不會做天，你塌了罷，你不會做天，你塌了罷。」

載民國二十五年四月四日，北京大學「歌謠周刊」二卷一期。

這明明是一首既可講說又可歌唱的歌謠，其政治諷刺、隱射、煽惑作用極強，是老百姓對明朝絕望至極的呼聲，也很可能是流寇傳述出來號招羣衆的。民國三十四年，抗日戰爭勝利之後，這首歌謠被配以曲譜，在西南、西北以及京滬地區，每有聲樂家登臺獨唱，使聽衆感喟於戰後復員諸多事物的紛亂，莫不大爲動心。殊不知這其中有着共黨統戰陰謀的運用，有如後述。

乾隆在位六十年，是淸代全盛時期，宰相和珅，權傾天下。他是滿洲正紅旗人，由生員入充侍衞，得乾隆寵信，累予升遷，當了二十多年的宰相，全國將相督撫多半是他同黨，兒子又爲駙馬，儼然皇帝親家，既專擅，又貪婪無比。在當時全國文武官吏心目中，「和相」二字比乾隆皇帝還來得威嚴可怕。乾隆既內禪於嘉慶，自稱太上皇。嘉慶四年，太上皇崩，嘉慶正式登帝位，才幾天，朝臣競劾和珅以大罪二十款，立諭革職下獄，賜自盡，抄沒其全部家產。據估計，總値白銀十一萬萬兩之數，比起後來甲午中日戰爭賠款兩萬萬兩，再加上庚子八國聯軍賠款四萬萬五千萬兩合起來，還要多。嘉慶爲太子時，本就厭惡和珅專權，却也眼紅和珅的財富，所以登位才六日，一切部署好，馬上抓起他問罪。辦了和珅，自然人心大快，但是公道也自在人心，不管皇帝威權怎樣大，怎樣解說這件事，當時仍然流傳了這一則民謠：「和珅跌倒，嘉慶吃飽。」可見老百姓眼睛雪亮。說起他倆的關係，和珅乃嘉慶「父相」，而和珅之子與嘉慶皇帝乃郎舅至親。

民國二十六年九月中旬，在河北永淸、霸縣、雄縣一帶作戰，時永定河失守，日本軍隊自固安南下，趨保定外圍，我大軍紛紛南撤。其時，大清河、白洋淀、十二連橋、趙北口這些地方，都鬧着水患，有決堤之勢。這眼前災害，比敵人的鐵蹄侵略，還要立刻威脅到人民生命財產的安全。敵機日夜肆虐，它常常不過兩三架，就擾得我軍民不得安寧。那天晚上，昏昏月色，正聽着村子裏響鑼，叫大家去大堤上堵水，忽的又聽見敵機自北飛來，由高而低，大家趕緊疏散，嘈雜之聲頓時靜下來。這時候，有位農婦告訴我，自蘆溝橋事變，一個多月以來，當地流傳的民謠：「不怕南來一隻虎，就怕北來一隻鷄。」虎，指的國軍大刀隊；鷄，指的日本飛機。

綜合上述五則從古至今的童謠、民謠，我們可以看出謠的特徵：

1. 重在政治性。
2. 不以歌唱而存在。是耳語式的流傳。因其所指說的事物——動亂災荒，社會鉅變，與人們實際生活關係密切，傳播快速如風。
3. 吉凶禍福，成敗順逆的「先知」預測。
4. 表現爲老百姓的議論、諷刺、評斷，無畏於權威。
5. 詞意遊離恍惚，故意逗人猜解。
6. 沒有一定的結構形式。
7. 後人就歷史已有事物的附會。
8. 時間性的限制。一旦時過境遷，謠就不再流傳，非如一般的兒歌和民歌之傳承甚久。

試再略加論證之。

關於動亂災荒、社會鉅變之關係人們實際生活。明、范濂「雲間據目鈔」卷三「記祥異」，很記了一些倭寇搶掠淞滬沿海的史事，有一條云：「地產白毛，有黃色如鬃者，長尺餘，鄉村城市，在在有之。民謠曰：地上白毛生，妻兒老小一同行。時倭亂焚殺，百姓逃竄，家室俱空，人以爲奇驗云。」

關於「先知」預測。多半是主事者利用人們信天命、信讖緯之說，而作僞的手法。例如劉秀之當皇帝，卽兩依符讖之說。其初，他在長安讀書，同學彊華，自關中捧了「赤伏符」，說的是：「劉秀發兵捕不道，四夷雲集龍鬥野，四七之際火爲主。」「後漢書、光武帝紀」注：「四七，二十八也；自高祖至光武初起，合二百二十八年，卽四七之際也。漢，火德，故火爲主也。」這就把末句費解處弄明白了。後來，得了天下，劉秀已同意羣下固請，在河北柏鄉設壇祭天，祭山川，祭羣神，卽位的大典已將完成，他還最後謙辭說：「秀不敢當」，於是羣臣又提出「讖記」之說，以示天命不可違：「劉秀發兵捕不道，卯金修德爲天子。」卯金是應在劉字上呀。「秀猶固辭，至于再，至于三。羣下僉曰：皇天大命，不可稽留，敢不敬承！」這才勉爲天子，受羣臣朝賀。劉秀與劉邦性格不同，爲人謹厚，他的謙辭，確有幾分肫肫之意。當然，也有政治局面，大勢所趨，吸引了人們的意向，顯現爲預言性的謠。民國、察哈爾「陽原縣志」卷十一

大青灰，大青藍，大青黑紫，大青完。

註云：吾縣罵人顏色不好，爲「黑紫」。完，卽終了義。按此謠發生於宣統元年，因商人多售染料，中有大青灰、大青藍等色，街巷兒童，遂有此謠。未幾而大清亡，此亦預言也。

關於後人就歷史已有事物的附會。郭祝崧「錦江夕照」：

張獻忠在成都蜀王宮殿稱帝，上天示警，使其頭痛。獻忠問軍師，軍師認爲與當時童謠：「橋是彎弓塔是箭，一箭射倒承天殿」有關，就下令拆除濯錦江上的廻瀾塔及七星橋，剛拆一小部份，淸兵同楊展的兵都乘勝攻來，張獻忠不得不逃走。橋與塔乃得保持到現在，俗呼爲九眼橋與白塔。

載民國三十三年二月，「東方雜誌」四十卷三號。

這其中不全爲無稽之談，可能半爲史實，半爲傳說上的附會。張獻忠入川，瘋狂的大屠殺，淸、彭遵泗「蜀碧」，沈荀蔚「蜀難敍略」以及其他相關書本，皆有極沉痛的記述。楊展的名，見於「明史、張獻忠列傳」：「當是時，曾英、李占春、于大海、王祥、楊展、曹勛等，義兵並起，故獻忠誅殺益毒，川中民盡，乃謀窺西安。」

寒爵「明末的民謠和蜚書」指出：「張打鐵，李打鐵，打把剪刀送姐姐。」這首全國普遍流傳的兒歌，有人附會爲張獻忠、李自成旋起旋滅的讖語，姐姐是指的滿淸。（載民國五十年八月，「反攻」二三三期。）李寰「四川民歌選輯」，也引述萬縣老輩人口傳：

張打鐵，李打鐵，打一把剪子送姐姐，

姐姐留我歇，我不歇；我要回家打毛鐵。

毛鐵打了三斤半，爺爺娘娘都來看。

說是：明亡後，四川許多忠貞之士，不忘光復明社之念，多欲鑄爲兵器，攻擊滿淸，因爲此謠，以鼓盪民氣。張打鐵、李打鐵，係暗指張獻忠、李自成，姐姐暗指女眞——滿淸之先代。打把剪子送姐姐，喻張李造反，受人以隙，剪斷明祚。第四五句，喻滿淸以利祿籠絡，漢人不受誘惑。回家打毛鐵，表示暗造兵器，反抗強暴之決心。語辭隱晦，而意願至明。（載民國五十六年六月，「四川文獻」五十八期。）

這些說法，並不牽強，終淸代二百六十多年的歷史，各地方反淸復明的運動，一直不曾停止過，初期尤爲波瀾濶壯，可歌可泣，正是「姐姐留我歇，我不歇」也。

民國、察哈爾「陽原縣志」卷十一：

穿鞋沒臉，
吃烟沒竿，
花錢沒眼。

淸、同光時，鞋前有單臉或雙臉。吸旱煙的煙筒與嘴間，例有一竹或木竿。花謂用也，制錢中有方眼。按此謠發生於甲午以前，彼時鞋有臉，煙筒有竿，錢皆有眼，由今視之，則皆無矣，故亦預言也。

此謠帶點宗教家恫嚇口吻，「變古亂常」，末日到了，往後的世界，越來越不好過了。事實上，人類社會，只有愈變愈好的，這是歷史發展給我們的信念。

淸、杜文瀾「古謠諺」一百卷，其關於謠的方面，對兒歌、山歌這類體裁者，登錄的並不多；多的是古代所說的「童謠」、「民謠」——卽本書單名之爲「謠」的這一部份，凡見諸往代典籍者，他這部書裏無不廣爲輯錄。既有「古謠諺」可資參證，本書裏，所以對淸代以前的謠，不加敍述。

至於，抗日戰爭八年中，許多咒恨日本軍閥的謠，並非咱們今天翻舊賬。實因筆者乃爲個中人，是當時在戰地、淪陷區、以及大後方直接採集而得。說起來，在東亞，當日本稱霸的時際，受侵害之久、之大、之慘苦，再沒有超過中國的了。可是，咱們現在並未記恨在心。不像旁的幾個國家，人民憤懣難消。當年，日本軍隊在佔領區橫行霸道，姦淫擄掠，又燒又殺，怎能教當時的中國老百姓不仇恨呢？這些謠，是歷史殷鑒，偏偏我朱某人得來多多，留記文獻，誰曰不宜。這份遺憾的情思，我想，日本人士今日應也必與我們同之。如今時過境遷，這些謠早已不在口頭上流傳了。

由於指證民國初建，軍閥禍國殃民，匪患地方這類情況，本篇也夾述了一小部份歌謠體裁的資料，其所顯現的特色是：這跟兒歌、情歌之快樂抒情大大不同，這乃是人民苦難的呼號，而諷刺很深。更特別的，乃是對於抗戰大時代的頌歌，按性質，這種頌歌本應歸入前述「生活歌與敍事歌」一篇來討論的。

二 民國初建

孫理想，黃實行。

辛亥革命之際，即有此語。謂 國父孫中山先生理想高，不易實現；而黃興務實，不尚空談。更早些時，還有「孫大砲」之說。此謠之盛傳，自與袁世凱對革命陣營的分化策略，大有關係。

動盪不安的政局，謀國者有私無公。袁世凱既不忠於清室，更不忠於民國，使權術，逞霸道，玩弄最下流的手段，兵變、暗殺，當時雖嚇唬了一部份人，勉強就範，無奈歷史批判何，無奈老百姓的風謠何！

五色旗，沒有邊，大總統，作幾天？

天也愁，地也愁，先割辮子後割頭。（魯西）

見「歌謠周刊」處前抄本。或作「五色旗，沒有邊兒，袁世凱，沒幾天兒。」北平。

銅子換洋錢，鐵槓打老袁。

要想太平日，還得兩三年。（北平）

民國袁世凱稱帝，人民不滿，有此謠。或「鐘樓高，鼓樓矮，假充萬歲袁世凱。銅子改老錢，鐵桿打老袁，要過太平日，還得二三年。」齊鐵恨述。「鐘樓高」此首，末句或作「還得幾十年」。

鐵桿兒打老袁，中交鈔票不值錢。（北平）

齊鐵恨述：那時老袁設新華銀行，要各學校每月存儲多季燒煤的用款，送到銀行。我等西郊各校校長，先到京師學務局領到經費後，再去前門外新華銀行存儲，那利息還不及我等所耗車費的十分之一。老袁塌臺後，學校經費的具領是，中國銀行鈔票不值錢時發給中鈔，交通鈔不值錢時發交鈔，弄得各校教職員無法吃飯。

齊氏說，這類謠還有不少，今日思之，引起不少感觸，可惜記不完全了。上述者，是記得最眞切而身受其害的。

元宵，袁銷！不如年糕，糟糕，那麼糟糕。（北平）

齊鐵恨述。

大總統，洪憲年，正月十五賣湯圓。（北平）

傳說，袁世凱聽見北平街上有叫賣桂花元宵的，認爲犯忌，有「袁消」意，故禁此名稱，要叫爲湯圓。

民國、四川「南充縣志」卷十四：民國四五年之交，洪憲役起，邑當北軍黔軍爭點，人心傾向義旅，雖婦孺亦表同情。黔軍又故撰歌謠，傳播兒童歌唱，其一曰：

佳婦人，莫要怕，自有貴州來保駕。

佳婦人，要小心，明朝場上過北兵。

留着辮子沒法混，剪了辮子怕張順。（江蘇徐州）

張順卽張勳，此謠與民六張勳復辟有關。民國確是很寬大的，清遜帝小朝廷保持在北京皇城裏，直到十三年才出宮，而好多地方的男性，留着那象徵爲滿清遺民的長辮子，當革命軍北伐之後，都還有未剪掉的。

中華民國，大家玩得。

民國初年的童謠，到民國三十五年前後，又在孩子們口中，流行了一陣子。

中國人做事，只有五分鐘熱度。

「五四」後，日本侵華，有增無已，社會上，屢次的抵制日貨運動，皆不能持久而爲，乃招致了國內外此種批評。實則，乃由於政治、經濟上的種種關係，非因中國國民之性格也。

弱國無外交。

鴉片戰爭以來，中國對外交涉，一直總是喪權辱國，割地賠款。可是，民國二十五年到抗戰前夕的中日談判，中國政府態度堅強，再也不退讓了。

亡國奴，不如喪家犬。

中國不亡，是無天理。

右，乃憤激語。人們引用它，無有不是偏以概全，失之於極度誇張。例如在上海、北平，坐電車，乘客細故爭吵，也動輒拿這話頭來評斷。至於民事糾紛，刑事罪行，更是常有稱說。民國二十二年，在北平，胡適等人，曾於報上爲文，力闢其不當。後來，一進入八年抗戰，縱當再憤激之事，這話頭，也不聽人引用。若非筆者在此提起，國人早忘掉它了。此可見歌謠生活其時代背景之遞移。

民國十三年，十一月二十四日，段祺瑞就任中華民國執政，成立臨時政府，安福系人士，均得重用，北平城裏乃有如左民謠。「一等」、「出現」、「產生」，皆新名詞。

一等矮，許世英；一等瘦，林長民；
一等白，曾毓雋；一等紅，吳光新；
愁眉不展龔心湛，八面玲瓏姚國楨；
局改院，出現了一個姚震，
簡改特，產生了一個朱深，
全班舊角均出馬，只漏了半個特派專使徐樹錚。

段祺瑞仍然難以應付軍閥割據，國家四分五裂的局面：

打倒省長，一天一場，

打倒段祺瑞，糧食也不貴。

各地方，對於警察都不太有好觀感。這首謠歌可爲代表：

中華國，不提氣，
立下巡警局，招些半拉屁，
㗎的是洋烟，呼的是官氣。
南山起鬍子，也把他調去。
只聽槍一響，嚇個嘴啃地，
起來拍拍土，爹媽好時氣。
鎗刀他不要，跑了一大氣，
大道不敢走，盡鑽高粱地。
見着莊農人，靰鞡他扒去，
回家矇老倒，我奪鬍子的。（遼寧遼陽）

見黎錦暉「歌謠」第四集，民國十二年十月中華書局版。不提氣，不振作。半拉屁，蕩子別稱。靰鞡，農人禦寒皮靴。老倒，少見識的人。

三 軍閥禍國殃民

軍閥割據，內戰不息，爭權奪利，國不成國。老百姓苟活小命於亂世，當丘八的出生入死，驅役於溝壑，怎能够不自暴自棄，以欺壓老百姓爲能事呢？當年的「小說月報」、「東方雜誌」、「國聞周報」以及「民國歷史通俗演義」，很有些文字圖片的描述，可資參證。

堂堂乎張，
堯舜禹湯，
一二三四，虎豹豺狼。（湖南）

民國七八年，張敬堯部隊駐湖南，姦淫擄掠，毒禍地方，其弟敬舜、敬禹、敬湯，也隨同作惡，故有此謠。見李少陵「駢廬雜憶」。張敬堯敗退時，湖南人民憤極，羣起以鋤頭、扁擔圍擊，幾乎打死了他部隊的一半。

中華民國九年半，吳佩孚曹錕打老段，
琉璃河作戰線，一直打到長辛店。
十五師，把心變，馬廠廊房都遭亂，
安福派，全不見，邊防軍，都解散。

此指「直皖戰爭」。徐芳錄。載「歌謠周刊」三卷十二期。

河北人何嘗會跟安徽人打仗呢？「直皖戰爭」者，不過說那些軍頭兒之間，狗咬狗的糾葛罷了。民國歷史，於這種辭兒上，太應該給予辨正，以見春秋筆法。

拿了老曹錕，麥子盤了屯，
拿了吳佩孚，麥子倒了股。（河北）

哦！馬隊，步隊，洋槍隊，機關槍，格巴兒脆，

曹錕要打段祺瑞，段祺瑞充好人，
一心要打張作霖；
張作霖眞有種兒，一心要打吳小鬼兒。
吳小鬼兒眞有錢，坐着飛機就往南，
往南扔炸彈，傷兵五百萬。（北平）

此謠流傳廣，辭句頗有出入。「有種兒」，係「有種」之義，北方口語以稱勇敢剛強的性格。故怯懦者，斥之曰「懦種」。

兩所夾一關，當中一溜烟。（河北臨榆）

關，指山海關。民國十一年第一次直奉戰爭，奉軍敗。

老兄，老兄，唔食筵西餞，
生在雲南，死在廣東。

滇軍楊希閔，桂軍劉震寰，駐廣州，毒禍地方，縱兵殃民。十四年春，繼陳炯明叛。黨軍出征東江，先破陳炯明，六月，回師平楊劉。黨軍未回戈之先，廣州有此童謠，楊劉雖派兵捕捉，無如愈捕而謠愈盛，及至敗退，所部六萬餘人，有五分之一，是給老百姓木棒石頭打死或打傷的。

中華民國十三年，張宗昌坐濟南。
先發軍用票，後要大洋錢。（山東）

民國、四川「南川縣志」卷十四：十七年夏秋間，駐邑軍隊過多，缺食，分往各鄉搜穀。民間苦之，歌云：

好個南川縣，金山占一半，
添上五百人，各自吃稀飯。

金山，指金佛山，在縣城東南，占全邑面積十分之三。

民國十八年，漢字十八圈，
來個十八子，只坐十八天。（貴州）

民國十八年，四十三軍李曉炎，打進貴陽，作了十八天省主席，就逃之夭夭了。川黔間有種大銅元，當五十文用的，有一面當中鑄一漢字，十八個小圈圈着。十八子，李也。

匪來一場霜，兵來一場光。（東北）

匪梳兵篦，團兵來了刀刀剃。（四川）

軍隊損害人民，比土匪掠奪厲害，而地方保衞團團丁的搜刮，更要超過。

打粳米，罵白麵，不打不罵小米飯。

見栗直「東北諺語通考」，載民國五十八年十月「中華一周」一〇一七期。謂奉軍擾民，要米要麵。此係民間藉奉軍口吻的諷言。却也可能就是大兵們所誇說：不欺壓老百姓，他那有好飲食供應你？

後腦瓜，是免票，媽兒巴子當護照。

奉軍入關，紀律很壞。坐火車，例不買票。東北人，後腦骨多呈扁平特徵，當軍人的擺官架子，「媽兒巴子」罵人話常掛嘴邊，怕事者就不敢惹這些大爺了。其時，軍人長途旅行，例執護照，以備憲兵查驗。陳雪屏「謠言心理」於此謠曾有所分析。栗直「東北通諺考」作「後腦勺子是護照，媽拉巴子是免票。」

民國、察哈爾「陽原縣志」卷十一：

六輪子，絕把子，乒乓，幾下子。

按此形容以手槍殺人之謠，民國十五年後有之，以本縣屢經大軍過境也。

吃糧娃，𠵈你媽，你把老百姓活氣煞，
吸洋烟，打麻將，坐洋車，多浪蕩，
二十四年沒有皇上。（陝西）

軍隊紀律廢弛，人民憤恨至極。

中華民國運不強，長安反了張學良，
蔣介石，遭了殃，逃出活命正養傷。
楊虎城，瞎胡鬧，于學忠，眞倒灶，
勾來共產換旗號，關城門，放大炮，
中國反讓外國笑。（河北遵化）

抗戰前夕流傳。徐芳錄，載「歌謠周刊」三卷十三期。倒灶，倒霉也，於此謠中，又兼有搗亂意。

四　土匪橫行霸道

土匪稱霸，官廳惹他不得。打家刼舍，「綁票」勒索，殺人如麻，可憐老百姓，身家性命朝不保夕。這種情形，民國以來，各地所修刊的縣志裏，都不缺記載。

老學究，遇白狼，立刻變成死綿羊。（河南）

土匪白狼，本姓白名良。民初，橫行豫陝，數年之久，官軍以其兇殘，不應名良，故貶稱白狼。辛亥前，他曾留學日本。幼時桀傲不馴，常受塾師斥責，當其猖獗河南，學究盡被殘殺。

鬍子短，鬍子長，浙東出個大魔王，
割地皮，要錢糧，還要八百八十花姑娘，
剜出人心炒韭菜，百姓百姓遭災殃。（浙江上虞）

說郭堅，道郭堅，郭堅起事在洛川，
進東山，打了樊老二，李清蘭。
到土基，沒得鬧，過去走了陝后廟，
得了瘋子三桿炮，來到土基進功勞，
郭堅愛的好弟兄。衆弟兄，你莫慌，
咱們揹的拐工槍，十六響來有九架，

五響快炮六輪子，抓住財東要銀子，
有銀子，沒銀子，十兩銀子一盒子。
穀子熟，麥子黃，蕎麥落得桔常常，
前院厦子後院房，嚇得四方婆娘着了忙。（陝西洛川）
樊老二，民間稱樊鍾秀者，他原爲國民軍第三軍，所部流爲匪，佔山稱王。

「九一八」事變，是國家內憂外患交相煎迫之際，民國、察哈爾「陽原縣志」卷十一，錄當時地方民謠：

勾魂小鬼，殺人土匪，
不怕勾魂小鬼，只怕周伸地的王大美。

記事云：民國十九年，本縣周伸地人王大美爲匪，屢掠縣東六十里的東城及泥泉堡，架票殺人。匪九十餘人，盤踞泥泉堡二十九天，全村人民雖在水深火熱中，而四周勦匪軍隊五六百名，日在堡外，搜索民財衣物；有時土匪於堡上，與軍隊接談，且公然以物洋贈軍，故皆袖手不顧。後經石友三招降，匪始整旅而去。民二十年，石軍於平漢線，與奉軍交戰，王等乘機逃離，竄入蔚縣暖泉鎮行刼，架票數十人，因追兵趕至，猛烈痛勦，匪不支，北竄桑乾河，四散各處。後大美死，其弟二美仍出沒無常，綁票搶掠，時有所聞。「陽原縣志」其歷史感歎的按語：

民國以匪改官者，不可勝數，豈一王大美哉！王大美兄弟皆係縣人，初亦薄有財產，可資生活，後以種種壓迫，激而出此，嗟呼，孰令致之以苦吾民哉？

再說，王大美這一夥，爲禍鄉里，竟然顧不得江湖上「兎子不吃窩邊草」的戒律，也實在大可傷痛。

五　鄉巴老意識

鐵絲遍天下，五洋鬧中華，
滿地開黃花，到老歸漢家。（湖北均縣）

鐵絲，指電線。民初，人民思想閉塞，對滿地栽下的電線桿，以爲不吉，乃有此謠。

外國人，瞎胡鬧，開火車，打電報。（河南新鄉）

馮玉祥，坐不長，大脚小脚畫滿牆，
大脚是他老婆，小脚是他娘。

往年六月初六，是山西大同「晾脚會」的日子，婦女坐在家門口，讓大家品評她小脚裹的周正與否？馮據大同時，布告禁婦女纒足，習於舊風俗的人們，傳述了此謠。

中華民國大改良，扒了廟產修學堂。
西式襪子高跟鞋，不留分頭吃不開。（甘肅天水）

鄉下老百姓對城市時髦人的看法。

六　世間百態

流氓揹皮帶，妓女做太太。

當軍官的，揹皮帶。極小部分有此情形，謠諺乃誇說之。實則，自古以來，流氓皇帝，妓女娘娘，大有人在。

這年頭，眞奇怪，飯館新添女招待；

吃兩毛，給一塊，就是不要老太太。（北平）

江紹原譯「現代英吉利謠俗及謠俗學」錄此。釋云：民十八十九以來，北平各大小飯館競添雇女招待，她們大抵是御短髮的妙齡女郎，每賬分到的酒錢，據說頗不菲。街頭巷尾的兒童看見她們，喜對之歌。或「女招待，眞不賴，吃三毛，給一塊，臨走送一個大乖乖。」乖乖，親吻也。毛，指一角、兩角的輔幣。一塊，銀幣一元。其時，一元錢可買兩百個雞蛋，三元錢，可辦一桌海參席。目下餐館通用女侍，已成習慣，顧客對之，少邪蕩意。另有那「公共食堂」，酒家女乃特供客狎樂。

罷不罷，看北大：

北大罷，不罷也罷；北大不罷，罷也不罷。（北平）

五四運動罷課謠，一以北京大學行動爲主。

北大老，師大窮，清華、燕京可通融。（北平）

大學女生擇偶謠。

高師窮，法政老，嶺南一中無中用，

女師揀老公。（廣州）

與上述北平謠如出一轍。

錢玄同，胡適之，黃侃死後數吳承仕。

北平學府歌謠，謂彼等都為經學大師。

小學裡，學生問先生；
中學裡，先生問學生；
大學裡，誰也不問誰。

縣警下鄉，惡似虎狼，給他㹈㹈，他要綿羊
睡上熱炕，還要婆娘，稍不如意，繩縛鞭打。（甘肅安西）

民國二十五年情形。㹈㹈，康熙字典、中華大字典都未收，當係西北的一種羊名。

回回回，打鑼錘，家家屋裏都有賊。（陝西）

陳顧遠錄。載「歌謠周刊」一卷四十三號。渭北一帶，曾經回亂，故有此童謠。

高鳳仙的脚賽鐵錘，誰逢了誰倒霉！
輕嚕放牢，重嚕砍大桅。（山東榮成）

張玉芝「山東漁民歌謠集解」：「高鳳仙係石島有名暗娼，漁民多迷戀之，揮金如土。該女姿色美，而命不可當。凡與發生關係者，次日出海必遭不祥，輕則遇風中流站錨，重者折桅。」

穀太賤，農煩惱，美國棉花又到了，
別惱，別惱，一畝再入十吊。（塞北）

小票車，開的歡，出關難民，成千成萬。（華北）

鐵路上鐵篷子貨車裝人，票價很低，謂之「小票兒車」。參閱張愍言「過小票兒」，載拙編「方言記事示例」。

不起早，不洗澡，不剃腦。（貴州）

民國二十年旱災流行語。

七 國民革命軍北伐

民國十五年七月九日，國民革命軍誓師北伐，才三月功夫，就以破竹之勢，進克湘鄂閩贛。次年春，克江浙，四月十八日，國民政府定都南京。十七年春，繼續北伐，十二月，東北易幟，全國統一。這兩年多的軍事行動，大大改變了前此軍閥混戰，國不成國的局面，除舊布新，百年來衰微難振的國家歷史，才有了開展。

天清清，地冥冥，北伐軍勝，孫吳亡命，
三王回國，高陷北京，北京既陷，張賊吊頸。

民國十五年，廣西岑溪一帶所流傳。見民國十七年十二月「民俗周刊」三十八期。

財東怕的土匪搶，窮漢怕的糧食漲，
當兵怕的不發餉，軍閥怕的革命黨。（陝西）

載民國三十二年二月二十三日，西安「華北新聞」，指北伐時情形。

何該，該何，拖你下河，
不拖，不拖，拖你下油鍋。（南京）

北伐軍到南京後的民謠。「你有何辦法對付我」之意。

軍事北伐，政治南征。

解作北洋政府的腐化勢力，殘餘未去，渡江而南了。

有土皆豪，無紳不劣。

民國十六年，共黨混跡革命陣營，在鄉村「打土豪，分田地」，唱出此種口號。

巴巴頭，萬萬歲，生的兒子當糾察隊……

十六年武漢流傳，很重要的一首政治謠，惜以下句子，我記不全。但必有旁人記得的。當時，共黨操縱下，武漢工人糾察隊氣焰很高，對店東以及他們的所謂「反革命份子」，動輒抓去審問拷打，押解街頭，遊行示衆。巴巴頭，指未剪髮髻的女性。劉光炎說：第三句或爲「生的兒子當太歲」，謂不良少年。民國五十八年十月二十六日，請敎於謝冰瑩，據她當時在中央軍事政治學校武漢分校第六期女生隊的生活來說：一、極同意我的看法，這是首重要的政治謠。二、只止於「巴巴頭，萬萬歲，生的兒子當糾察隊」這三句。三、一提說起來，此謠及其當時社會生活種種形態，是再也忘記不了的。

阮村夫「記民國十五、六年的共匪禍亂慘象」，副題「武漢工人糾察隊」說。武漢總工會自民國十五年九月十四日（凡按，革命軍是這年九月七日進入漢陽、漢口，武昌則因北軍堅守，十月十日始克。）成立後，即將武漢三鎮劃爲十個產業總工會，截至十六年四月止，號稱有五十萬工人。不論工人或店員，凡十六歲至三十五歲者，一律編爲糾察隊。以十人爲一小隊，二十人爲中隊，三十人爲大隊。三大隊以上，卽成立總隊，當時武漢有一種簡單民謠：

男女學生一頭睡，生出兒子做糾察隊。

載民國六十年七月「湖北文獻」第二十期。

這上句，是對於革命青年男女自由戀愛，少數人行爲放蕩的諷刺，當時似乎不太聽說，非如糾察隊之普遍作惡也。

二道毛，笑嘻嘻，三言兩語成夫妻。（南京）

二道毛，剪髮新式女性之謂。舊戶人家，看不慣當時青年男女的交往，乃有此謠。

右，十七八年盛傳。約莫經過了五六年光景，老祖母們也耐不住了，必須追趕時髦，剪去髮髻，這就無人譏笑誰是二道毛了。是亦時代潮流的表徵之一。目下，各階層婦女，常常去美容院「做頭髮」，花樣奇多，既費錢，又費時間。有的甚至天天要如此打扮。比起「二道毛」時代之簡單樸素，爽利瀟灑，眞不可以道里計了。

窮西裝，臭搭毛，背時的雜種夾皮包。（武漢）

搭毛，剪髮新式女性之謂。

八　日本侵略

甲午戰爭後，中國日弱，日本日強。歷史家更有一種論斷，西方列強勢力的伸張，構成一股向東方的侵略，是中國做了日本的擋箭牌，有助於它明治維新以來軍國主義的發展。第一次世界大戰，列強無暇東顧，日本即出兵山東，而有歷史上一連串積極侵略中國的事件：二十一條，五卅慘案，民國十六七年兩次出兵山東，濟南慘案，皇姑屯炸死張作霖，臺灣霧社事件，萬寶山慘案，九一八事變，一二八之役，爲「滿洲國」成立，長城作戰，塘沽協定，分化蒙古，「華北特殊化」，僞「冀東自治政府」成立，以迄蘆溝橋事變。

前面已經說過，在此，我們並無意算舊賬，只在指明這一段歲月，中國老百姓風謠的歷史背景。以下所舉的例句，不過流傳者之百一而已。

日本鬼，喝涼水，生地瓜，不離嘴。
到青島，吃砲子，沉了船，沒了底。
今日是個人，明日是個鬼。（山東）

民國三年八月初，第一次世界大戰發生，只因青島爲德國的租借地，日本對德宣戰後，竟於九月二日在龍口登陸，出兵山東，暴虐人民，乃有此謠。李卜五記，載「歌謠周刊」三卷十三期。或作「日本鬼，喝涼水，上了船，沉了底，下了地，斷了腿。」一直流傳了近二十年。抗戰期中，又在黃河兩岸再次流傳了上十年。

東海裏，日本人，借名進兵保琿春，
裝電話，設警兵，燒韓民，無理要求欺負人。（吉林）
綠坎肩，眞是濶，綠帽子，也不錯，

叫你再販日本貨。

妻有淫行，俗謂「戴綠帽子」。此「九一八」後，諷人賣日本商品。

東洋兵眞該打，却又輕不起打。

徐仲年「雙尾蠍」錄。「一二八」戰役，我士兵流行語。

趙剛「滾滾遼河」十七：

「九一八」的悶氣，一直梗塞在東北同胞的胸中。最初，大家還不知日本鬼子玩的甚麼把戲，只以爲兵來將擋，水來土掩，對於炮火總應該還以炮火，可是當時當局却來個「不抵抗」；各地民衆激於義憤而風起雲湧的義勇軍，終敵不過帝國主義者蓄謀的侵略；國聯調查團祇能在書面上不予承認，却摧毀不了傀儡政權「滿洲國」的建立；於是東北同胞事實上開始了亡國奴的生活。萬般無奈的境況下，人民祇能用民謠形態念喜歌的方式，發洩心中的希望和詛咒。那時遼鞍地區的女孩子們，正好流行穿着紅色陰丹士林布鑲着白色花邊的服式，於是大家便念道：

紅褲子，鑲白邊，滿洲國，不幾天。

「滿洲國」旗是採用民初五色旗的顏色而仿用中國國旗的式樣，左上角「青天白日」部份改用紅藍白黑四色橫條，「滿地紅」部份完全改用黃色而成爲「滿地黃」了。東北對做生意倒閉的商店，通稱爲「黃鋪了」。甚麼事計劃未成功，也叫「黃啦」。因此，一看到這種「國旗」，便念念有詞道：

滿洲國旗——黃面大！

而日本爲了便於統治「滿洲」，一開始便迫誘東北同胞學習日語。學校、機關、工廠、社會團體，統統在學。人們一面被迫在學，一面又自我解嘲地說：

日本話，不用學，再過兩年用不着。

「學」字土音與「着」字正好押韻，說來頗爲順口。東北各地區各階層的人民，都不約而同地叨念各式各樣的「喜歌」。

載民國五十八年十月三十一日，「中央日報副刊」。次年五月，有純文學出版社刋本。

按，僞滿洲國成立於民國二十一年三月九日，趙文所舉的這些民謠，乃是這時期以後，流傳在東北地區的。「滾滾遼河」本是部小說，所錄的這些民謠，却並非個人創作的虛構。依他三十年後的回憶，指出說，這種時代謠，當年還多的是。而「日本話，不用學」的謠，後來越過山海關，流傳到黃河、長江流域了。

日本人，來曲阜，逛林廟，謁德成，
惹得中央大尊孔。（山東泰安）

泰安、于衍曾釋，「九一八」後，日本軍閥擬組華北帝國，想誘騙孔聖後裔孔德成充帝國皇帝，不時利用各種名義，派工作人員到曲阜祭孔，且極力想籠絡孔氏。民國二十三年，我政府乃定八月二十七日爲孔聖誕辰，中央及各地均舉行隆重慶祝典禮，國民政府特派葉楚傖率各院部代表至曲阜致祭。三十日，中常會決議，祭孔祝文刻石，於曲阜，泰山各建一碑。見是年十月「東方雜誌」三十一巻十九號的圖文記事。在山東老百姓的印象裏，以爲這是民國十七年北伐後第一次的大尊孔。

千言萬語一句話：中國有辦法。

源於蔣方震「國防論」扉頁題辭：「千言萬語，只告訴大家一句話：中國有辦法。」當八年抗戰前夕，國家局勢陰霾，人人憂悶不安，此語一出，特能鼓舞人心，激勵戰志。

九　八年抗戰

此一節，寫述較多，在全篇結構上，未免破壞平衡，實因抗戰八年，乃中國歷史上十分凸出的事相，軍民赴戰，勇於犧牲，可歌可泣的精神，今日走筆至此，猶感熱血沸騰，激奮無已。

頌歌

月兒光光，下河洗衣裳，
洗得淨，平得光，哥哥穿起打東洋。
打勝仗，回家鄉，鄉平安，過好年，
哥哥妹妹來團圓，唱個山歌到河邊。（甘肅）

窩窩頭，稀飯湯，
姐姐吃了縫軍裝，哥哥吃了打東洋。（寧夏）

太陽出來磨盤大，東莊有個好人家，
哥當兵，嫂當家，小姑天天學紡紗。（河南）

耳目口鼻上前線——全面抗戰。

民國三十二年十月十八日，於陝西長安採錄。係俏皮話形式，對此嚴肅時代任務，出之諧趣，但並非諷刺。

張崁坡「贛南的客家民歌」，於舉出許多傳說的客家山歌之外，並錄有讚頌抗戰大時代的客家民歌。略摘幾例：

上呵呵來鬧呵呵，聞名東洋女子多，
大家拚命殺過去，搶回幾個做老婆。（安遠）

有妻子的呢，就這樣唱：

哥哥當兵去打仗，老妹在家要像樣，
打得勝仗回家轉，包你就有太太當。（上猶）

少女們也不愛讀書郎，也不愛作田郎，而要嫁當兵郎了：

嫁郎要嫁當兵郎，當兵郎子好排場；
身上掛條斜皮帶，草黃衣服黃金樣。（崇義）

下面的兩首，其比興，敍事格調，呈現出傳統山歌的韻味，而與上述甘肅、寧夏、河南之依托情人口吻，完全一樣，中華好兒女，大家彼此勉勵——男子漢在前線拚命殺敵，女孩們在後方努力生產，還常時爲過往軍隊做戰時服務工作：

一出日頭兩邊黃，老妹河下洗衣裳，

藍衫洗得白衫樣，打發亞哥上戰場。（上猶）

亞哥當兵去打仗，老妹在家守田莊，

軍隊開到門前過，燒茶煮飯洗衣裳。（上猶）

載民國三十二年十二月，「民俗季刊」二卷三、四期合刊，中山大學出版。

當然，上述五首之「七言絕句」式，是不可當作「謠」看待的。只因要列述對此大時代的頌歌，而特為舉錄。又，由於這種內容的民謠，跟「謠」一樣，是有時間性的，故敘述於此。

中國人怕飛機，日本人怕諸暨。（浙江）

諸暨人民性格強悍，竹工、木匠、船夫、鐵匠多，讀書人也多。抗戰初期，日軍急於打通浙贛線，幾次一進軍到諸暨，就失敗了。乾隆「浙江通志」錄「諸暨縣志」：「民性質直而近古，好鬥易解。」「怕飛機」，指日本飛機轟炸。只要當年曾於平漢路、京滬路、粵漢路、湘桂路逃過難的人，自是永生也忘不了的，日本軍閥眞把中國人欺慘啦。

一二三四五，打到東京府，

見了日本人，殺他五萬五。（江蘇碭山）

王鏡清、程其保錄。

月亮爺，丈丈高，騎白馬，拿洋刀，

殺的鬼子往回跑。（陝西）

雄牛角，雌牛角，一下子打到日本，

落，落，落！（陝西）

草鞋兵救了皮鞋兵。

這是指的中國遠征軍，民國三十年四月，在緬甸仁安羌，與日軍鏖戰兩晝夜，解英軍七千餘人之圍。

感喟　先不提下列的這些謠歌，只要但一回想這八年來的經過，凡屬中國人，誰不感懷萬千哩——軍民的重大犧牲，戰線逐漸向內陸轉移……

頭道警報，亂蹦亂跳；二道警報，什麼不要；三道警報，哈哈一笑。（武漢）

或「預行警報，亂蹦亂跳；空襲警報，什麼不要；緊急警報，心驚肉跳；解除警報，哈哈一笑。」重慶。曹敬述。凡按，當時四川還有個流行的語彙：「有預行了」。「空襲警報，心驚肉跳；緊急警報，性命難保；解除警報，倒還能了。」陝西。李廉述。「空襲警報，穿衣戴帽；緊急警報，心驚肉跳；解除警報，哈哈大笑。」「預備警報，娘喊女叫；緊急警報，想屙想尿；解除警報，說說笑笑。」

此謠四說法，末句都結於「笑」字。當時日機濫炸，我們生命財產的損失，每在於俄頃之間，恐懼緊張之餘，有此無可奈何的舒快，足見中國人坦率的性格。

銀子過萬，走州過縣；銀子過千，鄉裏胡鑽；

鍋裏沒米，抗戰到底。

此述敵寇入侵，有錢人都往大後方逃難，皆在陝西聽來。或「鍋裏沒米，抗戰到底；十萬八萬，四川一轉；百頭十萬。安南緬甸；千千萬萬，歐洲逃難。」「十萬八萬，趕緊逃難；三萬五萬，等等再看；無鹽無米，抗戰到底。」

民國三十三年六月，中原戰事緊張，西安民謠。「家有百萬，川甘亂竄；家有十萬，各縣亂鑽；家裏沒米，抗戰到底。」三十四年秋，靈寶戰事緊張時民謠。物價漲，幣值跌，非有百萬，不敢離省，與以前所歌者，法幣數量有別。

三千五千，死在路邊；三萬五萬，逃至車站；

百八十萬，才算逃難。

入黔道上難民謠。我家大房，五伯祖父老幼三代男女八人，就在這條道路上逃難，一次敵機轟炸掃射，全部失蹤了。都死亡了麼？却一點屍骨也找不到。

生了兒，關餉的；生了女，工廠的；

賺了錢，是保甲長的。（湖北）

關餉的，謂當兵。言出壯丁以及保長在老百姓心中的印象。或「有男孩，是委員長的；有女孩，是工廠的；賺了錢，是保長的。」

陝西洛川，則出之另一口氣：

養兒的當兵，餵馬的支差，

哈哈，都是應該。

到了重慶，昏天黑地；

在重慶住久了，怨天恨地；

離開重慶，歡天喜地；

重慶的公務員，呼天搶地；

做買賣的，花天酒地。

民國三十一年十月三十日，曹敏自重慶到長安，告訴我以這首民謠。頭年夏天，我在重慶住了兩個月，都沒有聽說。味橄「游絲集、夏重慶」則作「想來重慶，求天求地；到了重慶，怨天怨地；離開重慶，謝天謝地。」或「剛到重慶，昏天暗地；住在重慶，上天下地；久住重慶，怨天恨地；離開重慶，歡天喜地。」其時，重慶不斷遭敵機轟炸，物價高，生活緊張，又忙又亂，是此謠之背景。今日想來，則其中實有共黨心戰作用在。

征，公私朘削，贓吏貪婪而不問，良民塗炭而罔知，閭閻失望，田里寒心。乃歌曰：

母，而彼等不體聖天子撫綏元元之意，鷹揚虎噬，雷厲風飛，聲色以淫吾中，賄賂以緘吾口，上下交

宣撫諸道，問民疾苦。若江西福建，去京師萬里外，傳聞奉使之來，皆若大旱之望雲霓，赤子之仰慈

右，格調實屬舊有。明、陶宗儀「輟耕錄」卷十九，述元代至正（一三四五）乙酉冬，朝廷遣官奉使

奉使來時，驚天動地；

奉使去時，烏天黑地；

官吏都歡天喜地，百姓却啼天哭地。

如此怨謠，皆百姓不平之氣，鬱結於懷而發諸聲者然也。

又，明、郎瑛「七修類稿」卷四十九：「諺語至理。御史初至，則曰驚天動地，過幾時則曰昏天

黑地，去時則曰寂天寞地，此言其無才者也。」

天翻了，地亂了，日本打到河岸了，

委員長坐了金殿了，相公婔受了訓練了，
壯丁上了火線了，百姓跑的不見了。（陝西）

末句，指人民大逃難。

礦不如工，工不如商，商不如囤，
囤不如金，金不如鈔。

戰時囤積居奇，發國難財。後來法幣貶值，有錢人更只知買黃金美鈔了。

此謠的意識、形式，傳承久遠。「史記、貨殖列傳」：「夫用貧求富，農不如工，工不如商，刺繡文不如倚市門。此言末業貧者之資也。」

抗戰以來有三多：票子，學生，老漢哥。（陝西）

中學以上，都有公費待遇，青年人不怕吃苦，讀完大學，自家可不負擔分文。在國家政治上，此公費待遇辦法，關係十分重要，當時若非執行此政策，抗戰勝利後，就無人才可用了。老漢哥，指有的男性怕「拉壯丁」，故意虛顯其老態。

找房子比找事難，找太太比找事易。

找對象三天，找職業三月，找房子三年。（重慶）

紅邊太老，黃邊剛好，藍邊錢少。（陝西）

女子於軍人中擇偶之謠。其時，軍人胸前佩符號，標明其部隊番號，級職姓名。將、校、尉符號的四邊，以紅、黃、藍色區別之。

前方吃緊，後方緊吃。

樓桐蓀錄。或「前方有什麼吃什麼，後方吃什麼有什麼。」

馬達一響，黃金萬兩。

公路汽車司機，帶客帶貨，大發其財。當時，曾有不少小說、話劇，諷刺過此一事實。

上坡衝，下坡闖，

轉彎抹角也要闖，闖到寶鷄吃西餐。

以川陝公路言，關油門滑行，可多獲私利。行車的安全，就顧不得了。

九月雙重陽，斗米抬姑娘，

荒年多賭場。（浙江鎮海）

民國二十九年，逢雙重陽，鎮海旱荒，鄉人賣女換糧食，賭風大盛。

富漢怕的共產黨，窮漢怕的糧食漲，

鄉人怕的保甲長，死人怕的飛機場。（陝西）

修飛機場，必須剷移墳墓。

作官六字訣：風，馬，牛，粉，刷，糊。

廖伯周述。謂迎合，拍馬，吹牛，裝潢門面，粉飾太平，掩蔽缺失。

反正是個木炭車——上下就是這麼一點勁。

汽車無汽油可用，改以木炭燃燒發動，力量差多了。或以喻政風。

天不管，地不管，

若是東洋小鬼不造反，老夫三餐吃大碗。

鄉鄙野老，甘願與草木同腐，戰時皆有此感。

讖測

佔了北京，到了南京，

到了西京，回不到東京。（河北）

民國三十三年夏，日軍西進，陷洛陽、靈寶，其主要企圖，乃在打通平漢路，當時，長安受到震動，如果它更能抽調兵力，也許可打過潼關。或「買倒北京，打到南京，攻到東京，進不去西京。」此東京，應指開封。「北京苦，南京危，東京不得見，西京不得歸。」揚州。「日本兵，從北京，到南京，那有命，回東京?」江蘇鎮江。

生在東洋，初到瀋陽，

定在漢陽，落在洛陽。

或「出東洋，到瀋陽，盼南陽，怕洛陽。」這些地名字音，順口合轍，乃組成這麼一條讖謠。

大麥黃，日本亡。

中原地帶，此謠極普遍。或「大麥出芒，日本必亡；小麥出穗，日本必潰。」「麥子收到場，日本叫老娘。」

三月鷄蛋皮兒薄，日本不能過黃河。（陝西洛川）

楊世杰錄。或「五月石榴花兒紅，日本鬼想過河不得成。」「老媽媽，聽我說，鬼子不得過黃河。」這兩首，係從陝西興國中學的學生口中採集而得。興國中學位於長安杜曲，是抗戰時在西北最大的一所中學。

穀、米、豆、麥滿倉，日本軍閥死光。

抗戰中南北各地豐收，卽使先有歉象，也終必豐收，如民國三十年之川陝，而敵人佔領區之豫魯冀則非，老百姓都感嘆：天佑中國哪。實則，淪陷區，或因敵我戰鬪不息，或因農民逃亡他方，影響耕作，無有了水土保持，所以成荒。

地菜開白花，日本鬼子怎辦呀？（陝西）

日本鬼子軟心腸，不想老婆就想娘。

高粱葉子靑，日本罵東京。

下句或作「鬼子走路驚」。上句喻中國游擊隊活躍。

民國行運三十六，紅日落在天盡頭。（陝西洛川）

十女配一男，一牛耕百田，

猛虎大街走，才過太平年。（湖北均縣）

夸言戰時荒亂景象。

詛咒

苜蓿菜，調拌湯，日本鬼子死在河岸上。（豫陝）

拌湯，稀麵攪湯而成，是豫陝人民一年四季常吃的飯食。或「地菜兒，拌拌湯，鬼子死在河岸上。」上句亦作「開水鍋裏打拌湯」。

日本鬼，喝涼水，過黃河，沉了底，

打了罐，賠了本。

此謠在北方極流傳，是前述民初日軍進兵山東民謠的延續。或「日本鬼，喝涼水，打了罐，蝕了本，坐火車，壓斷腿，坐輪船，沉了底。」「日本鬼，短短腿，來到中國賠了本，坐輪船，沉了底，坐火車，軋斷腿，坐飛機，摔掉了魂，大大的不够本，大大的不够本。」其造句，是從一個老調調套起來的。黎錦暉「歌謠」第四集（民國十二年十月中華書局版）：「逃學鬼，賣涼粉兒，打了罐兒，賠了本兒。」（遼寧遼陽）

老日佬，非死到中國才算了。（冀豫）

七家麪，八家水，九家子柴火煮洋鬼。

煮的洋鬼轉了筋，老百姓放了心。（山東武城）

王鏡清、程其保錄。或「八家麪，七家水，十字路上煮洋鬼。」這應是庚子年間流傳，當抗戰時期再度被大家提起。下面的，就不一樣了。「七家麪，八家米，滾水鍋裏煮日本，你吃肉，我喝湯，去罷心恨笑一場。」陝西。

今天好晴天，日本鬼子死一千；

襟頭掛紅線，日本鬼子死一萬。

或「開開門，好晴天，日本見天死萬千。」

早晨起來開開門，殺的鬼子不見人，
早晨起來穿上褲，殺的鬼子無其數，
早晨起來穿上襖，殺的鬼子眞不少。（山東鉅野）

斥責

漢奸漢奸沒心田，
吃里中國飯，花里日本錢，
燒殺他都幹，忘了老祖先。（甘肅）

小桿仗，兩頭尖，日本過來當漢奸，
漢奸不是人，賣國賣祖墳，
中央捉住了，剝皮又抽筋。（河南）

打敗日本向回轉，回來再好捉漢奸，
漢奸上了房，我們燒房樑，
房樑成了灰，漢奸死下一大堆。（陝西洛川）

中央軍打，八路軍看，游擊隊到處轉。

或「中央軍是抗戰的，游擊隊是討飯的，八路軍是搗蛋的。」

老百姓抗戰哩，八路軍搗亂哩，

村級幹部吃飯哩。（陝北）

中央軍買來吃，游擊隊搶來吃，八路軍騙來吃。

天混混，地混混，平地起了八路軍，

吹大氣，怕日本，專門捉拿莊稼孫。（河北）

北方口語，泛指小輩、儒弱者爲「孫」，莊稼孫者，謂其做小服低，橫被欺負，而不敢反抗。或「天混混，地混混，豈該生出八路軍？不打仗，光害人，老百姓們看得眞。」

財主一聲說沒有，立刻戴上漢奸帽。

八路軍，愛國票，一見財主拚命要，

或「八路軍，吃得胖，馬又肥來人又壯，一見日本却慌張，光吃白麪不打仗。」「八路軍，手段高，甜言蜜語下暗刀，口口聲聲打日本，日本來了他先逃。」「八路軍，眞猖狂，人受飢餓他積糧，要吃要喝還要子，河北省裏大遭殃。」子，「錢」的俗稱「子兒」，而簡言之。

也有刀，也有槍，八路還不如張宗昌。

豆腐嘴，刀子心，圖財害命的八路軍。

寧叫皇軍一掃光，不聽八路叫大娘。（河北）

載民國四十六年三月二十七日「聯合報副刊」。

哀號

下述，皆爲抗戰時淪陷區民謠。

要想不當亡國奴，先要當幾天亡國奴

——他才不當亡國奴。（豫北）

民國二十七年夏，爲策應徐州會戰後之豫東轉進，我騎兵在黃河北岸作戰。於河南博愛山區，我遇到一支純由農民組成的抗日武力，其大隊長向我說道：「老百姓向來只管完糧納稅，不願過問國家事情。博愛縣經過敵軍三進三出，殺人放火，姦淫擄掠，無惡不作，民心大變了。我們這一帶，所以流傳了這麼三句話。」

活一天，算一天。（北平）

淪陷區人民心情。

行了三千里，還在棺材裏；

行到三千外，還在棺材背。（湘、桂）

早窮是有福的，早死了是有德的。（察、綏）

人民不堪敵寇搜刮欺侮。

不想爺，不想娘，想中央軍想斷腸。

老百姓是在敵、僞、共黨、土匪、游擊隊，交相逼苦之下。

天上有飛機，地下有遊擊。

天見古，日月不明；地見古，草木不生；

人見古，如見閻君。（湖北天門）

僞軍古鼎新部，暴虐人民。

一馬三司令，得了抗日病，

不打日本鬼，單打老百姓。（山東鄒縣）

馬耀南，馬馨山，馬千里三人所率的游擊隊，吞併殘殺，此民衆之怨聲。

寧叫日本燒殺，不叫日本駐紮。

寧願受其摧毀，不願與之共處，悲憤之情可見。

清晨起來開開門，日本鬼子跑進門，

第一是找東西，第二是姦人。

彰德、衞輝、懷，好進難出來，

俺說俺不來，命令逼太嚴。（豫北）

嚴，讀音作愚騃的騃。是老百姓代敵軍擬說的嘆辭。

警察出外膽氣高，腰帶護身三尺刀，

百姓一見忙鞠躬，回手便把荷包掏。
四海之內皆兄弟，何必到家去騷擾？
只要滿幣送到手，哈哈一笑事全消。（東北）

別看我的脖子長，明年不吃滿州國的糧，
別看我的脖子短，明年再不受滿洲國的管。（東北）

衙門掛起太陽旗，人人走過要行禮，
勿趄行禮打儂死，吃虧同胞做奴隸。（浙江寧波）

天天想進城，手拿良民證，
失落良民證，耳光當點心。（浙江寧波）

日本人，眞厲害，叫聲順民你過來，
右手打你喊老老，左手打你叫伯伯，
十下棒棍足你挨。（綏遠）

半點鐘過黃河，十五天到北平。（河南）

日本人雖防守得嚴，但游擊隊只要打算過河，半個鐘頭就能找到船隻，而且安全的渡過去。有任務要去北平，那種種手續、關卡，也皆能順暢通過，半月內一準可到。王藍「藍與黑」，曾有描述及此。

日本話，不須學，三天兩晌用不着。

大家全是中國人。（北平）

淪陷區有這麼一句口頭禪，這話每出之於排難解紛的第三者，有人因細故打罵起來，旁人必以下語解勸：「得了，大家全是中國人。」甚至游擊隊混跡入城，讓守城的軍警搜到了手槍，也憑此語得免拘捕。

諷刺

戰時徵兵、徵糧、徵伕子、徵工事材料，有說不盡的徵用項目。有的出於中央，有的出於省，有的出於縣，有的出於區，甚或鄉保村社本身因爲時時支應軍隊，也有所攤派。這一切，都落在每戶人家的地畝上。鄉保長，少有不在這裏上下其手的。

鄉長買田造屋，保長吃魚吃肉，
甲長跑上跑落，百姓嚎啕大哭。（浙江奉化）

或「鄉長買田豎屋，保長吃酒吃肉，甲長捐米捐穀，戶長抱頭大哭。」華北。

鄉長撐田地，保長三分利，甲長大灰氣。（浙江象山）

妞，妞，快點長，長大嫁給鄉鎮長，
吃香哩，穿光哩，兩邊跟個挎槍哩。
妞，妞，快點長，長大嫁給鄉鎮長，
坐汽車，嘟嘟響，騎洋車，披大氅，
皮鞋底，咯咯響。（河南）

程夢錫錄，載民國三十五年五月二十三日，上海「大公報。」

富漢怕共產黨，窮漢怕保甲長。（甘肅）

金保長，銀鄉長，富縣長。（江西）

管教養衛四件事，衣食住行一塊錢。

保甲長通爲無給職，保長每月有一元錢的辦公費。

十　勝　利

汽車沒油，火車沒頭，鬼子要走，漢奸發抖。

此勝利前夕情況。

相公在門上放砲哩，掌櫃在房子上吊哩。（陝西長安）

民國三十四年八月二十日，長安「民衆導報」所載。八月十一日，日本投降消息傳到長安。當時凡囤貨、做黃金生意的多倒塌了，或有上吊自殺者。當晚長安城慶祝狂歡，獨梁家牌樓一帶銀行街沉寂無聲，亦爲此謠產生的背景。或「相公在門上放砲哩，管賬先生坐着看報哩，財東發躁哩，掌櫃上吊哩。」「相公放砲哩，先生看報哩，□□睡覺哩，掌櫃的上吊哩，窮娃聽見了，拍手大笑哩。」「夥計看報，徒弟放砲，掌櫃發悶，東家上吊。」

有條有理，無法無天。

條，謂金條。勝利後，肅奸，清理敵產，收回淪陷區產業，以及一切財務糾紛，這類官司最多，不免法紀敗壞，賄賂公行。

金條子，封房子，嫖窰子，玩戲子，搶車子。

京滬平津的狀況。

土地復原了，人心喪盡了。

民國三十五年五月八日，上海「大公報」載。

作官十年，不如接收一次。

民國三十五年六月二十日，上海「大公報」載。

念中央，盼中央，中央到了民遭殃。（北平）

馬路不平，電話不靈，汽車吃人。

民國三十五年十一月十六日，漢口「正義報」載。當時江漢市政，部份情形確有如此。在漢口最繁盛的江漢路上，乘車而過，竟如舟行波浪中。此謠，次年南京也有了，還加上「電燈不明」，因缺煤，常常停電。

白米跳，生意人笑，小百姓上吊，做官的睡覺。

民國三十六年發行金元券未久，物價暴漲。

這類民謠，有的確乎出之老百姓的心聲，却也有的是由於共黨心理作戰的結果。走筆至此，心念當時國家紛亂苦痛，使人無限傷懷。秋風「今日大陸的民歌與民謠」：

中共有計劃的搜集民歌與民謠，開始於去年周揚在「民間文學作者大會」上，號召全國作大規模采風運動之時。爲着搜集和整理「民歌」，中共在各地發動組織「民間文學工作隊」，工作隊的成員，有西安師範學校中文系、蘭州藝術學院、南京大學、江蘇師範學院、南京藝術學院、廣西大學等。目前已發表的各地民歌數量，雖然沒有確實的統計，但江蘇文藝出版社出版的新民歌小册子，就有一百二十餘種，新民歌選集三種。其他各地，相信都不至於「落後」。其實，中共所選的「民歌」，無寧謂之黨歌較爲貼切，所謂民歌的內容，千篇一律是：「採茶摘果等紅軍」，「一輩子不忘共產黨」，「跟上紅軍打南京」，「爹送我把紅軍參」，「做酒紅軍嘗」，「青石崖上刻五星」，「望見紅軍下山來」，「北京去見毛主席」等等。

此文的分析，特別指證一段歷史事實：

中共搜集民歌，有它一套作用的。大家如果不是健忘的話，應該還記得勝利之初，江南一帶，不知道那兒來的歌聲，小孩子嘴裏都在哼着：「天下來，地下來，老百姓活不來。」在華北又有：「望中央，盼中央，中央來了更遭殃」的調子出現。這就是中共的傑作，由歌聲裏面來煽動民怨，一唱百和，終而騙去中國的「民心」，也騙去了整個大陸。這段歷史插曲，中共的文化特務當然心裏有數，因之，生怕也蹈過去的覆轍，於是把「民歌」表面上是加以整理，事實上是不讓人民有眞正表達心聲的機會。然而，防民之口，甚於防川。據最近上海逃出來的朋友說，京滬一帶，又有人民跟着「東方紅」的調子哼着：「東方紅，六點鐘，大家起來倒馬桶，馬桶裏面有個毛澤東。」

約民國四十二年前後，香港「天文臺報」。

共了又淸，日本去了，又是新四軍。（湖北黃安）

民國三十六年四月十六日，「武漢日報」載。共，指共產黨。淸，謂淸鄉。老年人都說：「百姓眞是犂下的曲蟮蝦——掙死幾層皮。」

日本人吃高粱米飯——沒有辦法。

日據東北時，日本人從不吃高粱米飯。投降後，欲食不得有。人問之：怎麼樣？，答曰沒有辦法。因俄帝與共匪阻撓，東北遺孚，不如華東一帶辦得妥貼，乃係當時實情。

日本帝國兇似狼，東北人民愁斷腸，
好不容易太陽到，陽光才賜又無光；
如今來了大鼻子，中國婦女遭禍殃，
吃人肉來喝人血，打跑鬼子來魔王。

東北光復之初，俄國軍隊壓境，暴虐十分。

壯丁糧食要，女人房子好，
老人孩子沒啥用，都丟掉。（遼寧瀋陽）

民國三十五年十二月九日，「西京平報」載。

小代表，開大會；大代表，開小會。（南京）

民國三十六、七年，國民大會的情形。

從政不如從糧（良）——從良不如當娼（倉），當娼不如下堂。

就妓女從良的諺語來名說。糧官跟守倉庫的，多油水，可中飽。下堂喻外出視察，易受賄賂。

萬能，萬惡，萬難，萬死。

民國三十五年二月十七日，漢口「新快報」載。謂上級希望殷，民眾責罵重，實際處境難，而發生了事情，就罪該萬死。民國三十一年九月二十八日，在長安城，胡振漢說，則爲「縣長三萬：萬惡，萬難，萬能。」

平平漲漲，漲漲平平。

貨幣貶値，物價上漲，雖由政府一再評議，其奈約束不了何。

國大代，新聞記，吉普女，青年從，軍官總。

歇後語的句式。指國民大會代表，新聞記者，吉普女郎，知識青年從軍，軍官總隊。謂此五類人，是其時社會上最活躍的份子，也是一些不好惹的人們。此五句，似揄揚，却也有貶意。實則，國大代表，皆各方俊彥之士。新聞記者，站立時代尖端，爲大衆傳播，嚮導社會。吉普車，美國軍援而來，車上偶搭女性，各種身份的都有。知識青年從軍，乃八年抗戰最可稱道的大事，當戰爭陷於苦境，國家號召「一寸山河一寸金，十萬青年十萬軍」，熱情奮發的優秀知識份子，雖以二十歲左右的年輕人爲中堅，但小到十五六，大到四十歲的人也間有，爭着都去投筆從戎。青年軍練成，正待增援戰場，抗戰勝利了。軍官總隊，乃全國各地縮編，編餘的軍官所組合。後來，曾有人評論，軍官總隊的措施不太妥當，削弱了國軍力量，是三十八年大陸淪陷的主因之一。

十一　臺灣光復前後

乞食婆，也趁人走蕃仔反。

趁人，仿效別人。走反，逃反、逃難意。蕃仔，日本人。是說，日本人來了，叫化婆子也要逃難。現已成爲尋常生活中的諺語。陳紹馨說：「窮人仿澗人行爲，有以此諷刺的。」

高毛、夭壽李鴻章。

蔡苑清釋：這句話，與甲午中日之戰、馬關條約有關。記得是民國十九年，他還在鄉下國民學校唸書，上歷史課的時候所聽到的。馬關條約是李鴻章手訂。高毛、夭壽都是很毒的罵話；可見臺省同胞對淸廷割臺灣澎湖予日本，眞是悲憤塡胸，溢於言表。見所撰「臺灣風土諺語釋說、新竹縣橫山鄉之部」稿本。吳守禮說，「高毛」，「臺日大辭典」用「孤亡」，也不甚妥，但至少不是「高毛」。

清廷闇昧無知，使國家積弱難振，馬關條約之恥，那能怪得上李鴻章呢？那時，李鴻章却擔盡罵名了。

也出日，也落雨，刣豬翻豬肚，

庒仔穿紅褲，乞食走無路。

日本據臺初期，其憲兵穿紅褲，戴紅帽，臺語以「庒仔」譏之。他對中國老百姓，驕狂橫暴，喜怒莫測，有如晴雨不定，屠戶洗豬肚，翻來覆去一樣。其時，小民流離失所，多淪爲乞丐，一遇憲兵，即被抓去刑罰。見曹甲乙「童謠集零」，載民國五十七年三月「臺灣文獻」二十卷一期。

人插花，伊插草；人抱嬰，伊抱狗；
人未嫁，伊先走；人坐轎，伊坐糞斗；
人咽眠牀，伊咽屎礐仔口。

曹甲乙釋：人指中國人，伊指日本人。諷刺日本婦女喜插草葉於首，喜抱小狗，未論婚嫁卽與男友來往；所坐的東洋車，一翻倒，恰似糞斗；在地上睡「榻榻米」，每與廁所鄰近。

紅的烏的二十八，警察給我撻。

曹甲乙釋：也是日據初期所流傳。意謂，總有那一天，在臺灣作惡多端的日本警察和官吏，要遭到老百姓的報復。當時兒童唱此謠，大人莫不擔心害怕，惟恐其會給日本警察聽到了，捉去懲罰。老人家們認爲，「二十八」是指民國二十八年，其時抗日戰爭已進入第三年了。

第一戇，種甘蔗，隨人磅。

日據時代，臺灣南部的謠諺，謂日本人欺壓剝削蔗農。

公學讀六冬，不識屎桶枋。

受日本六年小學教育，亦無所用，連馬桶板也不識得，非喻其愚笨，乃因不甘心受奴化教育。

走長走短，拐籃仔耍尾。

方鳳揚「蛙蛇大戰實況」一文述及，釋謂：當滿街提着籃子的時候，日本的統治就結束了。載民國五十八年十月五日「新生報副刊」。

日本的末敗，淡水出「公代」。

方鳳揚釋：「公代」是一種水產的俗稱，當淡水河出此物時，日本就敗了。凡按，「末敗」兩字，用得很有力。

濁水溪淸，日本離開臺灣。

方鳳揚述。

臺灣光復以後，國民敎育的發達，甲於全國，人民回到祖國懷抱的歡欣感慰之情，皆充分表現於學童嬉笑遊樂的童謠之中。下例，均採自曹甲乙的述錄。

一年的打鼓，二年的娶某，
三年的扛轎，四年的濺尿，
五年的擔糞，六年的低的睏。

或「一年的空空，二年的孫悟空，三年的吐劍光，四年的卜凸風，五年的上帝公，六年的閻羅王。」「一年炒土豆，二年的食土豆，三年的食了了，四年的食不夠，五年的更再炒，六年的食夠飽。」

皆以國民小學生活爲取譃的背景，而又有所透隔。

一二三，三二一，
鹹酸甜，臭脚熟，愛人聞，你老爸是大猪。

頭兩句，用國語唸，以下則爲臺語發音。

小皮球，香蕉裏，滿地開花二十一，

二五六，二五七，二八二九三十一。

小弟弟，別生氣，明天帶你去看戲，
我坐椅子你坐地，我吃香蕉你吃皮。

鈴！鈴！你家姊妹在不在？
不在，不在，剛剛出去一分鐘，
吱哩咕嚕放臭屁。

荷花荷花幾時開？一月不開二月開，
三月不開四月開，四月不開，五月六月朶朶開。

此一首，是這二十年來，孩子們唱得最普遍的，在都市、鄉野皆常有聽到。羣兒圍圈遊戲，以純然的普通話發音齊唱。乍聽其口腔聲韻，幾疑心在長江流域的蘇杭、皖贛、兩湖，或者雲南四川了。而跟「中國歌謠的風貌」篇「論聲韻」之十二，所舉江蘇武進的兒歌大同小異，顯見其流變的痕跡。

阿兵哥，錢多多，
一毛錢給我買糖果。

見民國、臺灣「臺北縣志」卷二十六錄兒歌。

八路軍，會扒路，
搶了富人的錢，要了窮人的命。

種了分的田，夫妻不團圓，
老婆去慰勞，兒子打朝鮮，
一家都離散，敢怒不敢言。（遼寧）

扭秧歌

殃怪殃怪，大街小巷，扭扭出賣，醜態醜態。（湖南）

大米反飢餓，小米扭秧歌。

共黨初佔東北時謠。前此領政府公費與配給米的學生，屢有反飢餓的遊行，此時倒只有小米可充飢了。北平學生所傳，則爲「大米白麪反飢餓，小米窩頭扭秧歌。」

學生跳死，商人逼死，工人累死，農人餓死。（廣東）

花椒樹，棘針多，村幹叫俺學秧歌，
兒童團來拉我，姐妹團來勸我，咳得咳得氣死我。（山東）

由你算，兩年半。（浙江溫州）

扭秧歌，進三步，退半步，故有此謠。

共產黨萬會。

他本身的會既多，對付人民的會也多。成天到晚，有說不盡的會。不去，要檢討你；去了，要鬭爭你。開會時，不得亂講話，也不准噤口無聲。怎辦呢？作應聲蟲，看幹部顏色，跟着喊喊口號，嚇唬人。

開會

天青青，地靈靈，開會開不停，
發言够熱烈，結論一個零。
天天開會，門門要捐，
解放成功，死在眼前。（湖北天門）

幹部臉嘴

頭戴大鼻帽，身穿列寧裝，
中國人，俄國造。（南京）
談話找岔子，睡覺要女子，
脚穿新鞋子，手拿小本子，
處處擺架子。
村幹動了性，專要好人命，
不是蓋土被，就是倒栽葱。（河南）

口號赤化，生活腐化，享受美化。

生活享受，以「美帝」爲準。

「社會主義建設」

過年的猪，早晚得殺，
社會主義，早晚得到。（黑龍江）

見民國四十二年五月十三日，偽「人民日報」第二版。

水車放了哨，步犂睡了覺，
農藥失效了。（山西襄垣）

供銷合作社強迫推銷農具，不　農民不會用，就是物件欠牢靠。見民國四十二年四月二十六日偽「人民日報」第二版。

上級派，下級攤，
挖了些窟窿，糟塌些地，
少打了糧食，還白費了力氣。（山東諸城）

見民國四十二年四月二十九日，偽「人民日報」第三版。

經理多，幹部多，
當家的人多，坐辦公桌的人更多。

蓋章多，表格多，手續多，層次尤多。（湖北孝感）

見民國四十二年六月十六日，僞「人民日報」第二版。

抗美援朝

生在南方，死在北方，抗美援朝，死的寃枉。

寧願向前進西莊，不願往後去住鄉，

紮在山頂活受罪，住在鄉裏喝炸彈湯，

到了朝鮮等着死，如想不死去投降。

戇鳩鳩，嫌命長，走過鴨綠江。……（廣州）

李青士釋：匪幫抗美援朝，組志願軍，有軍歌首起「雄赳赳，氣昂昂，走過鴨綠江……」廣州兒童唱時，改了前兩句，既押韻，且意義深刻，足以反映民心一斑。廣州白話讀戇字作「戅」，鳩音作「高」，戇鳩鳩，極頂愚笨之謂。

悲慘大陸景相

街頭巷尾，男少女多；白天走路，人少鬼多；

半夜敲門，吉少凶多。（安徽）

見面不點頭，點頭不說話，說話全是假。（上海）

人人都在被監視之中，時時有遭逮捕可能，少接交，免麻煩。

一搖二擺認鄉隊，吆五喝六打狗隊，
耀武揚威聞香隊，偷偷摸摸壁根隊。（江蘇）

大陸淪陷之初的情況。

屋裏爐火暖烘烘，門外凍得脚跟痛，
幹部埋頭睡大覺，咱們去他來打更。

民國四十三年二月，香港「祖國周刊」五卷七期，轉載偽「天津合作社半月刊」五十六期所刊的這首順口溜。「天朦朧亮，農民們從四面八方向着官合作社走來。他們把糧車趕到了官地，可是時間還沒有八點，幹部關門暖烘烘地睡大覺，送糧的農民在門外凍得只跺脚，瞅着合作社冒煙的煙囪，你一句我一句地就編出了這一段順口溜。」

民兵，拚命；參軍，送命；
鬥爭，逼命；婦女，苦命；
大鼻子，好命；靠攏者，不知命；
老百姓，聽天由命。（京滬）

大陸淪陷初期。

世上三門不像樣：地主，生意，教書匠。

唐柱國「北平學生反共抗暴運動紀實」：「由於共匪致力於根除中國固有文化傳統，而鼓勵學生泯去人性，向老師做階級鬥爭。老師受到自己學生的侮辱、輕視，其社會地位實低得不可再低。所以大陸的教師中，傳着一些沉痛的流言。」

莊稼戶的話

莊稼戶一年幹到頭，
春天扛着小鋤頭，夏天披着蓑衣頭，
秋天扛着小钁頭，冬天穿着棉褄頭，
幹活幹到晌午頭，吃不飽飯幹活沒勁頭。

民國四十四年四月八日，僞「中國青年報」所載，農村流行的民謠。

窮人們，沒話頭，從前苦，現在愁。
苦雖苦，還可掙到幾石穀；
愁只愁，無柴無米變了牛。（遼寧）

麥子熟，嗚嗚哭，我問麥子哭什麼？
它說：上得場，進不得屋，
把我送到俄國去，我不願離開中國土。（江蘇靖江）

約民國四十四年六月，「聯合報」副刊，何凡「玻璃墊上——再抄民謠三首」：「麥子會哭、會說話嗎？當然不會。這一首爲士大夫看不起的土歌謠，裏面還有文學的『人格化』的手法呢。『上得場』是麥子熟了，「進不得屋」是收穫不得歸自己。農民終歲辛勤，到頭來糧食歸了共產黨，才明白共黨是歷史上最殘暴的地主。這個大地主搶去糧食幹什麼呢？獻給『老大哥』。所以『不願意離開中國土』的不是麥子自己，而是種它的農民不願它被運走。」

老百姓的態度

是是是，好好好，對對對。（廣東）

此老百姓對共黨的口頭禪，是否心口如一？大家心照不宣。

吃點，喝點，穿點，得點。（黑龍江）

見民國四十二年六月八日，僞「人民日報」第二版。

多吃點，多穿點，多享福，

少養馬，少耕地，少挨累。

見民國四十二年五月十三日，僞「人民日報」第二版。

是軍隊又不發餉，是鬍子又不搶，

打着八路軍，等着國民黨。

鬍子，謂綠林。東北人民打遊擊，反共抗暴。

你如果相信共產黨的話，還不如快死了罷。（魯東）

平心而論

國民黨，良心黑，男耕女織待天黑；

共產黨，眞正好，男女老幼死完了。（河北）

共產黨，好好好，老百姓個個要吃草，

國民黨，壞壞壞，老百姓都用香油來炒菜。（湖南）

恨中央，駡中央，

回過頭來想中央，求神拜佛望中央。（京滬）

薛鴻鈞「匪區民謠集」：「京滬一帶人民，在共匪未來以前，皆不信其殘暴毒辣的行爲，因受匪諜惡意宣傳，厭棄中央。自大陸沉淪以後，共匪處處露出本來面目，人民如夢初醒，乃懷念中央不已。」

最近期間的大陸民謠

唐柱國主編「大陸透視」二十期，「大陸民謠輯註」：

我敵後工作機關，爲加強對大陸民心狀況的瞭解與掌握，最近再一次動員了相當大的敵後組織力量，對近期發現流傳於廣東、貴州、雲南、江蘇、安徽、江西、湖南、山東、山西、陝西、河北、黑龍江等省區之民謠、詩歌、諺語及順口溜等，廣泛蒐集。

載民國六十二年五月二十三日「中央日報」。

唐氏即「北平學生反共抗暴運動紀實」的作者，乃民國四十六年大陸上「新五四」運動的中心領導份子之一。他上述話頭，說得實在。這些資料，經過彙整，此文發表了重要的二十五首。茲摘錄之。

吃不飽，餓不死，穿不暖，凍不僵，住不好，

一起跑，捉住了，就拉倒。（廣東）

農民生活貧困，而距自由地區的香港最近，因此普遍存外逃之念。

中外人士共見，二十多年來，出現在香港的，大陸難民逃亡潮，從未停斷過，情態萬分萬分的悲壯慘苦。

頭頭當不得，政治搞不得，學校是非之地呆不得。（安徽）

流傳於其工農大學各級領導班之間。

說一千，道一萬，不如埋頭拚命幹，

幹部整天圍着柱子轉，戰士整天在「看」字上盤算。（江西）

生產建設兵團，對無盡的政治運動學習，不勝其煩，情緒厭倦。

菜糰加胡椒粉，不是吃，而是嚥。（黑龍江）

生產建設兵團規定，下放支邊青年工作時間，以日出日落爲準，中間不休息。進餐時，就在地頭上，以菜糰飯果腹，風沙極大。菜糰飯以玉米粉、高粱粉、黃豆、蔬菜混合揑成，天寒時冷硬如石。胡椒粉，風沙塵土也。

家大業大，浪費點沒啥？（湖北）

冶金地質探勘系統，曾發動羣衆展開節約運動，人民都不加理睬。

啃不動的硬骨頭，捧不起的爛泥巴，

抓到那算那，不行再搬家。（湖南）

新田縣革委會，爲了整頓後進隊（生產條件差，產量低，收入少，分配不能兌現的窮隊），整整「抓」了一年，沒有起色。農村幹部皆認爲後進隊是拖不動的龍尾巴，嘴上講抓後進，行動上却繞開走，問題各式各樣，思想根源只有一個——「後進隊一切後進，後進隊改變不了。」

爲何改變不了？由於中國農民根本氣質之故。指爲「龍尾巴」，這三個字，可是大有深意在的。

出門滿天星，回來星滿天，
風吹當打扇，下雨是流汗。（雲南）

下放邊境的知識青年，工作辛勞，營養不良，加以山林瘴氣，毒蛇侵襲，引發惡性皮膚潰爛。此謠是這些青年人的自嘲。

規劃規劃，筆頭一畫，
牆上一掛，作用不大。（陝西）

僞「陝西日報」說：水利工程規劃，用少數人包辦代替，關起門來搞加減乘除遊戲。

刮刮鬍子洗洗臉，修修補補看表面，
遇到天旱抓工程，下起雨來就收兵。（山西）

要求農村與修水利，促進生產，但幹部都採敷衍態度。

今日大陸政治術語，也是社會俗話，好用這個「抓」字，以爲是抓緊了主要任務「大搞特搞」，以收急速的成效。殊不知，這個字所給咱們看到的形象，乃是只能抓了一部份，而必然捨丟了許多抓不到的部份，好像嬰兒學習用手，首先就是這樣抓一丟五六的動作。

見面批評他們，背後指責他們，
下去迴避他們，上來冷淡他們。（山東）

威海衛地區，農村幹部對於後進隊學大寨，抓生產，始終提不上去，認爲那革委會，對他們是「一點麻子帶百醜」，「對瘦孩子不給好臉色」，都不願到後進隊當幹部，惟恐「陷進去拔不出腿來。」

按，這批評、指責、迴避、冷淡他們的態度，實不僅止於右註事態，還可放大範圍來看。

附錄　留美音樂見聞

郭長揚

在美國政府東西中心計劃之下，來到夏威夷學習音樂已將近兩年了。在這一段時間裏，主要的是在夏威夷大學音樂系就讀。上學期到美國東北部，來回在哈佛大學與布朗大學之間。在這個學期前後之假期，有兩個多月的時間旅行參觀美國一週，訪問了十多個音樂院系，纔對於美國的音樂教育有了一點認識。現在就當時的見聞，還留在筆者記憶中的事，簡介如下。

美國的音樂學校，依教育重點，大致可分爲兩種：第一種是獨立的音樂學院，如紐約的「朱麗葉音樂學院」(Guilliard School of Music) 和波斯頓的「新英格蘭音樂學院」(New England Conservatory of Music)，注重演奏技巧的訓練。第二種是大學裏的音樂院系，其大學部注重演奏與理論方面；研究部則注重學理方面之研究。博士學位幾乎全給研究音樂學、音樂教育與作曲者。

目前西洋音樂已發展到一個很高的境界，所以有不少音樂學者喜歡往新的路線去發展，開拓研究非西方民族音樂的領域。他們稱這門學科爲「民族音樂學」(Ethnomusicology)。目前開有此課程的重要大學是：夏威夷大學、南加州大學、華盛頓大學、哥倫比亞大學、布朗大學、哈佛大學、密西根大學、威斯利安大學、西北大學與印第安那大學等。除了最後一個大學之外，其他各大學之音樂院系都有個機會去訪問。

去年暑假，最先到華大音樂院拜訪 Dr. Garfias，因他到國外研究，未能見面（後來十一月間在密西根大學開民族音樂會議時纔認識）。他的秘書介紹參觀所有之研究設備。他們有非洲、亞洲、印度、印尼等地方之民族音樂，其中以非洲音樂較強，可惜還沒有中國音樂。到西北大學訪 Dr. Wachsmann 時，因假期他在外地講學。正好他的秘書是來自臺灣的藝專音樂講師韓國鐄，據說，他已在寫博士論文了（專修音樂史）。這是第一次在國外遇見研究音樂的中國人，覺得意外的高興。他面告筆者，他正在整理有關中國音樂的論文、著作。希望它將對於學習中國音樂者有所貢獻。在密西根大學的重要民族音樂學者是 Dr. Malm。他專門研究日本音樂，去年他曾到東西中心來發表他的有關東方音樂美學的論文。他是民族音樂學會的「財政大臣」，所以去年在密西根大學的民族音樂會議，是由他籌備的。這裏的音樂系，在筆者所看到過的音樂系中，算是規模最大的，光是琴房，就有一百間左右。這裏又有很多名貴古樂器的收藏：有些樂器眞是想像不到的美麗；有些樂器的形狀那麼的奇異，有點令人不敢相信那是樂器。

在民族音樂會議開幕之前晚，在密西根大學大禮堂舉行了俄式交響樂團的演奏。其樂團組織，大致與西洋的交響樂團相同；所用的樂器亦有絃樂器、管樂器、與敲擊樂器等類。可是它們的形狀不同：絃樂器是三角形的，其彈奏方式，很像曼陀林(Mandolin)，以右手指急速的來回撥絃，所以那種音樂沒有持續性的弓絃音，但有生動的彈絃音。

目前美國大學中講授中國音樂的，有南加州大學、布朗大學、哈佛大學與哥倫比亞大學。布朗大學音樂系規模不大，但是它的琴房與聽音室之設備，在筆者所看過的音樂院系中，是使人感到最方便最舒服的。學生所用的鋼琴是斯坦威大鋼琴，琴房如教室一樣的寬大，目前有八位博士研究生，全部主修音樂學。在布朗大學教中國音樂的教授是 Prof. Lieberman，他曾到過臺灣研究中國音樂，並且收集了許多古樂書、古樂譜、唱片與錄音帶等，對於中國音樂之發揚，很有貢獻。

哈佛大學音樂系，老實說，並沒有特別使人注意的地方，可是它所收藏的圖書是全美國大學中最多的。中國音樂的資料也居首位。趙如蘭博士在哈大教中文，也兼教中國音樂。她的關於宋朝音樂的英文版論文，已在美國出版。她常常鼓勵筆者研究目前臺灣的地方音樂；她說：「有些地方音樂快要失傳了，若沒有人來研究整理，多麼可惜。」目前她在收集資料研究平劇。在波斯頓有一個中國歌曲合唱團，趙博士是該團的顧問。團員多半是哈佛大學與麻省理工學院的中國同學。他們的水準相當高，曾有過好幾次的公開演唱。有一次在合唱之後，有一位男同學看到了筆者的「昔日春光」曲，馬上就隨着鋼琴伴奏唱了起來。後來經介紹之後，纔知道他是來自香港的哈佛大學物理博士榮鴻曾先生。可是目前他從頭來，在哈大修音樂碩士，這實在使人非常的感動。

在哥倫比亞大學，周文仲教授講授作曲與中國音樂。他曾到布朗大學演講中國音樂，並示範他所譜的「漁歌」——那是以西洋樂器演奏的中國音樂，充分表現了中國樂曲的風格，實在很難能可貴。周教授說：哥大將成立新的作曲系，而他將是該系的系主任。目前周教授也收集了一些中國音樂的資料，他曾表示需要有個助理來幫忙整理與翻譯。

在洛山磯的南加州大學有呂振源與梁銘越兩位先生教中國音樂。在該校音樂系裏設有「民族音樂中心」，到目前爲止已培養了不少民族音樂學者。筆者在今年元月中旅行美國西岸時，在該系參觀了一整天，又拜訪該中心主任 Dr. Hood。他向筆者介紹了該中心的研究事項；在談話中，他將梁銘越先生的碩士論文傳過來，並且很得意的說：「這是關於中國古琴的論文，我們不久就可把它出版了。」這個音樂系在筆者印象中是最好的一個。

夏威夷大學音樂系有一百多名學生，其中研究生約有十名，目前只授給學士與碩士學位。在研究部中，民族音樂佔最重要的地位。Dr. Hood 告訴筆者：「夏威夷因爲它的地理位置重要，具有研究民族音樂的優良條件。」音樂系位於校園東南角的獨立地區；教室與琴房等都有冷氣與完全隔音的設備。另有聽音室可給學生們聽教授指定的樂曲；演奏廳可供學生們練習登臺演奏——三年級學生要演奏三十分鐘，四年級則一個小時。不但是學生，連老師每年總得要上臺一兩次。如筆者的鋼琴老師 Mr. Coraggio，已公開演奏過鋼琴好幾次了。

最後筆者再提一樣值得注意的音樂課程：在美國南部 New Orleans 之羅又拉 (Loyola) 大學音樂學院訪問時，該院院長 Dr. Braswell 送給一些「音樂治療」(Music Therapy) 之資料。他說，目前在美國已有六個大學講授這門課。這是第一次獲得這方面的資料，希望以後有機會去瞭解它。

載民國五十九年四月二十六日「中央日報副刊」。

本書選錄歌謠統計表

類別／篇章／區分	兒歌 一	兒歌 二	兒歌 三	兒歌 四	兒歌 五	兒歌 九	兒歌 十	民歌 一	民歌 二	民歌 三	民歌 四	民歌 五	民歌 六	民歌 七	民歌 八	民歌 九	民歌 十	謠 四	謠 十	小計	說明
明代以前	2				2				1	15	6				1	2	1	1	11	42	一、甘肅民歌96，實包括甘、寧、青地
長江流域					7	2							5	4	4				26	48	

四川	貴州	雲南	臺灣	福建	廣西	廣東	山西	河南	山東	河北	華北	湖南	湖北	江西	安徽	浙江	江蘇
																	1
1		1	2	2		5	1	9	3	15		2	7	2	2	6	10
				1						1			1			1	1
								1		4			1				
6		1	3	5		8	1	7	3	17		7	19	1	6	10	17
		1								2							
														2			
		1	10			5											
2	2	33	1	2	1	19	2	1	3	17		9			7	6	15
1		3			6											1	
			2	1	5	3		1			5	4			1		5
			13	1			1	1	1								
4	8	7	4		6	13		3		2		8	5	1	15	1	15
2	11		6	2		3			10	3	14	1	1			1	10
1	4	3		2	7	8	1	14	9	35	1	5	8	1	4	12	23
8	7		5	1		9	1	1		7	2	2	8	2		2	3
										2	1		1		1		1
10	2	2	20		2	6	4	9	14	32	45	5	16	5	3	9	15
35	34	52	66	17	27	79	11	47	43	137	68	43	67	14	39	49	116

二區。熱河、謠諺多與河北、察哈爾、遼寧類同，故少見專集。

合計	海外華僑	蒙古	綏遠	察哈爾	熱河	黑龍江	吉林	遼寧	東北	新疆	青海	寧夏	甘肅	陝西	西藏	西康
								2			1			5		
											1		5	10		
														2		
236													1			
		1														
			6				1		1				2	10		
													96			
									5				4			14
													1			
		1	4						1	1	3		9	3	4	4
		5	5					1		3					3	
	2		1	1		1			2	1			4	17		
			6											2	6	
814								1								
														1		
312			3	4		3	1	4	13			1	4	35		
1362	2	7	25	5		4	2	8	22	5	5	1	126	85	13	18

參考書目

樂府詩集　宋、郭茂倩　四部叢刊本　商務印書館

古詩源　清、沈德潛　國學基本叢書本　民國四十五年　商務印書館

古謠諺　清、杜文瀾　民國四十九年一月　世界書局

歌謠周刊　第一、二、三卷　民國十一年十二月十七日至十四年六月二十八日；二十五年四月四日至二十六年六月二十六日　北京大學歌謠研究會　民國五十九年冬，臺北東方文化書局複刊本

民俗周刊　第一期至一百一十期　民國十七年三月二十一日至十九年四月三日　廣州中山大學民俗學會

風土什誌　第一卷一期至五期　民國三十二年九月至三十四年四月　成都

中國俗文學史　鄭西諦　民國五十四年六月　商務印書館

東方雜誌　十八卷至三十四卷　民國十年元月至二十六年十二月　商務印書館

文史雜誌　五卷九、十期（民俗學專號）　民國三十四年十月　中華書局

歌謠論集　鍾敬文　民國十七年九月　北新書局

中國民歌研究　胡懷琛　民國十四年六月　商務印館

中國歌謠　朱自清　民國四十七年五月　世界書局

中國民歌音樂的分析　張錦鴻　民國四十七年五月　全國音樂學會

論民歌　史惟亮　民國五十六年七月　幼獅書店

海外民歌譯　劉復　民國十六年六月　北新書局

參考書目

中國文學論集　徐佛觀　民國五十五年三月　臺北、民主評論社

兒童文學小論　周作人　民國二十一年三月　上海、兒童書局

中國古今民間百戲　黃華節　民國五十六年七月　商務印書館

中國民歌千首　陳增善、顧惠民　民國十二年一月　上海、開華書局

民間歌謠集　朱雨尊　民國五十年二月　世界書局

各省童謠集　朱天民　民國十一年十一月　商務印書館

孩子們的歌聲　黃詔年　民國十七年廣州中山大學初版，民國五十八年十月臺北、福祿公司複刊

兒童歌謠　柳一青　民國四十年六月　香港、童年書店

情歌三百　婁子匡　民國四十二年十一月　臺北、東方文化供應社

歌謠與婦女　劉經菴　民國十七年六月　商務印書館

匪區歌謠　薛鴻鈞　民國四十四年十二月　基隆、東方日報社

民衆教育　卷四、五期（民間藝術專號）　民國二十六年二月　浙江民衆教育實驗學校

吳歌乙集　王翼之　民國十七年六月　廣州中山大學語言歷史學研究所

武進禮俗謠諺集　伍稼青　民國五十二年十二月　臺北、新興書局

滬諺外編　胡德　民國十二年十二月　上海著易堂書局

江淮民間文藝集　薛建吾　民國三十八年十月　臺北、茂育出版社

紹興歌謠　婁子匡　民國十七年八月　廣州中山大學語言歷史學研究所

駢廬雜憶　李少陵　民國五十二年九月　臺北、東方圖書公司

湘西苗族調查報告　凌純聲，芮逸夫　民國三十六年七月　中央研究院歷史語言研究所
北平俗曲略　李家瑞　民國二十二年一月　中央研究院歷史語言研究所
北平風俗類徵　李家瑞　民國二十六年五月　中央研究院歷史語言研究所
北平歌謠集、續集　李薩雪如　民國十七年、十九年　北平明社
北平歌謠　齊鐵恨　稿本
北平童謠選輯　陳子實　民國五十七年九月　臺北、大中國圖書公司
北平音系小轍編　張洵如　民國三十八年二月　開明書店
定縣秧歌選　李景漢、張世文　民國二十二年四月　中華平民教育促進會
鄉村改造　二卷十八期（鄉村歌謠特輯）　民國二十二年九月　河南省立輝縣百泉鄉村師範學校
山東省漁民歌謠集解　張玉芝　民國三十六年十二月　山東水產學會
鄒平民間文藝集　薛建吾　民國三十七年十一月　臺北、茂育出版社
閩歌甲集　謝雲聲　民國十七年七月　廣州中山大學語言歷史學研究所
福州歌謠甲集　魏應麟　民國十八年六月　廣州中山大學語言歷史學研究所
臺灣風土志　何聯奎、衞惠林　民國四十五年十月　中華書局
臺灣民俗　吳瀛濤　民國五十九年元月　臺北、古亭書屋
臺灣民間文學集　李獻璋　民國二十五年六月　臺灣文藝協會
臺灣歌謠之形態　黃得時　民國四十一年五月　臺灣省文獻專刊三卷一期
臺灣風物　一卷一期至十八卷四期　民國四十年十二月至五十七年八月　臺北

臺北文物　一卷一期至十卷二期　民國四十一年十二月至五十年九月　臺北市文獻委員會
南瀛文獻　一卷至十一卷　民國四十二年九月至五十五年四月　臺南縣文獻委員會
歌謠集粹　林淸月　民國四十三年十二月　臺北、中國醫藥出版社
臺灣電影戲劇史　呂訴上　民國五十年九月　臺北、銀華出版部
臺灣民謠　顏文雄　民國五十八年一月　中華大典編印會
粵謳　淸、招子庸　民國五十年二月　世界書局
廣州兒歌甲集　劉萬章　民國十七年六月　廣州中山大學語言歷史學研究所
台山歌謠集　陳元柱　民國十八年四月　廣州中山大學語言歷史學研究所
粵東之風　羅香林　民國二十五年十月　北新書局
客音情歌集　鍾敬文　北新書局
情歌唱答　丘峻　民國十七年八月　廣州中山大學語言歷史學研究所
廣東民敎　二卷二、三期（民衆文藝專號）　民國二十六年三月　廣東省立民衆敎育館
狼獞情歌　劉乾初、鍾敬文譯　民國十七年四月　廣州中山大學語言歷史學研究所
廣西特種部族歌謠集　陳志良　民國三十一年十一月　中央銀行經濟研究處
雲南農村戲曲史　徐嘉瑞　民國三十二年三月　雲南大學西南文化研究室
貴州苗夷歌謠　陳國鈞　民國三十一年四月　貴陽、文通書局
金沙江上情歌　薛汕　民國三十六年六月　上海、春草社
康藏滇邊歌謠集　劉家駒　民國三十七年四月　西康巴安、知止山房

川南鴉雀苗的婚喪禮俗　芮逸夫、管東貴　民國五十一年十　中央研究院歷史語言研究所
第六代達賴喇嘛倉洋嘉錯情歌　于道泉編注　趙元任記音　民國十九年　中央研究院歷史語言研究所
邊事研究月刊　第一卷至第四卷　民國二十三年十二月至二十五年十二月　南京中央書局
邊政公論　第一卷至第七卷　民國三十年八月至三十七年九月　中國邊政學會
康導月刊　第一卷至第六卷　民國二十七年至三十四年　西康縣政人員訓練所同學會
開發西北　第一卷至第四卷　民國二十三年元月至二十四年十二月　正中書局
西北民歌集　丑輝瑛　民國五十年十二月　臺北、智仁勇出版社
新西北　三卷五、六期（西北民歌專號）　民國三十年一月　蘭州、新西北社
陝西謠諺初集　民國二十四年四月　陝西省教育廳
花兒集　張亞雄　民國二十九年一月　重慶、青年書店　民國六十二年、臺北、東方文化書局複刊本
綏遠民歌集　李凌　民國三十二年六月　桂林、立體出版社
蒙古歌曲集　陶今也　民國二十九年七月　西安、新中國文化出版社
松花江下游的赫哲族　凌純聲　民國二十三年　中央研究院歷史語言研究所
五十年來的中國俗文學　婁子匡、朱介凡　民國五十二年八月　正中書局
我歌且謠　朱介　民國四十八年六月　臺北、新興
方言記事示例　朱介凡　民國五十二年六月　臺北、志成出版社
中國諺語論　朱介凡　民國五十三年十二月　臺北、新興書局

跋

本書十章。中國歌謠的風貌，花兒，歌謠生活，兒歌，情歌這五篇，自民國五十七年十月起，陸續發表於「純文學」月刊。工作歌，生活歌與敍事歌，儀式歌這三篇，五十八年十一月起，分別連載於「青溪」、「文壇」、「文藝」月刊。文章長，每篇都佔了這四家刊物兩三期的篇幅。首尾的序說，謠兩篇，則發表在五十八年十一月和五十九年三月的「中山學術文化集刊」第四、五集。

既發表之後，關乎這個課題的思考與閱讀，不斷有新的收穫。這五年來，全書各篇乃屢屢加以增訂。多承時賢高見，充實論證。

全書選錄了各地兒歌二三六首，民歌八一四首，謠三一二首，共計一三六二首。其地區分佈情形，如附統計表。

這本書的寫成，得力於中央研究院歷史語言研究所圖書舘和臺灣大學研究圖書舘給我的方便。對這兩處的主事者：李濟、藍乾章、江頌堯、李定國、周駿富諸位先生和兒子仁昶，十分感謝。

李霖燦兄，與會淋漓，惠賜這麼一篇情味別致的序文。特爲謠諺並觀，以其念念不忘的大雪山，來對我「中國諺語論」與此書的先後問世，送上這麼一份賀禮。大雪山的麼些歌謠，與本書所推贊的西南客家山歌，甘寧青的「花兒」，奇美超絕，正是鼎足而三。以中國地域之大，奇美超絕的歌謠世界，自然還有的是，希望多多有人加以敍述。

在得到中華書局出版機會之前，整整花了十日夜的時間，作最後修訂。伏案工作，仰望雲天，無限故國之思。不知今日鄉邦風物，還能一一與本書所述的種種切切，相復按否？

校讀中，還有個主要感想，此書意趣非凡，大非其姊妹篇「中國諺語論」可比。當年，北京大學歌謠研究會諸君子，今多逾古稀之年，還有不少留在自由地區，此書或能激起長者們重燃半世紀前的那番熱情麼？靑年詩人，或許因此書觸發，而有後來居上的作爲。至少，我可指出一件事，劉靜娟大妹，早已用此書中的兒歌，敎她的孩子們了。老祖母們傳下的兒歌，正如老人家愛兒孫的心，說有多好，就有多好。

民國六十二年七月十一日，「聯合報」的時事新聞說，姜成濤的一張中國民謠唱片版權，在巴黎竟售到高價五萬法郎（約合五十萬元新臺幣，足够此地研究歌謠的兩三年需用），這實在是太鼓舞了本書中的一些論點。剪報資料如左：

「中央社巴黎十日專電」投奔自由的名中音歌唱家姜成濤，今日將他的一張中國民謠唱片的歐洲版權，售給法國哥倫比亞廣播公司，價爲五萬法郎（一萬二千五百美元）。單獨接見中央社記者時，姜成濤說，從一九六六年他到巴黎以來，這張唱片是他賣給歌洲廣播公司的第一張。明年他將售出第二張他唱的中國民歌唱片。他說，他計劃八月初在日內瓦舉行一星期的獨唱會。八月中在維也納也舉行一星期。他說，他決定明年初到臺北舉行獨唱會。姜成濤、山東人，一九六二年年逃出大陸，投奔自由。兩月前，在此間有一次成功的獨唱會。據法國報紙報導，歐洲音樂評論家，認爲他是最有前途的中國歌唱家之一。

探詢姜成濤的詳細情形，以及如何把這番鼓舞跟此間民族音樂的研究、推進，緊密連繫起來，應是音樂界諸君子的任務。那麼，姜氏到了臺北，看到本書，這中國歌謠世界的種種切切，不是也會同樣感受到鼓舞麼。

新秋清涼，校讀本書，自是著述生活的一大樂事。只是，我不能不為出版者設想，如今全世界大鬧紙荒，咱們這兒，印刷、裝訂工價一漲再漲，這麼一部厚書，成本非輕，但望其問世之後，不會那麼滯銷的，那就太負累人家了。

中華民國六十二年十月一日，朱介凡記於臺北，秋暉書屋。

著者其他著述

人性、黨性、階級性、民族性論	民國四十年六月改造出版社
另一個戰場的勝利	民國四十二年十二月中國新聞出版公司
諺話甲編	民國四十六年四月新興書局
我歌且謠（諺話乙編）	民國四十八年世界書局
臺灣紀遊	民國五十年四月復興書局
聽人勸（諺話丙編）	民國五十年十月世界書局
擺江	民國五十年十月新興書局
中國風土諺語釋說	民國五十一年十二月新興書局
方言記事示例	民國五十二年六月志成出版社
五十年來的中國俗文學（婁子匡、朱介凡合著）	民國五十二年八月正中書局
中國諺語論	民國五十三年十二月新興書局
心潮	民國五十四年八月自由太平洋文化事業公司
泡沫	民國五十六年八月臺灣商務印書舘
鷄兒喔喔啼	民國五十六年九月臺灣書店
大陸文藝世界懷思	民國五十八年五月臺灣商務印書舘
閒話吃的藝術	民國六十一年七月華欣文化事業中心

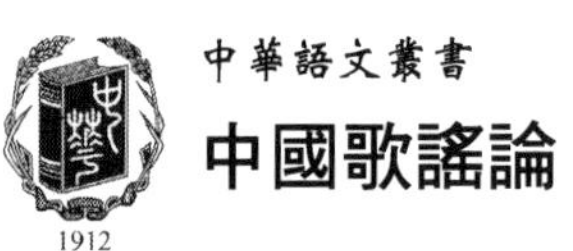

中華語文叢書

中國歌謠論

作　　者／朱介凡　撰
主　　編／劉郁君
美術編輯／鍾　玟

出 版 者／中華書局
發 行 人／張敏君
副總經理／陳又齊
行銷經理／王新君
地　　址／11494 台北市內湖區舊宗路二段181巷8號5樓
客服專線／02-8797-8396　　傳　真／02-8797-8909
網　　址／www.chunghwabook.com.tw
匯款帳號／華南商業銀行　西湖分行
179-10-002693-1　中華書局股份有限公司

法律顧問／安侯法律事務所
製版印刷／維中科技有限公司　海瑞印刷品有限公司
出版日期／2019年5月三版
版本備註／據1984年4月二版復刻重製
定　　價／NTD 650

國家圖書館出版品預行編目（CIP）資料

中國歌謠論 / 朱介凡撰. — 三版. — 臺北市
: 中華書局, 2019.05
面 ; 公分. — (中華語文叢書)
ISBN 978-957-8595-75-0(平裝)

1.歌謠 2.中國

539.12　　108004143

NO.H2090
ISBN 978-957-8595-75-0（平裝）